Keltische Sagen aus Irland

Zu diesem Buch

Wunderschöne Wasserfrauen, die Männer auf den Grund des Meeres locken, listige Königinnen, die sich geschickt ihrer Feinde entledigen, Königskinder, die in Schwäne verwandelt werden – die Sagen Irlands sind voller Rache, Haß, Liebe und Magie. Diese Sammlung ist eine faszinierende Entdeckungsreise für jeden, der das Untergründige der grünen Insel aufspüren möchte. Denn so berühmt die alten irischen Heldensagen wie die Ulstersaga, das Buch der dunklen Kuh oder das Buch Leinster auch sind, so selten findet man sie in authentischen Fassungen. Martin Löpelmann erzählt von dunklen Mythen und phantastischen Abenteuern, und dabei erschließen sich die Querverbindungen zwischen den einzelnen Geschichten, die der Herausgeber im Anhang ausführlich erläutert.

Martin Löpelmann (1891–1981) promovierte in Germanistik und war zunächst als Lehrer tätig. Anfang der dreißiger Jahre wurde er Ministerialdirigent im Kultusministerium in Berlin, aber 1935 wegen seiner Ablehnung des Nationalsozialismus zwangspensioniert. Von da an widmete er sich ausschließlich seiner schriftstellerischen Arbeit.

Keltische Sagen aus Irland

Herausgegeben und übersetzt von
Martin Löpelmann

Piper München Zürich

Dieses Taschenbuch wurde auf FSC-zertifiziertem Papier gedruckt. FSC (Forest Stewardship Council) ist eine nichtstaatliche, gemeinnützige Organisation, die sich für eine ökologische und sozialverantwortliche Nutzung der Wälder unserer Erde einsetzt (vgl. Logo auf der Umschlagrückseite).

Ungekürzte Taschenbuchausgabe
Piper Verlag GmbH, München
1. Auflage August 2004
3. Auflage Juli 2007

Erstausgabe unter dem Titel:
»Erinn – Keltische Sagen aus Irland«,
Eugen Diederichs Verlag, München 1992
Umschlag / Bildredaktion: Büro Hamburg
Isabel Bünermann, Friederike Franz,
Charlotte Wippermann, Katharina Oesten
Foto Umschlagvorderseite: Jörg Modrow / laif
Satz: EDV-Fotosatz Huber / Verlagsservice G. Pfeifer, Germering
Papier: Munken Print von Arctic Paper Munkedals AB, Schweden
Druck und Bindung: Clausen & Bosse, Leck
Printed in Germany ISBN 978-3-492-24045-1

www.piper.de

INHALT

ANHANG

Albhine

Ruad, der Sohn Rigdonns, des Königs der Meermänner, wollte seinen Freund, den Sohn des Königs von Lochlann[1], jenseits des Meeres besuchen, denn das war sein Pflegebruder, mit dem er aufgewachsen war. Und als die Knaben einst mannbar geworden waren, hatten sie einander das Versprechen gegeben, sich von Zeit zu Zeit zu besuchen, um die Bande brüderlicher Liebe nicht locker werden zu lassen zwischen ihnen. Dies gegebene Wort wollte Ruad nun dem Freunde einlösen. So rüstete er drei Schiffe, bemannte sie mit rüstigen Gefährten, lichtete die Anker und stach in See.

Die Männer hatten anfangs glückliche Fahrt. Doch noch hatten sie nicht die Hälfte des Seeweges nach Lochlann zuückgelegt, als die drei Schiffe plötzlich mitten in den Wellen des Meeres stillestanden, als würden sie von schweren Ankersteinen am Grunde festgehalten. Welche Bewegungen die Schiffer auch immer machten, die Boote wieder flott zu bekommen, nichts hatte Erfolg, und sie verharrten an derselben Stelle.

Da sprang schließlich Ruad über Bord, um nachzuschauen, was die Schiffe denn hemmte, obwohl der Wind in den Segeln stand. Als er aber unter die Wogen tauchte, sah er neun wunderschöne Frauen, wie er sie lieblicher nie wahrgenommen hatte, und an dem Steuer eines jeden seiner Schiffe hingen drei von den Meerfrauen, wiegten sich lachend und hielten es in seiner Fahrt auf. Als Ruad zu ihnen hinabstieg, kamen sie ihm sogleich fröhlich entgegengeschwommen und luden ihn ein, mit ihnen in ihr Wasserschloß am Grunde des Meeres zu kommen. Als er aber, von ihrem Liebreiz bestrickt, noch eine Zeit zauderte, drohten sie ihm, nie würden seine Schiffe an ihr Ziel gelangen, wenn er ihnen nicht folgen wollte. Doch es bedurfte dieser Drohung gar nicht, nur allzu willig nahm Ruad die Einladung der Meerfrauen an, ließ seine Gefährten und tauchte mit den Schönen hinab in die Tiefe. Die umringten ihn und geleiteten ihn in ihr Heim unter den Wogen des Meeres. Hier war es licht und still: hier stürmten die Wogen nicht mehr unter dem Atem der Winde, und der Menschen Gram und Leid drang nicht hinab bis in diese strahlende Tiefe[2].

Mit köstlichen Speisen und Tränken bewirteten die Wasserfrauen ihren Gast, dem in ihrer Halte wohlig wurde wie nie zuvor in seinem Leben. Neun Ruhebetten standen da an den gläsernen Wänden, neun Betten mit schwellenden Kissen und roten Füßen aus getriebener Bronze. Und als Ruad gegessen und getrunken hatte zu ihrem Dank, nahm ihm die eine der Frauen den kristallenen Becher aus der sinkenden Hand und geleitete ihn zu ihrem Lager. »Wie heißt du?« fragte Ruad sie, als sie sich über ihn neigte und ihm zulächelte, »und wessen Tochter bist du?« Da sang die Wasserfrau mit zarter flüchtiger Stimme: »Ich bin der Schaum des Meeres, mich zeugten Wind und Woge. Sieh, meine Schulter ist weiß wie Schwanengefieder, und meine Liebe ist frisch wie der Schnee in der wirbelnden Winterluft, aber auch so vergänglich wie rinnende Tropfen.« Da ruhte Ruad bei ihr die erste Nacht. Doch als er am Morgen erwachte, war ihm alles wie ein zauberischer Traum.

Am folgenden Abend lud ihn die zweite Frau auf ihr Bett, und wiederum richtete Ruad die Frage an sie: »Wie heißt du und wer sind deine Erzeuger?« Da tanzte die Meerfrau vor ihm und sang dabei: »Ich bin die Welle, die Tochter des schweifenden Sturms und der beharrenden Tiefe. Siehe, meine Locken sind grün wie die Gräser des Meeres, doch rosig sind meine Lippen, und die Blüten meiner Brüste wie das Morgenrot über den Wassern. Doch flüchtig ist meine Liebe wie der Tau auf den Spitzen der Schiffsmasten.« Da lag Ruad diese zweite Nacht bei der Meerfrau, die sich selbst die Welle nannte, und als er erwachte, meinte er, sie hätte ihn nur im Traum umarmt.

Am dritten Abend bat ihn wieder eine andere der Frauen zu sich auf ihre Kissen. Und als Ruad sie nach ihrem Namen fragte, lächelte sie und sprach: »Ich bin die Nebelfrau über den Wassern, mich zeugte der Herbst und die Sonne. Sieh, mein Leib ist weiß wie der Wolken Schleiergespinste, meine Arme sind weich wie die Daunen der brütenden Eiderente. Oh, komm, Geliebter, nie möchtest du sanfter ruhen! Doch wenn meine Mutter mich sieht, entfliehe ich stracks deinen Armen.« Da schlief Ruad bei ihr bis zum Sonnenaufgang, und nie, glaubte er, weicher gebettet gewesen zu sein als an der Brust der Nebelfrau.

Am vierten Abend sang ihm eine andere der Meerfrauen und saß nackt und schön am Rande seines Bronzebettes: »Ich bin das Leuchten des Meeres, Geliebter, und kein Druide weiß um meine Abkunft. Siehe, geheimnisvoll flammt mir ein Feuer aus dem dunklen Stern meiner Augen. Selige Nacht genießt, wen ich brünstig in meine Arme schließe: wie in flüssiger Lohe gebadet schimmert sein Leib, und sein Herz träumt unaussprechliche Wonne. Doch wie ein Traum verfliegt das Feuer im Dämmer des Morgens.« Da nahm sie Ruad in seine Arme und verbrachte mit ihr die vierte Nacht.

In der nächsten Nacht nahte sich ihm die fünfte der Frauen und sprach leise zu ihm: »Siehe, Geliebter, meine Haut gleißt wie Perlmutter, ich bin die Muschelkönigin, und Perlen bedecken mein nachtdunkles Haar. Höre nur zu, ich offenbare dir das geheime Raunen der Muscheln! Nichts spendet dir erquickenderen Schlaf als die hauchleise Musik der rosigpurpurnen Verborgenheit der Meeresmuschel.« Da glaubte Ruad ein geheimnisvolles süßes Rauschen zu vernehmen, und während sie ihn liebkoste, senkte sich unsagbar köstliche Vergessenheit über ihn.

In der sechsten Nacht bot ihm die sechste der Wasserfrauen ihr Lager, und als Ruad sich darauf ausstreckte, warf sie ihm ihren Schleier über die Augen und flüsterte ihm ins Ohr: »Blicke nicht auf, Geliebter! Ich bin die Abendröte über dem Meer, und Scham färbt meine Wangen, wenn ich mein Haupt neben das deine auf die Kissen lege. Doch all meine Herrlichkeit will ich dir schenken, daß du lange und glücklich von mir träumen sollst, ist meine Glut auch vergänglich wie tanzende Lichter über den gleitenden Wogen zur Nacht.« So sprach sie, und Ruad streckte verlangend seine Arme nach ihr aus.

Am nächsten Abend saß die siebente der Meerfrauen auf seinem Lager. Die war schön und bleich wie eine Blume, die in der Nacht leuchtet. »Siehe«, sprach sie zu ihm, »ich bin das Mondlicht über dem Meer, mein Schleier duftet herbsüß im Nachtwind, und meine Schenkel glänzen silberzart wie der Schmelz funkelnder Fischschuppen. Sanft sind meine Küsse, und wen immer das stille Leuchten meiner Augen trifft, der wünscht sich Flügel, sacht gegen den Sternenhimmel hinauszuschweben.« Leise sang sie ihm ihr sehnsüchtiges Lied, und Ruad lauschte ihr stumm zur Seite.

In der folgenden Nacht bat ihn die achte der Frauen, ihr Lager mit ihr zu teilen, und als sie Ruad nach ihrem Namen fragte, sagte sie mit neckischer Miene: »Ich bin die Tochter des Ler[3] und einer Wasserfrau, und mich nennen sie die Strudelnixe vom Kessel des Breccan[4]. Große Gewalt ist nur gegeben im feuchten Reich meines Vaters: die bunten Fische umspielen mich, wenn ich durch die Wogen eile, die Tümmler tragen mich freudig auf ihrem Rücken durch den Lichtglast des Meeres, und die Robben werfen ihre glatten glänzenden Leiber von den Klippen in die Wasser, wenn ich mich nahe, und schwimmen mir jubelnd entgegen. Bisweilen treibe ich freilich auch mutwillige Scherze, und so habe ich meine Gefährtinnen überredet, deine Schiffe anzuhalten, um dich hinabzuholen zu unserer schimmernden Insel auf dem Grunde der See. Du wirst mir darum nicht gram sein, seit du hier von uns bewirtet wirst; denn Friede herrscht hier und Wonne ohne Ende.« So sprach die Wasserfrau, scherzte mit Ruad und legte ihm ihre zarten weichen Hände an die Hüften.

Am neunten Abend endlich trat die letzte der Wasserfrauen zu Ruad und fragte ihn, wie es ihm in ihrem Schloß gefiele. Diese Frau war weit schöner und lieblicher als alle die andern, und immer schon hatte Ruads Auge verlangend auf ihr geruht, ohne daß sie bisher Miene gemacht hatte, ihn zu erhören. Da entgegnete der Seefahrer: »Wenn du mir deine Gunst auch schenken wolltest, die du mir die edelste und lieblichste unter den Frauen hier scheinst, so wäre ich der Glücklichste unter allen Sterblichen.«

»Flüchtige Zärtlichkeiten spendeten dir meine Schwestern, Ruad Rigdonns Sohn, aber wenn du meiner genießen willst, so bleibst du mein und darfst nach keinem andern Weibe fürder Verlangen tragen«, sagte das Weib.

»Wer bist du, daß du so herrisch sprichst?« fragte sie der Seefahrer verwundert.

»Ich bin die Herrin dieser Insel hier unter den Wogen. Meine Geschichte ist kurz. Einst war ich Tuadh, die Tochter des Königs Conaire Mor von Tara. Sorglos wuchs ich auf in der Obhut meines Vaters. Aber der Zauberer der Söhne der Göttin Danu, Manannan mac Lir, hatte von mir erfahren und beschloß mich zu rauben. So sandte er einen Boten, der mich in einer Nacht gewaltsam von Tara entführte. Bis zum Inbher Glais schleppte mich der Räuber und legte mich, während ich schlief, an der Mündung des Flusses[5] nieder, um ein Boot zu holen, auf dem er mich über See zum Wohnsitz des Mächtigen schaffen wollte. Doch meiner erbarmte sich Tethra, der Gott der Wasser[6], und sandte eine Flutwelle, die mich davontrug und mir hier in der Tiefe Zuflucht gewährte vor den Nachstellungen Manannans[7]. Nun lebe ich hier als Meerfrau. Doch ich bin der Herrlichkeit hier überdrüssig. So stieg ich herauf, einen Mann zu fangen, der mich zurückbringen soll zu Gestaden, wo Menschen wohnen. Aber nur dem will ich folgen, der mich von Herzen liebt…«

Hingerissen von dem Zauber ihrer Schönheit, versprach ihr Ruad, was immer sie von ihm verlangte. »Doch die Tuadh von einst ist lange tot, und hier heißen sie mich Albhine[8], kehre ich aber mit zurück zu den Menschen, so werde ich mit einem neuen Leben auch einen neuen Namen empfangen«, sagte sie weiter und reichte Ruad die Hand. Der ergriff sie, bedang sich aber aus, seinem Freunde in Lochlann das Wort halten zu dürfen, ehe er die schöne Wasserfrau nach Erinn mitnähme. Da bedeutete ihm Albhine: »Wenn du mir versicherst, auf der Heimfahrt von Lochlann wieder zu mir zu kommen, so werden wir dich morgen dorthin tragen, und so wirst du deinem Freunde nicht untreu werden.« Darauf ging Ruad voller Freuden ein, versprach der Meerfrau, ganz gewiß zu ihr zurückzukehren, und folgte ihr auf das Lager, das sie für ihn und sich zur Nacht bereitet hatte.

Nachdem nun Ruad die neunte und seligste Nacht bei den Meerfrauen auf der Insel unter den Wogen der See verbracht hatte, geleiteten sie ihn am folgenden Morgen hinauf an die Oberfläche des Meeres. Über den Wassem flimmerte ein heiterer Sonnenschein, und eine leichte kühle Brise strich wohlig über die sanft gleitenden Wellen. Die Meerfrauen flochten ihre Hände ineinander und trugen lachend und singend ihren Gast hinüber zu den Ufern von Lochlann. Als Ruad dort an Land gestiegen war, schaute er sich noch einmal um. Da sah er die schimmernden Leiber der Frauen über den Wellen leuchten, und ihre Haare wehten wie schwarze und goldene Flammen im Morgenwind. Sie winkten ihm noch einmal zu und verschwanden dann in dem Schaum der grünen Wogen.

Ruad Rigdonns Sohn ging in das Haus seines Freundes. Der nahm ihn freundlich auf, und solch Wohlgefallen hatten die beiden an ihrem Zusammensein, daß Ruad sieben Jahre in Lochlann am Hofe des Königs verblieb. Dann aber rüstete ihm der Freund ein Schiff zur Heimfahrt. Inzwischen hatte Ruad die Meerfrauen längst vergessen, dachte nicht mehr an Albhine und wußte natürlich auch nicht, daß sie in jener Liebesnacht von ihm ein Pfand empfangen und ihm einen wunderschönen Sohn geboren hatte.

Als er nun auf der Heimfahrt wieder in die Nähe jener Stelle der See geriet, wo die Wasserfrauen einst seine Schiffe angehalten hatten, erblickte er auf einem sonnenbeschienenen Felsen, der aus den Wogen emporragte, etliche Wesen, die er in der Ferne für Robben hielt. Aber als das Schiff in die Nähe segelte, erkannte er wohl, daß es die Meerfrauen waren, die sich dort sonnten, und mit Erstaunen sah er, daß die eine einen hübschen Knaben bei sich hatte, der ganz nach Menschenart gebildet war.

Als die Meerfrauen nun das Segel erblickten, sprangen sie sogleich ins Wasser, schwammen eilig zu dem Schiff hin und umringten es. Ruad suchte sich vor ihren Blicken zu verbergen und trieb die Schiffer zu höchster Eile an, sodaß sie Riemen auslegten und nach Kräften zu rudern begannen, weil sie beim Segeln nach Ruads Meinung noch zu langsame Fahrt machten. Da stießen die Meerfrauen einen schrecklichen Schrei aus, daß den Seeleuten das Blut in den Adern erstarrte. Albhine aber schwamm mit ihrem Söhnlein ganz nahe an die Wand des Schiffes heran und rief den Schiffern zu: »Wehe euch, die ihr einen Treulosen heimgeleitet! Laßt ihn hervortreten, ich will mit ihm reden! Sonst dreimal Wehe eurem Kiel!« Die erschrockenen Schiffer hörten bei dieser Mahnung zu rudern auf und nötigten Ruad an den Schiffsrand zu treten. Als Albhine des Geliebten ansichtig wurde, rief sie zu ihm hinauf »Hast du mir nicht dein Wort gegeben, Ruad Rigdonns Sohn, heimzukehren zu mir, wenn du von Lochlann zurückkommst? Sieh, sieben Jahre lang harrte ich deiner, und im siebenten Jahr wartet dies Kind hier auf seinen Vater. Ist dir dein Versprechen nicht mehr heilig?«

Ruad wich ihr aus und antwortete listig: »Ich will erst heimfahren zu meinem Vater, Albhine.«

»So nimm mich mit dir und diesen Sohn«, sagte die Meerfrau darauf. »Oder sind wir dir nicht ebenbürtig?«

»Ich will meine Mutter daheim erst darauf vorbereiten, daß du kommen wirst. Dann kehre ich wieder und hole dich.«

Albhine ersah aus seinen Worten wohl, daß er sie betrügen wollte. Da ergriff sie den schönen Knaben, erwürgte ihn vor den Augen seines Vaters und ließ den kleinen Körper in die Tiefe des Meeres hinabsinken. »Fahre denn hin zu deinem Vater und zu deiner Mutter, du Treuloser!« schrie sie in wildem Schmerz, und ihre Stimme klang jetzt nicht sanft und dunkel wie damals, als sie Ruad ihre Liebe gestand, sondern schrill wie die einer klagenden Möwe, und die Schiffer erschauerten bis ins Mark, als sie rief: »Aber ich weiß nicht, ob sie dich lebend je wiedersehen werden.«

Darauf entwich sie nach dem Heck des Schiffes und folgte schwimmend der Spur des Schiffes, als es weiterfuhr. Die andern Wasserfrauen aber blieben allmählich zurück und verschwanden in der Ferne. Als aber Ruad in die Nähe der Küste seiner Heimat kam, da wühlte Albhine mit zauberischen Kräften gerade da, wo sich am Gestade von Muiredh der Fluß aus dem Innern von Erinn ins Meer ergießt, eine ungeheure Flutwelle auf. Die packte das Schiff, schleuderte es gegen die Klippen und zerschellte es. So kamen dort Ruad Rigdonns Sohn und die Mannschaft von Lochlann elend um.

Nach Albhines Namen aber heißt der Fluß seitdem Inbher Ailbhine, und der Barde singt ein Lied davon.

Macha Rothaar

Ueber der Wildnis der Landschaft Connacht stand Erinns blasser Abendhimmel. Nur einige Streifen zarter Wölkchen segelten darüber hin und ließen ihre hauchfeinen Säume in den Strahlen der schon tiefstehenden Sonne rosig aufleuchten. Unten auf der Erde hüllte die Dämmerung die Täler zwischen den lichttrunkenen Hügelkämmen in immer satteres Dunkel. Leise sang der Seewind sein Abendlied in den flüsternden Hallen der Laubwälder, in deren Schatten das lichtscheue Getier langsam erwachte und mit fernen geisterhaften Stimmen die nahende Nacht grüßte. Im dunkelnden Osten flimmerten schon die frühesten Sterne. Kühl atmend begann das wilde sommerliche Land zu schlafen, und nur die Wasser in den Bächen und Flüssen rauschten unter Nebelschleiern ruhelos ihren ewigen Weg zum Meer.

In einer Schlucht, nicht sehr entfernt von der Gemarkung des Gaus von Ulad[9], brannte vor einem verwitterten Felsen ein offenes Feuer und warf seinen rötlichen Schein von unten gegen die Baumkronen des Waldes, der zu beiden Seiten die steilen Abhänge hinaufdüsterte. Hinter den Flammen saß ein noch jung erscheinender bärtiger Mann und schaute mit finsterem Gesicht und schweigend in die Glut der prasselnden Zweige, die sich in der Lohe bäumten. Ab und an legte er aus einem Reisighaufen an seiner Seite trockene Äste in das Feuer und sorgte, daß die Flammen sich gleich blieben. Weiter hinten knieten vor einem blühenden Busch zwei andere Männer und schlugen ein erlegtes Wildschwein aus der Schwarte. Stumm und finster verrichteten auch sie ihre blutige Arbeit, während ein hochgewachsener Krieger daneben stand und an einem hölzernen Bratspieß schnitzte. Als er damit fertig war, schnitten die beiden andern von dem Wildpret ein kräftiges Stück ab und reichten es ihm wortlos. Er spießte das Stück Fleisch auf und ging damit zum Feuer.

»Ich jagte den Spieß viel lieber einer andern Sau durch die Rippen, Baeth«, sagte er zu dem Mann am Feuer, »das kannst du mir glauben.«

»Schweig still, Uallach«, erwiderte der Angeredete, »sie hat uns besiegt, die Königin von Ulad, und Reden hilft uns da nicht weiter.«

»Die Königin...« hohnlachte Uallach und verstummte. Schweigend drehte er das Fleisch über der Glut, und still blickten auch die andern auf ihr Werk.

Da unterbrach die Stille ein fünfter Mann. Der kam die Schlucht herab und trug auf dem Rücken an einem Strick eine Last Reisigholz. Ächzend warf er das Bündel neben das Feuer und schnaufte. Er war noch jung, wohl der jüngste unter all diesen finsteren, mürrischen Männern, und über seiner Oberlippe zeigte sich bei ihm nur erst der krause Schatten eines Bartes. Er gürtete sein Schwert ab und warf es auf den Boden neben seine nackten Füße. Er hatte nur ein hemdartiges Untergewand an, unter dessen Falten sich im Scheine des Feuers seine kräftigen Glieder deutlich abzeichneten. Er hob den Kopf in den Nacken und blickte trotzig aus hellen Augen auf den Mann am Feuer. »Ich will es nicht lange ertragen, Baeth«, sagte er, »dies elende Leben hier draußen ohne Haus noch Bettstatt. Seit zweimal fünfzehn Nächten[10] ziehen wir jetzt durch diese Wildnis, ohne Plan noch Ziel, und bergen uns wie die wilden Tiere, wir, die fünf Söhne des Königs

Ditorba, der zu Usniuch in Mide Herr war[11] und über Knechte wie Weiber, Vieh und Gehöfte gebot...«

»Und verstecken uns hier wie die gehetzten Wölfe vor einem einzigen Weibe«, pflichtete Uallach mit einem grimmigen Lächeln dem Bruder bei und drehte gelassen seinen Spieß weiter über dem Feuer.

Baeth schüttelte unwillig den Kopf und erwiderte kein Wort auf diese Reden. »Hier, Borbcass, nimm den Kessel und hole uns Wasser aus dem Bach!« sagte er nach einer Weile zu dem jungen Mann, nahm irgendwo aus dem Schatten einen Bronzekessel und reichte ihn ihm. »Weil du der Älteste bist, gehorche ich dir«, versetzte der Jüngling, »aber so denke auch du daran, daß du das Recht des Älteren hast vor der Hexe von Ulad!« Damit ergriff er den Kessel und entfernte sich in die Dunkelheit.

Einer der Männer, die das Wildschwein zerlegten, erhob sich und brachte Uallach mit blutbefleckten Händen ein zweites Stück Fleisch. »Unser Bruder Borbcass hat so Unrecht nicht, Baeth«, sagte er wie obenhin, »lange werden wir das Leben mit nackten Füßen nicht ertragen können; das weiß der Junge so gut wie wir. Noch ist Sommerzeit...«

Baeth schnitt ihm mit einer Handbewegung das Wort ab. »Laß mich jetzt in Ruh damit, Bras«, entgegnete er dem Bruder, »wir taten doch, was wir vermochten. Wie oft habe ich euch das gesagt! Als Ditorba, Dimans Sohn, unser Vater, von Macha der Rothaarigen, der Tochter des Aed Ruad, erschlagen worden war und mit ihm viele Männer von Mide, liefen wir gegen sie an, als wir glaubten, die Zeit zur Rache wäre günstig, wie du dich wohl erinnern wirst. Aber mit ihr war die Bodb und die Morrigu[12], und so konnte sie uns überwinden.« Er legte ein Stück Holz in die Glut und versank wieder in düster brütendes Schweigen.

Der Mann, der noch immer bei dem toten Wildschwein hockte, beugte sich jetzt hoch und rief herüber: »Baeth hat ja recht, Bras. Was hilft uns das Reden von Dingen, die wir alle kennen. So geraten wir nur in Streit und werden uneins, wo wir einig sein müssen, wenn es zu handeln gilt.«

»Meinst du Handeln oder Verhandeln, Betach?« fragte Uallach höhnisch zurück, und mit einem spöttischen Seitenblick auf seinen ältesten Bruder fügte er hinzu: »Ich sehe uns noch alle demütig und gesenkten Hauptes stehen vor Macha Rothaar, der siegreichen Königin von Ulad.« Er spie auf den Boden.

»Das sollst du in alle Zukunft nicht sehen, Uallach«, knurrte Bras ihn wild an.

»Ich sprach von der Vergangenheit, Bras«, belehrte ihn Uallach, »ich kann nicht vergessen, mit welchem giftigen Hochmut sie uns in die Verbannung schickte, als es uns mißlungen war, ihr das schöne Köpfchen abzuhacken. Von Prophezeiungen halte ich indessen nicht viel, es sei denn, der Druide kündet mir Sieg.«

»Du wirst vergeblich nach einem Druiden hier herumsuchen, der dir Sieg weissagt, Bruder«, gab ihm Bras zurück, »die halten alle zu Macha, und sie wissen auch, warum. Aber mit deiner Giftzunge sollten wir dich zu der Unüberwindlichen schicken, vielleicht besiegt sie der Zauber deines Spottes.«

»Höre nicht auf ihn, Uallach«, mischte sich Betach wieder ein, »und hüte deine Zunge, daß du nicht ein Gelübde tust[13], das einzulösen dir allein schwerfallen sollte!« Er stach sein blutiges Messer in den Erdboden, um es zu säubern, nachdem er das Wildschwein zerlegt hatte. »Noch sind wir freie Männer, noch können wir an der Verhaßten Rache üben, wenn wir einig sind und Männer finden, die...«

Da erhob Baeth seine Stimme. »Denkt an das Essen, Brüder, und hört auf mit eurem Gezänk, zumal wir alle dasselbe wollen. Aber das braucht ihr nicht in die Nacht hinauszuschreien.«

Die Brüder verstummten und legten die Fleischstücke zum Braten zurecht. Da kehrte Borbcass mit dem Kessel voll Wasser zurück. Alle setzten sie sich um das Feuer, legten ihre Schwerter hinter sich zu den Speeren, die gegen den Felsen lehnten, und griffen der Reihe nach mit ihren Holzspeilen nach den halbrohen Bratenstücken, wie sie der Eibenspieß ihnen lieferte. Dazu tranken sie Wasser aus dem Bronzekessel.

»Karg und eintönig ist unser Mahl«, sagte Bras, »und statt des kalten Wassers tränke ich lieber gutes braunes Bier.«

Auch Uallach und Borbcass sparten nicht mit bissigen Reden, um das rohe Essen zu würzen. Nur Baeth und Betach aßen ohne Worte den Teil, der ihnen zukam. Aber allmählich kam über die Brüder doch das Gefühl der Sättigung, zumal das Fleisch reichlich vorhanden war, und stimmte sie sanfter. Da fing Baeth, der älteste der Brüder, zu reden an.

»Brüder«, sagte er und wischte sich mit dem Handrücken das Fett vom Munde, »die Tage werden kürzer, und wir müssen überlegen, was nun aus uns werden soll.«

»Vielleicht schneiden wir morgen Binsen und bauen uns Rundhütten hier und bitten den König von Connacht um die Gnade, uns hier von Eicheln und kühlem Wasser leben zu lassen«, meinte Uallach mit ätzendem Hohn; denn er liebte die bedächtige Art des ältesten Bruders gar nicht.

»Laß ihn reden, Uallach«, schalt ihn Betach, »einer muß doch bestimmen, was geschehen soll, und das bist du mit deinem Übermut gewiß nicht.«

Baeth fuhr ruhig fort. »Seht«, sagte er, »einen Mond lang ertrugen wir nun gemeinsam das harte Los der Geächteten, obschon wir nicht geringeren Blutes sind als Macha, Aeds Tochter, und ein besseres Recht auf die Herrschaft über Erinn haben denn sie. Aber wo Schwert und Speer entscheiden, wo sich Häuptlinge und Druiden der Macht beugen, können wir nur Gewalt gegen Gewalt setzen.«

»Gut sagst du das, Baeth«, brüllte Borbcass und schmiß einen abgenagten Schweineknochen gegenüber in das Gebüsch. »Wir müssen Gewalt gegen Gewalt setzen!«

Baeth redete weiter. »Wir selbst sind zu schwach, um gegen Macha Rothaar etwas ausrichten zu können. In die Leute von Connacht setze ich geringes Vertrauen, uns zu helfen; denn ich kenne sie nicht und weiß nicht, ob sie gegen Macha die Waffen erheben würden. So bleiben uns nur zwei Wege.«

»Nämlich der erste wäre der Weg zu Macha, ihre Liebe zu gewinnen«, lachte Uallach, »wir haben ohnehin schon lange keinem Weib mehr in die Augen gesehen...«

»Und ihr auf dem Heulager das Schwert in das Blut zu tauchen«, setzte Bras die Gedanken des Bruders fort.

»Wenn ich nicht gesehen hätte, daß ihr Wasser getrunken habt«, sagte Baeth kühl, »ich meinte, der Bierdunst umnebelte euren Verstand. Doch hört weiter! Entweder schlagen wir uns durch nach Mag Inis. In Finnabir wird uns Cimbaeth wohl empfangen, Cimbaeth, Fintans Sohn, der Enkel Argatmars[14]; denn auch ihn hat Macha um den königlichen Stirnreif betrogen. Möglich wäre es, daß er uns seine Waffenhilfe leiht. Oder aber, wenn er nicht zu gewinnen ist, bliebe uns der Weg nach Mide, unserer Heimat...«

»Das wird vergeblich sein, Baeth«, warf Betach ein. »Bedenke, die Leute von Mide standen uns bei, als Ditorba gefallen war. Sie kämpften für uns gegen Macha Rothaar und wurden gleich uns von ihr geschlagen. Auch sie erkennen heute Machas Herrschaft an.«

Unerschüttert sprach Baeth weiter. »Seht, Brüder, man muß den Leuten von Mide noch einmal auseinandersetzen, wie alles gekommen ist. Sie möchten es vergessen haben. Ditorba, Dimans Sohn, fuhr aus Usniuch in Mide und traf zusammen mit Aed Ruad, Bathurns Sohn und Enkel des Argatmar, aus Tir Aedha wie mit Cimbaeth, Fintans Sohn und Enkel des Argatmar, aus Finnabir in Mag Inis, und sie kamen überein, daß jeder von ihnen der Reihe nach sieben Jahre über Erinn als König regieren sollte. Alle Druiden und die Heerführer schwuren einen Eid, und schreckliche Beschwörungen stießen sie gegen jeden aus, der den Eid brechen wollte, daß nach Ablauf von sieben Jahren der andere König sein sollte und der vorhergehende abtreten müßte. Und das Zeichen einer rechtmäßigen Herrschaft sollte immerdar sein, daß die Ernte reich und füllig wäre, daß kein Mangel an Farbstoffen einträte, um die Gewebe zu färben, und daß kein Weib in Erinn im Kindbett sterben dürfte. Seht, da ging nun Aed Ruad hin und ertrank in Eas-Ruad und wurde begraben in Sith Aedha. Und nach seinem Hingange erhob seine Tochter Macha die Rothaarige den Anspruch auf die Herrschaft an Stelle ihres ertrunkenen Vaters.«

»Warum erzählst du uns die alten Geschichten, Baeth, die wir alle kennen«, unterbrach ihn Uallach. »Du brauchst nur hinzuzufügen: und trotz aller Schwüre der Druiden und der Heerführer von Ulad und Mide regierte Macha, die rothaarige Hexe, sieben Jahre lang, und unter ihrer Regierung starb Ditorba, unser Vater, und wir wurden von ihr verbannt in die Wildnis von Connacht. Aber ehe du diese Rede zu

Ende bringst, sind wir längst eingeschlafen und schnarchen nach der Melodie des Nachtwindes.«

»Ja, bei dem vergossenen Blute Ditorbas«, sagte jetzt der geduldige Betach, »was soll denn nun geschehen?«

»Laß mich doch ausreden«, beharrte Baeth, »alles dies will ich den Leuten von Mide erzählen oder sie daran erinnern, und dann will ich sie fragen, ob ihre Ernte gesegnet war unter Machas Herrschaft, ob sie reichlich Färbstoffe hatten und ob kein Weib bei ihnen im Kindbett gestorben sei. Es ist nicht anzunehmen, daß sie restlos zufrieden waren, und dann – können wir sie vielleicht daran gemahnen, was Druiden und Heerführer einst beschworen hatten.«

Da sprach Borbcass: »Du willst also, je früher je besser, die Leute von Mide noch einmal zum Aufruhr gegen Macha...« Das Wort blieb ihm in der Kehle stecken, als er zufällig seine Augen auf das von dem verglimmenden Feuer nur noch spärlich bestrahlte Unterholz jenseits im Waldesdämmer warf. Dort stand eine weibliche Gestalt. Aller Augen folgten seinen Blicken, und auch die andern erkannten das fremde Weib zwischen den Büschen.

»Komm näher!« rief Baeth ihr zu.

Gesenkten Hauptes trat das Weib ans Feuer. Sie war barfüßig und trug nur ein grobgewobenes Hemd über ihrem Körper. Ober ihr Haar hatte sie ein zerschlissenes Tuch gewunden. Mit offenem Munde und aufgerissenen Augen betrachteten die Männer das Bettelweib; denn so war ihr ärmlicher Aufzug und ihr Gehaben. Demütig stand sie da. Ihre Gestalt schien den Söhnen Ditorbas so übel nicht, schlank und geschmeidig fügte sich ihr Körper; aber was die Frau so entstellte, waren die eklen Krusten und brandigen Flecken, die ihr Gesicht, Arme und Beine bedeckten.

»Wo kommst du her und wer bist du?« fragte Betach sie mißtrauisch.

»Ich bin ein armes ausgestoßenes Bettelweib«, antwortete die Frau, »und der Aussatz zerfrißt mir Leib und Leben. Gebt mir ein wenig von euerm Überfluß, denn mich hungert.«

»Setze dich da etwas abseits ans Feuer«, sagte Baeth, »damit wir mit dir reden können. Wie ist dein Name?«

Das Weib setzte sich bescheiden in einiger Entfernung von den Männern ans Feuer und sprach: »Mein Name ist ausgelöscht, seit die Leute in Lagin mich fortjagten wegen meines Gebrechens[15]. Ja, ich stamme aus Lagin.«

»So kamst du wohl über Ulads Ebenen?« erkundigte sich Borbcass und blickte sie lauernd an. Bras aber ergriff einen Wurfspeer und richtete ihn drohend gegen die Fremde. »Du hast unsere Reden belauscht, du scheusäliger Nachtvogel, gestehe!«

Furchtlos und ohne mit der Wimper einen Schlag zu tun, blickte ihm das Bettelweib auf die Speerspitze. Ihre Augen glänzten im Feuer. Aber als besann sie sich, senkte sie wieder bescheiden die Lider und sprach: »Ersehnt ist mir der Tod in meinem Elend und ich scheue ihn nicht. Euch Männer aber kenne ich nicht und hörte nichts von euren Absichten.«

»Gebt ihr zu essen!« gebot Baeth. Borbcass reichte ihr ein Stück gebratenes Fleisch an einem Holzspeil. »Da nimm und iß!« sagte er zu der Fremden, »aber ich wiederhole meine Frage: kamst du über die Ebenen von Ulad?«

Die Frau nahm das Fleisch aus seinen Händen, dankte und fing gierig an zu essen, als hätte sie die Frage überhört. Stumm schauten ihr die Brüder eine Zeitlang zu. Dann reichte ihr Borbcass einen Holzbecher. »Trinke!« sagte er dabei, »ich schenke dir das Wasser wie den Becher dazu. Doch was hast du in Ulad erfahren? Ich frage dich zum dritten Mal.«

Die Frau blickte in die Runde, als wollte sie sich des Eindrucks versichern, den ihre erste Nachricht auf sie machen würde. »Die Königin Macha hat Cimbaeth, Fintans Sohn, zu ihrem Gatten erkoren und ihn zum Führer ihres Heeres gemacht«, sagte sie. Überrascht sahen sich die fünf Brüder an. Uallach aber lachte und meinte: »Das habe ich geahnt. Der Weiberknecht erkämpft sich sicheren Sieg nur im Bettkampf. Der Feigling!« Seine Augen blitzten zu der Bettlerin hinüber, als wollten sie sie durchbohren wegen dieser Nachricht. Aber auch aus ihren Augen funkelte ihm ein wildes Licht zurück, als bespähte ihn eine Wölfin aus nachtdunklem Dickicht. Nur einen Augenblick lang hatten sie sich so mit den Augen gemessen; da blickte die fremde Frau wieder zu Boden. Uallach aber fühlte in seinem Herzen eine tierische Gier aufsteigen. »Sie hat selten schöne Augen«, sagte er halblaut zu Bras, »wir sollten uns heute nacht alle eine Lust mit ihr machen.« Die schlimmen Worte schien die Fremde gehört zu haben; denn abermals schaute sie auf ihn mit jenem grünlichen Glimmen in den Augen, das sich Uallach als Lüsternheit deutete. »Sie ist häßlich wie die Morrigu«, gab Bras zurück und spie auf den Boden, »siehst du nicht, wie ekel und zerschrunden ihr ganzer Leib ist, faul und stinkend?«

»So haben sich also Argatmars Enkelin und Enkel verständigt«, sagte Baeth zu Betach, und in seiner Stimme klang die Enttäuschung darüber, daß nun sein Plan, Cimbaeth für sich zu gewinnen, wie Wasser zerronnen war vor Machas Klugheit. »Was spricht man denn noch in Machas Häusern?« fragte er die Bettlerin weiter.

»Sie hat die fünf Söhne Ditorbas verbannt, weil sie einen Aufruhr gegen sie angestiftet hatten und ihr mit dem Schwert gegenübergetreten waren«, versetzte die Frau und blickte wieder aufmerksam über die Gesichter der Männer.

»Und was denkt wohl Macha jetzt von den fünf Söhnen des Königs Ditorba?« erkundigte sich Betach.

»Vielleicht würde sie sich auch mit ihnen aussöhnen«, sprach die Bettlerin bedächtig, »wenn sie kämen und ihr treue Gefolgschaft schwören.«

Bras und Uallach ließen ein grimmiges Lachen hören. »Es lohnt nicht, ihr zuzuhören«, sagte Bras zu seinem Bruder, »sie schwatzt lauter närrisches Zeug.« Borbcass aber brauste wütend auf und rief ihr zu: »Für diese Nachricht sollten wir dir den Kopf zerschmettern.«

In dem Gesicht der Bettlerin regte sich kein Muskel. »Ich berichte ja nur, was die Leute in Ulad meinen«, sagte sie sanft und aß ruhig weiter von dem Fleisch, das ihr die Brüder gereicht hatten.

»Du kamst auch durch Mide, du Landstreicherin?« fragte Baeth die Frau weiter aus. Sie nickte und kaute weiter. »Sind denn die Leute in Mide zufrieden mit Machas Herrschaft?« drang er weiter in sie. »Ist ihre Ernte reichlich ausgefallen? Ist keine Frau im Wochenbett gestorben, und haben die Leute hinreichend Färbeholz?«

»Ich habe niemanden klagen hören«, versetzte die Frau, »also scheinen sie in Mide doch zufrieden zu sein mit Machas Herrschaft.«

»Laß sie nicht weiter krächzen, die Unglückskrähe!« schrie Bras dazwischen, während Borbcass Miene machte aufzuspringen und sich auf die Bettlerin zu stürzen. Aber Uallach hielt ihn zurück: »Setze dich wieder, Junge, vielleicht ist sie die Bodb selber, sie könnte dich verzaubern!«

Baeth gab das Ausfragen auf und besprach sich leise mit Betach. Uallach aber erhob sich und trat auf die Aussätzige zu. Er blickte ihr frech in die Augen und sprach: »Du hast ein Mittel, uns die Gastfreundschaft zu lohnen, Mädchen.

Komm, ich führe dich abseits in die verschwiegene Nacht, da magst du mir Dank sagen für das üppige Mahl.«

Die Bettlerin zuckte zusammen, als er sie an der Schulter berührte, und sah ihn mit brennenden Augen an. »Wollt ihr mich in die Nacht stoßen von eurem wärmenden Feuer?« klagte sie. »Sieh, ich bin so müde vom vielen Wandern, so laß mich denn hier ruhen!«

Das Widerstreben der Frau reizte ihn nur um so heftiger. »Du sollst Wärme und Feuer in dieser Nacht nicht vermissen, Mädchen, denn deine Augen haben mich entzündet«, drängte er sie weiter. Da stand die Bettlerin auf. »Komm!« sagte sie nur und schritt langsam vor ihm her in die Nacht hinaus.

»Wo gehen die beiden hin?« fragte Baeth. Bras machte eine bezeichnende Gebärde. Und weiter berieten sich die Brüder, was zu tun sei, wenn das Bettelweib die Wahrheit gesagt hatte. Lange stritten sie sich. Da tauchte wiederum unvermutet die Aussätzige aus dem Gesträuch auf. Aber sie kam allein.

»Wo ist der Krieger geblieben, der mit dir ging?« fragte sie Baeth.

»Er wird nicht wiederkommen«, entgegnete das Weib mit einer aufreizenden Ruhe, »denn er schämt sich, daß er bei einer Aussätzigen gelegen hat.«

Da sprang Bras auf, griff nach einem Speer und schrie: »Sie hat ihn getötet, die Schamlose!« Aber Betach fiel ihm in den Arm, daß der Speer sein Ziel verfehlte. »Wahnsinniger«, rief er Bras zu, »wie sollen wir Uallach wiederfinden, wenn wir die umbringen, die allein jetzt weiß, wo er geblieben ist!« Darauf wandte er sich an die Aussätzige: »Sage du nun, wo der Mann hingegangen ist, der dich begleitete!«

»Ich will einem von euch die Stelle zeigen, da ich mich von ihm trennte«, antwortete sie fest, »vielleicht gelingt es ihm, den Beschämten zurückzubringen.«

»So geh du, Bras«, mahnte Betach den Bruder.

»Das will ich gewißlich tun«, grollte Bras, »du aber, Weib, sollst vor mir hergehen, und ich will dir mit dem nackten Schwert in der Hand folgen, und wehe dir, wenn du mich betrügen willst!« Bras gürtete sich das Schwert um und folgte der Aussätzigen in die Dunkelheit.

Lange warteten die drei zurückgebliebenen Brüder auf Bras. »Ich traute dem Weib von Anfang an nicht«, sagte Borbcass, »vielleicht ist sie kein irdisches Wesen, vielleicht eine...« Er vollendete den Satz nicht, da stand abermals die Bettlerin allein vor ihnen. »Er hat mich mit einer wilden Verwünschung zurückgeschickt«, keuchte sie wie nach einer großen Anstrengung, und ihre Brust hob und senkte sich heftig unter ihrem Gewand.

»Wo ist denn nun der andere hin?« stieß Baeth hervor und blickte die Bettlerin drohend an.

»Ich weiß es nicht«, sagte sie ruckweise, »er geht, den anderen zu suchen.«

Ehe Baeth noch ein Wort hervorbringen konnte, hatte Borbcass einen Speer ergriffen und sich neben die fremde Frau gestellt. »Ich gehe jetzt mit ihr zusammen und werde versuchen, die beiden andern wiederzufinden«, sagte er zu dem ältesten Bruder, »und ich werde einen lauten Schrei ausstoßen, sobald ich auf sie gestoßen bin. Dann folgt mir hinterdrein!« Und damit wandte er sich an die Aussätzige: »Und du gehst zum andern Mal voran und wirst mir vor der Spitze meines Speers den Weg weisen, und sei versichert, daß du auch von mir keine Gnade zu erwarten hast, falls du mich zu täuschen suchst!«

Die Aussätzige maß den Jüngling von oben bis unten und wandte sich zu gehen. Um ihre verkrusteten Lippen schien ein geringschätziges Lächeln zu schweben. Borbcass verschwand hinter ihr die Schlucht hinab.

Baeth blieb nun mit seinem Bruder Betach allein zurück. Sie saßen stumm an dem langsam verglimmenden Feuer und starrten in die glühende Asche. »Schrie da nicht Borbcass?« fragte Baeth auf einmal. »Ich meine, es wäre eine Eule gewesen«, sagte Betach. Und weiter lauschten sie in die Nacht. Da hörten sie auf einmal einen langen hellen Ruf. »Das ist Borbcass«, sprach Betach, »er hat sie gefunden.«

»Es ist gut«, seufzte Baeth wie erleichtert auf, »nun wird er sie bald herführen, und wir können schlafen.«

»Nicht so, Baeth«, entgegnete der Bruder, »wir sollten Borbcass nachgehen, wenn er ruft; so sagte er doch, als er ging.«

»Er war so schnell mit der Hexe fort«, murrte Baeth, »ich konnte ihm nicht mehr sagen, daß wir ihm nicht folgen werden; denn dann hätten wir uns möglicherweise allesamt verfehlt. Mag er sie doch herbringen, wenn er sie gefunden hat.«

Wieder tönte der helle Ruf, aber schwächer und wie aus größerer Ferne. »Hörst du ihn rufen, Baeth?« sagte Betach. »Er braucht unsere Hilfe. Vielleicht sind die beiden andern verwundet, und Borbcass kann ihnen allein nicht aufhelfen...«

»So geh du, Betach«, sagte Baeth, »einer muß hier am Feuer bleiben, und hier bei unsern Waffen wollen wir auch unser Nachtlager halten.« So ging denn Betach allein, wie der Bruder es ihm gebot. Als er sich rüstete, gellte der Ruf zum dritten Mal durch die Dunkelheit. Da rief Betach heulend zurück, nahm seine Waffen und beeilte sich, die Schlucht hinabzusteigen.

Lange wachte Baeth nun allein, und vor Müdigkeit sanken ihm bisweilen die Augenlider zu. Doch immer wieder reckte er sich, sobald er seine Schwäche merkte, und warf frisches Holz in die Aschenglut, daß die Flammen hoch aufloderten. Mit bitterem Groll gedachte er jetzt des Bettelweibes und bereute es, sie nicht fortgejagt zu haben; denn sie war, so urteilte er, an der ganzen Verwirrung nur schuld. Wie er nun so finster vor sich hingrübelte und kaum noch darauf achtgab, was um ihn her vor sich ging, klirrten plötzlich zwei Speere gegeneinander. Jäh fuhr Baeth aus seinen galligen Träumen empor und wandte sich um. Da stand die Bettlerin und hielt zwei Speere in der Hand. Ganz allein und furchtlos trat sie zu ihm an das Feuer. Baeth starrte sie an, und ihn überkam es wie ein geheimes Grauen vor einem unwiderstehlichen Zauber, der von dem Weibe ausging und ihm die Zunge lähmte. »Wo sind...sind...«, stotterte er.

»Du mußt mitkommen«, sagte sie kurz zu Baeth. »Die andern Männer schicken mich zu dir, damit du ihnen zu Hilfe kommst. Zwei von ihnen sind schwer gestürzt und können sich nicht bewegen. Die beiden andern aber können nur den einen auf den Speeren hierher tragen, und eben diese Speere gaben sie mir mit als ein Zeichen, daß ich die Wahrheit rede. Kommst du aber auch und nimmst noch zwei Speere mit, so könnten du und ich auch den andern fortschaffen.« Da ging Baeth als letzter hinter dem Weibe her.

Als am nächsten Morgen das Licht der Sonne über die Höhen emporflammte, sahen sich die fünf Brüder in einer sehr unbequemen Lage. Jeder von ihnen war fest an einem Baum geschnürt und konnte sich nicht rühren. Die Bäume, an die sie gefesselt waren, standen nicht weit voneinander, so daß sich König Ditorbas Söhne gegenseitig erblicken konnten, und mit scheelen Blicken schauten sie aufeinander. In ihrer Mitte aber stand das Bettelweib und sprach zu ihnen: »Mann für Mann habe ich euch gestern in der Nacht und ehrlich und kunstgerecht besiegt. Das wird mir jeder von euch zugeben müssen. Wenn ich euch einzeln zum Kampfe fortlockte, so geschah das, um euch die Schande zu ersparen, zu fünfen über ein Weib herzufallen. Wenn ich euch am Leben ließ, so tat ich das, weil ihr mir zu essen gabt, als ich hungrig war, obwohl ihr selber Not littet. Ein jeder von euch hat nach meinem Leibe gegiert, als er allein mit mir war, der eine, um ihn zu schänden, die andern, um ihn zu vernichten. Mir galt das wenig Ehre; denn ich bin eine Aussätzige. Keinem von euch habe ich mich ergeben. Das bewahrte euch vor Schande und Spott, mich vor dem schimpflichen Ende. Hier hatte ich meine Waffen versteckt und hier die Riemen, mit denen ihr nun gefesselt seid. Doch nun sollt ihr auch wissen, wer euch besiegt hat.«

Sie ging ein Stück zurück bis an den Rand des Baches, der strudelnd in die Ebene hineinsprang und aus dem am Abend zuvor Borbcass das Wasser für seine Brüder geschöpft hatte. Hier warf sie ihr Gewand ab und streifte das Tuch vom Kopfe. Dichtes rotes Haar floß ihr über blendend weiße Schultern. Aber noch ehe sich die Männer von ihrem Staunen erholt hatten, sprang sie in das Wasser und wusch und säuberte ihren Körper. Nackt stieg sie vor den Augen der Gefesselten aus dem Bach und stand nun vor ihnen rein und strahlend wie ein Weib aus dem Elfenhügel. Einen einzigen Wutschrei stießen die Männer aus und rissen vergeblich an ihren Riemen, als sie dies Weib so herrlich und sieghaft prangend dastehen sahen. Sie warf sich das Hemd wieder über und trat vor sie hin. »Nun habt ihr mich erkannt«, sagte sie zu ihnen fest und bestimmt, »aber anders, als ihr euch das dachtet, und unlieb ist euch das Wiedersehen mit mir. Ja, schaut nur, mein Gesicht ist glatt und weiß, meine Arme sind rein und meine Füße ohne Makel. Den Roggenteig und die Blutflecken, die ich mir auf die Haut rieb, um euch über mich zu täuschen, entführte das Wasser des Baches.« Sie blickte die Männer der Reihe nach triumphierend an. Aus bleichen Gesichtern starrten ihre zornigen Augen auf die Siegerin; Bras aber stand der Schaum der Wut vor den Lippen. »Macha Rothaar, Aeds Tochter, hat euch gestern ein Angebot gemacht«, fuhr die Königin fort, »und sie tut das heute noch einmal. Wenn ihr meine Gnade sucht und mir Gefolgschaftstreue schwört, so will ich ewig darüber schweigen, was euch heute nacht geschah. Ihr habt mich gestern verlacht. Heute sehe ich euch nicht mehr lachen. Darum überlegt euch das kurz, sonst lasse ich euch hier an den Bäumen verfaulen oder von den Tieren der Wildnis wehrlos zerfleischen.« Sie blickte auf Uallach.

»Eher sollen mich die Wölfe hier lebendig vom Baum fressen«, stöhnte der grimmig, »ehe ich dein Lehensmann werde, Macha.« Und Bras brüllte: »Oh, hätte mich Betach gestern nicht gehindert, mein Speer hätte dich niedergestreckt, du rote Hexe, und heute hackten dir die Raben und Krähen die blauen Augen aus dem Schädel!« Und so bekannten sie alle, sie wollten lieber sterben, als sich ihre Gnade erkaufen.

»Ich sehe, daß ihr edles Blut in euern Adern habt«, sagte Macha, »und dies euer tapferes Bekenntnis hebt euer Ansehen wieder ein wenig in meinen Augen. So will ich euch gleichwohl das Leben schenken.« Und ohne sie weiter zu fragen, fesselte sie nun die Brüder kunstgerecht einen hinter den anderen und trieb sie so ostwärts über die Grenze nach Ulad.

Als die Königin nun am kommenden Tag die Gefangenen der Versammlung der Edlen ihres Landes vorführte und ihnen erzählte, unter welchen Umständen sie die Söhne Ditorbas überwunden und gefangen hatte und welch neuen Aufruhr sie geplant hatten, beschlossen sie den Tod über die fünf Rebellen. Macha aber mißbilligte diesen Beschluß. »Nicht so, ihr Männer, das kann ich nicht gutheißen«, sagt sie, »ich habe ihnen das Leben bereits geschenkt, und da sie mir Beweise ihres Heldenmutes abgelegt haben gerade da, als sie wehrlos waren, so soll ihr Name in Ewigkeit auch nicht untergehen. Freilich soll er nur dauern in Verbindung mit dem meinen; denn ich habe sie ehrlich mit den Waffen besiegt. Meine Sklaven sollen sie von nun an sein, die fünf Söhne Ditorbas, bis sie mir einen Rath[16] gebaut haben mit starken Wällen und hohen Türmen, und mit diesem Bauwerk soll die Erinnerung an die Sühne der fünf Königssöhne von Usniuch nicht verlöschen. Kommt mit mir hinaus, ich will sogleich die Grenzen abstecken.«

Da folgten die Edlen alle der Königin hinaus auf den Hügel, und Macha Rothaar nahm eine goldene Heftel von ihrem Hals, und damit wandte sie sich umher und ritzte mit der goldenen Nadel die Grenzen der künftigen Burg in das Erdreich. Als die Königin so ihren Willen getan hatte, trat ein Druide vor die Versammlung und sprach: »Sobald die Sklaven, die Königssöhne von Usniuch, die Wälle und Türme dieser Burg errichtet haben werden, soll sie zum Gedenken an unsere Königin Emuin Macha heißen, Machas goldene Halsheftel.«[17]

Das war Macha Rothaar recht. Darauf ließ sie den Gefangenen die Fesseln abnehmen, ihnen die Haare abscheren und sie an die Arbeit treiben[18].

Die Side im Bauernhaus

An einem kühlen wolkenverhangenen Abend des Oktobermonds saß droben in der Einsamkeit der Berge von Ulad der Bauer Crunniuc, Agnomans Sohn und Enkel des Curer Uald, auf einer Schütte Heidekraut in seiner Rundhütte und starrte trübe auf den Herd in der Mitten, auf dem kein Feuer brannte. Draußen war wohl Leben auf dem Gehöft. Da brüllte eine Kuh oder grunzte ein Schwein, und ab und an schallte eine menschliche Stimme dazwischen: Knechte und Mägde versorgten das Vieh für die Nacht. Wie so oft schon, dachte Crunniuc in der stillen und düsteren Einsamkeit seiner Hütte jetzt an die Zeit zurück, da seine wackere Lebensgefährtin ihm treu und fleißig beistand bei der Arbeit auf dem Hof und zu dieser Abendstunde ihm die Mahlzeit in dem Kessel über dem Herdfeuer zu kochen pflegte. Aber sie war nun tot, und viele viele Abende hatte er so an dem kalten Herde gesessen und ihr nachgetrauert. Reich war er damals, und seinen Reichtum dankte er der Toten. Söhne hatte sie ihm geboren; aber die zogen seine Freunde auf, und die wohnten weit ab. Im Grunde war er auch froh, daß seine Söhne nicht bei ihm waren; denn seit dem Tode der Frau ging seine Wirtschaft bergab. Nun bereitete ihm eine der Mägde das Essen, ihm, dem Bauern und Herrn, aber erst, wenn das Vieh sein Futter bekommen hatte. So wartete er denn geduldig.

Als er so seinen wehmütigen Gedanken nachhing, fiel auf

einmal ein Schatten vor die Tür seines Hauses, und herein trat ein wundersam schönes Weib. Er kannte sie nicht. Er hatte nie ihresgleichen gesehen. Sie grüßte ihn nicht und sprach kein Wort zu ihm. Leichtfüßig schritt die fremde Frau um den Herd herum und ergriff den Kessel, hing ihn über den Herd und legte sich Gerätschaft und Geschirr mit einer Sicherheit zurecht, als wäre sie von jeher Herrin in dem Hause gewesen. Dann entzündete sie das Feuer. War ihm die Fremde im Dämmerlicht schon stattlich und edel vorgekommen, so erstaunte Crunniuc erst über ihre Schönheit, als er sie im Schein des Feuers erblickte. Blau leuchteten ihre Augen über den rosigen Wangen, helles blondes Haar flutete ihr über den weißen Nacken, und zier und schlank bewegte sich ihre Gestalt. Voller Verwunderung beobachtete sie der Bauer.

»Wer bist du?« fragte er sie schließlich, ohne sich zu rühren.

»Frage mich nicht nach meinem Namen, Crunniuc«, sagte sie, »denn wenn ich dir meinen Namen nennen muß, bin ich verpflichtet, dein Haus wieder zu verlassen. Ich wollte dir aber helfen in deiner Not.«

Da schwieg der Bauer und ließ sie schalten.

Als das Essen fertig war, setzten sich der Bauer und seine Leute zur Mahlzeit, und alle verwunderten sich, wie trefflich ihnen die Speise mundete, die ihnen die fremde Frau bereitet hatte. Darauf wies sie den Dienstleuten ihre Arbeit für den morgigen Tag zu und gab den Mägden Aufträge, und auch das tat sie mit einer Umsicht, als hätte sie seit Jahren auf dem Hofe geschaltet. Dann schickte sie alle zur Ruhe. Auch der Bauer legte sich jetzt auf sein Lager zum Schlaf. Währenddessen räumte die wundersame Frau die Küchengeräte wieder sorgsam fort und deckte das Feuer auf dem Herde zu. Dann streckte sie sich zu Crunniuc auf sein Lager unter seine Decke und legte ihm ihre Hand auf die Hüfte.

Lange Zeit schaffte die schöne stille Frau auf Crunniucs Gehöft. Alles, dessen sie sich annahm, gedieh prächtig unter ihren Händen, Menschen und Vieh. Zusehends wuchs der Reichtum dem Bauern wieder, so daß er nichts sehnlicher wünschte, als daß diese fremde Frau immer unter seinem Dach waltete. Da kam die Zeit heran, da die Ulter sich zu versammeln pflegten, um ihr Jahresfest abzuhalten. Dort pflegten sie über ihre Angelegenheiten zu beraten und zu verhandeln, den Wettspielen und Pferderennen zuzuschauen und sich hernach bei fröhlichem Schmaus und Trunk zu ergötzen und den Liedern ihrer Sänger zu lauschen. Da sagte Crunniuc zu der fremden Frau: »Komm und laß uns auch zum Jahresfest gehen, wie das jeder Ulter tut! Wir haben fleißig geschafft, und nach der Arbeit können wir uns auch ein Vergnügen gönnen.«

Die Frau antwortete: »Laß uns lieber nicht gehen, Crunniuc. Sieh, ich müßte mich schämen, wollte ich mit meinem Leibe, der Kindeslast von dir trägt, vor den Leuten erscheinen.«

»So laß mich allein gehen«, bat der Bauer.

»Ungern lasse ich dich allein gehn«, sagte die Frau, »denn du könntest unvorsichtig sein und von mir zu andern reden. Du sollst aber wissen, daß ich nicht länger mit dir leben darf, wenn du auch nur ein einziges Mal zu andern Leuten über mich redest.«

»Wie sollte ich von dir sprechen«, meinte der Bauer, »da ich doch nicht einmal deinen Namen weiß.«

»Genug, Crunniuc«, sagte sie sanft zu ihm, »geh denn zum Jahresfest, da dein Herz dich zu gehn drängt. Aber denke daran, daß ich für immer von dir scheiden muß, sobald ich meinen Namen zu nennen genötigt werde!«

»Ich werde schon nichts reden«, beteuerte der Bauer und machte sich auf den Weg zur Jahresversammlung.

Auf dem Festplatz war viel Volk zusammengeströmt und schaute aufmerksam und voller Begeisterung den Kampfspielen zu. Schwerttänze wurden dort aufgeführt und Wettläufe und Wurfspiele veranstaltet, und dazwischen traten Sänger auf und sangen Preislieder auf die Heldentaten der Sieger und ihre Ahnen, auf den König von Ulad und all die wackeren Kämpen seines Gefolges. Dann aber begannen die Pferderennen, und in neunter Stunde[19] erschien auch der Wagen des Königs. Der war mit zwei herrlichen schnellen Rossen bespannt, und als sie mit den andern um die Wette liefen, kamen sie als die ersten ans Ziel.

Crunniuc war auch unter den Zuschauern, und als die Pferde des Königs siegreich durchs Ziel liefen, hörte er einen Mann neben sich sagen: »Nie gab es in ganz Erinn so prächtige Pferde wie diese beiden des Königs da!« Und ein anderer Mann pflichtete ihm bei und sprach: »Im ganzen Lande gibt es sicherlich keine so schnellen Füße wie die Hufe jenes Pferdepaares; sie berühren ja kaum den Boden und können gewiß auch über Wasser laufen.«

Diese Übertreibung ärgerte den Bauern, und in seinem Unmut ließ er sich unbedachtsam das Wort entfahren: »Was wollt ihr denn? Meine Frau daheim vermag viel schneller zu laufen als diese Rosse da!«

Über diese Bemerkung Crunniucs entrüsteten sich einige Leute und hielten sie für Prahlerei und bösen Spott. Sogleich liefen sie hin und berichteten dem Wagenlenker des Königs, wie verächtlich der Bauer von des Königs Pferden geurteilt hätte. Der König saß bereits beim Met in der Halle und freute sich des Sieges seiner schnellen Rosse. Um so unwilliger war er, als sein Wagenlenker kam und ihm seine Festfreude mit der Nachricht störte, ein Bauer hätte die Dreistigkeit besessen zu behaupten, seine Frau daheim liefe ja schneller als des Königs Rosse. Voller Empörung und in trunkenem Zorn befahl deshalb der König: »Nehmt mir den Bauern sogleich gefangen und schafft nur seine Frau herbei!

Und den Kopf soll er verlieren, wenn er nicht die Wahrheit gesprochen hat!«

So machten sich denn des Königs Boten auf den Weg nach Crunniucs Gehöft. Voll banger Ahnung sah die fremde Frau sie nahen; aber sie empfing sie höflich und fragte nach ihrem Begehr. Da sprach der eine von ihnen: »Dein Mann hat behauptet, du liefest schneller als die Rosse des Königs. Wegen dieser Prahlerei hat ihn der König gefangengesetzt, und er wird ihm das Haupt abschlagen lassen, wenn er nicht die Wahrheit geredet hat.«

Als die Frau diese schlimme Botschaft hörte, wand sich ihr Herz in bitterem Wehe. Jammernd sagte sie zu den Männern: »Unbilliges verlangt der König von mir um das Wort eines eitlen Toren. Seht ihr nicht meine Leibesverfassung? Wie sollte ich da die Prahlerei meines Mannes einlösen können?« Und als sie erkannte, daß die Boten des Königs kein Mitleid mit ihr hatten, sagte sie: »So wartet wenigstens, bis ich mich meiner Leibesbürde entledigt habe! Ich bitte euch ja nur um einen kurzen Aufschub.«

Aber sie mochte klagen und flehen, die Boten bestanden hartherzig auf der Weisung des Königs. »Wenn du nicht mit uns gehst«, antworteten sie ihr, »wird dein Mann den Kopf verlieren.« Da ging sie denn schweren Herzens mit den Männern zur Festwiese hinab.

Als sie dort mit den Boten ankam, liefen viele Menschen herbei, um sie zu betrachten. Da schämte sie sich vor ihren Augen und sprach zu ihnen: »Es schafft euch wenig Ehre, mich in meiner Schwäche neugierig zu begaffen. Was wollt ihr denn von mir?« Sie riefen ihr zu: »Du sollst zum König kommen und mit seinen siegreichen Pferden um die Wette laufen.« Und sie lachten höhnisch dazu. Da sagte sie mit Bitterkeit: »Hat nicht jeden von euch eine Mutter geboren? So helft mir, daß dies unziemliche Spiel abgesagt wird!« Doch als sie mit ihren Bitten und Vorstellungen bei ihnen nichts erreichen konnte, rief sie schmerzlich aus: »Großes Unheil wird davon über Ulad kommen, und lange wird es auf dem Volke lasten!« Da führten sie sie zum König, und die Menge folgte hinterdrein.

Als sie vor ihn trat, fragte sie der König: »Wie ist dein Name, Weib?«

»Ich bin das Weib des Bauers Crunniuc, des Sohnes des Agnoman«, gab sie zurück, »warum willst du darüber hinaus meinen Namen wissen?«

»Dein Mann hat dich als die beste Schnelläuferin gerühmt«, sagte der König, »und du liefest rascher als meine beiden siegberühmten Rosse. Da ziemt es sich, daß die Leute deinen gepriesenen Namen erfahren und wessen Tochter du bist, ehe du den Wettlauf mit meinen Pferden beginnst.«

»Erlasse nur das unwürdige Schauspiel«, flehte sie den König an, »denn du siehst wohl den Zustand meines Leibes. In kurzem werden mich die Wehen überkommen. Wie sollte ich da die Erwartung der Menge erfüllen können?«

»Dann wird dein Mann durch das Schwert umkommen«, beharrte der König.

»So warte ein Weilchen, bis ich niedergekommen bin«, barmte die Unglückliche weiter. Aber der König wollte davon nichts wissen. Da bäumte sich die Frau auf und rief über die Versammelten hinweg: »Gut denn! So erfahrt, ich bin Macha, die Tochter Sainreths, des Sohnes des Imbaith[20]. Aber Schande werde ich euch bringen, die ihr nicht ein wenig Rücksicht nehmen wollt auf meine sichtliche Schwäche. Um die Zeit, da ein Weib im Kindbett liegt, soll über euch, ihr Männer von Ulad, dieselbe Schwäche kommen und die Kraft euch genommen sein fünf Tage und vier Nächte lang, und diese Schändung soll auf euch lasten bis zum neunten eurer Urenkel im kommenden Geschlecht[21]. Wenn aber die Stunde der Not und Gefahr über Ulad kommt, dann sollt ihr Männer schwach auf eurem Lager liegen wie die Wöchnerinnen. Und an dieser Festwiese soll zur Erinnerung an eure Schande für immer der Name meiner Leibesfrucht haften. So stellt mir denn die Pferde zur Seite!«

Fliegenden Fußes lief sie neben dem Wagen und den eilenden Rossen dahin über die weite Bahn, und es schien, als ob die Zehen an ihren Füßen die Grashalme nur obenhin streiften. Bald hatte sie die Rosse weit überholt, und noch ehe diese die halbe Bahn gelaufen waren, hatte sie das äußerste Ende längst erreicht. Mit einem lauten Schrei sank sie nieder und gab einem Zwillingspaar das Leben, einem Sohn und einer Tochter, dem Firt und der Fial[22]. Als man aber nun hinging, um ihr in ihrer Not zu helfen, entwich sie von ihren neugeborenen Kindern und war bald allen Augen entschwunden.

Was die fremde Frau aber vorausgesagt hatte, das wurde zur Wahrheit. Wer immer von den Männern von Ulad den Notschrei der Macha gehört hatte, den überfiel die Schwäche bei der Geburt eines Kindes in seinem Hause, und vier Nächte und fünf Tage lang lag er kraftlos auf seinem

Lager. Und so geschah es jedem ihrer männlichen Nachkommen bis ins neunte Glied der Geschlechterfolge. Von der Zeit des Crunniuc an bis zur Zeit des Königs Fergus mac Domnall von Ulad lastete dieser Fluch auf den Männern von Ulad. Die Festwiese aber hieß seit jener Begebenheit Emuin Macha, die Zwillinge der Macha[23].

Derdriu

Es war im Winter, und blinkender Schnee lag auf den Wällen und den Kuppeldächern der Häuser von Emuin Macha. Ein heiterer Morgen breitete seinen Sonnenglast über Hügel und Ebenen von Ulad, und in der reinen, kühlen Luft roch es bereits würzig nach dem nahenden Frühling. Im Tor einer abseits gelegenen Rundhütte stand ein junges Mädchen und schaute nachdenklich einem Knecht zu, der innerhalb des Geheges, das um das Haus bis an den Wall der Burg gesteckt war, ein frisch geschlachtetes Kalb zerlegte. Rauch stieg aus der Dachöffnung des Hauses träge in die Höhe; im Inneren des runden Rohrbaus aber waltete geschäftig eine ältere Frau am Feuer und schnitt Fleisch in einen Kessel.

Der Knecht hatte auf dem Hofe achtlos das Geschlinge des toten Kalbes beiseite geworfen. Das Blut troff von den Eingeweiden und färbte den Schnee rot. Da kam ein Rabe geflogen, senkte sich zu dem lockenden Frühmahl und bohrte seinen Schnabel in das noch warme Gekröse. Dem Mädchen lechteten die blauen Augen, als sie das Farbenspiel betrachtete, den weißen Schnee und das rote Blut und darüber das blauschwarze Gefieder des Rabenvogels. Sie trat zurück in das Haus und nach einigem Besinnen sagte sie zu der anderen Frau: »Nun ist es soweit, Leborcham[24]. Ich habe ein Zeichen erhalten, welchen Mann ich lieben werde. Dessen Leib wird so weiß sein wie der Schnee dort draußen auf dem Boden, seine Wangen so rot wie das Blut, das von dem Kalb da in den Schnee rinnt, und das Haar auf seinem Haupte so schwarz wie die Fittiche des Raben, der vom Himmel geflogen kam und das Blut trank.«

Leborcham blickte von ihrer Arbeit auf und sah das Mädchen mit prüfenden Augen an. »Das wird nicht so einfach sein, Derdriu«, sagte sie langsam, »denn du weißt nicht, daß über deinem Haupte die Weissagung des Druiden Cathbad schwebt und das Gelöbnis des Königs Conchobar.«[25]

»Nie hast du mir davon erzählt, Leborcham«, mahnte sie Derdriu vorwurfsvoll.

»Ich schwieg auf Geheiß des Königs, dessen Vertraute ich bin. Und ich muß schweigen bis...« Sie stockte und blickte durch das Tor auf den Hof hinaus.

»Bis wann?« drängte sie das Mädchen.

Leborcham machte ihr ein Zeichen, wies mit dem Finger durch die Tür und sagte leise: »Ich will dir alles erzählen, wenn der Knecht wieder fort ist. Ich sehe, daß die Zeit gekommen ist, Derdriu.«

Stumm machte sich Leborcham wieder an die Arbeit, und Derdriu fragte nicht weiter. So verbrachten die beiden Frauen den Tag wie immer, eine jede beschäftigt mit ihrem Werk und ihren Gedanken. Aber als der frühe Abend gekommen war, setzte sich Leborcham mit ihrer Kunkel an das glimmende Feuer des Herdes und spann, während Derdriu sich mit dem Säumen eines Gewandes zu schaffen machte. Da hob die Alte das Gesicht und sah das Mädchen mit ihren klugen, von der Glut des Herdes geheimnisvoll leuchtenden Augen an. Wie gebannt und erwartungsvoll blickte Derdriu in diese großen schwarzen, nur je in einem rötlichen Punkt glänzenden Augen ihrer Amme und ließ die Nadel sinken.

»Die Raben lechzen nach Blut«, sagte Leborcham halblaut und doch mit sanfter Eindringlichkeit, »bald wird der Schnee schmelzen und die Wasser fließen zu Tal, dann wird die schlafende Birke stolz ihren weißen Leib strecken und dem stürmenden Frühlingswind ihr wehendes Haar bieten. Deine Brüste sind rund geworden, Kind, und in meiner Hut bist du nun zum Weibe erwachsen. So sollst du denn alles wissen, was dir nützlich ist.«

Sie schwieg eine Weile und ließ den Faden durch ihre wirbelnden Finger gleiten. Derdriu aber verharrte ihr gegenüber wie ein Bild von Stein.

»Es ist nun dreimal fünf Jahre her, da ging Fedlim, König Conchobars Geschichtenerzähler, der Sohn des Dall[26], in die Königshalle von Emuin Macha und lud seinen Herrn zu einem fröhlichen Gelage in sein eigenes Haus; denn so ist es Sitte in Emuin Macha, daß an jedem Abend ein anderer der Edlen all die andern in seinem Hause bewirtet, sobald die Reihe an ihn kommt. So versäumte denn Conchobar nicht, der Einladung Fedlims zu folgen und ging mit den andern Edelingen in dessen Haus, und unter ihnen war auch Cathbad, der Druide.

Als das Fleisch und die Trinkhörner herumgereicht wurden und die Männer trunken lachten und schrien, stand auch Fedlims Weib bei ihnen und wartete den Gästen auf. Sie war aber schwanger, und als die Edelinge mit dem König zur Ruhe gehen wollten, ertönte aus ihrem Leibe ein Schrei wie von eines Kindleins Stimme. Da verwunderten sich die Kämpen, umdrängten sie und wollten wissen, was in ihrem Leibe geschrien hätte, und auch Fedlim, ihr Mann, beschwor sie, das Wunder zu erklären. Doch sie wehrte die Männer ab und sprach: ›So laßt Cathbad, den Druiden, künden, was mir im Leibe schrie! Weiß doch kein Weib, was es unter dem

Herzen trägt; nur er, der Weise, ist geheimer Zauberkunst mächtig und kennt das Verborgene.‹ Da trat Cathbad auf sie zu und blickte sie lange unter seinen weißen buschigen Brauen an. Dann sprach er, während die andern begierig lauschten:

›Aus deines Leibes Höhle hört' ich rufen
Ein Weib mit Wangen wie des Sturmhuts Purpur,
Blauäugig goldgelockt; wie Beeren von der Eberesche
Leuchtet ihrer Lippen feuerrote Pracht;
Verlockend lächelt sie mit kleinen Zähnen,
Die weißer sind als frischgefallener Schnee,
Und wie die Binse biegt sich ihr geschmeidiger Leib.
Neid weckt sie Königinnen um ihres Körpers Preis,
Die schönste Frauenblume von den Fluren Erinns.
Doch stiftet Streit sie unter Ulads Kämpen,
Zu Männermord treibt sie die grimmen Recken.‹« – –

Das Mädchen hörte ihr Herz pochen, als sie die Amme dies Geheimnis singend erzählen hörte, und eine Blutwelle schoß ihr in die Wange. Aber sie schwieg und lauschte weiter. Leborcham blickte in das Feuer, als besann sie sich auf die alten Dinge ein Weilchen, dann fuhr sie fort: »Nachdem er dies Laid gesprochen hatte, trat der Druide nahe an Fedlims Weib heran und legte seine Hand auf ihren Leib. Da regte sich das Kind heftig unter seinen Fingern. ›Ja‹, sprach Cathbad, ›es ist ein Mädchen, und so will ich ihm seinen Namen geben, und Derdriu soll die Maid heißen wegen ihres Tobens[27]. Aber großes Unheil wird sie über uns bringen.‹

Da drangen die Edlen in ihn, er solle ihnen noch mehr von ihr künden und sagen, welcher Gestalt das künftige

Unheil sein werde. Aber erst als König Conchobar selbst ihn zu weissagen aufforderte, sprach Cathbad zögernd die Verse:

›O weiße Derdriu, du wunderschöne,
Du störst den Sturm auf in der Männer Seelen!
Ich sehe Schwerter blinken in der schwülen Nacht,
Von schwarzen Gräsern tropft vergossenes Blut,
Hinstürzen Helden mit verzerrtem Mund,
Mit blutigen Lippen beißen sie den Rasen,
Gekrallt ins Erdreich die verkrampften Finger;
Der Tod im Nacken schließt ihr trübes Auge
Um dich, o Derdriu, um deines Atems Hauch.
Ich sehe Rauch und Feuer und gleich einer Fackel
  brennen
Des Königs Halle, und die helle Lohe
Beleuchtet grausig all die grauen Steine,
Die aufgetürmt um Emuin über Heldengräbern,
O weiße Derdriu, du wunderschöne!‹

Da bestürmten die empörten Edlen von Ulad den Druiden, er solle aufhören mit seinen furchtbaren Weissagungen, und wild schrien sie durcheinander: ›Man soll sie töten, die Unheilbringerin, ehe sie uns verderben kann!‹ Einige schickten sich sogar an, sich auf Fedlims Weib zu stürzen. Doch da trat König Conchobar vor die Erschrockene schützend mit seinem Schwerte und sprach: ›Nicht also! Wenn das Mädchen geboren ist, so bringt es zu mir! Ich will es erziehen lassen, und sobald es herangewachsen ist, soll Derdriu mein Lager teilen. So werde ich euch vor dem Verhängnis bewahren.‹« – –

Derdriu war aufgesprungen und rief in großer Erregung: »Und was rätst du nun Fedlims Tochter, Leborcham?«

Die Amme besänftigte sie: »Den Eltern war diese Entscheidung des Königs gar nicht recht; doch keiner wagte ihm zu widersprechen, so bannte sie der strenge Blick seiner scharfen Augen. Auf diese Weise kamst du in des Königs Gewalt. Er übergab dich mir als seine Pflegetochter, sobald du geboren warst, Derdriu; denn er schätzte mich hoch und vertraute mir vor allen andern. Doch gab er mir genau gemessene Weisung, dich abseits von seinem Hofe aufzuziehen und dich fern zu halten vom Umgang mit andern Menschen. Dazu gab er mir Befehl, ihm anzuzeigen, wann immer ein Zeichen käme, daß du zum Weibe gereift seist. Nun hast du mir selber das Zeichen gemeldet.«

»Es ist entsetzlich«, stöhnte Derdriu und sank mit Tränen in den Augen zurück auf ihren Sitz. »Weißt du keinen Zauber, der mich unsichtbar macht, damit ich von hier fliehen kann?«

Gütlich redete ihr die Amme zu: »Ich habe dich immer sanft behandelt, Derdriu, habe dich alles gelehrt, das ich selber wußte, und nahm es mit des Königs Gebot nicht allzu streng, weil ich dich liebte. Doch heute mußte ich dir alles erzählen, so sehr es dich vielleicht auch schmerzt. Ist es dir denn nicht recht, Königin von Ulad zu werden?«

Mit langsam erwachendem Trotz versetzte das Mädchen: »Der Rabe gab mir ein untrügliches Zeichen; aber der Vogel war nicht König Conchobars Bote.«

»Wie meinst du das, Kind?« fragte die Alte. »Sagtest du nicht selber, du sehntest dich nach einem Mann, und ist nicht Conchobar der gewaltigste König von ganz Erinn?«

Leidenschaftlich stieß Derdriu die Worte hervor: »Bisher hast du mir die Zeichen des Himmels und der Erde immer richtig gedeutet, Leborcham, und ich war keine blöde Schülerin von dir. So glaube ich nicht, daß ich mich diesmal geirrt habe. Der Rabe aber ließ mich wissen, daß der Mann, dem ich meine Liebe schenke, schwarze Locken trägt, nicht einen kahlen Schädel mit grauen Borsten.«

Erschrocken hob die Alte beide Arme in die Höhe. »Du bist undankbar gegen deinen Wohltäter, Derdriu«, sagte sie, »und bedenke, daß er die Macht hat, dich zu zwingen.«

»Mein Wohltäter wird mich zwingen, mich, die Toberin?« fragte das Mädchen mit einem schmerzlichen Lachen zurück. »Ich sage dir, Amme, ich traue den Zeichen des Himmels und wähle den Mann, den ich begehre, und das ist nicht der, dem das Preislied des Druiden auf die Ungeborene die Sinne erhitzte und der für seine Wohltat, die mich den Brüsten meiner leibeignen Mutter entriß, den Dank meines Leibes erwartet. Der Dank soll ihm nimmer werden, das gelobe ich.«

»Kind, du bist noch zu jung und hast zu einsam gelebt, sonst würdest du wissen, daß die Königin von Ulad frei ist zu lieben oder zu hassen und auch dem König keine Rechenschaft darüber schuldig ist«, sagte die Amme mit nachsichtigem Lächeln.

Derdriu schüttelte trotzig den blonden Schopf: »Das ist mein zweites Gelübde, Leborcham, Tochter des Oa und der Adarc, ich will niemals zwei Männern gleichzeitig in die Augen sehen. So hilf mir denn, den Mann zu finden, dessen Leib so weiß ist wie der Schnee, dessen Wangen so rot glühen wie Blut und dessen Haupthaar dunkelt wie des Raben Gefieder!«

»Da kann ich dir helfen, Kind«, sagte Leborcham, »ein solcher Mann ist nicht weit und lebt in Emuin Macha. Kennst du Noisi, den Sohn des Usnech?«

»Ich weiß nicht, ob es der Jüngling ist, an den ich denke; doch sage mir, welchen Geschlechtes er ist, daß ich vielleicht aus seinen Ahnen auf ihn schließe«, meinte Derdriu.

Eine Weile senkte die Amme die Lider und blickte vor sich hin. Dann hob sie wieder die dunklen Augen und flüsterte diensteifrig: »Die Königin Magach hatte drei Männer: Cathbad der Druide war der erste, neben ihm waren da Ross der Rote und Cairbre Rotkopf. Eine schöne Frau war Magach, die braunbrauige, und jedem ihrer Männer gebar sie Kinder. Drei Töchter aber gebar sie dem Cathbad: Deitchim, Albhe und Findcaem. Sie waren die schönsten Mädchen von Erinn. Deitchim wurde Cuchulinns berühmte Mutter; Findcaem gebar den Helden Conall Cernach; Albhe aber vermählte sich mit Usnech, dem Sohne des kampffrohen Maelcro, und schenkte ihm drei Söhne: Noisi, Ardan und Annli[28]. Sie stehen an Kraft weder Cuchulinn nach noch Conall Cernach, drei Leuchten sind sie der Tapferkeit und Hochsinnigkeit, allen voran aber Noisi. Liebe Gesellen sind sie, weiß von Antlitz und mit rosigen Wangen, die Enkel des Druiden Cathbad. Unzertrennlich sind sie, und wer einen von ihnen meint, bekommt sie alle drei.« Leborcham sah in Derdrius Antlitz, um zu prüfen, welchen Eindruck ihre Worte auf sie machten.

»Ich will nicht eher fröhlich sein, bis ich Noisi sehe«, sagte das Mädchen. »Ich glaube jedoch, ich kenne ihn; denn er treibt im Sommer die Kühe hier vorbei durch das Tor auf den Anger. Oftmals sah ich ihm nach; doch er achtet nur auf seine Kühe. So sende ihn heimlich zu mir, Leborcham!«

Die Alte nickte nur und spann weiter. Derdriu nahm ihre Nadel. Und beide träumten vor sich hin in der engen Rohrhütte, die Alte von der Vergangenheit, die junge von der Zukunft.

Als der Frühling gekommen war, redete Leborcham mit Noisi und lud ihn ein, sich mit Derdriu zu unterhalten. Furchtsam und verstohlen nahte sich Noisi dem Zaun des verbotenen Gehöftes in der Abendstunde. Als ihn Derdriu erblickte, sah sie, daß Noisi der Jüngling war, nach dem ihr Herz sich sehnte und daß seine Locken dunkel waren wie die Fittiche des Raben. So rief sie ihn an und sagte zu ihm: »Zu gelegener Zeit kommst du, Noisi. Sieh, ich bin so einsam, und niemand redet mit mir. Möchtest du nicht ein paar Worte zu mir sagen, ach, nur ein paar Worte. Ich würde es dir hoch anrechnen.« Noisi schaute sie an. Ihr Gesicht war lieblich wie eine knospende Blume, und ihre weiche Stimme ließ sein Herz vor Wonne erzittern. Er trat näher zu ihr, aber er fühlte sich so befangen, daß er keine Worte finden konnte, ihr zu antworten.

»Warum schweigst du, Noisi«, sagte Derdriu, »so oft sah ich dir nach, wenn du die Kühe austriebst; mich freute dein munterer Sinn, wenn du sangest, und froh sah ich die Kraft deiner Glieder, wenn du die störrischen Tiere bändigtest. Wie gern wäre ich mit dir gegangen, aber ich darf diesen Hof ja nicht verlassen.«

»Das Kuhtreiben ist auch nicht Arbeit für Mädchen«, sagte Noisi ganz schüchtern. »Besonders die Stiere sind oft bösartig und schwierig zu leiten.«

So unterhielten sie sich einige Zeit über die Gewohnheiten der Rinder. Schließlich sagte Derdriu ungeduldig: »Du schätzt meine Kraft gering, Noisi. Einen Stier zu lenken wäre mir höchste Lust. Laß mich doch einmal mit dir gehn auf den Anger!«

Noisi aber wehrte ab und meinte verlegen: »Du bist dem König zugesagt, Derdriu, er könnte es übel vermerken.«

Da ließ Derdriu alle Zurückhaltung fallen und sprach offen: »Siehst du nicht, Noisi, daß ich dich liebe? Glaubst du, ich hätte dich hierher rufen lassen, um mich mit dir über deine Kühe zu unterhalten? Bist du ein Mann, so springe über diesen niedrigen Zaun! Bist du ein Feigling, der Stiere bändigt, aber Könige fürchtet, so trolle dich von dannen!«

»Was willst du von mir?« fragte Noisi. »Wenn ich über den Zaun springe, ist mein Leben verwirkt, sobald es der König erfährt. Willst du also meinen ruhmlosen Tod?«

»Nein, Noisi«, entgegnete ihm Derdriu, »ich will nicht deinen Tod. Doch entführe mich aus Conchobars Gewalt, so will ich dir folgen bis auf die fernste Insel der Welt. Entscheide dich denn! Bist du ein Kuhtreiber von Emuin Macha, oder bist du ein Held von Ulad?«

»Laß mich das überlegen, Derdriu«, bat Noisi. »Es kam zu unerwartet über mich.« Und damit entfernte er sich.

»Memme!« rief ihm Derdriu entrüstet nach. Sie ging in das Haus zurück, und schluchzend warf sie sich ihrer Amme in die Arme.

So kam der Sommer heran. Noisi weidete die Kühe seines Vaters auf den Abhängen der Wälle von Emuin Macha. Aber er sang nicht mehr schallend, wie er sonst tat, wenn er auf der Weide war. Immer mußte er an das schöne Mädchen denken, das ihn einen Feigling gescholten hatte. Sie war ihm so reizend und begehrenswert vorgekommen, als sie durch die Sträucher über den Zaun zu ihm gesprochen hatte. Schön ist sie und verlockend wie eine Side, sprach er bei sich selbst. Und er ein Feigling, der vor dem König Angst hatte! Dann überlegte er sich: war er nicht geübt, die Waffen zu führen, den Speer zu schleudern und das Schwert zu schwingen mit seiner jungen Kraft? Konnte er nicht so schnell laufen wie ein Hetzhund, das fliehende Wild zu erjagen? War er nicht mit seinen Brüdern stark genug, wenn sie Rücken an Rücken standen, den Ansturm des ganzen Clans gegen sich auszuhalten? Wer war der Abwehr der Usnech-Söhne gewachsen? Sie aber nannte ihn einen Feigling! Und Stiere zu bändigen war ihre größte Freude! Nein, Noisi war kein friedlicher Kuhtreiber mehr. Ein Sturmwind tobte durch seine Seele.

Leborcham hatte Derdriu über ihren Mißerfolg bei Noisi getröstet und ihr Hoffnung gemacht, ihn unter günstigeren Umständen wiederzutreffen. Sie hatte ihr auch geraten, bei ihrer zweiten Werbung um ihn den Schüchternen derb anzupacken, wenn er sie nicht erhören wollte. So ging denn Derdriu eines Tages hinaus vor den Wall und traf auf Noisi, als er die Rinder weidete. Sie tat erst, als wollte sie an ihm vorübergehen. Er achtete auch wenig auf sie; doch als sie so leichtfüßig vorüberschritt, meinte er, es wäre irgendein Mädchen aus Emuin Macha und rief ihr neckend zu: »Ein hübsches Kälbchen hüpft da vorbei!«

»Was hilft dem Kälbchen seine Schönheit, wenn das Stierlein nur blöde nach ihm starrt«, gab sie schnippisch zurück.

Da erkannte sie Noisi an ihrer weichen Stimme. »Du bekommst den Bullen des ganzen Clans für dich«, spottete er zurück.

Derdriu wandte sich um, sah ihn ernst an und sagte: »Wenn ich die Wahl habe zwischen ihm und dir, so nehme ich dich, junges Stierlein.«

»Denke an Cathbads Weissagung!« wehrte er ab.

»Und damit willst du mich abweisen?« fragte sie rot vor Zorn.

Noisi lächelte, hingerissen von ihrer Anmut. Sie aber hielt sein Grinsen für Hohn, sprang auf ihn zu und packte ihn bei beiden Ohren. »Diese beiden Ohren!« rief sie laut, »Spott und Gelächter sollen sie treffen, wenn du nicht tust nach meinem Willen!«

»Laß mich frei, Mädchen!« schrie Noisi beschämt, und da er den Zauber des Spottes fürchtete, bekannte er kleinlaut: »Ich will mich deinem Willen fügen.«

»Das will ich meinen«, sagte Derdriu und ließ ihn los. »So gib mir bald Nachricht!« Stolz wandte sie sich und schlug den Weg nach ihrem Gehöft ein.

Da stieß Noisi einen langen Ruf aus. Es währte nicht lange, so eilten darauf seine Brüder Annli und Ardan herbei. Noisi erzählte ihnen kurz, was ihm begegnet war und daß Derdriu von ihm verlangte, er solle sie aus des Königs Gewalt entführen. Das wäre eine böse Sache, meinten die Brüder, und schlimmer Streit würde sich daraus ergeben. »Aber wenn du dein Wort gegeben hast«, sagte Ardan, und Annli stimmte ihm darin zu, »so sollst du davon nicht Schande erleben, und so werden wir dein Geschick teilen, solange wir leben.« Annli riet seinerseits zu schnellem Handeln, ehe die Sache ruchbar würde und womöglich dem König zu Ohren käme, und meinte, sie müßten noch in der kommenden Nacht die Entführung wagen. »Unsere Abstammung und unsere Kraft ist in ganz Erinn wohl bekannt«, setzte er hinzu, »so werden uns die Fürsten aller Gaue, wohin wir auch kommen, als ihre Gefolgsleute willkommen heißen.« Darauf beratschlagten sie weiter, wie sie die Flucht ins Werk setzen wollten.

Schon in der folgenden Nacht entführten Noisi und seine Brüder die Verlobte des Königs aus ihrem Häuschen. Mit Hilfe ihrer Amme Leborcham entkamen sie auch alle glücklich aus dem Gebiet von Ulad. Schrecklich zürnte König Conchobar, als er nach etlichen Tagen erfuhr, was ihm die Usnech-Söhne für einen Streich gespielt hatten, und hätte die kluge Leborcham, der er besonders wegen ihrer Unachtsamkeit und späten Meldung grollte, nicht geschickt seinen Grimm durch geheime Mittel abgelenkt, die nur ihr als seiner Vertrauten bekannt waren, es wäre ihr schlimm ergangen. Derdriu aber floh inzwischen mit ihren drei jungen Kriegern zu dem Fürsten von Lagin. Freudig wurden dort die Usnech-Söhne mit der schönen Frau aufgenommen, und bereitwillig nahm der König von Lagin die Dienste der drei Brüder an. Doch ihres Bleibens war dort nicht lange; denn mit Listen und Ränken suchte der König von Ulad die Flüchtlinge auch in der Ferne zu verderben. So zogen sie weiter von Gau zu Gau, von Königshof zu Königshof. Aber überallhin folgte ihnen Conchobars Rachgier wie ein heimlicher dunkler Schatten. Da sprach Noisi zu seinem Bruder Annli: »Siehst du nun ein, Bruder, daß dein Rat nicht gut war und daß du dich irrtest, als du glaubtest, wir Usnech-Söhne würden überall als Kämpen wohl gelitten sein? Zwar heißt man uns allerorten herzlich willkommen, doch bald kühlt sich die Huld der Fürsten, sobald sie Conchobars Ungnade fürchten und seinen Boten, die sie gegen uns aufstacheln, Gehör schenken.«

»Mein Rat war nicht gut, Noisi«, antwortete Annli, »aber ich weiß jetzt keinen bessern zu geben. Wir müssen jedenfalls weiter fliehen.«

Als Derdriu die Brüder so ratlos sah, sagte sie zu ihnen: »Da ihr nun in Verlegenheit seid um meinetwillen, so will ich euch führen. Mich leiten die Zeichen des Himmels und der Erde.« Da folgten sie ihr willig.

So kamen sie schließlich bis zur Landspitze von Etar[29] an der irischen See. Dort wohnte ein treuer Freund von Usnech, Noisis Vater. Dessen Schutz suchten die Flüchtlinge. Er verweigerte ihnen sein Dach nicht und verbarg sie vor den Augen der Späher. Aber bald gab er Noisi den wohlmeinenden Rat, zwischen sich und Conchobars Rache das weite Meer zu legen; denn er fürchtete für die Sicherheit seiner Gäste. Die Usnech-Söhne sahen ein, daß er recht hatte, und auch Derdriu billigte den Plan. So rüsteten Noisi und seine Brüder ein Schiff, um nach Alba über das graue

Wasser zu fahren[30]. Als aber Noisi mit den Seinen von dem freundlichen Wirt Abschied nahm, um das Schiff zu besteigen, tat er das Gelübde: »Nie werde ich die Felsenküste von Erinn wiedersehen, es sei denn heimgeleitet von Conall Cernach oder von Cuchulinn oder von Fergus, dem Sohn der Roig.«[31] Mit diesem Gelöbnis setzte er sich an das Steuer des Schiffes und richtete seine Spitze nach Osten gegen die aufgehende Sonne.

Lange Zeit lebten die Brüder mit Derdriu in den Einöden von Alba, bauten sich dort Hütten, jagten das Wild in den Schluchten der Berge und fingen sich Fische in den Bächen und Seen. Als sie nach irischer Sitte jedoch anfingen, den Bauern ihr Vieh fortzutreiben, beklagten sich diese bei ihrem König und verlangten von ihm, er solle die fremden Eindringlinge entweder umbringen oder fortjagen lassen. Als der Schottenkönig darauf mit Heeresmacht gegen sie anrückte, unterwarfen sich ihm die drei Brüder und gelobten ihm, Kriegsdienste zu leisten gegen seine Feinde. Das nahm der König an, und gewaltige Heldentaten verrichteten da die Usnech-Söhne in seinen Diensten, und weithin verkündeten die Barden ihren Heldenruhm; am meisten jedoch priesen sie den Noisi. So hoch indessen der König von Alba die Brüder für ihre großen Leistungen ehrte und werthielt, so wollten sie gleichwohl nicht an seinem Hofe wohnen. Die Usnech-Söhne lebten vielmehr weiter in ihren Hütten in den Bergen, und dort hielten sie auch Derdriu verborgen, eingedenk der Weissagung des Druiden.

Nicht allzeit war Derdriu glücklich in ihrer Liebe zu Noisi. Bei einem Biergelage in der Halle des Königs wartete eines Abends die Tochter des Earls von Dun Treor[32] den Kämpen auf, und als sie Noisi das Horn voll Bier reichte, blieb ihr Auge liebestrahlend auf ihm ruhen. Da ging Noisi öfter sie zu besuchen. Er schenkte ihr die Beute seiner Jagd und ruhte bei ihr heimlich. Als er danach eines Abends heimkehrte in die Hütte zu Derdriu, witterte sie den Duft eines anderen Weibes an ihm, und wilde Eifersucht zerriß ihr das Herz. Kummervoll lag sie bis zum Morgen und fern von Noisi. Aber als die Sonne aufging, bestieg sie ein Boot und fuhr damit auf die See hinaus und wünschte nichts sehnlicher, als in den Wellen zu versinken. Doch Annli und Ardan verfolgten sie, holten sie ein, redeten ihr tröstlich zu und brachten sie wieder nach Hause. Da schwor ihr Noisi drei feierliche Eide auf sein Schwert, er wolle ihr nie wieder die Treue brechen bis an seinen Tod. »Du weißt, Noisi«, sagte sie schlicht, »daß ich gelobt habe, nie zwei Männern zugleich in das Gesicht zu schauen, und so solltest du es auch halten mit den Frauen.« So versöhnten sie sich wieder.

In der Frühe des nächsten Morgens kam der Verwalter des Königs zu Noisis Haus in den Bergen, um ihm ein Wort seines Herrn auszurichten. Durch eine Fensteröffnung sah er das Paar auf ihrem Lager schlafen, und er verwunderte sich über die große Schönheit der Frau, von der niemand in Alba bis dahin etwas wußte. Als er zur Königsburg zurückkam, eilte er daher sofort zu seinem Herrn, berichtete ihm von der wunderschönen unbekannten Frau, die er an Noisis Seite hatte ruhen sehen, und stachelte des Königs Lust, Noisi sein Weib fortzunehmen, müßte er den Helden auch darum erschlagen. Doch der König wollte gegen die überall angesehenen Brüder nicht sogleich mit Gewalt vorgehen, sondern bestimmte den Verwalter, sich zuvor an Derdriu heranzumachen und sie zu überreden, ihrem Manne davonzulaufen und auf der Burg bei ihm Schutz zu suchen.

Als Derdriu des Königs Botschaft empfing, erkannte sie sogleich die Gefahr, in der die Brüder schwebten. Sie stellte sich daher, als wäre ihr das Angebot des Königs von Alba sehr erwünscht, doch hielt sie den Verwalter mit halben Zugeständnissen und Ausflüchten eine geraume Zeit hin, so daß er häufiger wiederkommen mußte. Unterdessen warnte sie die Brüder und sprach zu Noisi: »Nun wird es wieder Zeit, Geliebter, daß wir ein Schiff besteigen und von hinnen fahren. Um meinetwillen wird der König von Alba euch Brüder hinterhältig ins Verderben stürzen, wenn ihr mit der Flucht noch lange zögert. Auch aus diesem schönen Lande vertreibt uns die schändliche Gier eines Königs und der Fluch des Druiden, eures Großvaters.« Sie bestimmte selber die Nacht, in der sie das Weite suchen wollten. Noisi aber hielt an einer versteckten Stelle der Meeresküste ein Boot für die Flucht bereit und rüstete mit den Brüdern alles für die heimliche Abfahrt. Als am Abend vor dieser festgesetzten Nacht der Verwalter des Königs wieder in Noisis Heim erschien, um Derdriu, wie er mit ihr verabredet hatte, auf Schleichwegen und ungesehen in des Königs Haus zu holen, sprang Noisi, ehe er es sich versah, gegen ihn an und erstach ihn mit seinem Speer. Dann eilten die Brüder mit Derdriu im Dunkel der Nacht an den Strand, bestiegen das Boot und fuhren nach einer fernen Insel draußen in der See. Wohl schickte ihnen der König von Alba Verfolger nach, als er von der Flucht der Usnech-Söhne erfahren hatte; aber keiner der ausgesandten Rächer erreichte die Flüchtigen.

Auf der Insel blieb Derdriu mit den Usnech-Söhnen nur kurze Zeit; denn unwirtlich war dort die Erde und bot ihnen nur kargen Unterhalt. So fuhren sie zu Schiff wieder zurück nach Albas Küste und landeten an einer Stelle, die von ihren alten Wohnplätzen weit entfernt lag. In menschenleerer Wildnis ließen sie sich dort nieder, nämlich am See von Eitche[33]. Drei Hütten bauten hier die Brüder, und in der einen schliefen sie, in der andern wohnten sie, und in der dritten kochten sie das Essen. Glücklich und unangefochten lebten sie hier mit Derdriu lange Zeit.

Da drang durch Seefahrer Kunde zu König Conchobar, wo Derdriu und die Usnech-Söhne endlich Zuflucht gefunden hätten. Der König, der seine Rachegedanken nicht aufgegeben hatte, lud darauf die Edlen von Ulad zu einem üppigen Festmahl. Dabei ließ er es an nichts fehlen und bewirtete seine Gäste reichlich mit Speise und Trank. Auch Barden ließen bei dem Fest in der Königshalle von Emuin Macha ihre Stimme erschallen und sangen Preislieder auf die Taten der Helden von Ulad. Mit großem Beifall sang da Genan mit dem leuchtenden Gesicht, der Sohn Cathbads des Druiden, und mit ihm wetteiferten Misdeda, der Sohn Ambergins, der Barde Fercertne und Brecne, der Sohn des Cairbre Grauhaupt[34].

Als nun alle in fröhlichster Stimmung waren, erhob sich Conchobar von seinem Königssitz und sprach zu den Versammelten: »Ihr Edlen von Ulad, wenn euch noch etwas zur vollen Wonne fehlt, so laßt es mich wissen.« Aber alle Gäste versicherten ihm, sie wären vollauf zufrieden mit allen Darbietungen des Festes. Da sagte Conchobar: »Mir geht es nicht so. Aller Glanz erscheint nur trübe, wo die drei Fackeln der Tapferkeit fehlen, die drei Usnech-Söhne, die fern der Heimat leben wegen eines Weibes, und doch wäre Noisi nach seinen Taten, die er in Alba vollführt hat und deretwegen ihn die Barden in aller Welt rühmen, würdig, König zu sein. Mit seinen tapferen Brüdern wäre er imstande, im Notfall Ulad allein gegen alle Angreifer aus Erinn zu verteidigen. Ja, schmerzlich ist es mir, gerade diese wackeren Männer zu missen.« Da stimmten ihm die Edlen zu und bedeuteten ihm, sie hätten ihn um die Heimrufung der

Usnech-Söhne längst gebeten, hätten sie nicht seinen Groll und Zorn wegen eben jenes Weibes, der Tochter des Fedlim, gefürchtet und die Weissagung Cathbads des Druiden gescheut. Darauf fragte der König, dem diese Stimmung unter seinen Gästen gerade gelegen kam, wer denn von ihnen den Usnech-Söhnen seine Botschaft und Einladung über das Meer überbringen wollte. Es meldete sich niemand. Conchobar besann sich einen Augenblick und sprach weiter: »Ich weiß, daß Noisi ein Gelübde getan hat, er werde nie nach Erinn zurückkehren, es sei denn, er werde geleitet von Fergus, dem Sohne der Roig, oder von Conall Cernach oder von Cuchulinn. So will ich denn diese drei fragen, und aus ihrer Antwort werde ich ersehen, welcher von den dreien mich am meisten liebt.«

Darauf nahm er zunächst Cuchulinn beiseite und fragte ihn: »Du Heerführer im Krieg, Cuchulinn, was würdest du tun, wenn ich dich zu den Usnech-Söhnen sendete, und zwar mit dem Auftrag, sie zu vernichten?« Und als Cuchulinn finster schwieg, fügte er listig hinzu: »Diese schlimme Absicht hege ich allerdings nicht. Aber was würdest du tun, wenn du die Usnech-Söhne heimgeleitetest und sie gingen in Ulad zugrunde?«

»Auf mein Wort«, sagte Cuchulinn, »die Flucht bis an der Welt Ende würde den tückischen Verräter nicht davor retten, für solche Meintat von meiner Hand zu fallen.«

»Schon recht«, entgegnete ihm Conchobar, »ich sehe wohl, daß dir die Usnech-Söhne lieber sind als ich selbst.« Damit entließ er ihn und bat Conall Cernach zu sich. Dem legte er dieselbe Frage vor, und Conall antwortete: »Ein solcher Verrat trüge nicht nur einem Manne den Tod ein, sondern ich ließe vielmehr keinen Mann in Ulad am Leben, den ich erreichen kann, wenn ich für das sichere Geleit der

Usnech-Söhne zu bürgen hätte und es geschähe ihnen hier ein Leid.«

»Schon gut«, sagte der König, »ich sehe wohl, daß du mich nicht liebst.« Und nach Conall ließ Conchobar den Fergus zu sich kommen. Den fragte er das nämliche wie die beiden andern. Fergus antwortete: »Da käme der Schatten des Todes von meiner Hand über jeden in Ulad, der den Usnech-Söhnen ein Haar krümmen wollte; allerdings würde ich dein eigenes Haupt dabei wahrscheinlich verschonen.«

»So sprichst du recht, Fergus«, nickte Conchobar beifällig. »Du bist es denn also, der die Usnech-Söhne heimholen wird. Doch höre! Wenn du von Alba nach Erinn zurückkehrst, so vergiß nicht, im Hause des Borrach, des Sohnes des Spottdichters, einzukehren. Du wirst dich nach der Seefahrt dort gut erholen können. Indessen ich dir bei dem gastfreien Borrach Ruhe und Pflege gönne, bitte ich dich, die Usnech-Söhne unverzüglich nach Emuin Macha weiterzusenden. Denn mein Herz brennt darauf, sie so bald als möglich wiederzusehen. Zudem kennen sie den Weg gar wohl und bedürfen keines besonderen Schutzes.« Fergus, dem das Bier schon ein wenig die Sinne benebelt hatte, vermochte die hinter den Worten des Königs verborgene Tücke nicht mehr zu erkennen und sagte freudig und bedingungslos zu.

Darauf ging Conchobar durch die Halle und nahm den Borrach, der sich unter seinen Gästen befand, heimlich beiseite. »Wolltest du mir nicht demnächst ein Fest geben, Borrach?« fragte er ihn unvermutet.

»Du mußt noch Geduld haben«, erwiderte Borrach, »ich bin noch mit den Vorbereitungen beschäftigt.«

»Schon gut«, meinte der König lächelnd, »ich wollte dich nur bitten, dies Fest an meiner Statt dem Fergus zu geben.

Er hat es wohl verdient, wenn er heimkehrt und die Usnech-Söhne nach Emuin geleitet. Sobald er in Erinn landet, wird er von der Seereise erschöpft sein, glaube ich. Da wäre ihm ein Imbiß in deinem Hause sicher willkommen.«

»Meinst du«, sagte Borrach bedenklich, »er wird da meine Einladung annehmen? Ich hörte, er sei recht wählerisch bei seinen Zusagen.«

Conchobar lächelte wieder. »Du kennst doch sein Gelübde«, beruhigte er ihn, »das tat er zwar, als er noch schwerer betrunken war als heute, aber gleichwohl muß er es nun halten, und das heißt, daß er niemals einen Festschmaus ausschlagen würde, wenn man ihn einlädt.«

Borrach lachte. »Gut denn«, sagte er, »Fergus soll sein Fest haben.«

Von der Halle des Königs begab sich Fergus nach seinem Hause und rüstete alles für die Fahrt nach Alba. Auf die Reise nahm er seine beiden Söhne Illan den Blonden und Buinne den Brandroten mit, und dazu als Fährmann einen seiner Knechte, namens Cuilen[35]. Zu vieren machten sie sich auf den Weg, hatten bald die Küste erreicht und fuhren zu Schiff nach der Gegend von Alba, die ihnen als der Wohnplatz der Usnech-Söhne bezeichnet worden war. Zu wiederholten Malen landeten sie vergeblich und fanden die Gesuchten nicht. Aber als sie endlich wieder einmal an Land gegangen waren, hörte Fergus auf seinen Ruf aus der Schlucht eines Berges herab nach einiger Zeit eine Antwort, und er vernahm aus der Art des Gegenrufes, daß ihn ein Mann von Ulad ausgestoßen hatte.

Zu dieser Zeit saßen Derdriu und Noisi in ihrer Wohnhütte beim Brettspiel. Dies Spielbrett[36], auf dem sie sich die Zeit vertrieben, hatte Derdriu einst von Conchobar in Emuin

Macha geliehen erhalten, und das war eins von den kostbarsten Kleinodien des Königs. Aber bei der Flucht hatte Derdriu es mitgenommen. Da hörte Noisi den Ruf des Fergus vom Strande her. »Da ruft ein Mann von Erinn«, sagte er zu Derdriu.

Derdriu tat einen Zug auf dem Brett und erwiderte obenhin: »Ich habe nichts gehört, es wird ein Seeadler gewesen sein.« Noisi spielte weiter. Aber da ertönte abermals der Schrei vom Meeresufer. »Das ist kein Vogel, Derdriu«, meinte er, »der da schreit; das ist sicher ein Mann von Erinn.« Derdriu blickte auf: »Jetzt hörte auch ich den Ruf, aber das wird ein Fischer gewesen sein, der seinen Gefährten auf dem andern Schiffe zurief.« Sie nahm einen Stein in die Hand und spielte weiter. Als jedoch Fergus zum dritten Male rief, stand Noisi auf und sagte: »Jetzt erkenne ich, wer da ruft: es ist der Schrei von Fergus, dem Sohn der Roig, und er kommt uns zu suchen.« Sogleich ging er vor die Tür und rief seinen Bruder Ardan, der vor der Kochhütte ein Wildbret zerlegte. »Hast du nicht den Schrei gehört, Ardan?« fragte er ihn. »Ja«, sagte Ardan, »ich hörte es dreimal rufen, doch ich glaubte, es wären Schiffer, die riefen einander an auf dem Meere.« Noisi schüttelte den Kopf »Nein, Ardan, Fergus, der Sohn der Roig, ist gekommen und wird uns aufsuchen. Er ist ein Mann von unserer Sippe und war uns stets freundlich gesinnt. Geh ihm entgegen und leite ihn hierher!«

Freudig hatte Noisi dies gesagt, und seine Freude steckte den Bruder an. Ardan wölbte die Hand vor den Mund und stieß den Ruf der Usnech-Söhne aus. Dann eilte er hinunter an den Strand.

Als Noisi wieder die Hütte betrat, sagte er zu Derdriu: »Ich habe Ardan zu Fergus hinunter gesandt.«

»Ich habe es schon beim ersten Schrei erkannt, daß Fergus der Rufer war«, erwiderte Derdriu mit sichtlichem Unbehagen.

»Warum hast du mir das nicht gleich gesagt, Derdriu«, schmollte Noisi.

»O Noisi, ich hatte jüngst einen häßlichen Traum: da flogen drei Vögel über Emuin Macha und ließen drei Honigtropfen auf unsere Köpfe fallen, aber drei Blutstropfen sogen sie aus unseren Hälsen.«

»Und wie deutest du diesen Traum?«

»Fergus kommt mit einer Friedensbotschaft von Conchobar, dem Sohn der Ness, Geliebter; honigsüß sind seine Worte, die er uns sendet, aber mit Blut müssen wir sie bezahlen.«

Da kam Ardan und brachte Fergus und seine Söhne zu Noisi und Derdriu in die Hütte. Herzlich war die Begrüßung zwischen den Sprößlingen aus dem Geschlecht des Rudraige Mor[37]. Sie küßten sich und fragten einander, wie es ihnen nach so langer Zeit der Trennung ergangen wäre, und insbesondere erkundigte sich Noisi nach den Umständen in Emuin Macha. »Ich bringe euch frohe Botschaft«, sagte Fergus. »Conchobar hat allen Groll gegen euch Usnech-Söhne fahren lassen, rühmt eure Heldenhaftigkeit und wünscht eure Heimkehr, damit ihr den euch zukommenden Platz unter den Kämpen von Ulad in der Königshalle von Emuin einnehmt. Ich verpfände euch mein Wort, daß er euch würdig empfangen und in hohen Ehren halten wird.«

Da entgegnete ihm Derdriu, die sich bei dem Empfang und der Begrüßung zurückgehalten hatte: »Es ist nicht gut für die Usnech-Söhne, nach Erinn heimzukehren: hier in Alba sind sie freie Herren, das aber würden sie in Ulad nicht mehr sein, solange der rachsüchtige und doppelzüngige Conchobar dort Herrscher ist.«

Doch Fergus hörte kaum auf ihre Worte. Eindringlich redete er weiter auf die Brüder ein; denn auch Annli war nun herzugetreten, der sich über Mittag in der Schlafhütte ausgestreckt hatte und von dem Lärm in Noisis Hütte aufgewacht war. »Seht«, sagte Fergus nachdrücklich, »was ist alles Glück in fremdem Lande gegen dies eine, Tag für Tag das Land vor Augen zu haben, in dem man geboren wurde!«

»Conchobar ist wenig zu trauen«, sagte Annli, den Derdrius Mahnung stutzig gemacht hatte. »Und welche Gewähr gibst du uns, Fergus«, setzte Ardan bedenklich hinzu, »daß der König es ehrlich meint?«

»Wen Conchobar haßt, den haßt er bis in den Tod«, mischte sich Derdriu wieder ein, »davon haben wir Beweise genug. Wie sollte sich seine Gesinnung jetzt geändert haben?«

Doch Fergus entkräftete alle ihre Befürchtungen und verschwor sich schließlich feierlich: »Ich verbürge euch mit meinem Wort und mit meinem Schwert, daß wer immer euch von den Männern von Erinn anzutasten wagt, nicht Schutz finden soll hinter Wall noch Schild vor meiner Klinge!« Da ließ sich Noisi beruhigen und sagte zustimmend: »Du hast recht, Fergus, in der Heimat lebt es sich immer am besten, und so wollen wir unter deinem Geleite die Heimfahrt nach Erinn antreten.«

Der Entscheidung des Ältesten beugten sich die jüngeren Brüder, und Derdriu schwieg mit beklommenem Herzen. Als das Schiff des Fergus in See stach, stand sie auf dem Hinterdeck, schaute mit feuchten Augen nach dem entschwindenden Gestade Albas zurück und sang das Lied:

»O Coill Cuanna! Wald von Cuanna,
Wo die kühlen Quellen springen,
Glücklich war ich einst mit Noisi
Dort im Grund auf Albas Erde.

O Glen Caen! Du Tal von Caen!
Deckte wieder mich dein Laubdach!
Wildbret, Fisch und fettes Dachsfleisch
Botest du mir einst als Speise.

Glen Masan! O Tal von Masan!
Ampfer wächst und grünes Gras dort.
Unstet schliefen auf der Grasflur
Oftmals wir im Tal von Masan.

O Loch Eitche! See von Eitche!
Dort erstand mein erstes Häuschen.
Lieblich steigen da die Wälder
Aufwärts aus dem Wiesengrund.

Glen na Ruadh! Tal der Rehe!
Meinen Gruß dem, der's gewinnt!
Süß tönt dort von schwankem Zweige
Kuckucksruf am Hang des Tales.

Dorneneiland du im See
Mit dem Bach im hellen Sande!
Nimmer hätt' ich dich gesehen
Als mit Noisi Hand in Hand.«[38]

Als Fergus mit Derdriu und den Usnech-Söhnen in Erinn gelandet war, begab er sich zunächst, wie es Conchobar ihm geraten hatte, zu Borrach, dem Sohne des Spottdichters[39]. »Borrach wird uns einen Imbiß geben«, sagte er zu Noisi, »das wird uns stärken für den Weg nach Emuin Macha.« Aber er hatte sich verrechnet. Borrach begrüßte zwar alle auf das herzlichste, machte aber keine Miene, die Ankömmlinge zu bewirten. Erst als sie sich anschickten, wieder zu gehn, sagte er zu Fergus: »Ich habe einen Festschmaus für dich bereitet, Fergus, und denke, du wirst mir die Ehre nicht abschlagen, mein Gast zu sein, wenn ich dich einlade, zumal du dich dazu bei deiner Ehre verpflichtet hast. So laß die andern nach Emuin ziehen und bleibe bei mir!« Fergus errötete vor Zorn und Scham. »Das trifft sich ungünstig, Borrach«, erwiderte er, »der König hat mir aufgetragen, die Usnech-Söhne ohne Verzug nach Emuin zu geleiten, sobald sie in Erinn gelandet sind, du aber hältst mich hier mit deinem Festessen auf.« Unschlüssig blickte er auf Noisi und fragte ihn: »Was ist da zu tun, Noisi? Du kennst mein Gelübde.«[40]

Noch ehe Noisi ihm antworten konnte, sagte Derdriu zu Fergus: »Da hast du nur eine Wahl, Fergus: entweder lehnst du den Schmaus ab, oder du läßt die Usnech-Söhne im Stich!«

»Das sei ferne von mir«, versetzte Fergus, »daß ich euch preisgebe; ich werde euch vielmehr unter dem Schutze meiner Söhne Illan des Blonden und Buinne des Brandroten nach Emuin Macha geleiten lassen. Im übrigen habt ihr mein Wort, und für dies Wort steht euch mein Schwert als Bürge ein.«

»Du bist wirklich ein hochherziger Mann, Fergus«, tat ihm Noisi ärgerlich Bescheid, »doch ich habe mich von je lieber auf mein eigenes Schwert verlassen als auf fremde. Geh denn zu deinem Festessen, du eitler Prahlhans!« Und voller Zorn machte er sich auf den Weg nach Emuin Macha mit Derdriu und seinen Brüdern. Beschämt über die Schwäche ihres Vaters folgten ihnen die beiden Fergus-Söhne.

Unterwegs meinte Derdriu zu den Männern: »Ich könnte euch einen guten Rat geben, wenn ihr ihn hören wollt.« Und als sie ihn wissen wollten, sagte sie: »Laßt uns nach der Insel Cuilinn[41] zwischen Erinn und Alba fahren und dort über Nacht bleiben, bis Fergus sein Gelübde erfüllt und den Festschmaus beendet hat! Das würde uns recht nützlich sein.« Da sprachen die Söhne des Fergus dagegen und empörten sich: »Dein Rat schafft uns Schande, Derdriu, denn wir sind gar wohl imstande, dich zu beschützen, wir beide allein; aber auch die Usnech-Söhne haben starke Fäuste, und vor allem sichert uns das Wort unseres Vaters sicheres Geleite.«

Derdriu seufzte: »Wehe uns, daß wir uns auf dies Wort verließen, da Fergus uns um ein Stück Schweinebraten im Stiche ließ!«

So kamen sie zu dem weißen Steinhaufen auf der Höhe des Berges des Fuad[42], wo der Wachtturm in die Höhe ragt, und Derdriu blieb vor Erschöpfung hinter den Männern zurück, ohne daß sie es merkten. Sie legte sich an den Wegrand, und ein tiefer Schlaf kam über die Ermüdete. Nach einiger Zeit bemerkte Noisi, daß Derdriu zurückgeblieben war. Sogleich kehrte er um, sie zu suchen. »Warum säumst du hinter uns?« fragte er sie, als er auf sie stieß und sie aus dem Schlummer weckte.

Sie stöhnte leise, als sie die Augen wieder aufschlug. Sie schlang ihren Arm um Noisis Hals und weinend sagte sie: »Einen schrecklichen Traum hatte ich, Geliebter: ich sah euch drei Brüder auf einem Anger knien, aber ihr hattet keine Köpfe auf den Schultern; auch Illan der Blonde war ohne Kopf, und sein Haupt saß auf dem Halse Buinnes des Brandroten, und der zeigte uns eine hämische Fratze.«

»Immer sprühen deine zarten Lippen nichts als Gift gegen Fergus und seine Söhne«, schalt sie Noisi bitter, »und doch trugen sie mit uns alle Unbilden der Reise.« Aber Derdriu ließ sich nicht beirren, und als sie nach Ard-na-Salech kamen[43], betrachtete sie die im Winde wehenden Weiden auf der Höhe mit einem Ausdruck des Schmerzes auf ihrem Gesicht. »Schreckliches sehe ich, Noisi«, stöhnte sie, »und ich kann das verhaßte Gesicht nicht aus den Augen bannen.«

»Was siehst du denn?« fragte sie Noisi fast ärgerlich.

»Ich sehe eine rote Wolke zu unsern Häupten«, sagte sie furchtsam, »sie ist rot wie der Dampf von Blut, und die Weiden beugen sich dort zur Erde und weinen.« Sie packte Noisi an den Schultern und beschwor ihn: »Darum höre mich, Noisi, laß uns für die kommende Nacht nach Dun Delgan zu Cuchulinn gehn[44], er wird uns seinen Schutz nicht versagen! Morgen ziehen wir dann von Süden mit ihm nach Emuin Macha.« Und als Noisi mißmutig den Kopf schüttelte, stellte sie ihm beweglich vor: »Sieh, Noisi, wir waren selten uneins miteinander; auch damals, als ich euch nach der Etar-Landspitze durch die Gaue von Erinn führte, folgtet ihr mir willig, und euer Schade war es wahrlich nicht.« Aber Noisi wollte nicht hören und achtete Derdrius düstere Ahnungen für eitle Träume. »Damals waren wir Jünglinge«, sagte er entschlossen, »damals hatten wir eben die Waffen zu handhaben gelernt; heute sind wir Männer und berühmte Kämpen, und unser Schwert fürchtet sich nicht vor Conchobars Tücke.« Derdriu strauchelte und fast wäre sie gefallen. Da griff sie Noisi um die Hüfte, und still und behutsam führte er sie den andern nach.

Endlich sahen sie Emuin Macha in der Ferne auftauchen. »Ich will euch ein Zeichen nennen«, sagte Derdriu, »woran ihr erkennen könnt, ob Conchobar euch wohlgesinnt ist oder ob er euch verraten will.« Die Männer blickten sie fragend an. »Wenn euch der König in sein Haus eintreten läßt«, warnte sie, »so meint er es ehrlich mit euch; wo nicht, so seid auf der Hut!« Mit finsteren Gesichtern zogen die Männer weiter.

Als die Schar nach Emuin Macha kam, ging Noisi mit Illan voraus vor König Conchobars Haus. Vor dem Tor stand des Königs Türhüter, hieß sie warten und trat in das Haus, um dem Könige die Ankunft der Usnech-Söhne zu melden. Ein Lächeln der Befriedigung glitt über des Königs Züge, als er die Nachricht hörte. »Ist das Haus vom Roten Zweige[45] für die Aufnahme von Gästen gerüstet?« fragte er den Türhüter, und als dieser es bejahte, sagte er: »So führt mir die Gäste in ebendies Haus, laßt sie dort ausruhen und versorgt sie aufs beste!« Der Türhüter wandte sich, um den Befehl des Königs auszuführen. Als er schon an der Tür war, rief ihn Conchobar zurück: »Höre«, sagte er zu ihm, »ist auch Fergus bei den Ankömmlingen?«

»Nein«, antwortete der Türhüter, »nur seine beiden Söhne, Illan der Blonde und Buinne der Brandrote, geleiten die Usnech-Söhne.«

»Um so besser«, sagte Conchobar und winkte den Türhüter ab.

Als Noisi mit Illan zu den andern zurückkam und ihnen mitteilte, sie würden als des Königs Gäste im Hause vom Roten Zweige untergebracht werden, warnte Derdriu noch einmal und bat Noisi flehentlich, sofort von Emuin abzuziehen. Doch die Fergus-Söhne schalten sie wegen ihrer Furcht und bestimmten Noisi und seine Brüder unter der heiligen Versicherung, ihnen allzeit beizustehen, die Gastfreundschaft des Königs anzunehmen. So begaben sich alle in das Gästehaus und ließen sich dort zu ersehnter Ruhe nieder. Sie wurden dort auf das reichlichste bewirtet: herrliche Speisen trugen ihnen die Diener auf und in bauchigen Krügen schleppten sie berauschende Getränke herbei, welche die Männer bald aufheiterten und lustig stimmten. Gegen Abend streckten die Kämpen trunken ihre wegemüden Glieder auf das Lager, um zu schlafen. Nur Derdriu wollte sich nicht hinlegen und gönnte auch Noisi keine Ruhe; denn sie fürchtete hinterlistige Anschläge von seiten Conchobars. Da ließ sich Noisi das Spielbrett reichen und setzte sich mit Derdriu daran, um sich so mit ihr die lange Zeit zu vertreiben.

Unterdessen hatte König Conchobar sein Hausgesinde um sich versammelt und fragte seine Leute, wer von ihnen zum Gästehaus gehen wollte, um nachzuschauen, ob es den Usnech-Söhnen auch wohl ginge in Emuin Macha. Dazu erklärte sich Leborcham, Derdrius Amme, sogleich bereit. Als sie sich auf den Weg machte, sagte Conchobar zu ihr wie im Scherz: »Und betrachte dir auch Derdriu wohl! Ich möchte gern wissen, ob sie noch so wohlgestaltet ist und so lieblich wie damals, als sie die Usnech-Söhne entführten.«

Leborcham ging zum Haus vom Roten Zweige und fand Derdriu und Noisi beim Brettspiel. Sie küßte sie beide herzlich und sprach: »Groß war meine Sehnsucht nach euch, die ihr mir lieber seid als irgend etwas sonst auf der Welt. Nun finde ich euch endlich wieder; aber die Zeichen drohen euch Gefahr.« Darauf erzählte sie ihnen, zu welchem Zweck der König sie geschickt hätte. Da zuckte es bitter um Derdrius Lippen und sie sagte: »Wehe, so hat mich meine schlimme Ahnung nicht betrogen, und Schreckliches brütet die Nacht. Aber das soll den Männern von Emuin kein Glück bringen, wenn sie versuchen wollen, die drei Fackeln der Tapferkeit verräterisch auszulöschen.« Sie seufzte. »So dämmert denn unser aller Schicksalsstunde.«

Die Amme strich ihr über das Haar und tröstete sie: »Ich lehrte dich die Zeichen deuten, Derdriu, und du verstehst ihre Sprache so gut wie ich; doch die drei Schwerter der Usnech-Söhne halten um dich Wacht, und manches Verhängnis hat eine mutige Frau abgewehrt, die solche Männer zu lenken verstand. Wecke sie denn alle aus ihrer Trunkenheit, und auch die Fergus-Söhne; denn es ist Zeit!«

Da stieß Noisi, der Leborcham aufmerksam zugehört hatte, einen gellenden Kampfruf aus, und als die Schläfer sich wie im Traum und murrend erhoben, sprach er zu ihnen: »Es ist nun Zeit, daß wir uns rüsten gegen Conchobars Tücke. Erhebt euch denn, verrammelt die Tür und verstopft die Fensteröffnungen! Und haltet eure Waffen bereit; denn bald werden wir die Grüße unseres Wirtes, den wir bis jetzt noch nicht zu sehen bekamen, zu erwidern haben!« Annli und Ardan erhoben sich darauf und machten sich an Fenster und Tor zu schaffen; Illan richtete sich auf und legte sich Schwert und Schild zurecht, und nur Buinne drehte sich auf die andere Seite und schlief weiter.

»Seid tapfer, verteidigt euch wacker und erringt den Sieg!« sagte Leborcham, als sie von Noisi schied. »Ich wünschte mir keinen bessern König als Noisi.« Heiße Tränen aber weinte sie, als sie von Derdriu Abschied nahm, und das Sprechen wurde ihr schwer. »Leb wohl, Derdriu, mein Kind«, sagte sie zu ihr, »ich wollte, ich könnte dir alles Leid vom Herzen nehmen wie damals, als du in meinem Hause wohntest!« Auch Derdriu weinte, als sie die Alte zur Tür geleitete, wo Ardan bereits eine feste Wehr errichtete.

Als Leborcham zu Conchobar zurückgekehrt war, berichtete sie ihm, die Usnech-Söhne befänden sich in bester Verfassung und wären stattlicher und stärker als je, doch Derdriu sähe bei weitem nicht mehr so lieblich aus wie damals, als sie eine Jungfrau war, und sie sei abgezehrt, mager und müde von all den Entbehrungen, die sie hatte erdulden müssen, und von den langen Irrfahrten. Das dämpfte wohl König Conchobars Gier und Eifersucht; aber er blieb mißtrauisch und suchte nach einem zweiten Boten, den er zu dem Gästehaus senden wollte. Da sich niemand dazu bereit erklärte, fiel sein Auge auf einen Mann, namens Trendorn[46]. Zu dem sagte er: »Wer erschlug eigentlich damals deinen Vater und Bruder auf der Grenzwache, Trendorn?«

»Das weiß ich gewiß«, antwortete dieser, »das war Noisi, Usnechs Sohn, als er mit seinen Brüdern die schöne Derdriu entführte.«

»So geh du«, sagte Conchobar, »und schaue nach, ob Derdriu noch so schön ist wie damals, als sie Noisis Lager teilte!«

Trendorn ging darauf zu dem Hause vom Roten Zweige. Doch da er den Zorn der Usnech-Söhne fürchtete, wenn er vor ihr Angesicht träte, begnügte er sich damit, durch einen schmalen Spalt eines Fensters zu schauen, den Annli bei der Zurüstung für die Sicht offen gelassen hatte. Dort legte er ein Auge an. Aber Derdriu, die mit Noisi weiter am Spielbrett saß, bemerkte das Auge des Spähers und machte Noisi darauf aufmerksam. Noisi, der gerade einen Spielstein in der Hand hielt, erkannte nun auch das Auge und warf den Spielstein danach, und der drang Trendorn tief in die Augenhöhle. Mit blutendem Gesicht lief der Späher zum König zurück, stürzte taumelnd in die Halle und schrie, indem er mit der Hand auf sein totes Auge wies, voller Wut: »Wahrlich, Noisi ist wert, König von Ulad zu sein, wenn Conchobar duldet, daß er seine Boten blendet! Aber Derdriu ist das herrlichste Weib von Erinn, und der Mann verdient sie nicht, der sie nicht zu halten versteht!«

Da ergrimmte Conchobar in tödlichem Haß und befahl sogleich seinen Kriegern, das Haus vom Roten Zweige zu umringen und in Brand zu setzen. Darauf stießen Conchobars Mannen drei laute Kriegsschreie aus, eilten zu dem Haus der Gäste, legten Holz darum und ließen die roten Flammen lodern. Conchobar aber stand dabei und gab seinen Kriegern Weisungen.

Als die Kämpen drinnen den Lärm hörten, trat Illan der Blonde heraus und rief Conchobar entgegen: »So willst du also das Wort meines Vaters Fergus für nichts achten, Conchobar, Sohn der Ness?«

»Was bedeutet das Wort deines Vaters gegen das Unrecht, das die Usnech-Söhne mir antaten, als sie mir das Weib entführten!« rief der König höhnisch zurück.

»Wehe, ihr Söhne Usnechs!« schrie Derdriu laut, als Illan die Antwort des Königs zurückbrachte. »Ihr seid verraten! Warum habt ihr mich nicht gehört, als es noch Zeit war, der Bosheit des Königs zu entgehen?«

»Und seid ihr gleich verraten«, sprach darauf Buinne der Brandrote, der sich inzwischen erhoben hatte und Schwert und Schild in die Hände nahm, »die Fergus-Söhne werden euch nicht im Stich lassen.« Darauf sprang er aus dem Haus und schlug auf die Leute von Ulad ein, und er streckte jeden nieder, den er erreichen konnte. Erschrocken über seine furchtbare Kraft wichen Conchobars Mannen zurück. Diese Kampfpause benutzte Buinne und löschte das Feuer rings um das Haus. Als er um den Bau gegangen war, redete Conchobar zu ihm von weitem: »Ich will dir drei gute Dinge schenken, Buinne, wenn du die Sache der Usnech-Söhne verläßt.«

»Was kannst du mir schon geben?« fragte Buinne.

»Schätze das nicht gering«, sagte Conchobar, »ich schenke

dir für hundert Gehöfte Land, dazu meinen Rat und mein Vertrauen.«

»Welches Land meinst du«, fragte Buinne weiter, »und willst du das durch Eid bekräftigen?«

Conchobar nannte ihm die Grenzen des Landes und beschwor die Wahrheit seiner Worte. Da ging Buinne zu ihm und nahm sein Angebot an. Zur selben Stunde aber, versichern die Geschichtenerzähler, als Conchobar Buinne den Brandroten mit dem Land der hundert Gehöfte bestach, erhob sich dieses zu Bergeshöhe, und noch heute heißt es Dalbuinne in Ulster[47].

Wieder erhob Derdriu anklagend ihre Stimme: »Buinne hat euch verraten, ihr Usnech-Söhne, er ist nicht besser als sein Vater!«

»So muß ich die Schande wettmachen«, knirschte Illan der Blonde, »mein Schwert ist nicht käuflich.« Er eilte hinaus und schritt dreimal um das Haus wie ein heulender Sturm, und wo sein Schwert mähte, fielen die Männer von Ulad. Als er das dritte Mal um das Haus kam, versuchte der König auch ihn durch Geschenke den Usnech-Söhnen abspenstig zu machen. Illan bat sich listig Bedenkzeit aus, trat in das Haus zurück und erzählte Noisi, der gerade mit seinem Bruder Annli am Brettspiel saß, welche neue Schande Conchobar über die Fergus-Söhne bringen wollte.

»Und was wirst du nun tun, Illan?« fragte Derdriu angstvoll von dem Lager, wo sie sich erschöpft niedergelassen hatte.

Illan gab keine Antwort. Er setzte eine der großen Bierkannen an den Mund und tat einen gewaltigen Zug. Dann ergriff er eine Fackel und stürzte wieder hinaus. Und von neuem schlug er auf die Männer Conchobars ein, daß sie entsetzt zurückwichen.

Als Conchobar sah, daß Illan nicht zu bestechen war und daß seine Krieger vor Illans Kraft den Mut verloren, rief er seinen Sohn Fiacha Finn[48]. »Du bist in derselben Nacht geboren wie Illan«, sagte er zu ihm, »und wie Illan siegreich kämpft mit den Waffen seines Vaters, sollst du die meinen führen und Illan überwinden! Nimm hier Orchaen, meinen Schild, Corrtach, mein Schwert, und meinen Kerbbogen![49] Damit ziehe gegen den Rasenden und zeige, daß du mein Sohn bist!«

Darauf griffen die beiden einander mutig an. Aber bald zeigte es sich, daß Illan der Stärkere war. Und es klang wie ein hohles Lachen, wenn Illans Schwerthiebe auf Orchaen, Conchobars Schild, niedersausten, hinter dem Fiacha sich furchtsam barg. Als der Schild aber so jämmerlich dröhnte unter den Hieben des Fergus-Schwertes[50], brüllten vor Zorn die Wogen von Toth, von Clidna und von Rudraighe, die drei Wogen von Erinn[51].

Fernher hörte das Tosen Conall Cernach, der herbeigeeilt kam aus seiner Burg Tobairce[52]. Der hatte gegen Abend den roten Lichtschein am Himmel gesehen, als Conchobars Krieger um das Gästehaus Feuer gelegt hatten. »Nichts Gutes verheißt die Glut in den Nachtwolken«, hatte sich Conall Cernach, der Sohn des Amergin, gesagt, »König Conchobar ist in Not, da darf ich nicht zögern.« So kam er nach Emuin Macha, als Illan und Fiacha gerade miteinander rangen. Er trat auf die Kämpfer zu, und die Männer von Ulad wagten nicht ihn abzuhalten. Conall sah den Königssohn in Not, verkrochen hinter Orchaen, dem Schild seines Vaters, aber er erkannte nicht, mit wem er focht. Da stieß er sein Schwert Colg-glas[53] vom Rücken her Illan dem Blonden in das Herz. Illan stöhnte auf und fragte: »Wer gab mir vom Rücken her den Tod?« Da sagte Conall seinen Namen. »Schmach über dich!« ächzte Illan, »so hast du Illan, des Fergus Sohn, zu Tode getroffen! Und gerade du mußtest es sein, Conall! Großes Leid wird daraus entstehen; denn ich kämpfte für die Usnech-Söhne, die unter meinem Schutz standen!« Dann schlossen sich seine Lippen im Tode. Da erkannte Conall, was er für Unheil angerichtet hatte. »Wehe mir«, sagte er, »so soll Conchobar seinen eigenen Sohn vor meiner Klinge nicht retten!« Mit einem Sprung stürzte er sich auf Fiacha Finn und hieb ihm mit einem einzigen Schlage seines Schwertes das Haupt vom Rumpfe. Und traurigen Sinnes schied Conall Cernach vom Kampfplatz.

Bald wußten die Usnech-Söhne, wie es um sie stand und daß sie nun allein auf ihre Kraft angewiesen waren, nachdem die Fergus-Söhne von ihnen gegangen waren. Nachdem sie kurz beratschlagt hatten, teilten sie die Nachtwachen unter sich. Inzwischen hatten Conchobars Mannen abermals Feuer an das Haus gelegt. Da trat Ardan heraus, dem die erste Nachtwache zugefallen war. Er löschte das Feuer, kämpfte gegen die Angreifer und erschlug ihrer, soviel ihm immer vor die Klinge kamen. Erschöpft kehrte er in das Haus zurück, als seine Zeit um war. Nach ihm wachte Annli. Wenn sich die Feinde näherten, wütete sein Schwert unter ihnen, und endlich hatte er lange Zeit Ruhe vor ihnen.

Gegen Morgen aber, als der erste bleiche Schimmer des Tages den Himmelsrand erhellte, drängte Conchobar an Kämpfern gegen das Gästehaus, was immer ihm noch an Bewaffneten geblieben war. Da trat Noisi vor das Haus zur letzten Nachtwache. Dreimal setzten die Männer von Ulad zum Sturm an, und dreimal schlug er sie zurück, und von seinen Schlägen war die Walstatt bedeckt mit Leichen. Immer aber, wenn er zu ermatten drohte, stand Derdriu hinter ihm und feuerte ihn zu siegreichem Aushalten an. So kämpfte er mit schier übermenschlichen Kräften wie ein rasender Stier, und Schrecken und Bewunderung erfüllte die Männer von Ulad.

Am hellen Morgen, als sich die Usnech-Söhne nicht länger in dem brennenden Hause, das Conchobar zum dritten Male hatte anzünden lassen, behaupten konnten, schlossen sich die drei Brüder zusammen und wölbten ihre Schilde um sich wie eine Wand. In ihre Mitte nahmen sie Derdriu, und so stießen sie im Sturm vorwärts gegen die Mannen Conchobars. Wo sie auch hinstampften, fielen die Gegner zur Rechten wie zur Linken. Schritt um Schritt drangen sie voran, ohne daß ihnen Halt geboten werden konnte. Da fürchtete Conchobar schließlich, sie möchten sein eigenes Haus stürmen. In seiner Bedrängnis ließ er eilends den Druiden Cathbad holen, und als dieser vor ihm erschien, flehte er ihn an, er möchte einen Zauber auf seine Enkel werfen, um ihrem Wüten Einhalt zu tun, andernfalls ginge das ganze Volk von Emuin Macha unter ihren Schwertern zugrunde. Und als Cathbad noch zögerte, versprach ihm der König, er werde den Usnech-Söhnen kein Leid antun, wenn der Zauber nur wirksam sei.

Cathbad traute seinem Wort, und um Emuin Macha vor dem Verderben zu bewahren, tat er einen Zauberspruch, daß die Wasser des nahen Sees über die Ufer traten und sich gegen die drei Brüder ergossen, während die Männer von Ulad auf trockenem Lande blieben. Da mußten Noisi und seine Brüder die Schilde wegwerfen und sich gegen die anstürmenden Wogen stemmen. Kläglich war der Anblick, wie die drei tapferen Helden mit den Wassern rangen und wie Noisi todesmutig sein Weib Derdriu auf den Schultern durch die Flut trug. So wurden sie Conchobar eine leichte Beute.

Doch der König hielt dem Druiden sein Wort mitnichten. Als die Usnech-Söhne gefesselt vor ihn geführt wurden, befahl er vielmehr, sie auf den grünen Anger hinauszuführen und sie dort mit dem Schwert zu richten. Keiner jedoch der Männer von Ulad erbot sich, das Henkerwerk an den Tapferen zu üben. Indessen befand sich in Conchobars Hause zur nämlichen Zeit Eogan, der Sohn des Durthecht, der Fürst von Fernmagh[54]. Eogan hatte lange Zeit mit Conchobar in Streit gelebt und war genötigt, mit ihm Frieden zu schließen. Zu dem sagte Conchobar: »Wenn du mir deinen guten Willen beweisen willst, Eogan, so nimm dein Schwert und schlage den drei Usnech-Söhnen draußen auf dem Anger die Köpfe ab! Wenn du mir diesen Gefallen tust, so ersehe ich daraus, daß du es wohl mit mir meinst.« Das schien Eogan eine billige Gelegenheit, dem König von Ulad Vertrauen einzuflößen.

Als der Fürst von Fernmagh vor die drei Brüder auf dem Anger trat, sprach Ardan zu ihm: »Schlage mir zuerst den Kopf ab; denn ich bin der jüngste von uns Brüdern!« Dem widersetzte sich Annli und sagte: »So soll es nicht geschehen, vielmehr bitte ich dich, daß ich vor den Brüdern sterbe.« Doch da entschied Noisi: »Es ist nicht recht, daß ein Bruder den andern enthauptet sieht. Wirf dein schwaches Schwert fort und nimm das meinige; es ist altes Erbgut und stammt von Manannan, dem Sohne des Lir. Vielen Männern biß es schon die Todeswunde, und unter seiner Schneide bleibt kein Glied bei dem andern. Erschlage uns denn mit diesem Schwerte und mit einem Streiche!« Da nahm Eogan das Schwert Manannans in die Faust, und die drei wackern jungen Männer beugten den Nacken. Mit einem Streiche trennte Eogan ihre drei Häupter vom Nacken, daß sie in das Gras fielen. Da stieg aus den Kehlen der Männer von Ulad dreimal ein lautes Wehegeschrei; denn überaus schimpflich schien ihnen dies Ende der edlen drei Usnech-Söhne.

Als die gräßliche Tat geschehen war, kam Cuchulinn auf den Anger geschritten, und er führte Derdriu bei der Hand. Sie war zu ihm geeilt in der Verwirrung des Kampfes und hatte ihn in Dun Delgan um seinen Schutz gebeten. Cuchulinn trat an die Leichen der Enthaupteten heran und fragte: »Wer hat die Söhne Usnechs hier erschlagen?« Niemand der Umstehenden gab ihm Antwort. Da sagte Derdriu: »Die Stimme der ziehenden Krähe hat es mir zugeschrien, und sie wird nicht schweigen bis an der Welt Ende: die Usnech-Söhne erschlug Eogan, Durthechts Sohn, der Fürst von Fernmagh!« Sie breitete ihr Haar aus, beugte sich nieder zu Noisis Leiche und netzte ihre Lippen mit seinem Blut. Dann sprach sie den Totenspruch:

»Tot liegen Usnechs treffliche Söhne,
Arglos vertrauten sie treulosen Freunden.
Es starben die Starken nicht durch Kampf überwunden,
Sondern Conchobars Tücke und Cathbads Zauber
Fällten die Edlen durch feigen Verrat.
Ewiger Ruhm sitzt auf Ardans des Blonden
Grauem Grabmal zu Häupten des Tapfren.
Leuchtend lebt das Gedächtnis an Annli,
Den hochgemut treuen, den kein Held bezwang,
Dem den Nacken erst beugte der neidische Henker,
Als er wehrlos sich fügte mit gefesselten Armen.
Aber der Königsreif, wahrlich, krönte dein Schwarzhaupt,
Herrlicher Noisi, wärest du nimmer gefolgt
Dem Rat der Verräter, die dir die Gruft jetzt höhlen
Im finsteren Erdreich unter frostigen Steinen.

Würd' ich selbst doch ein Stein dir starr auf dem Grabe,
Dein Weib und Wächter in Regen und Sturm!
Ich deckte dich mütterlich in dunkler Nacht,
Mein Königskleinod, ruhmvoller Noisi.«

Sie nahm Noisis abgeschlagenes Haupt in ihre Hände und küßte seinen blassen Mund. Leise legte sie es zurück zu dem toten Leibe, erhob sich und sang gellend die Totenklage.

»Lang wird der Tag den Leidbeschwerten,
Lang wird das Leben den Hoffnungslosen.
Macht zu eng nicht die Grube den Usnech-Söhnen;
Eh die Steine ihr wälzt, die Wölbung zu schließen,
Laßt Raum für die Witwe der ruhmreichen Krieger,
Den Leib zu strecken neben die lieben Toten!
Ward mein Leib gleich im Leben zum Fluch euch und
Kummer,
Bleibe ich treu euch im Tode und lasse euch nimmer,
Ihr tapfern Gefährten. Doch der Fluch des Druiden,
Eures mächtigen Ahnen, der im Mutterleibe
Mir das Schicksal bestimmte und zu schimpflichem Tode
Die eigenen Enkel fühllos verdammte,
Falle mit Wucht auf sein weißes Haupt!
Fluch auch dem König, dem kraftlosen Schwächling!
Mit Listen und Ränken, mit Lüge und Trug
Besiegte er ruhmlos die Recken von Ulad.
Ach, daß die Männer von Ulad nicht würgten
Als Mädchen mich einst in der Mutter Schoß,
Eh Unheil ich brachte über Albhes Söhne!
Lang scheint der Tag den Leidbeschwerten,
Lang scheint das Leben den Hoffnungslosen.«

Als die Knechte die Grabeshöhle für Noisi und seine Brüder ausgehoben hatten, ging Derdriu hinein und küßte Noisi dreimal zum Abschied und grüßte auch Annli und Ardan zum letzten Mal in stummer Trauer, ehe die Steine über die gemeinsame Gruft der drei Brüder gelegt wurden. Da wandte sich Cuchulinn und kehrte heim nach Dun Delgan, und leidvoll und bekümmert war ihm das Herz. Cathbad der Druide aber verwünschte Emuin Macha, als er erkannt hatte, wie schändlich der König seine Zauberkraft mißbraucht hatte, um seine Enkel zu verderben, und er weissagte Conchobar, daß nun nach dem Verlöschen der drei Fackeln der Tapferkeit gar bald die Königshalle von Ulad als einzige Leuchte lodernd brennen werde in grauser Nacht. Damit schied er von Emuin mit gramvollen Gedanken.

Mit gebundenen Händen brachten die Krieger von Ulad Derdriu vor den König, nachdem sie sie gewaltsam vom Grabe der Usnech-Söhne fortgerissen hatten. Mit einem höhnischen Lächeln der Befriedigung betrachtete Conchobar die Gefangene, als sie gedemütigt vor ihm stand. Sie aber schaute nicht auf und schwieg auf alle seine Fragen. Da ließ er ihr die Fesseln abnehmen und sie in ihr Frauengemach fortführen.

Zu dieser Zeit erschien endlich Fergus, der Sohn der Roig, auf der Königsburg von Emuin, als er seinen Rausch bei Borrach ausgeschlafen hatte. Als er erfuhr, daß ihn der König wortbrüchig gemacht und die Usnech-Söhne schimpflich hatte umbringen lassen, geriet er in schweren Zorn, der in Raserei umschlug, als man ihm erzählte, daß auch sein Sohn Illan der Blonde bei dem Kampf um das Haus vom Roten Zweige gefallen war und wie schnöde Buinne der Brandrote seine Ehre an Conchobar verkauft hatte. Indessen hütete sich Fergus, Conchobar seinen tödlichen Haß offen zu zeigen; denn er kannte des Königs Hinterlist wohl. Heimlich aber verbündete er sich mit Cormac, Conchobars Sohn, der seinem Vater grollte, und brachte auch Dubthach Schwarzzunge auf seine Seite gegen den König. Als die drei sich verständigt hatten, warteten sie auf den Tag der Rache an Conchobar[55]. Und dieser Tag war nicht fern.

Etliche Monate lebte Derdriu abgeschieden und einsam in ihrem Haus auf der Burg von Emuin Macha. Niemand sah die schöne Frau wieder lächeln. Immer saß sie da mit dem Blick am Boden, und niemand vermochte sie aufzuheitern. Wenn der König ihr Spielleute schickte, um sie zu erfreuen, so wies sie ihnen die Tür. Selten nahm sie Speise zu sich, und so schwand ihre Schönheit allmählich dahin. In einer schlaflosen Nacht saß sie einst da und sang leise ein Lied vor sich hin, während drüben in der Königshalle ein fröhliches Gelage tobte und der Lärm bis zu ihr herüber schallte. Ihr Lied aber klang tief traurig:

»Säße ich wieder am Waldesrande
Am Herd in der Hütte, die mein Liebster baute!
Kein Sang klang mir süßer als Noisis Stimme,
Rief er mich zärtlich im Zwielicht des Abends;
So herrlich strahlte kein Stern am Himmel
Wie des Trauten Augen, wenn der Tag sich neigte.
Heftig drängen mich düstre Bilder:
Meine Sonne versank hinter blutigen Nebeln,
Mich hält in Armen die endlose Nacht,
Und der Schlaf flieht meine feuchten Wimpern.«

Sie starrte in das Dunkel. Da sah sie wie im Traum ihre Hütte am See von Eitche. Annli trug auf seinem starken

Rücken eine Last Holz herbei für das Herdfeuer. Ardan kam da, die Steinschleuder im Gurt, und schleppte ein Reh auf der Schulter, das er in der Frühe des Morgens im Walde erlegt hatte. Noisi aber stand nackt im Flachwasser des Sees und badete. Das Licht der Sonne lag auf seinem jugendstarken nassen Leibe, und seine Schultern glänzten wie Bronze. Er legte die Hände an den Mund und rief Ardan einen Jubelschrei hinüber. Derdriu zuckte zusammen. Aus der Königshalle tönte Gebrüll von betrunkenen Männern. Aber sie fühlte auch deutlich, daß in ihrem dunklen Gemach jetzt ein Mann stand.

»Ich bin es«, sagte König Conchobar, »und fordere jetzt von dir mein Mannesrecht.« Derdriu erkannte ihn an der Stimme. Sie roch den Atem des Methtrunkenen und ahnte die Gier in seinen Augen, die ihr das Dunkel verbarg. Sie schauderte. »Solange mein Leben noch währt«, sagte sie, »kann meine Liebe zu dir nicht groß sein, Conchobar. Was ich unter dem Himmel am heißesten liebte, das raubtest du mir durch tückischen Verrat. Mein Herz gehört Noisi, auch dem toten Noisi, über dessen weißem Leib sich jetzt graues Gestein türmt. Schön war Noisi. Noch immer sehe ich ihn, als wenn er lebte, wie er geschritten kommt von der Burg des Königs von Alba, mit roten Wangen und schwarzen Wimpern, in rotem Gewande mit heller Borte, mit silbernen Spangen am Arm, mit dem prächtigen Schwert und dem gebuckelten Schild, ein stattlicher Krieger! Ein herrlicher Held und arglos wie der Sonne Licht! Wehe, daß wir Fergus folgten über die Meerflut, seinen glatten Worten glaubten, der uns betrog um ein Horn voll Bier! Aber des sei gewiß, Conchobar, stünden alle Edlen von Ulad auf dem grünen Anger zur Wahl und du in ihrer Mitte, ich gäbe euch alle hin für den einen, für Noisi, den ich nicht vergessen werde.

Darum gib mir Ruhe für die kurze Zeit, die mir mein Gram noch zu leben läßt! Wenn du weise gewesen wärest, hättest du mich nie begehrt, oder besser noch, im Schoße meiner Mutter erwürgen lassen.«

Zornig klang Conchobars Stimme durch das Dunkel, als er sie fragte: »So bin ich dir also verhaßt, Derdriu?«

Sprühender Haß zitterte in Derdrius Worten, als sie antwortete: »Auf der Welt hasse ich nur zwei Männer: dich und Eogan!«

Eine kleine Weile herrschte Schweigen zwischen den beiden. Dann sagte der König mit schneidendem Hohn: »So will ich dich Eogan, Durthechts Sohn, für ein Jahr überlassen, vielleicht kann er dich besser aufheitern als ich.«

Derdriu atmete auf, als sie ihr Gemach wieder leer wußte von dem verhaßten Gast. Aber nach diesem Nachtgespräch mit dem König fühlte sie sich grenzenlos schwach. Sie barg ihr Gesicht zwischen beiden Händen. »Leborcham«, schluchzte sie, »liebe Leborcham, hilf mir!«

Schon am nächsten Tage holte Eogan, der Fürst von Fernmagh, Derdriu aus Conchobars Hause. Der König geleitete sie selbst zu dem Wagen des Fürsten. Derdriu stieg hinauf, und als sie oben zwischen den beiden Männern stand, maß sie sie beide mit einem haßlodernden Blick. Conchobar, der ihr Gelübde wohl kannte, daß sie niemals zwei ihrer Männer zur gleichen Zeit ansehen wollte, erinnerte sie daran und sagte spöttisch: »Denke an dein Gelöbnis, Derdriu! Dein Blick gleicht dem des Schafes zwischen zwei Widdern.« Da überkam Derdriu eine wilde Verzweiflung. Sie stürzte sich von dem Wagen herab und stieß ihren Kopf gegen einen Stein am Wegrand. Mit zerschmettertem Schädel blieb sie liegen.

Großes Klagen erhob sich in Emuin Macha, als man Derdrius Tod erfuhr. Nun aber hielt Fergus den Tag der Rache für gekommen. Noch am nämlichen Abend stürmte er mit Cormac und Dubthach und deren Mannen den Königsbau Conchobars. Wohl entkam der König mit Mühe und Not, und nur deshalb, weil Fergus ihm einst das Leben zugesichert hatte; aber viele Männer von Ulad mußten in diesem Kampfe ihr Leben lassen. Fergus erschlug den Traigtren, Traigletans Sohn, und dessen Bruder, berühmte Kämpen an Conchobars Hofe. Dubthach aber tötete Maine, Conchobars Sohn, und nach ihm des Königs Enkel Fiachna, den Sohn seiner Tochter Fedelm Neunherz[56]. Die ganze Nacht lang wütete Dubthach in Conchobars Frauenhaus, während Cormac vergeblich trachtete, seinen Vater vor die Speerspitze zu bekommen. Gegen Tagesanbruch ließ Fergus dann die Königshalle anzünden und bis auf den Grund niederbrennen. So erfüllte sich die Weissagung des Druiden.

Darauf zog Fergus, der Sohn der Roig, mit Cormac und andern Getreuen in den Nachbargau von Connacht zur Königin Medb von Cruachan und ihrem Gatten Alill Mor[57], Conchobars erbitterten Gegnern. Herzlich wurde Fergus hier willkommen geheißen, und zehn Jahre lang fiel er seitdem mit Kriegsschaaren von Connacht in unerbittlichen Heereszügen plündernd und brandschatzend in Ulad ein, bis das Gebiet von Cualnge verödet lag[58].

Der Heereszug der Königin Medb gegen die Ulter

Das Gespräch auf dem Kopfkissen

Eines Abends lagen die Herrscher von Connacht, nämlich König Alill und seine Gattin Medb, auf ihrem Lager in der Burg Cruachan[59]. Sie redeten vor dem Einschlafen noch miteinander, und was sie sich sagten, wurde das berühmte Gespräch auf dem Kopfkissen, und das ward Ursache zu großen Heldentaten, aber auch zu viel Wehe und Leid.

»Ja, Mädchen«, sprach König Alill da zu seiner Frau, »die Leute haben schon recht, wenn sie sagen: ein tüchtiger Mann schafft eine wohlversorgte Frau.«

»Was willst du damit sagen?« entgegnete ihm die Königin scharf.

»Ich meine, Medb, daß du heute an meiner Seite besser gestellt bist und mächtiger als damals, da ich dich zur Frau nahm.«

»Du nahmst mich zur Frau?« kam es von Medb noch unwilliger zurück.

»Du mußt doch zugeben«, antwortete Alill trotzig, »daß du zwar auf Frauengut gestellt warst, aber doch keinen Tag davor sicher, daß dir nicht feindliche Nachbarn Hab und Gut raubten und dein Gebiet plünderten.«

»Da irrst du sehr«, widersprach ihm die Königin, »mein Vater Eocho Fedlech, der Sohn des Finn, war Hochkönig von Erinn, und er hatte sechs Töchter: Derbriu, Ethne, Ele, Clothru, Mugin und mich[60]. Aber war ich auch die jüngste von ihnen, so war ich doch die vornehmste; denn ich war die freigebigste und zog in den Kampf wie die Männer. Fünfzehnhundert Krieger standen damals unter meinem Befehl, und weil ich solche Macht ausübte, gab mir mein Vater einen der Gaue von Erinn, nämlich Cruachan, und daher heiße ich die Medb von Cruachan. Da fehlte es mir denn auch nicht an Werbern: sie kamen und baten um meine Hand. Der Reihe nach erschienen sie: Finn, der König von Lagin, dann Cairbre Niafer, der König von Tara, dann Conchobar, der König von Ulad, schließlich auch noch Echu der Kleine[61]. Aber ich mochte keinen von ihnen. Mit Conchobar versuchte ich es; aber da er sich mir nicht fügen wollte, ging ich wieder von ihm weg. Ja, die Morgengabe, die ich von einem Mann forderte, die hat vielleicht noch nie ein Weib in Erinn nach der ersten Nacht verlangt. Die wollte mir auch keiner von ihnen geben. Du weißt ja, was ich meine. Der Mann, der mein Lager teilt, darf vor allem nicht geizig sein; denn da ich selbst freigebig bin, hasse ich alle Geizhälse. Er darf auch nicht feige sein; denn ziehe ich mit meinen Kriegern in den Kampf, soll er mir nicht daheim am Herde hocken. Er darf auch keine Eifersucht kennen; denn auf die Freundschaft meiner Hüfte wartet stets ein Mann im Schatten seines Vorgängers. Einen solchen freigebigen, furchtlosen und duldsamen Gatten fand ich nur in dir, Alill, Sohn des Ross Ruad. Nur deshalb schloß ich den Vertrag mit dir und schenkte dir als Brautgabe die Ausrüstung für zwölf Krieger, einen Wagen im Wert von dreimal sieben Sklavinnen[62], die Breite deines Gesichtes in rotem Gold als Kopfschmuck und einen Armring aus Weißgold so weit wie dein Unterarm. Du bist also mein Mann und stehst auf Frauengut, hörst du, und kränkt dich einer, so hat er dir keine höhere Buße zu zahlen als für mich selbst.[63]

»Du darfst nicht vergessen«, widersprach der König, »daß auch ich aus königlichem Stamme bin. Ich verzichtete auf die Königsherrschaft zugunsten meiner Brüder; dem Finn ließ ich den Königsstuhl in Lagin, dem Cairbre die Herrschaft von Tara.«[64]

»Deine Brüder waren ja auch älter als du, Alill«, sagte Medb mit flinkem Zungenschlag, »da werden sie dich kaum gefragt haben, ob du mit ihrer Herrschaft einverstanden warst oder nicht.«

»Ich kam aber in diesen Gau, den einzigen, der in Erinn auf Frauengut gestellt ist, und ergriff hier die Königsmacht als Sohn und Erbe meiner Mutter, der Mata von Muresc, der Tochter der Magach[65]. Als Tochter des Hochkönigs von Erinn warst du mir hier freilich willkommen; denn eine bessere Gattin hätte ich nirgends finden können.«

»Übrigens ist ja mein Besitz weit größer als der deinige«, prahlte nun Medb.

»Das möchte ich bezweifeln«, sagte Alill, »denn niemand besitzt in diesem Lande mehr Schätze, Reichtümer und Kostbarkeiten als ich.«

»Wir werden das morgen abschätzen, da wirst du ja sehen, daß ich reicher bin«, erwiderte die Königin und drehte ihrem Gemahl den Rücken zu. Da gab auch Alill den Streit auf, wandte sich gleichfalls ab und schlief bald ein.

Am nächsten Morgen ließ die Königin Medb alle ihre Herrlichkeiten und Schätze vor Alill ausbreiten, ihre Gewänder und Gerätschaften, ihre Schmuckstücke und Waffen; auch alle ihre Viehherden ließ sie vor ihm vorbeitreiben; ungezählte grauwollige Schafe mit starken, wohlgehörnten Widdern, viele Herden fetter Schweine mit stattlichen

Ebern zogen da vorüber, ihnen folgten die prächtigen Kühe von den Weiden mit ihren Kälbern unter der Führung gewaltiger Stiere, und zum Schluß trabten die Pferde heran, teils in lockeren Herden, Stuten mit Fohlen und feurige Hengste, teils gespannt vor die flinken Wagen der Königin. Alill aber tat desgleichen, und dabei zeigte sich, daß er genau soviel besaß wie seine Gattin. Doch in einem war er ihr sogar überlegen. In einer seiner Rinderherden hatte er nämlich einen besonders schönen und wertvollen Stier, den Findbennach[66], der von einer Kuh der Medb stammte, aber bei den Kühen der Königin nicht bleiben wollte und sich einer Rinderherde des Königs zugesellt hatte. Diese Überlegenheit ihres Gatten konnte Medb nicht ertragen, und sie hätte große Opfer darum gebracht, wäre ihr ein gleich guter Stier zu eigen gewesen.

Sie ließ sich daher den Läufer des Königs Mac Roth[67] kommen und fragte ihn, ob er in Erinn einen gleich wertvollen Stier wüßte wie den Findbennach. Mac Roth erwiderte darauf: »Gewiß weiß ich einen Stier, der ist der beste im ganzen Lande und noch weit wertvoller als jener des Königs. Er lebt im Gau von Ulad auf dem Landgut des Dare, Fiachnas Sohn, und nach seiner Herkunft wird er der Dond von Cualnge genannt[68]. Dies aber sind seine wunderbaren Eigenschaften: jeden Tag bespringt er fünfzig junge Kühe, und die kalben schon am nächsten Tage, so schwer ist ihre Leibeslast von der gewaltigen Kraft des Dond. Gegen Mittag läßt er fünfzig Knaben auf seinem breiten herrlichen Rücken spielen, und wie schönste Musik klingt sein melodisches Gebrüll, wenn er abends von der Weide nach seinem Stall auf dem Hofe heimkehrt. Hundert Krieger finden in seinem Schatten Schutz vor der Hitze oder können sich bei Kälte unter seinem Bauche wärmen. Und keine der Dämonen, weder die Boccanach noch die Geniti Glinni[69], wagen eine Gegend heimzusuchen, wo sich dieser prachtvolle Stier aufhält.«

»Das ist ja herrlich, Mac Roth«, sagte Medb, »so mache dich eilends zu Dare auf und bitte ihn in meinem Namen, mir den Stier auf ein Jahr zu überlassen. Ich will es ihm reichlich lohnen. Wenn er aber fürchtet, die Leute jenes Gebietes möchten es übel aufnehmen, wenn er euch ein so wertvolles Tier in die Hände gibt, so möge er selbst mit dem Stier kommen. Ich gebe ihm nach Jahresfrist fünfzig Färsen als Entgelt, dazu ein gutes Stück Land in der Ebene von Ai[70] und einen schönen Wagen im Werte von dreimal sieben Sklavinnen, und dazu soll er die Freundschaft meiner Hüfte genießen und ihrer versichert sein.«

Mac Roth begab sich darauf mit etlichen Begleitern zu Dare in den Nachbargau und überbrachte ihm die Botschaft der Königin Medb. Dare war auch anfänglich geneigt, seinen Stier der Königin um der bedeutenden Gegengabe willen auszuleihen, und bewirtete die Boten auf das beste. Da begannen diese aber in der Trunkenheit zu schwatzen und zu prahlen: wenn sie den Stier nicht gutwillig erhielten, so würden die Krieger von Connacht ihn eben mit Gewalt holen. Diese unvorsichtigen und unhöflichen Reden hörte ein Knecht des Dare und berichtete sie seinem Herrn. Darauf verweigerte Dare den Läufern von Connacht den Stier und jagte sie mit Schimpf und Schande aus dem Hause. So kamen die Boten mit leeren Händen nach der Burg von Cruachan zurück. Als die Königin von Mac Roth erfahren hatte, wie es ihm im Hause des Dare ergangen war und wie übel er ihren Läufern mitgespielt hatte, sagte sie: »Da brauchen wir also nicht länger versuchen, den Knoten zu glätten. Und so steht es nunmehr fest, daß wir den braunen Stier von Cualnge mit Gewalt holen werden.« Darauf ließ sie Boten rufen und sandte sie aus, den Heerbann im ganzen Gau von Connacht aufzubieten und aus Lagin und Mumu Kriegsmannen anzuwerben, wer immer Lust hätte zum Heereszug gegen Ulad.

In vier gewaltigen Zügen rückten die Mannen von Connacht an, geführt von ihren waffenberühmten Häuptlingen, und lagerten sich zwischen den vier Furten der Ebene von Ai, nämlich Ath Moga, Ath Bercna, Ath Slissen und Ath Coltna[71]. Und auch aus andern Gauen fanden sich Kriegsscharen ein, die an dem Einfall nach Ulad teilnehmen wollten. In der Ebene von Ai saßen nun die bunten Kriegsvölker um die Lagerfeuer; fünfzehn Tage lang lagen sie vor der Burg von Cruachan, aßen und tranken und lebten herrlich und in Freuden, sodaß ihnen der Kriegszug vorerst eine lustige Kurzweil erschien.

Die Königin aber ging währenddessen zu ihrem Druiden, um sich von ihm eine Wahrsagung über den Ausgang des Heereszuges zu erbitten. »Viele, die sich lieben, werden sich heute trennen müssen«, sagte sie zu ihm, »und manche Freunde werden heute voneinander Abschied nehmen, und wenn sie nicht alle gesund zurückkehren, so wird viel Seufzen und bitteres Fluchen auf mein Haupt fallen. Da aber niemand jemanden lieber hat als jeder zunächst sich selbst, so möchte ich von dir erfahren, wie es mit unserer Rückkehr bestellt ist.« Der Druide blickte zum Himmel auf, an dem mit schwerem Flügelschlage ein Schwarm von Krähen dahinzog, und sprach zu Medb: »Käme auch sonst niemand heim, du selbst wirst nach Cruachan zurückkehren.« Das beruhigte die Königin.

Als nun die Königin den Heimweg von dem Druiden antrat, hatte sie ein seltsames Gesicht. Auf der Deichsel eines

Kriegswagens kam ihr langsam eine Frau entgegengefahren. Sie hielt in der Rechten ein goldenes Weberschiff und webte ein Borte, und das Weberschiff glich einem Schwerte. Die Frau hatte ein rosiges jugendliches Antlitz und strahlende blaue Augen. Weiß wie Schnee glänzten ihre Zähne hinter den schmalen roten Lippen, und ihre Stimme klang wohllautend wie Harfenschlag, als sie sich singend näherte. Ein grüner Mantel hüllte ihren Rücken und war über ihrem weißschimmernden Busen mit einer Buckelbrosche zusammengeheftet. Über den Mantel aber hing in drei langen goldenen Flechten ihr schönes hellblondes Haar, das um ihren Kopf wie eine Krone gesteckt war, und eine der Flechten warf ihren Schatten auf ihre Wade. Lange weiße Füße hatte sie und purpurne, gleichmäßig rundscharfe Nägel an den Zehen. Medb trat ihr entgegen und fragte sie verwundert: »Wer bist du, Mädchen, und was treibst du hier auf der Deichsel des Wagens?«

Freundlich gab ihr die schöne Frau Antwort: »Das ist nicht schwer zu sagen, Königin. Nachdem du aus allen Gauen Kriegsvolk gesammelt hast zum Einfall nach Ulad, um den Leuten dort das Vieh wegzutreiben, möchte ich dir weissagen, wie der Zug verläuft.«

Unwillig sagte Medb: »Der Druide hat mir wenig Hoffnung gemacht. Wie willst du da bessere Zukunft ansagen! Ich habe dich nie hier gesehen.«

Das schöne Weib lächelte: »Kennst du mich denn nicht? Ich bin Fedelm, die weissagende Side aus dem Hügel von Cruachan. Manchmal ist es gut, wenn man die Zukunft erkennt und Maßnahmen danach einrichtet.«

»So«, sagte Medb, »du bist die Side von Cruachan. Das trifft sich gut. So künde mir denn: wie siehst du mein Heer gegen Emuin Macha marschieren?«

»Ich sehe die Krieger in Rot, in Scharlachrot!« antwortete die Side.

»Sie sind rot vom Blut der erschlagenen Feinde, Mädchen«, sagte Medb nach einigem Nachdenken und schüttelte trotzig den Kopf »Sieh, anders wäre es nicht möglich; denn König Conchobar liegt in Emuin an seiner Kindbettschwäche auf dem Lager[72]. Was haben wir da von ihm zu fürchten?«

Aber die Side ließ sich nicht beirren. »Ich sehe sie in Rot, in Scharlachrot!« wiederholte sie ernst.

»Ich will es nicht glauben«, sagte Medb und stampfte mit dem Fuß auf. »Siehe, auch Cuscrid Mend Macha, Conchobars Sohn, hütet das Bett wegen der Kindbettschwäche, und ebenso ergeht es Eogan, Durthechts Sohn in der Burg von Airthir, und ebenso Celtchar, Uthechars Sohn[73]. So haben mir meine Späher berichtet. Wie sollten wir die Ulter da fürchten, wenn ihre besten Kämpen schwach darniederliegen? Wohl wird es Streit geben und Zwist in unsern eigenen Reihen, wenn die Männer sich zanken um den Vorrang im Kampf, um Weg und Furt und Fluß, oder wenn sie ein Stück Wildpret erlegt haben und es ungerecht teilen; aber deshalb braucht man nicht alle in Blut getaucht zu sehen. Doch rede weiter, Fedelm! Was siehst du noch?«

Zum dritten Male sagte die Side: »Ich sehe sie alle in Rot, in Scharlachrot!« Und darauf sprach sie singend weiter:

»Ein Jüngling erscheint mir mit schrecklichem Antlitz,
Mit roten Wunden in der weißen Haut.
Die schwellenden Buckel seiner brennenden Stirn
Künden von Sieg im Kampf für die Ulter.
Nicht seh ich ihn liegen auf dem Lager der Schwäche,
Sualtachs Sohn hat nicht Teil an dem Fluche.

Aller Waffen Künste lehrten ihn kundige Frauen,
Die Scathach, die Uathach, die Aife, die drei.
Unfehlbar ist seine Schleuder, sein Schwerthieb gewaltig,
Ein blutiger Blitz sein rascher Speer,
Doch wirft er ins Ziel das gezackte Eisen,
Bringt sichern Tod er dem tapfersten Kämpen.
Allein kämpft er anfangs, der bartlose Jüngling,
Doch wuchtigen Schlages zerschmettert er viele,
Gar viele vernichtet die Faust des Verzerrten,
Und es lichtet dein Heer der Hund des Schmiedes,
Daß die Fahrt dich gereut und der Raub des Stieres.
Nichts verschweigt dir von Not und Unheil
Die sehende Side. Blut wird tropfen
Von den Leibern der Kämpen, und den Kopf läßt mancher.
Weinen werden die Weiber um die lieben Toten,
Die der eine erschlug im schrecklichen Kampfe.
Ich sehe Cuchulinn! Ich sehe Rot!«[74]

Damit verschwand die Side samt dem Kriegswagen vor Medbs Augen, als wäre alles nur ein Luftgebilde gewesen. So hatte die Königin keine Möglichkeit mehr, ein Wort an die Weissagerin zu richten. Nachdenklich schritt sie ihrem Hause zu. Aber trotz all der empfangenen Warnungen blieb sie fest entschlossen, den Heereszug gegen Ulad zu wagen und gegen Cuchulinn, den Unüberwindlichen.

Solche Folgen hatte bis dahin das Gespräch, das die Königin Medb mit ihrem Gatten Alill an jenem Abend auf dem Kopfkissen hatte.

Alills Eifersucht

Im Heere der Königin Medb befanden sich auch einige vornehme Männer aus Ulad. Die grollten König Conchobar, dem Sohne der Ness, wegen der Meintat, die er an den Söhnen des Usnech begangen hatte, und waren von selbst aus Ulad nach Connacht in die Verbannung gegangen[75]. Das waren Fergus, der Sohn der Rolg, der weltberühmte Kämpe und Lehrmeister des Cuchulinn, und mit ihm Cormac, Conchobars Sohn, ferner Ith, des Etgath Sohn, dazu Fiachu, der Sohn des Firaba, und Gobnenn, der Sohn des Lurgnig[76]. Sie und ihre Mannen bildeten die Dreißighundertschaft der Ulter[77], die auf Seiten der Männer von Connacht gegen ihre eigenen Landsleute in den Kampf ziehen wollten. Sie lagerten zur rechten Seite des Zeltes, das König Alill für sich hatte aufschlagen lassen, damit sie bei geheimen Besprechungen zur Hand wären und mit Speise und Trank aus nächster Nähe versorgt werden könnten. Fergus aber besaß die Gunst der Königin in besonderem Maße.

Einmal ging König Alill in der Abenddämmerung den Abhang hinab, der sich von der Burg Cruachan in die Ebene Ai hinabzieht und damals wie heute mit saftigem Grün bedeckt war. Der König wollte sich in das Heerlager begeben, um den Kriegern frischen Mut zuzusprechen; denn am folgenden Tage sollte der Aufbruch gegen Ulad erfolgen. Auch gedachte er die Heerführer in sein Zelt zu rufen, um mit ihnen noch diese oder jene Maßnahme zu besprechen, die sich etwa noch als notwendig erweisen sollte, und im Zelt wollte er auch diese letzte Nacht zubringen mitten unter den Kriegern. Wie er nun so seines Weges ging, bemerkte er plötzlich in einiger Entfernung hinter einem Strauch den wackeren Fergus, den Sohn der Roig. Der hatte sein Schwert abgelegt und lag da in dem grünen Rasen neben Medb, der Königin von Cruachan, und hielt zärtliche Zwiesprache mit ihr. Dieser Anblick verdroß den König. Er schlich sich deshalb, ohne daß ihn das Liebespaar wahrnahm, an den Strauch heran, zog dem Fergus unbemerkt sein Schwert, auf das er nicht achthatte, aus der Scheide und steckte ihm statt dessen einen hölzernen Stecken hinein. Darauf legte Alill das Wehrgehänge wieder heimlich an seinen Ort und begab sich schweigend davon. Doch tat er das Gelübde, nie solle Fergus hinfort sein gutes Schwert, den berühmten Caladbolg des Siden Leti[78], wiederbekommen, es sei denn, er vollführte eine gewaltige Tat zum Ruhme und Vorteil der Männer von Connacht.

So kam es, daß der Held Fergus mit einem Holzschwert in der Scheide gegen die Ulter ziehen mußte. Es ärgerte ihn nicht wenig, als er den Schaden bemerkte, und er ahnte nur zu wohl, wer ihm den Streich gespielt hatte. Er beklagte sich darum bitter bei der Königin; aber da Alill ein Gelübde getan hatte, konnte auch Medb wegen des Schwertes nichts bei ihm erreichen. Mißgelaunt zog Fergus ins Feld. Er sann auf Rache an Alill, und dazu sollte er bald Gelegenheit haben.

Die Heerführer der Connachter hatten Fergus dazu ausersehen und bestimmt, an der Spitze der Scharen als Wegführer und Kundschafter über die Grenze nach Ulad hineinzuziehen. Sie hatten ihn besonders deshalb gewählt, weil er sieben Jahre lang in Emuin Macha gelebt hatte und das Land rings umher besser als irgendein anderer kannte. So brach Fergus denn mit der Vorhut der Männer von Connacht auf. Als er aber noch weit vor der Grenze die Hügel und Berge von Ulad auftauchen sah, überkam ihn ein wehes Gefühl um die verlorene Heimat. In seinem Schmerz griff er an sein Schwert; aber als er den Holzstecken in die Finger bekam, der ihm am Gurt hing, entsann er sich des Schimpfes, den ihm Alill angetan hatte. So führte er die Scharen in die Irre, bald nach Norden, bald nach Süden, doch niemals über die Grenze. Medb merkte indessen bald, daß Fergus ein falsches Spiel trieb; denn die Schwierigkeiten der Verpflegung des Heeres wurden immer größer. Sie machte ihm deshalb heftige Vorwürfe und nannte ihn einen Verräter. Das kränkte Fergus über die Maßen. Er erklärte darauf der Königin, er habe das Heer nur in der Absicht hin und her geführt, um eine Begegnung mit Cuchulinn zu vermeiden. Nun sie ihn aber so beleidigt habe, wolle er nicht länger die Spitze des Heeres führen. Da lenkte Medb ein und versöhnte sich wieder mit ihm und beließ ihn auf seinem Posten[79].

Cuchulinns Kampf an der Gabelfurt

Als sich der feindliche Heerwurm der Connachter gegen die Grenze von Ulad bewegte, standen Cuchulinn, der Sohn der Dechtire, und sein Vater Sualtach Sidech an dem Grenzstein bei Ard Cuilenn[80] und weideten ihre Pferde. Da sagte der Sohn zum Vater: »Mich macht es besorgt, Meister, daß jetzt die Krieger von Cruachan heranrücken gegen Ulad; denn über viele unserer Kämpen ist gegenwärtig die Kindbettschwäche gekommen. Mache du dich daher auf und warne die Leute von Ulad. Sie sollen sich in entlegene Schluchten und Wälder zurückziehen und den Kriegswagen der Medb aus dem Wege gehn.«

Sualtach entgegnete: »Das will ich gern tun. Doch was wirst du inzwischen beginnen, Zögling?«

»Ich werde heut zu der Magd der Fedlimid Neunherz[81] gehen, Meister; denn ich habe es ihr versprochen, die

Nacht bei ihr zu ruhen bis zum Morgen«, sagte Cuchulinn.

»O Schande über dich«, meinte Sualtach, »du läßt die Ulter von den Füßen der Feinde zertreten und gehst inzwischen auf das Lager zu einem Weibe!«

»Ich muß aber gehn«, beharrte Cuchulinn unwirsch, »denn besuche ich sie nicht, so wird Manneswort zur Lüge und Weibeswort zur Wahrheit.«

Damit trennten sie sich. Sualtach ging die Ulter zu warnen; Cuchulinn aber machte einen Reifen aus Eichenholz und ritzte auf das Verschlußstück eine Botschaft in Ogamschrift. Diesen Reifen schob er über den Steinpfeiler bei Ard Cuilenn und ging zu dem Mädchen.

Als nun Fergus an der Spitze des Heeres der Connachter an den Grenzpfeiler kam, bemerkte er sogleich den Holzreifen daran. Er nahm ihn herab und ersah aus der Inschrift wohl, daß Cuchulinn ihnen diese Botschaft hinterlassen hatte. Er riet deshalb der Königin Medb, an diesem Tage nicht weiter nach Ulad einzudringen; denn Cuchulinns Rache würde schrecklich sein, wollte man die Gelegenheit zum Weitermarsch ausnützen, während er einem Mädchen ein Versprechen hielt. Da berieten sich die Connachter, und nachdem sich nicht nur das Königspaar, sondern auch die Druiden der Meinung des Fergus angeschlossen hatten, schlug man für jene Nacht ein Lager vor der Grenze von Ulad auf.

Am nächsten Morgen beeilte sich Cuchulinn keineswegs, sondern badete in aller Ruhe und nahm gemächlich seinen Frühimbiß ein. Dann ließ er sich von seinem Wagenlenker Laeg zurück an die Grenze fahren, wo er die Ankunft der Connachter vermutete. Aber er fand bereits unterwegs die Wagenspuren der Feinde, die nicht länger gewartet hatten und nach Ulad eingefallen waren. »Wehe uns, Meister Laeg«, sagte da Cuchulinn, »kein Glück brachte uns gestern abend das Stelldichein mit dem Mädchen. Inzwischen ist Medb mit ihren Scharen ohne Warnung noch Meldung in unser Gebiet eingebrochen.«

»Das habe ich dir gestern vorausgesagt, Cucuc[82]«, versetzte Laeg, »daß du keine Ehre gewinnst, wenn du zu dem Mädchen gehst.«

»So eile jetzt hinter den Feinden her und versuche aus ihren Spuren zu lesen, wie viele Männer aus Erinn an uns vorübergegangen sind«, drängte Cuchulinn seinen Wagenlenker. Laeg säumte nicht, das Befohlene zu tun, und jagte davon. Aber bald kehrte er zurück, und Cuchulinn sah an seinem verstörten Gesicht, daß er die Feinde nicht hatte zählen können. Da sprach er: »So fahre mich eilig hinter ihnen her, Laeg, damit ich sie zähle!«

Da fuhr ihn Laeg in dem Kriegswagen an eine Stelle, wo man das Heer der Connachter überschauen konnte, und Cuchulinn schätzte die Zahl der Männer auf achtzehn Dreißighundertschaften. »Wohlan« sagte er darauf zu Laeg, »treibe nun die Pferde mit dem Stachel an, damit wir ihnen schnell vorauskommen, und kehre dein linkes Wagenbrett den Scharen zu! Ich selbst will nach rechts die Waffen bereit halten, falls uns von dort jemand erkennen sollte. Und fahre uns dann so weit voraus, wie du immer für richtig befindest. Ich sage dir aber, daß mancher Mann von ihnen noch vor dem Abend von meiner Hand fallen soll!«

So sauste Cuchulinns Kampfwagen an den Scharen der Männer von Erinn vorbei, ohne daß sie den Kämpen erkannten, und Laeg hielt nicht eher die Rosse an, bis sie zum großen Turloch nördlich vom Königshügel[83] kamen. Dort war eine Furt durch ein Wasser, die hieß Ath Grena. Dort sprang Cuchulinn von dem Wagen und ging in den

Wald. Von einem starken Baume hieb er mit einem einzigen Schlage eine gewaltige Gabel mit vier Ästen ab. Die spitzte er zu und brannte sie an den Enden. Darauf warf er die Riesengabel mit weitem Wurf hinten von seinem Wagen aus gegen den Boden, und zu zwei Dritteln fuhr sie in die Erde.

In diesem Augenblicke tauchten an der Stelle die beiden Söhne des Ner, des Sohnes des Nuatar, in ihren Kampfwagen auf. Sie waren der Spitze des anrückenden Heeres voraufgefahren, und als sie Cuchulinn erblickten, freuten sie sich, daß sie als erste in Ulad einem Feinde den Kopf abschlagen konnten; denn der Held in seiner knabenhaften Gestalt schien ihnen eine leichte Beute. Der Kampf währte nicht lange, da hatte Cuchulinn ihnen und ihren beiden Wagenlenkern die Köpfe abgehauen. Von diesen vier Köpfen spießte er einen jeden auf einen der vier Äste der Baumgabel. Dann jagte er die Pferde mit den Wagen der Söhne des Ner wieder den Weg zurück, den sie gekommen waren, und die roten Hälse der Erschlagenen ließen ihr Blut auf die Wagenkästen niederströmen. Cuchulinn hielt es für unehrenhaft, dem besiegten Feinde Gewänder, Waffen oder Pferde abzunehmen[84].

Als die Wagen mit den blutigen Leichen wieder beim Heere der Connachter ankamen, gab es große Aufregung bei den Mannen, und sie schlugen mit den Waffen aneinander. Die Königin Medb kam inmitten von acht Kriegswagen dahergefahren, und als sie die Leichen der Nera-Söhne ohne Kopf und mit blutigen Hälsen erblickte, fragte sie einige der Heerführer, die um sie waren, was dies zu bedeuten habe. »Das ist nicht schwer einzusehen«, meinte einer von ihnen, »zwei der Unsrigen von der Vorhut haben ihre Köpfe lassen müssen.« Da wurde Rat gehalten und beschlossen, Cormac Condlongas, Conchobars Sohn, sollte mit einer starken

Abteilung vorauseilen und zuschauen, ob das Heer der Ulter jetzt heranrückte. Cormac ging und kam zu der Furt. Da sah er die vier bluttriefenden Köpfe auf den Zinken der grausigen Astgabel. Kurz darauf erschien auch Fergus an dem Orte, und etliche Edelinge begleiteten ihn. Sie fanden die Spuren des Kampfes und erkannten die blutige Warnung Cuchulinns auf der Gabel an der Furt.

Vergeblich suchten die Männer die Gabel aus der Erde zu reißen. Sie unternahmen es schließlich, sie mit Hilfe von Kriegswagen herauszuziehen. Wohl zerbrachen mehrere Wagen dabei, aber die Gabel blieb im Boden stecken. Da nahte sich auch das Königspaar dem Platze an der Furt, und Medb bat nun Fergus, den Schandbaum aus der Erde zu brechen. Da packte Fergus die Gabel; doch nur mit schwerer Mühe gelang es ihm, die Gabel zu lockern und dem Boden zu entreißen. Er gab Alill den Baum und sprach dabei: »Sieh dir das Holz an! Ein kräftiger Mann fällte den Baum; denn mit einem einzigen Hiebe schlug er ihn ab. Und er schleuderte ihn von sich, und zwei Drittel der Länge drangen in den Boden, ohne daß er zuvor eine Grube mit dem Schwerte aushob!«

»Mich verwundert die Geschwindigkeit«, meinte Alill, »mit der er den Baum schneiden und brennen konnte.«

»Siehe, sein Name steht in Ogam eingeschnitten«, sagte Fergus. »Es ist derselbe Mann, der uns den Holzreif um den Steinpfeiler legte.« Da trat ein Druide herzu, las die Inschrift und sprach:

»Die Schreckensgabel grüßte uns hier
Mit blutigem Willkomm im Gebiet von Ulad.
Mit einem Schwerthieb schlug ein einziger Mann
Den ragenden Baum ab; nicht gering war die Leistung.
Doch ein Recke von uns entriß ihn dem Boden,

So sehr er auch trotzte in der Tiefe der Erde.
Drum soll fürder die Furt zum Gedächtnis der Helden
Die Gabelfurt heißen und Grena nicht länger[85].«

Die Entführung des Stiers

Alsdann wandte sich die Königin Medb mit einem Drittel des Heeres nach Norden gegen den festen Platz von Sobarce[86]. Sie verwüstete weithin das Land der Cruthen, Cualnge und das Gebiet des Conall, des Sohnes des Amorgin[87]. Jede Furt aber, die sie überschritt, jeder Ort, wo sie ihr Zelt aufschlug, und jede Stelle, da sie ihre Peitsche in die Erde steckte, trägt seitdem den Namen der Königin Medb von Cruachan. Vor dem Tor von Dun Sobarce stieß sie auf Findmor, die Frau des Celtchar, und kämpfte mit ihr[88]. Dabei wurde Findmor getötet, ihre Frauen aber ließ Medb teils aufhängen auf der Höhe daselbst, teils führte sie sie als Sklavinnen hinweg.

Danach ging Medb nach Cuib hinein und suchte den Stier[89]. Cuchulinn blieb ihr aber auf den Fersen und tötete viele ihrer Krieger auf ihrem Zuge: den Sohn des Buachalla, den Luasce, den Bobulge und den Murthemne, nach denen gewisse Örtlichkeiten in der dortigen Gegend zum Gedächtnis an ihren Tod genannt sind[90]. Bei diesen Streifzügen begegnete Cuchulinn einmal dem Buide, dem Sohn des Ban Blai[91] aus Connacht. Mit seinem Trupp von vierundzwanzig Mann gehörte Buide zum Gefolge der Königin. Dieser Trupp des Buide hatte nun den Stier von Cualnge aus dem Tal der Färsen im Culinn-Gebirge entführt und jagte ihn zusammen mit fünfzig Kühen vor sich her. Nicht gutwillig hatte der Hirt des Dond ihnen die Tiere überlassen. Aber die Krieger hatten mit den Speeren gegen ihre Schilde getrommelt und großen Lärm gemacht. Dadurch hatten sie die Herde des braunen Stieres so erschreckt, daß sie wild durch die enge Schlucht raste, den Forgemen, den Hirten, überrannte und auf dem Boden zu Brei zertrampelte.

Jetzt fragte Cuchulinn den Sohn des Ban Blai: »Woher kommst du mit diesen Schätzen da?« Buide antwortete kurz und mürrisch: »Von dort aus dem Gebirge.«

Cuchulinn fragte weiter: »Wie heißt du eigentlich?« Buide nannte ihm seinen Namen und fügte hinzu: »Ich liebe dich nicht und fürchte dich nicht; darum geh mir aus dem Wege!«

Da warf Cuchulinn seinen Kurzspeer nach ihm und sprach: »So nimm dies noch mit zum Andenken an mich!« Er traf Buide durch den Schild in die Brust, durchbohrte ihm das Herz und zerschmetterte ihm noch drei Rippen auf der abgekehrten Seite. So starb Buide, der Sohn des Ban Blai.

Während der kurzen Zeit aber, da Buide sich mit Cuchulinn auseinandersetzte, waren die übrigen Krieger mit der Rinderherde schnell davongelaufen und brachten die Tiere mitsamt dem braunen Stier auch glücklich und in gestrecktem Lauf ins Lager der Königin Medb. Das war die größte Schmach, die je Cuchulinn traf.

Larine kämpft mit Cuchulinn

Nachdem Cuchulinn dem Heere der Königin Medb vielen Schaden zugefügt hatte, erlegte er ihr an einem einzigen Tage gar hundert Mann mit der Schleuder. Da sah sich Medb genötigt, mit ihm zu verhandeln. Sie schickte deshalb Fergus als Unterhändler zu ihm, weil sie hoffte, daß gerade dieser Kämpe, den Cuchulinn tief verehrte, günstige Bedingungen von ihm erlangen könnte, die dem Heere der vier Gaue von Erinn, das sie befehligte, wenigstens gewisse Ruhepausen gönnten. Cuchulinn verlangte darauf von Fergus, Medb solle ihm jeden Tag einen namhaften Gegner zum Zweikampf an die Furt schicken, niemals aber mehr. Dann wollte auch er die anderen Krieger in Ruhe lassen. Obwohl diese Bedingung dem König Alill unehrenhaft für seine Mannen schien, nahm Medb sie zunächst an. So kam es, daß Cuchulinn schon etliche ausgezeichnete Helden aus dem Heere der Connachter im Zweikampf getötet hatte, als die Königin daran dachte, ihm nun Larine, den Sohn des Nos, gegenüberzustellen.

Um Larine für den Kampf zu gewinnen, lud Medb ihn in ihr Zelt und setzte ihm ihre Tochter Finnabir[92] an die Seite. Das Mädchen schenkte ihm das Horn voll süßen Weins, von dem die Königin nur fünfzig Wagenladungen mitgenommen hatte und der nur Auserwählten vorgesetzt wurde[93]. Und bei jedem Trunk, den Larine tat, küßte ihn das Mädchen. Als es Nacht geworden war und sich Larine an den ausgezeichneten Speisen, die ihm geboten worden waren, sattsam gestärkt hatte, nahm ihn Finnabair mit auf ihr Lager. »Sieh nur«, sagte Medb zu Alill, als er das Zelt betrat, »was für ein schönes Paar die beiden da sind, Finnabir und Larine, der Sohn des Nos! Wenn er morgen den Cuchulinn besiegt hat, wird Finnabir seine Gattin.«[94]

»Schon recht«, meinte Alill, »sie scheint mir an keinen Unwürdigen geraten zu sein.«

Da geschah es, daß Larine auf dem Lager der Königstochter so heftig rüttelte, daß die Nähte an den Kissen platzten. Die Federn quollen heraus und flogen wie Schnee über den ganzen Lagerplatz. Das trug dem Rüttler viel Spott ein. So konnte er den ersten Morgenstrahl kaum erwarten, um gegen Cuchulinn zum Kampf anzutreten und seine ganze Mannheit zu beweisen. Aber die kampferprobten Krieger hielten es nicht der Mühe für wert, ihn an die Furt hinabzubegleiten. Nur etliche Weiber gingen mit und junge Burschen und Mädchen: denn sie hofften ihren Spaß bei dem Kampfe zu haben. Und Grund zu spotten sollten sie genug bekommen.

Larine zog mit einem ganzen Wagen voll Waffen zur Furt hinab. Kaum war er dort angekommen, erschien auch Cuchulinn, um mit ihm zu kämpfen; der aber trug keine Waffe. Er bot Larine einen Ringkampf an. Doch dieser wollte davon nichts wissen und ging mit Speer und Schwert auf Cuchulinn los. Da schlug ihm der Held von Ulad die Waffen aus der Hand und tat dies mit solcher Leichtigkeit, als nähme er einem mutwilligen Knaben unnützes Spielzeug fort. Dann packte er ihn und quetschte und walkte ihn zwischen seinen Händen, und umschlang und schüttelte ihn so gewaltig, daß Larine der Kot aus dem After spritzte. Nach allen Himmelsrichtungen erfüllte sich die Gegend mit übelriechendem Dunst. Darauf ergriff Cuchulinn seinen Gegner und schleuderte ihn voller Verachtung von der Mitte der Furt aus weit durch die Luft bis in das Lager der Königin Medb, wo Larine wie ein Haufen Unrat vor dem Zelteingang seines Bruders niederfiel.

Seitdem siechte Larine. Nur mit Ächzen konnte er sich noch erheben oder niedersetzen; nur mühsam und unter Schmerzen vermochte er seitdem noch zu essen und zu trinken und mußte häufig hinausgehen, um sich zu erleichtern. Heftig klagte er über Brustbeklemmung und Leibweh all seine Tage. War er auch der einzige, der bis dahin aus einem Zweikampf mit Cuchulinn mit dem Leben davongekommen war, so starb er doch bald an der schlimmen

Behandlung, die ihm von dem Hund des Schmiedes[95] widerfahren war.

Cuchulinns Kampf mit Loch und der Morrigu

Nachdem Larine so schmählich von Cuchulinn besiegt worden war, suchte die Königin Medb nach einem anderen Kämpen in ihrem Lager, der imstande wäre, gegen den Unbezwungenen anzutreten. Deshalb redete sie mit Loch Mor, dem Sohne der Mofebis. Der lehnte den Kampf freilich ab, weil er sich nicht mit einem bartlosen Jüngling messen wollte. Er meinte, ein solcher Waffengang stünde seinem Bruder Long, dem Sohn des Emonis und der Febes[96], weit besser an; denn dieser hätte auch noch keinen Bart. Allerdings, meinte er, würde Long ohne Geschenke wohl kaum für den Kampf zu gewinnen sein.

Da ließ Medb den Long zu sich rufen, bewirtete ihn aufs beste und versprach ihm große Geschenke. Schöne Gewänder sollte er erhalten, dazu zwölf Mann in guter Ausrüstung, einen wertvollen Kriegswagen und überdies Finnabir als einzige Frau. Immer sollte er nach einem Sieg über Cuchulinn in Cruachan in großen Ehren gehalten werden und Wein bekommen, soviel er immer mochte. Da ging Long hin, kämpfte mit Cuchulinn und wurde von ihm getötet.

Danach hielt Medb die Zeit für gekommen, Loch Mor zum Kampf gegen Cuchulinn aufzustacheln. Um ihm aber jeden Einwand zu benehmen, sandte sie zuvor etliche ihrer Frauen zu dem Helden von Ulad und ließ ihm raten, er möchte sich doch einen falschen Bart anlegen; denn mit einem bartlosen Jüngling zu kämpfen, hielten ihre ruhmvollen Krieger für unter ihrer Würde. Cuchulinn ließ sich darauf von seinem Wagenlenker Laeg einen falschen Bart in das Gesicht schminken und zeigte sich so den Frauen. Als er nun mit diesem falschen Bart auf der Anhöhe stand, bemerkte ihn auch Loch, der Sohn des Mofebis. »Cuchulinn hat jetzt einen Bart!« rief er aus. »Das sehe ich auch«, sagte Medb, die gerade herzutrat, »nun lohnte es sich wohl für dich, meine ich, mit ihm zu kämpfen.« Dabei versprach sie ihm die nämlichen Geschenke wie seinem Bruder und das Beilager mit Findabair. Da machte sich Loch fertig zum Kampf mit dem Hund von Ulad.

Loch vereinbarte mit Cuchulinn, nicht an der Furt zu kämpfen, wo sein Bruder gefallen war, sondern weiter oberhalb an dem Gewässer. So gingen sie weiter hinauf zu der verabredeten Stelle. Diese Gelegenheit erspähte die Morrigu[97], die Tochter des Ernmas, und entstieg ihrer Elfenbehausung, um Cuchulinn zu verderben. Sie hatte ihm bereits beim Rinderraub von Regamna geschworen[98], sie würde Rache an ihm nehmen, sobald er einmal einen bösen Kampf mit einem ebenbürtigen Gegner zu bestehen hätte. Sie nahte sich nun dem Kampfplatz in der Gestalt einer schneeweißen Färse mit roten Ohren.

Die Weiber, die sich mit Loch eingefunden hatten, um dem Kampfschauspiel zuzuschauen, schrien laut, als sie der jungen Kuh ansichtig wurden, und riefen Cuchulinn die verschiedensten Gebote und Verbote zu, die sie ihm auferlegten, falls sie die weiße Färse von ihm unverletzt als Geschenk erhalten würden[99]. Der Anblick der Kuh und das Geschrei der Weiber lenkten Cuchulinns Aufmerksamkeit vom Kampfe ab. Die Gelegenheit benutzte aber Loch und brachte seinem Gegner eine schlimme Wunde mit dem

Speer bei. Da geriet Cuchulinn in Zorn. Er warf seinen Schleuderstock nach der Färse und zerstörte ihr ein Auge.

Sogleich verschwand die weiße Färse im Wasser und kam den Fluß alsbald als ein schlüpfriger Aal herabgeschwommen. In dieser Gestalt wickelte sich die Morrigu jetzt dem Helden von Ulad um die Füße, um ihn zu Fall zu bringen. Cuchulinn suchte sie abzuschütteln und trat ihr dabei so heftig auf den Kopf, daß sie schließlich von ihm abließ und abermals entschwand. Während der Held sich aber so abmühte, hatte Loch seinen Speer nach ihm geworfen und ihn schwer an der Brust verwundet. Doch ehe sich Cuchulinn zur Wehr setzen konnte, erschien die Morrigu zum dritten Male, jetzt aber als eine rauhhaarige rotgraue Wölfin, und suchte ihn zu beißen. Cuchulinn schleuderte einen Stein nach ihr und zerschmetterte ihr ein Hinterbein, so daß sie heulend davonlief. Doch während er sich der Wölfin erwehrte, warf Loch abermals einen Speer und schoß ihm eine tiefe Wunde. Da packte Cuchulinn ein wilder Grimm. Er nahm sein Schleudereisen mit den Widerhaken zwischen die Zehen und warf es mit solcher Gewalt gegen seinen Feind, daß es ihm tief in der Brust sitzen blieb[100].

Loch stürzte zu Boden und sagte sterbend zu Cuchulinn, als dieser sich ihm näherte und seinen Fuß auf seinen Leib setzte: »Gewähre mir nur eine Bitte, nachdem du mich besiegt hast, und ziehe deinen Fuß zurück, damit ich vorwärts auf mein Gesicht falle und nicht hintenüber und rückwärts gegen die Männer von Erinn. Es könnte sonst einer meinen, ich sei vor dir geflohen; denn gefallen bin ich, das mußt du selbst zugeben, nur durch den Wurf des Gae bulga!« Cuchulinn zog darauf seinen Fuß zurück und sprach: »Deine letzte Bitte ist heldenhaft, so sei sie dir gewährt.« Da sank Loch auf sein Angesicht und hauchte seine Seele aus. Die Furt aber heißt seitdem Ath Traged, die Furt des Fußes.

Müde vom Kampf sank auch Cuchulinn in das Gras und ließ seine Wunden von Laeg, dem Sohn des Riangabair, seinem Wagenlenker, pflegen. Da kam Mißmut über den Helden von Ulad, weil er so allein den Anprall des Heeres der Connachter aushalten mußte, während die Ulter daheim auf ihren Lagerstätten ruhten. So sandte er Laeg fort mit dem Auftrage, er solle Conchobar daheim melden, daß er als einziger nicht länger dem Ansturm der vielen standhalten könne und die Ulter sollten sich endlich zum Streite rüsten. Und als Laeg gegangen war, sagte er traurig dies Klagelied:

»Meines Blutes Tau tropft auf meine Wehr,
Allein muß ich hüten die Herden der Freunde;
Doch kein Freund wartet des Wundenentstellten
Als nur Laeg, der treue Lenker des Wagens.
Loch war im Bund mit der Bodb, der grausigen,
Zerfleischte die Hüfte, zerfetzte die Brust mir,
Als mir den Fuß umrankte der ringelnde Aal,
Als die tückische Wölfin mich wütend anfiel.
Oh, käme Conchobar und die Scharen der Ulter,
Wie Gesang beseelte mich der Klang ihrer Hörner!
Doch ich liege verlassen und blutüberströmt,
Kann dem Raub der Rinder nicht länger wehren;
Frohlockende Raben rufen dort drüben,
Und Wehklage füllt das Feld von Murthemne[101].«

Aber Medb gönnte dem Müden keine Ruhe. Als sie Lochs Tod erfahren hatte und wußte, daß auch Cuchulinn in seinem Blute lag, schickte sie sechs Getreue aus, ihn vollends zu vernichten, drei Druiden und drei Druidinnen. Cuchulinn aber erwehrte sich ihrer und tötete sie alle sechs. Als er jedoch so schnöde überfallen worden war und erkannte, daß die Königin ihren Vertrag zu halten nicht gesonnen war, fing er sein verderbliches Kriegsspiel gegen das feindliche Heer von neuem an. Er nahm seine Schleuder und schoß auf die Krieger, und keiner von ihnen durfte sein Gesicht zeigen, wollte er nicht von Cuchulinns Geschoß zermalmt werden. Doch dabei brachen seine Wunden wieder auf und bluteten, und er bekam großen Durst.

Als die Morrigu wahrnahm, wie geschwächt der Held von Ulad durch den Blutverlust war und wie sehr ihn der Durst quälte, zeigte sie sich ihm wiederum. Sie konnte nämlich ihrer Verwundungen, die ihr der Held an der Furt beigebracht hatte, nimmer genesen, wenn ihr Cuchulinn nicht selber dabei behilflich war; denn so war es immer mit den Wunden, die er austeilte: sie konnten nur geheilt werden, wenn er sich an der Heilung beteiligte. So erschien sie ihm denn als ein altes Weib, einäugig, mit zerwirktem Angesicht und hinkend. Sie setzte sich neben eine Kuh und molk sie aus den drei Zitzen ihres Euters. Da näherte sich ihr Cuchulinn und bat sie um einen Trunk Milch, weil ihn so dürstete. Die Morrigu gab ihm die Milch aus einer der Zitzen. Cuchulinn trank und dankte ihr: »Heil sei der Spenderin!« Da saß das verletzte Auge der Side wieder unbeschädigt in seiner Höhle. Cuchulinn bat sie um mehr Milch. Die Morrigu gab ihm aus der zweiten Zitze zu trinken. Wieder wünschte er ihr Heil. Da wurde der Side ihr zertretener Kopf wieder gesund. Und als Cuchulinn aus der dritten Zitze getrunken hatte, sprach er: »Der Segen aller göttlichen und menschlichen Wesen danke der Geberin!« Da war auch das zerschlagene Bein der Morrigu wieder heil. So trog ihn die Listige, also daß Cuchulinn ihr für drei Schlucke Milch alle Wunden heilte.

Ferdiads Tod

Ferdiad, der Sohn des Daman, des Sohnes des Dare, war ein hochgeachteter Krieger aus dem Volke der Fir Domnann[102]. Mit Cuchulinn zusammen hatte er bei denselben Lehrmeisterinnen die Waffenkunst erlernt, nämlich bei der Scathach und ihrer Tochter Uathach[103], und damals hatte ihm Cuchulinn als der jüngere die Speere in Ordnung halten und morgens das Lager aufschütteln müssen. Viele Fahrten hatten sie gemeinschaftlich gemacht und mancherlei Kriegstaten vollführt und sie liebten sich drum wie zwei Freunde und Pflegebrüder. Nun wollte Medb, daß Ferdiad, der im Heere der Königin gegen Ulad zog, gegen Cuchulinn im Zweikampf fechten sollte, um ihn endlich zu erlegen; denn sie wußte wohl, daß Ferdiad zu den besten Kämpen gehörte, die Erinn je gesehen hatte.

Entrüstet wies Ferdiad die Boten der Königin ab, als sie kamen und ihn in Medbs Zelt holen wollten; denn er ahnte wohl, welch Ansinnen sie ihm stellen würde. Da schickte Medb Druiden und Beschwörer zu ihm und etliche scharfe Spötter, die sollten ihm drei Beulen auf die Stirn zaubern mit ihren Sprüchen und Zaubereien, mit Drohen und Spotten, und sollten Schimpf und Schande über ihn häufen, wenn er nicht käme[104]. Um seiner Ehre willen begab sich deshalb Ferdiad in das Zelt der Königin. Hier wurde er mit aller Gunst empfangen, mit Versprechungen und mit süßem Wein berauscht und die Hand der Königstochter wurde ihm verheißen, wenn er Cuchulinn bezwingen wollte. Die Königin Medb gab ihm sogar als ein Handgeld eine goldene Nadel von ihrem Mantel. Aber Ferdiad wollte von all dem nichts hören und lehnte beharrlich den Kampf mit seinem Waffenbruder Cuchulinn ab. Da erzählte ihm Medb mit kluger Berechnung, Cuchulinn hätte sich gebrüstet, er hielte es für kein übermäßiges Kriegsglück, wenn Ferdiad als erster bei dem Einfall der Connachter nach Ulad von seiner Hand fiele. Da verschwor sich Ferdiad, der in der Trunkenheit der Königin dies Wort glaubte, nun wolle er schon am nächsten Tage mit Cuchulinn die Waffen kreuzen, und nahm Medbs Bedingungen an.

Darauf wurde Fergus von Ferdiad gebeten, Cuchulinn auf den Kampf mit ihm vorzubereiten. Fergus willigte ein, ließ seinen Wagen bespannen und fuhr zu Cuchulinn, um ihm den Waffengang anzukündigen. Ausdrücklich aber warnte er den Hund des Culann vor Ferdiad und bedeutete ihm, daß es keine Spielerei wäre, mit ihm auf Tod und Leben zu kämpfen. Doch Cuchulinn nahm gleichwohl die Herausforderung an.

In der Nacht tat Ferdiad einen tiefen Schlaf, bis sein Rausch von ihm gewichen war. Aber schon in der Morgendämmerung ließ er sich von seinem Wagenlenker an die Furt fahren, wo der Kampf mit Cuchulinn stattfinden sollte. Als er dort ankam, war der Gegner noch nicht erschienen. So legte sich Ferdiad auf die Decken seines Wagens, um noch ein Weilchen zu ruhen. Indessen befahl er seinem Wagenlenker, ihn zu wecken, sobald Cuchulinn sich sehen ließe.

Cuchulinn aber ließ sich an jedem Morgen Zeit und erhob sich nicht eher von seinem Lager, als bis das volle Licht des Tages erschienen war. Erst dann hieß er Laeg, den Sohn des Riangabair, die Rosse vor den Wagen zu spannen. Als er aber nun in seinem Wagen zum Kampfplatz eilte, summten und sausten die Geister der Luft ihm zu Häupten, die Boccanach und die Bananach, und die Dämonen der Täler wie die Gespenster der Winde schrien um den Sohn des Sualtach; denn die luftigen Wesen der Kinder der Göttermutter Danu[105] pflegten ihn auf seinen Kriegsfahrten zu begleiten und verbreiteten Schrecken und Entsetzen vor ihm her.

Als Ferdiads Wagenlenker das Sausen in der Luft hörte, weckte er seinen Herrn und sprach zu ihm: »Wohlan, Ferdiad, jetzt kommt ein gewaltiger Kämpe zur Furt gefahren. Steh auf und rüste dich zum Kampf!« Und er rühmte sehr das Aussehen Cuchulinns, seine Kraft und seine Herrlichkeit wie die Pracht seines Wagens und die Schnelligkeit seiner Rosse. Unwillig hörte Ferdiad dies Ruhmreden und entgegnete: »Was rühmst du so übertrieben diesen andern Mann? Ich sollte euch zürnen, dir wie jenen andern meiner Mannen, die ihr mich gestern noch von dem Kampf zurückzuhalten suchtet und mich ungern zur Furt hierher fahren sahet, und jetzt lobst du den Mann da bis zum Überschwang, als wäre es Jammer und Schade, ihn töten zu wollen! Ja, sollte ich denn mit einem minderen streiten? Mir hat die Königin vorausgesagt, daß ich ihn fällen werde, und so werde ich ihn vernichten.«

Als Cuchulinn die Furt erreicht hatte, setzte er sich auf der nördlichen Seite des Gewässers nieder, während Ferdiad auf der südlichen stand. Ferdiad bot ihm Willkommen. »Hättest du mir früher Willkommen zugerufen, Ferdiad«, sagte Cuchulinn, »so hätte ich dein Wort für Wahrheit und ehrlich genommen; heute aber lege ich darauf keinen Wert mehr. Zudem wäre es an mir gewesen, dich zuerst zu bewillkommnen; denn du bist in das Land gekommen, da ich wohne. Es wäre auch geziemender gewesen, ich wäre zu dir hinübergekommen, um mit dir zu fechten; denn von euch werden drüben unsere Weiber und Kinder geraubt und als Sklaven davongetrieben, unsere Pferde fortgenommen und unser Vieh entführt. Ist das nicht auch deine Meinung?«

Ferdiad antwortete darauf: »Was streitest du noch mit mir jetzt in Worten? Als wir noch bei der Scathach und bei ihrer Tochter waren, dientest du mir und wartetest mir auf, wie du dich erinnern wirst. Jetzt aber führst du trotzige und anmaßende Reden.«

»Gewiß ist das wahr, daß ich einst dein Dienstmann war«, versetzte Cuchulinn, »aber das war ich nur, weil ich jünger war als du und aus keinem anderen Grunde. Heute stehe ich keinem Kämpen der Welt nach und werde mich deiner zu erwehren wissen, und du sollst dich über meinen Tod nicht zu freuen haben.«

So führten sie ihre Trotzreden hin und wider und kündigten schließlich einander die Freundschaft feierlich auf. Darauf schritten sie zum ersten Waffengang. Sie ergriffen ihre Schilde zum Kampfspiel, dazu acht Wurfpfeile mit Walroßzahnspitzen. Kunstfertig bewarfen sie sich nun mit den Pfeilen vom Morgen bis zum Mittag. Doch so geschickt verfuhren sie dabei, daß keiner der beiden Kämpen dem andern auch nur eine einzige Wunde ritzte. Darauf gaben sie ihr Spielgerät in die Hände ihrer Wagenlenker, und Cuchulinn stellte Ferdiad vor die Wahl, mit welchen Waffen sie nun weiter kämpfen wollten. Ferdiad wählte darauf den Kampf mit den glatten harten Wurfspeeren am Flachsseil.

Wieder drangen sie aufeinander ein. So gut sich aber auch ein jeder mit seinem Schild deckte, So konnte doch keiner von ihnen verhindern, daß er getroffen wurde, und ihre Leiber färbten sich rot. Als die Sonne sank, schlug Ferdiad vor, mit dem Kampf aufzuhören, und Cuchulinn war damit einverstanden. Sie legten ihre Waffen nieder, gingen aufeinander zu, legten einander die Hände um den Hals und küßten sich dreimal. Die Wagenlenker bereiteten darauf beiden Kämpen am Feuer ein gemeinsames Lager, und Heilkünstler und Ärzte kamen beiderseits und pflegten die Wunden der beiden Helden, und bei jedem Kraut, das sie auf die Wunden legten, sprachen sie einen Heilsegen dazu. So blieben sie dort für die Nacht.

Am nächsten Tage kämpften sie von morgens bis abends von ihren Wagen aus miteinander. Sie schleuderten ihre Lanzen, und jeder suchte den andern zu durchbohren oder zu durchstoßen. Aufs neue verwundet sanken sie beide müde und erschöpft bei Sonnenuntergang auf ihr Binsenlager. Wieder kamen die Heilkundigen aus dem Lager der Königin Medb, um Ferdiad durch Zaubertränke zu stärken, und Cuchulinn pflegten gleicherweise die Wundärzte von Mag Breg[106].

Als Cuchulinn am kommenden Morgen erwachte und Ferdiad ins Gesicht schaute, war er erschrocken, wie übel jener aussah und wie finster er dreinschaute. »Dir geht es nicht gut, Ferdiad«, sagte er zu ihm, »dein Haar ist über Nacht dunkel geworden und dein Auge hat seinen Glanz verloren.«

Ferdiad antwortete grimmig: »Bilde dir nur nicht ein, ich wäre schwach geworden und hätte Furcht vor dir! Auch heute nehme ich es mit jedem Kämpen in Erinn noch gut auf. Darum laß uns nicht reden, sondern kämpfen!«

Da beklagte ihn Cuchulinn aus ehrlichem Mitgefühl und sagte ihm offen, wie töricht es doch sei, auf eines Weibes Geheiß mit seinem besten Freunde zu kämpfen. Aber Ferdiad wollte davon nichts hören, und als ihm Cuchulinn auch für diesen Tag die Wahl der Waffen ließ, entschied er sich für einen Gang mit den Schwertern. So nahmen sie denn ihre großen Langschilde und schlugen den ganzen Tag lang mit ihren Klingen aufeinander los. Aber als der Abend gekommen war, legten sie sich nicht mehr auf ein gemeinsames

Lager, sondern trennten sich für die Nacht. Der eine blieb mit seinem Wagenlenker auf der einen Seite der Furt, der andere ging auf die andere Seite. Aber sorgenvoll und bekümmert blickten sie einander an, als sie schieden.

Als der dritte Tag graute, erhob sich Ferdiad von seinem Lager und ging allein hinab zur Furt. Er wußte, daß nun an diesem Tage die Entscheidung fallen würde. Da legte er seine Kampfrüstung an, und weil Cuchulinn noch nicht erschienen war, vertrieb er sich die Zeit mit wunderbaren Waffenspielen und Kunststücken. Als Cuchulinn endlich auch an die Furt kam, blieb er stehen und sah sich Ferdiads Kunststücke voller Staunen an. »Sieh«, sprach er zu Laeg, seinem Wagenlenker, »diese wundersamen Spiele werde ich nun bald an meinem eigenen Leibe zu spüren bekommen. Dir aber sage ich: sobald du meine Niederlage kommen siehst, so verhöhne und verspotte mich, damit du mich zum Widerstand anfeuerst; behalte ich aber die Oberhand, so preise und rühme mich, damit mir der Mut noch höher wächst!«

»Das soll gewiß geschehen«, sagte Laeg, der Sohn des Riangabair, und legte seinem Herrn die Kampfrüstung an.

Wieder ließ Cuchulinn dem Ferdiad die Wahl der Waffen, und Ferdiad entschied sich für das ›Spiel der Furt‹, obwohl er wußte, daß dies eine sehr schwierige Kampfart war und Cuchulinn darin große Erfahrung besaß. Als die beiden daher den Morgen lang sich gegenseitig mit besonderen Kunststücken Proben ihrer Tapferkeit abgelegt hatten, begannen sie gegen Mittag mit dem Spiel der Furt. Cuchulinn sprang vom Rande der Furt mit einem Satz auf den Schildbuckel des Gegners und suchte Ferdiad vom oberen Schildrand her mit dem Schwert über den Kopf zu hauen. Ferdiad, Damans Sohn, aber gab seinem Schild mit dem Ellenbogen nur einen Schlag, da flog Cuchulinn wie ein leichter Vogel gegen die Furt zurück. Auch bei einem zweiten Sprung hatte der Hund des Culann keinen besseren Erfolg. Ferdiad stieß nur mit dem Knie ein wenig gegen den unteren Schildrand, und Cuchulinn sauste wie ein Knäblein durch die Luft zum Rande der Furt zurück. Da höhnte ihn Laeg: »Fürwahr, du großer Krieger, er züchtigt dich wie eine wackere Mutter ihr ungezogenes Söhnlein; er spielt mit dir wie der Habicht mit einem Vögelchen, du rasender kleiner Kobold!« Da erhob sich Cuchulinn wie ein Wirbelwind, flog mit dem Ungestüm eines Drachen dahin und sprang Ferdiad zum dritten Mal auf den Schildbuckel. Doch der schüttelte ihn nur kräftig, und wiederum flog Cuchulinn zur Furt zurück wie ein Graswisch.

Da kam die erste Verzerrung der Wut über Cuchulinn. Er schwoll an wie ein Ball, und furchterregend schillerte sein Antlitz in allen Farben des Regenbogens, und dann reckte er sich auf zur Riesengröße eines Meermannes[107]. Wie ein Schlachthund stürzte er sich grimmig auf Ferdiad. Es kam zu einem erbitterten Nahkampf. Hell klang das Schneidenspiel der Schwerter. Ferdiad hütete wohl seinen Kopf und seinen Hals; denn von der Brust abwärts war sein Körper durch eine starke Hornhaut geschützt[108]. Er sparte nicht mit Vernichtungshieben, noch Langhieben, noch großen Mittenhieben, und als er einmal bei Cuchulinn eine Blöße erblickte, traf er ihn so schwer mit seiner Klinge, daß ihm das Blut auf den Gürtel tropfte. Das hielt Cuchulinn nicht länger aus.

Er bat Laeg, nun den Gae bulga bereit zu legen. Als Ferdiad die Zurichtungen zum Wurf des Gae bulga bemerkte, wußte er, daß er diesem Kunststück wenig entgegenzusetzen hatte; denn den Wurf mit dem gezackten Eisen hatte die Königin Aife[109] nur ihrem Geliebten als ein Kampfgeheimnis verraten. Ferdiad deckte sich daher mit seinem Schild, packte den Griff seines Schwertes fester und stürmte gegen Cuchulinn an. Cuchulinn jedoch wich etliche Schritte zurück, klemmte die furchtbare Waffe in die Gabel seines Fußes und schleuderte sie über Ferdiads Schildrand genau in die Halsöffnung über seiner Hornhaut, daß sie ihm das Herz in der Brust zerfleischte.

»Das genügt«, keuchte Ferdiad, »so muß ich denn sterben. Doch du hast mit dem Fuße gestoßen, und somit hast du mich nicht ehrlich besiegt!« Er sank zu Boden, und der Tod schloß ihm die Augen.

Cuchulinn stürzte darauf zu ihm und legte seine beiden Hände um das liebe Haupt des Toten. Ohnmacht und Schwäche kamen nun über ihn, und lange lag er wie leblos. Dann stand er auf und ließ die Leiche auf die nördliche Seite der Furt schaffen und dort in voller Gewandung und mit allen Waffen zur Erde legen. So wollte er den Männern von Erinn seinen Sieg über Ferdiad vor Augen führen. Hier kniete er bei dem toten Freunde nieder und starrte wie träumend vor sich hin. Als Laeg Männer aus dem Lager der Königin Medb zur Furt kommen sah, störte er seinen Herrn auf und sagte: »Steh auf nun, Cucuc, es nahen Männer aus dem feindlichen Lager; sie werden dir nicht einzeln zum Kampf gegenübertreten, nachdem Ferdiad, Damans Sohn, von deiner Hand gefallen ist.« Cuchulinn richtete sich auf: »Wie sollte ich mich in meinem Kummer erheben können? Hier liegt der Beste und ist gefallen durch mich.« Und er stimmte die Totenklage über Ferdiad an und rühmte seine Heldentaten. Dann sagte er zu Laeg: »Zieh ihm nun seine Rüstung und seine Gewänder aus, damit ich sehe, womit Medb ihn bestochen hat, gegen seinen Waffengefährten zu streiten.«

Laeg zog Ferdiad aus. Da erkannte Cuchulinn die goldene Nadel von Medbs Mantel, die sie dem Helden gegeben hatte, und bitter klagte er über die Ränke der Königin, der ein so herrlicher Mann erliegen mußte. Darauf befahl er seinem Wagenlenker, Ferdiad die blutige Waffe aus dem Leibe zu schneiden; denn anders konnte man sie aus dem Körper nicht entfernen. Laeg tat, wie er geheißen war, und als Cuchulinn das blutige Eisen mit den Widerhaken neben sich liegen sah, nahm er Abschied von seinem Jugendgefährten und sprach:

»Ein böses Geschick ward uns Schülern der Scathach:
Leblos liegst du nun, vom Tode beschattet,
Vom Freund und Gefährten im Kampfe erschlagen,
Dem selber das Blut rinnt aus blühenden Wunden,
Die dein Schwert mir schlug, die ruhmreiche Klinge.
Nun liegst du tot, und ich taumle von dannen.
Ein böses Geschick ward uns Schülern der Scathach.«

Als Cuchulinn diese Worte gesprochen hatte, bestieg er seinen Streitwagen. »Wahrlich«, sagte er, »Meister Laeg, wie viele Kämpfe ich auch bisher bestand, sie waren Scherz und Spiel im Vergleich zu dem Waffengang, den ich mit Ferdiad ging.« Da spornte Laeg die Pferde, und in rasendem Lauf jagten sie davon.

Cetherns Scherze mit den Wundärzten

Mac Roth, der Läufer des Königs Alill, war auf Wache und Kundschaft nach dem Sliab Fuaid[110] geschickt worden und sollte dort achthaben, daß sich die Ulter nicht unbemerkt heranschlichen. Da begegnete ihm eine seltsame Gestalt. In einem Streitwagen kam ein wild aussehender rotnackter Mann dahergefahren, der nichts weiter an sich oder auf sich trug als einen langen eisernen Spieß in seiner Hand[111]. Mit diesem Speer stach er bald auf seine Rosse, bald auf seinen Wagenlenker ein. Mac Roth meldete dies sogleich im Lager der Connachter. Da beschloß die Königin Medb, diesem wilden Streiter mit einigen beherzten Männern entgegenzugehen und ihn zum Kampf zu stellen. Sie fragte zuvor den Fergus, wer der seltsame Mann eigentlich wäre. Fergus meinte, nach der Beschreibung könne das nur Cethern sein, der Sohn des Fintan, und er sei ein gewaltiger Kämpe.

Ehe aber die Connachter ihre Beratung zu Ende geführt hatten, raste auch schon Cethern gegen das Lager an, und wo immer er Gelegenheit dazu fand, machte er die Männer mit seinem Spieße nieder. Da trat ihm Medb entgegen mit ihren Kriegern, und bald hatten sie ihn so schwer verwundet, daß er eilig davonfuhr und sich an den Ort begab, wo Cuchulinn seine Wunden pflegte und wo er gleichfalls hoffte, von einem Wundarzt seine Wunden heilen zu lassen.

Cuchulinn sandte darauf den Laeg hinüber nach dem Lager der Connachter und ließ ihnen sagen, sie möchten ihre tüchtigsten Wundärzte schicken, um Cethern die Wunden zu heilen, die ihm ja die Krieger der Medb beigebracht hätten. Wollten sie aber nicht kommen, so sollte er ihnen androhen, Cuchulinn werde Tod und Verderben über sie bringen, noch ehe die Sonne wieder denselben Stand erreicht habe, und verkröchen sie sich auch in den tiefsten Erdlöchern. Laeg ging und richtete dies im Lager der Königin aus. Und so kamen denn die Wundärzte und Heilkundigen aus dem Lager der Männer von Erinn heraus und begaben sich zu Cuchulinn, obgleich sie dies widerwillig taten und übel bereit waren, dem Cethern in seiner Not zu helfen. Doch sie fürchteten die Wut des Verzerrten.

Als sie nun an das Krankenlager Cetherns herantraten, sahen sie, daß ihm die Gedärme und Eingeweide vielfach außen hingen. So untersuchten sie ihn der Reihe nach; doch einer wie der andere schüttelte den Kopf und erklärte, ihm wäre nicht mehr aufzuhelfen. Sobald ihm aber einer der Wundärzte sagte, er müsse sterben, schlug ihm Cethern mit der Faust auf den Schädel, daß ihm das Hirn zu Nase und Ohren herausspritzte. Erst als er an den fünfzehnten kam, wurde seine Kraft schwächer. Der letzte aber war Ithall, der Leibarzt des Königspaares von Cruachan. Den traf Cethern nur halb; doch fiel Ithall gleichwohl betäubt von der Wucht des Schlages zu Boden und geriet unter die Leichen seiner Berufsgenossen.

Nach dieser ungünstigen Beratung durch die Wundärzte von Connacht verlangte Cethern von Cuchulinn einen tüchtigen Heilkünstler aus Ulad. Da sandte Cuchulinn, der selbst eines geschickten Arztes dringend bedurfte, den Laeg zu König Conchobar und bat sich von ihm den Seher-Arzt Fingin aus[112]. Und nach geraumer Zeit erschien dieser auch.

Als Fingin sich über den kranken Cethern beugte, zeigte ihm dieser der Reihe nach seine Wunden und befragte ihn um seine Meinung. Fingin besah sich das Blut der ersten Wunde und sprach: »Das ist nicht schwer zu erkennen. Die Wunde wurde dir ungern gegeben und sie wird dich nicht fortraffen«.

»Freilich«, gab ihm Cethern Recht, »die Wunde gab mir ein Mann, der war völlig kahl geschoren, hatte einen blauen Mantel und trug eine silberne Nadel auf der Brust. Er führte einen Speer mit fünf Spitzen und einen gegabelten Beispeer. Der stieß mich. Allerdings hat auch er eine kleine Wunde von mir empfangen.«

»Ich weiß, wer das war«, sagte Fingin. »Das war Illan Ilarchess, der Sohn des Fergus, der verwundete dich so[113]. Er wollte dich nicht entsetzlich verletzen, sondern gab dir den Stoß nur zum Scheine, damit die Männer der Königin nicht sagen sollten, er hätte sie verräterisch im Stich gelassen.«

Darauf zeigte Cethern dem Fingin eine andere größere Wunde. Der Wundarzt betrachtete das Blut und sprach: »Diese klaffende Wunde da hat dir der Übermut eines Weibes geschlagen.«

»So ist es«, sagte erstaunt der Kranke. »Ein Weib war das, und schön war sie, weißgesichtig, langwangig und stattlich von Gestalt. Goldblondes Haar lag auf ihrem Haupt wie eine Krone. Sie trug einen purpurnen Mantel, der wurde über ihrer Brust von einer goldenen Heftel gehalten. Ein grader Speer lag in ihrer Hand und flammte wie rotes Feuer. Sie brachte mir diese Wunde bei. Freilich ließ ich ihr auch ein wenig Blut ab.«

Dazu sagte Fingin: »Dies Weib ist uns nur allzu bekannt: es ist Medb, die Tochter des Eocho Fedlech, des Hochkönigs von Erinn. Nun wird sie in ihrem Lager frohlocken, daß du von ihrer Hand gefallen bist.«

Darauf wies Cethern dem Wundarzt noch sieben große und schwere Wunden, und bei jeder nannte ihm der Seher den Namen des Feindes, der sie ihm geschlagen oder gestoßen hatte. »Wohlan, Meister Fingin«, fragte Cethern, »was ist nun dein Rat?« Fingin wiegte sein Haupt und sprach bedächtig: »Das will ich dir in aller Wahrheit sagen, Cethern, mit Kunst und Vorsatz haben sie dir die Wunden beigebracht. Das läßt sich nicht verhehlen. Sie haben dir die Sehnen deines Gekröses zerschnitten, daß es sich in deinem Leibe bewegt wie ein Apfel in einem Korbe oder ein Knäul in einem leeren Sacke. Ich rate dir deshalb, rechne nicht mehr mit der Milch deiner jährigen Färsen, du wirst sie nicht mehr zu trinken bekommen.«

Als Cethern dies hörte, wurde er zornig und sagte: »Das ist ein Gutachten, wie es mir die andern Ärzte auch gaben, und sie sind deshalb von mir zurechtgewiesen worden. Auch dir wird dein Wort, das du mir da gesagt hast, wenig Gewinn bringen.« Damit gab er Fingin einen Fußtritt, daß er zwischen die Räder eines Streitwagens zu liegen kam. Davon heißt noch heute jene Stelle ›Uachtur Lua‹, die Anhöhe des Fußtritts. Mühsam richtete sich Fingin wieder auf und ließ nun Cethern die Wahl, entweder nach einem sehr langen Krankenlager zu genesen oder aber die rote Kur von drei Tagen und drei Nächten durchzumachen und dann, für kurze Zeit nur gekräftigt, jählings zu sterben.

Cethern entschied sich für das letztere, da er nach Rache an den Connachtern lechzte. Da bereitete ihm Fingin ein ganzes Faß voll Ochsenmark und steckte Cethern für drei Tage und drei Nächte hinein. Das Mark stärkte den Helden, schloß seine Stiche und Risse, und als er nach Ablauf der Frist dem Fasse entstieg, lag das Mark fest wie ein Panzer um seinem Leib und verhütete, daß ihm die Eingeweide herausfielen. Zu der Zeit kam auch seine Bettgenossin aus dem Norden von Dun Da Bend her, nämlich Finda, die Tochter des Eocho[114], und brachte ihm sein Schwert, das er mitzunehmen vergessen hatte. Cethern erzählte ihr ausführlich, wie schlimm es ihm ergangen war und daß er lieber die rote Kur gewählt habe, da er niemand Besseren wüßte, an den Feinden Vergeltung zu üben, als sich selbst, und sollte er dabei auch den Tod finden.

Inzwischen war Ithall, der Leibarzt des Königspaares von Connacht, aus seiner Betäubung wieder erwacht und zur Besinnung gekommen. Als er die Leichen der Wundärzte um sich sah, flüchtete er heimlich zurück in das Lager der Königin. Dort berichtete er, Cethern sei noch am Leben und bei der Stärke des Helden sei es so gut wie gewiß, daß er wiederkommen werde, um Rache zu nehmen. Und er erzählte Medb, wie übel er mit den Wundärzten verfahren war. Da ersannen die Connachter eine List. Sie gingen hin zu dem Steinpfeiler bei Crich Roiss, wo Cethern vorbeikommen mußte, wenn er das Lager angreifen wollte, und behängten den Stein mit König Alills Hemd und seinem goldig schimmernden Obergewand[115]. So hofften sie Cethern zu täuschen und ihn zum wenigsten eine Zeitlang aufzuhalten, wenn er dahergefahren käme. Mane Andoe aber, der Sohn König Alills und der Medb, legte sich dort mit etlichen Kriegern in den Hinterhalt, um nach dem herannahenden Feind auszuspähen[116].

Etliche Tage lang warteten sie freilich vergebens; denn Cethern ließ sich Zeit, mußte erst seine rote Kur beenden und mochte sich auch nicht so schnell von seiner Buhlin trennen, die ihm das Schwert gebracht hatte. Schließlich stieg er aber in seinen Kampfwagen und stürmte den Weg dahin, der gegen die Connachter führte. Als er an den Steinpfeiler kam, glaubte er in seinem blinden Grimm, dies wäre der König selbst, der da in Hemd und Mantel stand. Er schlug mit seinem Schwerte nach der Gestalt und tat das mit solcher Kraft, daß die Klinge tief in den Stein fuhr und zersprang. »Betrug!« brüllte er, als er die Täuschung erkannte. Da traten die Männer von Erinn aus ihren Verstecken und lachten. »Ich will meine Hände von Mord und Totschlag nicht eher ablassen«, fluchte Cethern in höchster

Wut, »bis ich den gefunden habe, dem das Hemd da und der goldene Mantel passen!« Da trat Mane Andoe herzu und warf sich Hemd und Mantel über und ging goldstrahlend durch die Reihen der Männer. Cethern verfolgte ihn sogleich mit Ungestüm, und schließlich warf er seinen Schild nach ihm, daß ihn der Rand des Schildes zu Boden warf und in zwei Teile zerschnitt. Das brachte aber auch ihm den Tod ein. Denn jetzt umringten ihn die Krieger und schnitten ihm von allen Seiten den Weg ab. Und da fiel Cethern, der Sohn des Fintan, von der Übermacht besiegt.

Der weiße Kampf des Reochaid

Reochaid, der Sohn des Fathemon, war mit dreimal fünfzig Kriegern den Ultern zu Hilfe gekommen. Einstweilen aber lagerte er sich mit seiner Schar auf einem Hügel dem Lager der Königin Medb gegenüber, da König Conchobar das Heer der Ulter noch nicht fertig aufgestellt hatte. Reochaid war ein stattlicher Mann, und eines Morgens erblickte ihn Findabair, Medbs Tochter, als sie an einer abgelegenen Stelle im Wasser an der Furt badete und er drüben mit einigen Knechten nach Wild jagend vorüberzog. Sie verbarg sich vor ihm, aber ihr Herz brannte vor Verlangen nach ihm. Seitdem sah sie ihn öfter, aber niemals fand sie Gelegenheit, mit ihm zu sprechen, so sehnsüchtig sie auch nach ihm ausspähte. Deshalb sagte sie nach einigen Tagen zu ihrer Mutter Medb: »Ich sah heute Reochaid, den Sohn des Fathemon, er liegt mit seiner Kriegerschar dort drüben auf der Anhöhe uns gegenüber. Er gefällt mir sehr, und ich liebe ihn schon seit einiger Zeit.«

Die Königin meinte darauf: »Wenn du ihn liebst, Finnabir, so geh und schlafe mit ihm heute nacht; doch mußt du ihm zuvor die Bedingung stellen, daß er dann nicht gegen uns kämpfen darf, weder jetzt noch später. Kommt es aber zur großen Schlacht zwischen uns und den Ultern, und ich glaube, daß der Tag dafür nicht mehr ferne ist, muß er zu uns stoßen mit seinem Heerhaufen und uns gegen die Ulter beistehen.«

Da ging Finnabir heimlich zu Reochaid und trug ihm ihre Liebe an. Als er sie freudig willkommen hieß, denn Finnabir war ein sehr schönes Mädchen, stellte sie ihm aber die Bedingung, wie die Mutter sie geheißen hatte. Damit war Reochaid einverstanden und schlief in derselben Nacht mit Finnabir[117].

So verstohlen jedoch das Mädchen seinen Liebesgang zu Reochaid auch eingerichtet hatte, so erfuhr doch einer der Anführer des Heerhaufens der Leute aus Mumu[118] davon, und zornerfüllt redete er darüber zu andern Häuptlingen seines Gaus: »Mir hat Medb das Mädchen ja längst versprochen, und nur deshalb bin ich überhaupt zu dem Heereszuge gekommen.« Da verwunderten sich die andern Anführer und gestanden einander, auch jedem von ihnen hätte die Königin Medb das Beilager mit Finnabir verheißen. Darauf machten sie einen Aufstand im Lager, und der kostete die Männer von Erinn viel Blut. Erst als achthundert der Krieger erschlagen lagen, gelang es König Alill, eine Verständigung zwischen den Kriegern von Mumu und den andern zustande zu bringen. Als nun Finnabir hörte, daß achthundert Männer von Erinn ihretwegen das Leben lassen mußten, erfaßte sie heiße Scham und Reue über ihre Tat, und wie wenn eine Haselnuß zerbricht, zersprang ihr das Herz in der Brust. Der Hügel, auf dem Finnabir ihrer Liebe zu

Reochaid genoß und auf dem sie starb, trägt seitdem ihren Namen. Die Männer von Erinn aber höhnten grimmig, als Reochaid am nächsten Tage ohne einen Schwertschlag das Feld räumte: »Das war ein weißer Kampf für Reochaid, Fathemons Sohn, daß achthundert Krieger seinetwegen ihr Blut hingaben, er selber aber kehrt ohne Wunde noch auch nur eine Rötung seiner Haut auf seine Scholle zurück!«

Der Rückzug des Heeres der Medb

Lange hatte die Schlacht zwischen den Heeren der Königin Medb und den Kriegsscharen des Königs Conchobar von Ulad bei Garech und Ilgarech getobt, und viele wackere Männer waren bei dem wechselnden Vorrücken und Zurückweichen der Kampfreihen hüben wie drüben gefallen. Da entschied die Bodb die Schlacht allmählich zugunsten der Krieger von Ulad. Doch daran war auch Fergus, der Sohn der Roig, nicht ganz unbeteiligt.

Als im Augenblick hoher Not das Königspaar den Fergus aufforderte, nun dem heranstürmenden Conchobar entgegenzutreten und ihn zu fällen, verlangte er sein gutes Schwert, den zauberhaften Caladbolg des Sidefürsten Leti, von Alill zurück. Eher wollte er keinen Schritt mehr für die Connachter tun. Wohl oder übel mußte ihm daher Alill jetzt das Schwert zurückgeben, das er ihm einst auf dem Abhang von Cruachan aus der Scheide gezogen hatte. Als Fergus nun seinen Caladbolg wieder in Händen hielt, freute sich sein Herz über den Glanz der Waffe, und kühn wandte er sich jetzt gegen Conchobar, den er auf sich zukommen sah. Fergus tat einen gewaltigen Schlag mit dem Caladbolg auf Orchain, Conchobars wunderbaren Schild, und unter dem Hiebe brüllte Orchain auf wie ein wütender Stier, und wenn Orchain brüllte, so schrien alle Schilde der Ulter mit[119].

Aber Conchobars Schild hatte dem furchtbaren Biß des Caladbolgs standgehalten, und der König von Ulad verfehlte darauf nicht, Fergus jetzt durch Erinnerungen an alles Böse, das er ihm in seinem Leben zugefügt hatte, zur äußersten Wut zu reizen. So mahnte er ihn daran, wie er ihm einst die Königswürde von Ulad nahm, wie er ihn landflüchtig und von Medbs Gnade abhängig gemacht hatte und wie er ihn nunmehr im Angesicht aller Männer von Erinn zu Boden zwingen werde. Fergus geriet darüber in rasende Wut. Er hob sein Schwert und holte mit seinem Arm über der Schulter so weit zum Schlage aus, daß die Schwertspitze hinter seinem Rücken in den Sand fuhr. Er wollte auf Conchobar nun seine drei gefürchteten Gerichtshiebe schlagen, um dann unter den Ultern zu wüten, bis die Zahl der Toten größer war als die der Lebenden. Da aber fiel ihm Cormac Condlonges, Conchobars Sohn, der mit Fergus die Verbannung als treuer Gefährte geteilt hatte, in den Arm; denn ihn rührte das Blutsgefühl zu seinem Vater. Cormac flehte Fergus an, die Klinge nicht gegen Leute von Ulad sausen zu lassen. Fergus wurde sehr zornig über diese Bitte des Cormac und antwortete ihm, er wolle nicht leben, wenn er jetzt nicht seine drei Gerichtshiebe austeilen sollte. Da bat ihn Cormac inständig, dann statt der Köpfe der Ulter lieber die drei Spitzen der Berge von Mide abzuschlagen, dann würde auch Conchobar stillschweigend in seine Reihen zurückgehen. Da gab Fergus nach und schlug mit drei furchtbaren Schlägen den drei Bergen die Spitze ab. Seitdem heißen diese ›die drei kahlen Berge‹ in der Landschaft Mide. Conchobar aber ging nun Fergus aus dem Wege. Das war das zweite Mal, daß Fergus die Sache der Königin Medb verriet[120].

Das dritte Mal aber tat er es vor Cuchulinn. Zwar konnte der Hund des Culann an der großen Schlacht nicht teilnehmen; denn er lag siech an seinen vielen Wunden. Doch als er das Brüllen des Schildes seines Königs vernahm, ließ er sich nicht mehr auf dem Lager halten. Er brachte die Spötterinnen um, die sie ihm geschickt hatten, um ihn mit falschen Berichten über den Verlauf der Schlacht zur Ruhe zu bannen, und stürmte dahin, daß ihm die Binden zerrissen und die Kräuter aus seinen Wunden zur Erde fielen. Er hatte keine Waffen zur Hand, so nahm er seinen Kampfwagen in die Fäuste und schlug damit auf die Männer der Medb ein, bis er sich zu Fergus, dem Sohn der Roig, durchgekämpft hatte. Er hatte mit dem Wagen so gewaltig dreingeschlagen, daß ihm in der Faust nur ein Stück von der Achse verblieben war. Doch damit drohte er dem Fergus und sprach: »Als ich dir jüngst im Einzelkampf gegenüberstand, floh ich vor dir, weil du mir dies als mein Lehrmeister befahlst. Du versprachst mir aber als deinem Zögling, du würdest umgekehrt vor mir zurückweichen, wenn ich dir je in Wunden und blutüberströmt entgegenträte. Sieh mich denn hier in Blut und Wunden! Nun ist es an dir, den Rückzug anzutreten. Sonst fürchte meine Kraft! Sie reicht noch aus, dich zu zermahlen, wie eine Mühle das Korn zerreibt[121].«

Da wandte sich Fergus und machte seine drei heldenmäßigen weiten Schritte[122]. Und als die Männer von Connacht sich so verraten sahen, machten auch sie kehrt, und als die Sonne sank, floh der letzte ihrer Heerhaufen über die Höhen westwärts. Medb übernahm selbst die Führung der Nachhut. Fergus aber blieb an ihrer Seite. Zuvor schickte sie indessen den braunen Stier von Cualnge mit seinen fünfzig

Kühen nebst acht Mann von ihren Knechten auf dem kürzesten Wege nach der Burg von Cruachan. Denn den Stier wollte sie um jeden Preis gerettet sehen.

Während Medb nun mit Fergus zusammen die Rückendeckung des abziehenden Heeres überwachte, tropfte ihr auf einmal blutiges Naß die Schenkel abwärts. Da sprach sie zu Fergus: »Nun sei du der Schild im Rücken unserer Männer, Fergus, ich muß abseits gehen, damit ich mein Wasser fließen lasse.«

Fergus sah sie mißbilligend an: »Bei meiner Treue, Medb, einen ungünstigeren Zeitpunkt konntest du dir dafür nicht wählen.«

»Ich hatte die Wahl nicht frei«, gab Medb zur Antwort, »aber ich bleibe dir nicht am Leben, wenn ich jetzt nicht mein Wasser laufen lasse.«

Da übernahm Fergus die Führung der Nachhut. Medb aber ging abseits[123].

Als die Königin sich da ihrer Qual entledigte, holte sie Cuchulinn ein. Doch er hielt es für Unehre, seiner ärgsten Feindin eine Wunde vom Rücken her zu schlagen. So ließ er sie unbehelligt. Da sagte Medb zu ihm, als sie seine Ehrenhaftigkeit erkannte: »Ich bitte dich um eine Gunst, Cuchulinn!«

Der Hund des Culann fragte sie, was er für sie tun sollte.

»Schütze du mein Heer, bis es über Ath Mor, die große Furt, westwärts abgerückt ist! Es bringt euch doch wenig Ehre, eure Gegner vom Rücken her anzugreifen.«

Das gestand ihr Cuchulinn zu, und so gelangte unter seinem Schutze nicht nur Medb wieder zu ihren Leuten, sondern auch ihr Heer ging unangefochten zurück über die große Furt nach Westen.

Mit einem wehmütigen Lächeln beschaute Fergus das zusammengeschmolzene Heer der Königin, als es wieder über die Grenze nach Connacht hineinmarschierte. Medb sah sein Lächeln und sagte obenhin: »So zieht eine Fohlenherde hinter der Leitstute zum heimatlichen Pferch.«

»Ja«, gab ihr Fergus recht, »so endet der Tag, wenn man einem Weibe folgt.«

Der Kampf der Stiere

Als der Findbennach von Cruachan das Gebrüll des Dond von Cualnge hörte, trabte er zornig daher, den fremden Stier zum Kampfe zu stellen. Medb aber, die Königin von Cruachan, hatte die Männer von Erinn auf die Burg geladen, um dem Kampf der Stiere beizuwohnen.

Die Stiere blickten einander an. Sie begannen mit den Hufen zu scharren und warfen große Klumpen Erde über ihren Rücken. Ihre Augen funkelten wie glühende Kugeln. Ihre Nüstern blähten sich wie zwei Blasebälge. Dann stießen sie krachend ihre Hörner gegeneinander. Darauf führte der Findbennach von Ai den Dond von Cualnge in die Irre. Er lief scheinbar davon. Doch als der Dond ihm hitzig folgte, machte er plötzlich eine Wendung, stieß ihm die Hörner in die Seite und richtete ihn übel zu. Aber dann stürmten die beiden Stiere weiter und stampften dabei einen Mann, den Bricriu, Carbads Sohn, der sich neugierig in ihren Weg gewandt hatte, in den Erdboden hinein.

Da sprang Cormac Condlonges, Conchobars Sohn, dazwischen und schlug dem Dond mit einer Speerstange zwischen die Ohren den Rücken entlang bis zum Schwanz. Dabei sprach er: »Der Feigling kann ja kein Kalb abwehren!« Das hörte der Dond; denn er hatte menschlichen Verstand, und wendete sich nun gegen den Findbennach in tiefstem

Groll. Lange stießen sie sich mit den Hörnern, ohne daß der eine über den andern zu obsiegen vermochte. So sank die Nacht über die Männer von Erinn. Doch noch im tiefsten Dunkel hörten sie das Getöse der kämpfenden Stiere. Ganz Erinn durchjagten sie hetzend in jener Nacht.

Am Morgen sahen sie den Dond von Westen her gegen Cruachan kommen, und er trug den Findbennach von Ai auf den Spitzen seiner Hörner. Er wandte seine rechte Seite der Burg zu und schüttelte das Haupt, daß ein Haufen Leber des toten Stieres dorthin flog. Von daher stammt der Name ›Cruachna Ae‹, die Leber von Cruachna[124]. Dann lief der Dond von Cualnge weiter zum Ath Mor, und an der großen Furt ließ er die Hüfte des Findbennach. Er stürmte weiter nach Osten in das Gebiet von Mide und dorthin streute er den Rest der Eingeweide. Noch einmal hob er den gewaltigen Kopf und schüttelnd streute er, was von dem toten Leibe des Findbennach noch übrigblieb, über ganz Erinn, die Hinterschenkel nach Port Large und ein Rippenstück nach Dublind. Daher stammen diese und andere Namen in Erinn[125].

Darauf richtete der Dond seine Augen nordwärts und erkannte das Land Cualnge, darin er geboren ward. Dorthin schleppte er sich müde. Dort standen Weiber und Knaben und beweinten den Dond, der ihnen geraubt worden war. Mit fliegenden Flanken drehte der Dond dem Hügel den Rücken zu und schaute mit großen Augen über die Trift von Cualnge, und sein Herz brach ihm in der breiten Brust, daß es sich anhörte, als zerspränge eine Nuß unter dem Hammer[126].

Cuchulinn

Geheimnisvolles Dunkel liegt über der Geburt des Helden Cuchulinn. Göttlichen Ursprungs war er und wurde von einer Jungfrau geboren[127]. Über die Felder um Emuin, König Conchobars Burg, kamen einst seltsame Vögel geflogen. Sie ließen sich ringsum nieder und fraßen alles Grün von den Saaten. Das verdroß den König, und eilends stieg er in seinen Kampfwagen und fuhr mit seinen Kriegern hinaus, um die schädlichen Vögel zu erlegen. Des Königs Wagen aber lenkte Dechter, Conchobars Schwester[128]. Als die Nacht heraufzog, waren die Königsgeschwister weit ab von der Burg von Emuin und hatten auch die andern Jäger aus der Sicht verloren. So suchten sie Obdach in einem Bauernhause.

In dieser Nacht gab nun die Bäuerin dort einem Knaben das Leben, und Dechter leistete ihr dabei Hilfe. Und da ihr das Knäblein gefiel, nahm sie es mit sich, um es in der Königsburg aufzuziehen.

Heiß liebte des Königs Schwester dies Kind. Doch da befiel es eine tödliche Krankheit. Alle Hilfe war vergebens, und zu ihrem großen Schmerze sah Dechter das Pflegesöhnlein sterben. Als sie aber in der Nacht nach dem Tode des Knäbleins betrübt auf ihrem Lager saß und weinte, erschien ihr der Knabe in Mannsgestalt und wie im Traume und bat sie, sie möge nicht trauern: er sei ein übermenschliches Wesen aus dem Volk der Göttermutter Danu, er müsse mehrmals sterben und wiedergeboren werden, das sei sein Schicksal, und er heiße Lug mac Ethnend[129]. Und weiter verkündete er ihr, nun werde sie selbst von ihm erfüllt werden und ihn dann als seine Mutter zur Welt bringen. Darauf fühlte Dechter, daß sie empfangen hatte, und der traumhafte Schatten war verschwunden. So wurde des Königs Schwester schwanger, und niemand wußte, wie dies zugegangen wäre. Insgeheim meinten zwar einige, Conchobar selbst hätte seiner Schwester beigewohnt, doch wagten sie das nicht laut zu sagen.

König Conchobar verlobte Dechter darauf dem Sualtach[130]. Zwar schämte sie sich sehr ihres Zustandes, als sie ihrem Gatten übergeben wurde. Aber in der Nacht erkannte sie Sualtach als eine Jungfrau. Darauf gebar Dechter zur üblichen Zeit den Setanta, dies war Cuchulinns Name, ehe er den Hund des Schmiedes erschlug, und Sualtach galt als sein Vater[131].

Als das Kind geboren war, gab es Dechter der Findchaem in Pflege, der Tochter des Druiden Cathbad und Gattin des Amorgin. Zu der Zeit hatte aber Findchaem auch ein eigenes Kind von ihrem Gatten, den Conall Cernach, und so reichte sie die eine ihrer Brüste dem Setanta, die andere dem Conall Cernach, so daß beide Knaben Milchbrüder wurden[132].

Als Setanta fünf Jahre alt war, bat er seine Ziehmutter, ihn nach dem Spielplatz der Knaben in Emuin Macha gehen zu lassen. »Du bist noch zu klein«, sagte Findchaem zu ihm, »du mußt noch warten, bis ein Krieger dich dorthin mitnimmt, um die Knabenschar zu veranlassen, dich in ihrer Mitte aufzunehmen und zu schirmen und zu schützen.« Setanta meinte dazu, das dauere ihm zu lange, und wollte von seiner Ziehmutter wissen, wo Emuin Macha läge. »Es ist weit«, sagte diese, »der Sliab Fuaid liegt zwischen Dun Delgan und Emuin Macha[133].«

Der Knabe nahm darauf seine Spielwaffen, nämlich seinen Schleuderstock aus Bronze, seine silberne Kugel, seine kleinen Schleuderpfeile und seinen Spielger mit dem im Feuer gehärteten Ende, und machte sich auf den Weg. Unterwegs verkürzte er sich die Zeit, indem er mit diesem Gewaffen spielte. Weit schleuderte er die Kugel vor sich her und fing sie auf, noch ehe sie den Boden berührte. Ähnlich machte er es mit den Schleuderwaffen, und so war sein Laufen eine Lust und brachte ihn gar rasch nach Emuin Macha.

Auf dem Spielplatz der Knaben saß eine Schar von fünfzig Jungen um ihren Meister Folloman, den Sohn des Conchobar, und lauschte seinen Lehren und lernte seine Künste[134]. Als der kleine Setanta den Anger betrat, machte er ihnen allerlei Kunststücke mit seiner Silberkugel vor. Da staunten die Knaben über den fremden Jungen. Folloman aber sagte: »Auf, ihr Knaben, stürzt euch auf ihn, und wenn es sein Tod ist und sein Blut auf mich kommt; denn der Junge hat den Bann gebrochen: kein Knabe darf hier euer Spiel stören, es sei denn, er hätte euch verpflichtet, ihn zu schützen!« Da stürzten sich die Knaben alle auf ihn, warfen ihn mit Schleuderstöcken, mit Kugeln und Speeren. Aber Setanta wehrte mit leichter Mühe ihre Spielwaffen ab und warf sich seinerseits auf sie. Es währte nicht lange, und er hatte sie alle auf den Boden geworfen, und als sie sich erhoben und davonliefen, rannte er hinter ihnen her, um sie abermals zu bezwingen. Dabei kam er an dem Platz vorbei, wo Conchobar mit Fergus auf seinem Spielbrett Cennchaem spielte[135]. Da griff der König den kleinen Knaben beim Handgelenk und fragte ihn, warum er die Jugend von Emuin Macha so grimmig verfolge. Der kleine Setanta gab ihm da kecklich Bescheid: »Ich habe guten Grund dazu«, sagte er, »denn sie haben mir nicht die Ehre angetan, wie sie dem Schwestersohn des Königs von Ulad gebührt. Ich bin der kleine Setanta, der Sohn des Sualtach, und meinte nicht, man würde mich hier so übel empfangen.« Da lächelte Conchobar und erinnerte den Neffen an den Bann, der über den Spielplatz der Knaben verhängt war. Setanta sagte aber dazu: »Das habe ich nicht gewußt, sonst hätte ich mich wohl gehütet.« Und Conchobar stiftete nun Frieden unter den Knaben und übergab seinen Neffen ihrer Hut.

Der kleine Setanta gab sich indessen damit nicht zufrieden. Kaum ließ Conchobar seine Hand frei, so warf er sich abermals auf die Knaben und er ruhte nicht eher, bis sie sich alle unter seinen Schutz stellten. Da lächelte der König wiederum und gewährte dem Neffen, was er verlangte. Und die Knaben von Ulad galten nun als Setantas Schützlinge.

Seinen Namen Cuchulinn aber erhielt Setanta auf folgende Weise, und das war seine zweite große Knabentat. Im Gebiet von Ulad wohnte ein Schmied, Culann geheißen. Der veranstaltete einst ein Fest in seinem Hause und hatte dazu den König Conchobar und seine Edlen von Emuin Macha geladen. Und der König hatte zugesagt. Als nun Conchobar sich auf den Weg machte, zu Culann dem Schmied zu gehen, kam er an dem Anger vorbei, wo die Knaben ihre Spiele spielten. Da sah er, wie die Jungen das Lochspiel übten und wie Setanta, sein Neffe, geschickt alle Kugeln der übrigen Knaben abwehrte, die sie in das Erdloch zu treiben versuchten. Erfreut über die Geschicklichkeit seines Neffen, rief er ihn zu sich und sagte zu ihm: »Komm mit mir, Setanta, zu dem Fest, das Culann der Schmied uns heute abend geben wird! Du sollst die Freuden auch genießen.« Setanta aber schüttelte den Kopf und entgegnete: »Erst muß ich das Spiel hier beenden, Oheim, denn ich spiele allein gegen alle. Sobald ich aber meine Kugeln alle gegen ihre Abwehr in das Loch getrieben habe, will ich dir nachkommen.« So ging Conchobar seiner Wege und ließ dem Neffen seinen Willen.

König Conchobar kam zu Culann und wurde in dessen Hause gastlich aufgenommen. Frische Binsen waren auf den Boden gebreitet, und darauf saßen die Gäste nach Rang und Recht[136], griffen zu den Speisen, tranken und waren guter Dinge. »Kommt von den Deinen vielleicht noch jemand nach?« fragte Culann den König. Dieser versetzte: »Nicht daß ich wüßte«, denn er hatte den kleinen Knaben schon vergessen, »aber warum fragst du?« – »Ich will meinen Hund von der Kette lösen,« sagte Culann, »damit er das Gehöft bewacht in der Nacht. Dieser Kampfhund ist aber so stark und wild und ungeschlacht, daß niemand wagen dürfte, das Tor zu durchschreiten, der Hund risse ihn in Stücke.« – »So laß den Hund nur los, Culann, damit er uns bewacht«, meinte Conchobar. Da löste Culann den Hund von der Kette, und der lief in großen Sprüngen über den Hof und legte sich schließlich in seiner ganzen Schrecklichkeit vor das Tor des Gehöftes.

Inzwischen hatte Setanta das Spiel mit den Knaben beendet und war auf den Spuren seines Oheims bis zu dem Gehöft Culanns gegangen. Seine Spielwaffen hatte er mitgenommen, darunter auch die silberne Kugel. Als er sich nun dem Tor des Hofes näherte, stand Culanns Hund auf, nahm eine drohende Haltung ein und öffnete seinen fürchterlichen Rachen und bellte. Da schleuderte ihm Setanta seine Silberkugel in den Rachen, daß sie ihm das Eingeweide durch die Hinteröffnung davonriß. Dann packte ihn der kleine Knabe und schlug ihn mit dem Kopf an einen Pfeilerstein, daß der Hund in zwei Teilen auf den Boden wirbelte.

Als Conchobar das Bellen und Heulen des Hundes draußen hörte, erschrak er; denn jetzt fiel ihm ein, daß der kleine Neffe ihm nachkommen wollte. »Weh!« rief er aus, »nicht zu unserm Glück sind wir in dies Haus gegangen; nun hat Culanns Hund den kleinen Setanta in Stücke zerrissen.« Da stürzten alle Ulter auf den Hof hinaus, um zu sehen, was mit des Königs Neffen geschehen wäre, allen voran aber eilte Fergus. Er hob den kleinen Jungen auf und brachte ihn zum König. Als Culann aber bemerkte, daß sein guter Hund in Stücke zerrissen war und jämmerlich dalag, schlug ihm sein Herz schmerzvoll gegen die Rippen. Bitter beklagte er sich bei Conchobar und wehklagte, daß nun niemand mehr sein Hab und Gut schützen würde.

Da sprach der kleine Knabe zu ihm: »Sei mir nicht böse, Meister Culann, denn ich will selbst ein gerechtes Urteil in meiner Sache abgeben.« Alle waren voller Erwartung, was Setanta für ein Urteil fällen wollte. Da sagte der Knabe: »Solange, bis aus des von mir erschlagenen Hundes Nachkommenschaft ein ebenso guter Hund herangewachsen sein wird, will ich selber Hund sein auf Culanns Gehöft und seine Habe schützen.« – »Das ist wohl gesprochen«, meinte Conchobar. Und der Druide Cathbad fügte hinzu: »Wahrlich, ein besseres Urteil hätten wir auch nicht fällen können. Darum soll von nun an Setanta nicht mehr seinen alten Namen führen, sondern von Stund an Cu Chulainn, der Hund des Culann, heißen.« Damit war der Knabe nicht einverstanden. »Nein«, sagte er, »lieber wäre es mir, mein Name bliebe der alte: Setanta, der Sohn des Sualtach.« – »Sage das nicht, kleiner Knabe«, sagte der Druide, »ganz Erinn und Alba wird der Ruhm dieses neuen Namens erfüllen: Cuchulinn wird der Name eines sehr großen Helden sein.« Da war der Knabe zufrieden, und seitdem hieß er nur noch Cuchulinn. Und die Tötung des Hundes des Schmiedes war seine zweite jugendliche Heldentat[137].

Als Cuchulinn sieben Jahre alt war, spielte er einmal südwestlich der Burg von Emuin Macha auf dem Anger. Da flog ihm ein Wort zu, das der Druide Cathbad, der nordöstlich von Emuin seine acht Zöglinge in der Kunst und Weisheit der Druiden unterwies, zu einem dieser Schüler sagte, als der ihn fragte, ob das Zeichen des gegenwärtigen Tages von guter oder schlechter Bedeutung sei. Cathbad antwortete nämlich dem Schüler: »Wenn heute ein kleiner Knabe die Waffen empfinge, so würde er ein weit berühmter Krieger werden; freilich würde sein Leben nicht lange währen, aber sein Ruhm würde die Zeiten überdauern.« Als der kleine Cuchulinn dies Wort vernahm, warf er seine Spielsachen fort und lief zu seinem Oheim, dem König Conchobar. Und als dieser ihn fragte, was er von ihm verlange, sagte Cuchulinn: »Ich will heute die Waffen von dir empfangen.« Darauf erzählte er dem König, was für einen Ausspruch der Druide getan habe. »Dann hat die Sache ihre Richtigkeit«, sagte Conchobar und gab ihm verschiedene Waffen in die Hand, Speere, Schwerter und Schilde. Aber alle zerbrach der kleine Knabe, da sie ihm nicht stark genug waren. Schließlich überreichte ihm der König seine eigenen zwei Speere, seinen Schild und sein Schwert, und diese Waffen hielten die zerstörende Kraft des kleinen Knaben aus.

Indem trat der Druide in das Zelt des Königs und verwunderte sich, als er Cuchulinn in Waffen sah. »Hast du ihn nicht selbst gewiesen, heute sich das Schwert gürten lassen?« fragte Conchobar, als er Cathbads erstauntes Gesicht sah. »Ich gewiß nicht«, gab der Druide zurück. Da fuhr Conchobar seinen Neffen an: »So hast du mich also belogen, du rasender kleiner Kobold?« Doch Cuchulinn erzählte nochmals, wie ihm das Wort des Druiden zugeflogen sei, als er auf dem Anger spielte. Da mußte auch Cathbad zugeben, daß er so zu einem seiner Schüler geredet hätte, und sagte zu Cuchulinn: »Das ist denn wahr, du wirst ein hochberühmter Krieger werden, aber dein Leben wird nicht lange dauern.« – »Und dauerte es auch nur einen Tag und eine Nacht«, erwiderte der kleine Knabe, »wenn nur die Barden die Erinnerung wach halten an mich und meine kühnen Fahrten!« – »So steige denn in den Wagen, kleiner Knabe«, sprach darauf Cathbad zu ihm, »glückhafte Fahrt steht dir im Zeichen desselben heutigen Tages[138].«

Da ging Cuchulinn und prüfte die Wagen. Aber siebzehn Wagen zerbrach er, ehe er den passenden fand, der seiner Kraft standhielt, und das war Conchobars eigener Kampfwagen. Nun sagte Ibar, der Wagenlenker[139], zu ihm: »Laß jetzt die Pferde auf die Weide gehn, dann will ich sie anspannen und dich fahren, wohin du willst.« – »Nicht so«, sagte Cuchulinn, »spanne sie sogleich vor den Wagen, denn das ist heute mein erster Tag, da ich die Waffen empfangen habe!« Und er hieß ihn, dreimal mit ihm um die Burg zu fahren. Aber auch dann ließ er die Pferde noch nicht auf die Weide zurückführen, sondern befahl Ibar, ihn jetzt zu den Knaben von Emuin Macha zu fahren, damit sie ihm zum Waffenempfang beglückwünschten. So fuhr Ibar mit ihm zum Spielplatz der Knaben, und dort nahm Cuchulinn ihre Glückwünsche entgegen. Die Knaben aber jammerten, daß er nun nicht mehr ihr Spielgefährte sein werde, nachdem er das Schwert empfangen hatte. »So wollte es das Zeichen des Tages«, sagte Cuchulinn, »und das ist mir günstig: lebt wohl!«

Nun fragte Cuchulinn den Wagenlenker, wohin die große Straße führe, die an der Burg vorbeiging. »Sie führt zur Furt der Wache am Sliab Fuaid«, sagte Ibar. »Warum trägt der Ort diesen Namen?« fragte Cuchulinn. »Ein guter Krieger hält dort an der Grenze von Ulad Wacht«, belehrte ihn Ibar. »Wenn sich fremde Männer der Grenze nahen, die feindliche Absichten hegen, so kämpft er mit ihnen für die Ehre des ganzen Gaues. Kommen indessen Spielleute, so empfängt er sie freundlich und bürgt für sie, bis sie die Gunst des Königs erlangt haben, und sorgt dafür, daß sie ihre Gesänge und Gedichte zuerst in Emain Macha vortragen. Verlassen sie aber unbefriedigt den Gau, so gibt er ihnen wertvolle Geschenke, damit sie den Ultern nicht grollen.« Cuchulinn fragte weiter: »Welcher Krieger hält heute Wache an der Furt?« – »Heute ist es Conall Cernach, der heldenhafte Königskrieger, der Sohn des Amorgin[140].« Da säumte Cuchulinn nicht länger und ließ den Wagen sogleich die große Straße entlang nach der Furt der Wache jagen.

Conall Cernach empfing den kleinen kampfwütigen Knaben und hielt mit seinem Spott nicht zurück. Doch als Cuchulinn darauf bestand, er wolle unter allen Umständen noch an eben diesem Tage seine Hände in Blut tauchen, sei es bei Feind oder Freund, sprach er: »Wohlan, kleiner Knabe, so will ich mit dir gehn; denn die Ulter würden mich tadeln, wollte ich dich allein und ohne Schutz im Grenzgebiet umherfahren lassen.«

Als Conall neben ihm in seinem Wagen einherfuhr, erkannte Cuchulinn wohl, daß er ihn hindern würde, eine Waffentat auszuführen. Deshalb warf er unterwegs einen faustgroßen Stein nach Conalls Wagenjoch und zertrümmerte es. Conall stürzte heraus aus seinem Wagen. »Was soll das bedeuten?« fragte Conall ärgerlich, als er wieder aufstand. »Ich wollte nur schauen, ob ich so treffsicher werfen kann wie ein waffenfähiger Mann«, sagte Cuchulinn.

»Schmach und Gift auf dich!« fluchte da Conall, »so geh denn hin und lasse den Feinden deinen Kopf; ich werde keinen Schritt mehr tun zu deinem Schutze.« Da lachte Cuchulinn: »Eben dies habe ich mit meinem Wurf bezweckt; denn es ist Sitte bei euch Ultern, in einem Wagen nicht weiterzufahren, wenn ihr einen Unfall damit gehabt habt.« Da kehrte sich Conall wortlos um und kehrte zu Fuß nach der Furt der Wache im Norden zurück.

Ibar erinnerte nun Cuchulinn daran, daß es jetzt Abend und Zeit zur Rückkehr wäre, denn in Emuin Macha würde um diese Stunde Mahlzeit gehalten, und das Ausschenken des Bieres und das Zerteilen der Speise hätte sicher schon begonnen. »Du hast jetzt dort Tag für Tag deinen Platz, Cuchulinn«, fügte Ibar hinzu, »denn du sitzt als waffenfähiger Krieger jetzt zwischen den Füßen von Conchobar, während mein Platz zwischen den Knechten und Gauklern ist, mit denen ich mich um die Bissen katzbalgen muß. Laß uns zurückkehren!« Cuchulinn aber dachte nicht an Heimkehr und fragte, als sie gegen Ende des Tages südlich von der Furt der Wache bei Fertais Locha Echtrann[141] hielten: »Was ist das da für eine Höhe?« – »Das ist Sliabh Moduirn«, sagte Ibar, »und ein weißer Carn steht auf der Spitze des Hügels[142].« – »Der Carn gefällt mir«, meinte Cuchulinn, »so fahre uns zu dem Hügel hinauf!« Ibar murrte zwar, doch fuhr er den kleinen Knaben hinauf auf den Berg. Als sie oben angekommen waren, fragte Cuchulinn den Wagenlenker nach allen sichtbaren Örtlichkeiten ringsum, und Ibar lehrte ihn die Namen und wies auf die Höhen und Spitzen, die Ebenen und die Burgen und Landsitze. »Wie heißt die Ebene dort, jene mit den Winkeln, Ecken und Talschluchten da unten gen Süden?« fragte der Knabe. »Das ist Mag Breg[143]«, sagte Ibar. »Nenne mir die Namen der Gehöfte und

Burgen!« verlangte Cuchulinn. Und Ibar nannte ihm die Namen: Temair und Taltin, Cletech, Cnogba, Brug Mic in Oc und Dun mac Nechta Scene[144]. »Sind es nicht die Söhne der Necht,« fragte Cuchulinn weiter, »die sich brüsten, sie hätten mehr Ulter erschlagen, als noch am Leben wären?« – »So ist es«, bestätigte Ibar. »Dann laß uns hinabeilen nach Dun Mac Nechta!« sagte Cuchulinn. Da erschrak der Wagenlenker und beschwor ihn, dorthin nicht zu gehen; denn sie hätten davon den Tod von den Söhnen der Necht. Doch Cuchulinn befahl ihm kurz: »Du wirst dahin mit mir fahren, Ibar, lebendig oder tot!«

So kamen sie auf den Anger vor der Hügelveste der Söhne der Necht. Ein Steinpfeiler stand darauf, und daran befand sich ein Holzreif mit einer Ogam-Inschrift. Cuchulinn las die Inschrift, die besagte, daß niemand, der bewaffnet den Anger betritt, ihn wieder verlassen soll, ohne den Besitzer zum Zweikampf herausgefordert zu haben. Da nahm Cuchulinn den Holzreif und schleuderte ihn in den vorbeieilenden Bach, und das Wasser trug ihn munter fort. Ibar erschrak abermals und sagte düster: »Das wird uns beiden das Leben kosten.« Aber Cuchulinn achtete seine Befürchtungen gering und hieß ihn, die Wagendecken auszubreiten, damit er ein Schläfchen tun könnte. »Wehe deinem Worte!« beschwor ihn Ibar, »dies ist Feindesland hier und keine Stätte, sich zu vergnügen.« Cuchulinn aber machte sich nichts daraus und legte sich zum Schlaf nieder.

Während er schlief, kam einer der Söhne der Necht aus der Burg auf den Anger, nämlich Foill mac Nechta. Er erkundigte sich bei Ibar barsch, wem die Pferde und der Wagen gehörten, die da auf seine Wiese gekommen wären, und wer sie hierher gesandt hätte. Ibar gab ihm Bescheid und erklärte ihm, es seien die zwei Kopfschecken König

Conchobars und ein zarter Knabe hätte sie hierher gelenkt, der eben die Waffen erhalten habe, aber nur zur Grenze gefahren sei, um seine Gestalt zu zeigen. »Wäre er einer Mannestat fähig, fürwahr, er käme nur tot nach Emuin Macha zurück!« grollte Foill. »Nein«, beschwichtigte ihn Ibar, »er ist noch keiner Mannestat fähig, denn er hat erst sieben Jahre seines Lebens vollbracht.«

Da hob der kleine Knabe sein Gesicht vom Boden, als er dies Wort vernahm, und sein Gesicht verzerrte sich vor Wut. Er schalt Foill eine Memme, weil er waffenlos komme und große Worte mache wie ein Knecht. »Mit Waffenlosen, Wagenlenkern oder Knechten kämpfe ich aber nicht«, sagte er ihm und reizte ihn so zu höchstem Zorn. Wutschäumend eilte Foill davon, um sich zu waffnen.

Ibar warnte Cuchulinn vor Foill und verhieß ihm nichts Gutes aus dem Kampf; denn Foill könnten weder Spitzen noch Schneiden etwas anhaben. Da stürmte aber Foill auch schon heran. Cuchulinn legte einen eisernen Apfel auf seinen Schleuderstock und tat einen Wurf gegen Foill. Da drang dem Sohn der Necht das Geschoß in den Schädel und schlug ihm das Hirn nach hinten heraus, daß man durch das Loch das Licht erblicken konnte. Und tot fiel Foill auf den Rasen. Flink eilte Cuchulinn herzu und hieb ihm das Haupt vom Rumpfe. Das hing er an seinen Wagen.

Bei dem Lärm kam jetzt der zweite Sohn der Necht, Tuachall, heraus und drohte dem kleinen Knaben Tod und Verderben an. Wiederum verhöhnte ihn Cuchulinn, und als der Worte genug gewechselt waren, eilte auch Tuachall zu den Waffen. Ibar warnte Cuchulinn: »Wenn du ihn nicht beim ersten Hieb tötest, wirst du ihn niemals besiegen; denn er ist ein gewandter Kämpfer.« Aber als Tuachall dahergelaufen kam, jagte ihm Cuchulinn die Giftlanze Conchobars durch den Schild über dem Bauch in den Leib und durchstieß ihm das Herz. Und noch ehe Tuachalls Leib auf den Boden fiel, hatte ihm Cuchulinn das Haupt vom Nacken getrennt. Auch diesen Kopf hängte er an seinen Kriegswagen.

Nun erschien auch der dritte Bruder vor der Burg der Necht. Er forderte Cuchulinn heraus, mit ihm im Wasser zu kämpfen. Wieder mahnte Ibar den kleinen Knaben: »Gib acht, das ist Fandle mac Nechta, der ist weit und breit berühmt als der beste Schwimmer, wie eine Schwalbe oder ein Wiesel bewegt er sich blitzschnell auf dem Wasser.« Aber Cuchulinn nahm den Kampf gleichwohl an. »Ich kenne dies Gewässer wohl«, sagte er zu Ibar, »es ist das nämliche, das bei Emuin Macha vorüberfließt, der Callann, und wenn ich mit den Knaben von Ulster darinnen badete, so trug ich je einen auf meinen Handflächen und je einen auf meinen Schultern, und dennoch ragte ich aus dem Wasser von den Fußknöcheln an.« Damit nahm er sein Schwert und stieg zu Fandle ins Wasser. Der Kampf währte nicht lange, da schnitt Cuchulinn dem Gegner den Kopf mit dem Schwert vom Halse[145].

Darauf ging Cuchulinn mit Ibar in die Burg hinein, und sie verbrannten darin alle Gebäude und verwüsteten die Heimstätten. Dann befahl er dem Wagenlenker, wieder zurückzufahren nach Sliabh Fuaid, und die drei blutigen Köpfe der Feinde hingen an Cuchulinns Kampfwagen.

Unterwegs begegnete ihnen ein Rudel Hirsche. Cuchulinn, der dergleichen Tiere noch nie gesehen hatte, fragte Ibar, ob das Kühe wären. »Ja«, sagte Ibar, »aber diese Kühe sind so schnellfüßig, daß wir sie mit unsern plumpen Pferden nicht einholen können.« Da sprang Cuchulinn vom Wagen, lief den fliehenden Hirschen hinterher und fing zwei davon lebendig. Die band er an den Kriegswagen.

So fuhren sie weiter bis zur Ebene von Emuin, wo die Sitzplätze angelegt sind. Da sahen sie eine Kette von weißen Schwänen. Cuchulinn fragte den Wagenlenker, was das für Vögel wären. »Es sind Schwäne«, sagte Ibar, »sie kommen von den Klippen und Inseln des Meeres und fliegen in die Ebene, um auf den Wiesen das Gras zu weiden.« Darauf begehrte der Knabe zu wissen, ob es rühmlicher wäre, sie lebend oder tot nach Hause zu bringen. Ibar meinte, lebend ließen sie sich nur von sehr geschickten Jägern fangen. Da stieg Cuchulinn vom Wagen und erreichte es durch seine Jagdkünste, daß er acht Schwäne lebendig fing. Die gefangenen Vögel band er mit Seilen und Riemen gleichfalls an den Kampfwagen. Der Wagenlenker wurde zwar unwillig und meinte, nun könne er sich gar nicht mehr rühren, um die Pferde zu lenken: bald liefe er Gefahr, von den Rädern geschnitten zu werden, bald bedrohten ihn die Geweihe der Hirsche, bald schlügen ihn die Schwingen der Schwäne. Da tadelte ihn Cuchulinn und sprach: »So laß mich die Pferde lenken, wenn du zu ungeschickt dazu bist! Ich lenke sie mit dem Blick meiner Augen.« Und damit ergriff er die Pferdeleine[146].

Es war heller Morgen, als sie sich Emuin Macha nahten. Leborcham, die zauberkundige Botin des Königs, erspähte sie schon in der Ferne[147]. Sie lief geschwind zum König und meldete: »Ein Wagenfahrer naht da und schrecklich kommt er daher: drei blutüberströmte Köpfe seiner Feinde hängen an dem Wagen, Hirsche traben ihm zur Seite und Schwäne fliegen beständig über dem Gefährt als Geleite.« – »Das ist Cuchulinn«, sagte Conchobar, »er hat seine Hände in Blut getaucht. Er kommt daher in der Raserei des Kampfes, und wenn wir ihm seinen Grimm nicht dämpfen können, werden alle Jungmannen von Emuin Macha durch ihn fallen.«

So beschloß man denn in aller Eile, Cuchulinn dreimal fünfzig splitternackte Weiber entgegenzuschicken unter ihrer Anführerin Scandlach, um den Rasenden durch den Anblick ihrer Nacktheit zu besänftigen. So gingen denn unter Führung der Scandlach zehn und siebenmal zwanzig rotnackte Weiber auf die Straße hinaus, die von der Furt der Wache her gen Emuin führte. Und als Cuchulinn herangefahren kam, zeigten sie ihm ihre Blöße. Da verbarg der Knabe sein Gesicht vor den nackten Frauen und blickte nach unten auf den Wagen. So fuhr er an ihnen vorbei und in die Burg von Emuin[148].

Man hob den Knaben alsbald aus dem Wagen und tauchte ihn in drei Fässer mit kaltem Wasser, um seine Kampfglut zu kühlen. Das erste Faß sprengte Cuchulinn, daß die Reifen platzten und die Bretter auseinanderfielen. In dem zweiten Faß kochte das Wasser über von seiner Hitze, und erst das dritte Faß hielt aus. Da legte sich die Wut des Knaben. Man zog ihn darauf an, und bald erschien er vor König Conchobar in prächtigen Gewändern. In wunderbaren Farben leuchtete Cuchulinns Antlitz, purpurn glühten seine Wangen. Seine hellblonden Haarsträhnen hatten sie ihm gekämmt von einem Ohr zum andern, und sie strahlten wie das Herbstlaub der Birke im Lichte der Sonne. Einen Scheitel hatten sie ihm gekämmt, so sauber, als ob eine Kuh ihn geleckt hätte. Er trug ein Untergewand von Goldfäden und einen grünen Mantel, den eine Nadel von Silber zusammenhielt. So wurde der Knabe zwischen die Füße des Königs gesetzt, und befriedigt strich Conchobar seinem heldenhaften Neffen über das Haupthaar[149].

Es war zur Zeit, da die Erde seufzte unter der Last der Früchte, die sie trug[150]. Da stand Cuchulinn mit Emer, der Tochter Forgalls des Ränkevollen, vor dem Dun von

Luglochta Loga[151] unter einem Apfelbaum, in dessen Laub die goldenen Bälle leuchteten. Er sagte ihr viele zärtliche Worte, und sie hörte ihm lächelnd zu. Doch Cuchulinn war nicht unbemerkt gekommen. Sein herrlicher Kampfwagen war von manchem Mädchen beobachtet worden, und manch eine Jungfrau hatte sich Hoffnung gemacht, vielleicht würde Cuchulinns Auge gerade auf sie fallen. Doch als die Neidischen das Ziel der Sehnsucht Cuchulinns erkannt hatten, da drang hämische und entstellende Kunde über Emers Begegnung mit dem Geliebten geschwinder an Forgalls Ohr, als Cuchulinns Rosse ihn über die Ebene von Breg zum Stelldichein mit dem Mädchen gezogen hatten. »Ich weiß es schon«, sagte Forgall zu einer der Angeberinnen, »es ist der Narr von Emuin Macha, der Verrückte, und Emer hat sich in ihn verliebt. Sonst würde sie sein Geschwätz nicht mitanhören. Doch sein Bemühen soll ihm nichts einbringen, und ich werde zu verhindern wissen, daß er mir das Mädchen entführt.«

So begab sich denn Forgall der Ränkespinner alsbald zu König Conchobar nach Emuin Macha. Er hatte sich ein gallisches Gewand angezogen, gerade als käme er als ein Kaufmann aus Gallien, um mit Conchobar Handel zu treiben, und bot dem König von Ulad Goldschmuck und gallischen Wein als Geschenk an. Conchobar nahm ihn auch mit seinen Gefährten wohl auf und bewirtete ihn auf das beste. Als man Forgall aber am dritten Tage Cuchulinn und die Wagenlenker von Emuin Macha rühmte und ihm ihre Künste auf dem Anger vor dem Wall vorführte, da meinte der Listige, das wäre ja alles recht wunderbar, doch Cuchulinn könne ihm erst dann wirkliche Achtung abnötigen, wenn er sich zu Domnall dem Kriegerischen auf den Weg machte und dessen Künste zu übertreffen vermöchte. Domnall aber wohnte in Alba und war ein gefürchteter Fechter, und Forgall hoffte durch diese Bemerkung, Cuchulinn zu dieser gefährlichen Fahrt zu bestimmen, die ihm nach seiner Meinung Verderben und Tod einbringen mußte. In dieser Hoffnung täuschte er sich auch nicht; denn Cuchulinn hielt es nun für eine Ehrenpflicht, das Abenteuer mit Domnall in Alba zu wagen. Forgall aber zog zufrieden von Emuin Macha wieder ab, als er glaubte, seine Aufgabe erfüllt zu haben, nämlich Cuchulinn, ohne sich selbst einzumischen, aus dem Wege zu räumen.

Cuchulinn brach nun mit Conchobar und Loegaire Buadach[152] auf, die ihn auf die gefährliche Fahrt begleiten wollten. Ehe sie jedoch ihr Schiff nach Alba hinübersteuerten, begab sich Cuchulinn noch einmal heimlich zu Emer und nahm Abschied von ihr. Schwer wurde den Liebenden die Trennung, und in heißen Schwüren gestanden sie einander ihre Neigung und versprachen sich, Leib und Seele einander unberührt zu bewahren, bis sie sich wiedersähen. Mit diesem Gelöbnis schieden sie voneinander.

Als die drei Kämpen zu Domnall dem Kriegerischen nach Alba kamen, lehrte er sie üble Späße. Er hieß sie auf eine Steinplatte steigen und mit ihm fechten. Doch dann ließ er unter dem Stein ein geheimes Feuer mit dem Blasebalg schüren, daß die Flammen durch kleine Löcher, die durch die Platte gebohrt waren, an die Füße der Kämpfer züngelten und sie versengten. Oder er forderte von ihnen, mit bloßen Füßen über Speerspitzen zu schreiten, und was dergleichen törichte Kunststücke mehr sind. Schlimmer als diese schmerzhaften Scherze aber dünkten Cuchulinn die Liebesanträge, die ihm Domnalls Tochter Dornoll machte[153]. Das war ein grobes, ungeschlachtes Weib mit schweren Fäusten und breiten Knien, und wenn sie auf ihren plumpen, nach innen gestellten Füßen dahergewatschelt kam, so bot sie einen häßlichen und widerwärtigen Anblick. Cuchulinn wies ihre Zärtlichkeiten zurück, denn ihn grauste vor ihrer unlieblichen Gestalt. Dornoll zürnte ihm darum sehr und schwor ihm zu, sie wollte für seine Abweisung wohl Rache an ihm nehmen. Das tat sie denn auch sehr bald.

Bald erklärte Domnall den drei Kriegern von Erinn, er habe ihnen in seiner Schule der Schmerzen nichts weiter an Künsten mitzuteilen. Die große Meisterin in der Waffenkunst sei die Scathach, und zu der müßten sie wandern und sie in ihrem schwer zugänglichen Bergschloß im Osten von Alba aufsuchen, wollten sie etwas Tüchtiges im Kriegerhandwerk lernen[154]. So zogen die drei denn ohne sonderlichen Dank von Domnall quer durch Alba gen Osten. Unterwegs aber übte die gekränkte Dornoll ihren schlimmen Zauber an den drei Waffengefährten. Als sie durch einen Wald zogen, sandte sie einen Nebel über ihren Weg, und darinnen verlor sich Cuchulinn von den beiden andern Männern und konnte sie nicht wiederfinden. Einsam stand er da plötzlich in einem unwirtlichen Tal, und mochte er auch noch so laut rufen, er erhielt keine Antwort von seinen Gefährten. Dem Conchobar und dem Loegaire aber zauberte die rachsüchtige Dornoll das Bild der Heimat so berückend in die Luft, daß sie eine große Sehnsucht überkam, den Wall und die Häuser von Emuin Macha so bald als möglich wiederzusehen. So geschah es, daß die beiden dem Zauber nicht lange widerstehen konnten und sich ohne Cuchulinn, den sie verloren glaubten, auf den Heimweg machten. Der Hund des Culann aber zog nun traurig seines Weges allein weiter und vermißte schmerzlich die lieben Genossen.

Nach mancherlei Irrwegen gelangte er am Abend zu einem Häuschen in einer Schlucht. Darin wohnte ein liebliches Mädchen. Das stand gerade vor der Tür der Hütte, als Cuchulinn dort vorbeizog, und holte sich aus einem aufgeschichteten Haufen Reisig trockenes Holz für das Herdfeuer, das man im Innern des Baues flackern sah. Sie grüßte den Wanderer freundlich und lud ihn zur Einkehr ein, falls er müde und hungrig sei. Das nahm Cuchulinn gern an.

Als sie gegessen hatten, sang ihm das Mädchen zur Harfe ein Laid. Das gefiel Cuchulinn, und so fragte er die Rosenwangige, wer sie so schön zu singen gelehrt hätte. »Ulbecan, der Sachse«, sagte sie, erfreut über das Lob des Kriegers[155], »er lehrte mich die süße Sprache und das sanfte Spiel auf der Harfe, und wenn es dich gelüstet, seine Kunst auch zu lernen, wohlan, so gehe hin, ich will dir den Weg wohl weisen.« Cuchulinn schüttelte den Kopf. »Nein«, entgegnete er, »wohl höre ich mit Wohlgefallen deinen lieblichen Gesang, aber mein Verlangen steht danach, von dir zu erfahren, welchen Weg ich gehen muß, um zu dem kriegerischen Weib, der Scathach, zu gelangen.« Da sagte das Mädchen: »Von der habe ich wohl gehört, und die Leute fürchten sich vor ihr, vor ihrer Wildheit und vor der Grausamkeit ihrer Tochter, der Uathach. Ich weiß den Weg nicht zu ihnen; doch wenn ich ihn auch wüßte, so würde ich ihn dir ungern angeben. Denn lieber wollte ich selber sterben, als dich von den wilden Weibern erschlagen zu sehen.« Sie blickte ihn mit unverhohlener Zuneigung an. »Ich muß ihn aber erfahren, den Weg«, beharrte Cuchulinn auf seinem Vorsatz, »denn davon hängt viel für mich ab, die Scathach und die Uathach von Angesicht zu sehen.« Da neigte das Mädchen die Stirn, als wollte es nachdenken. »Warte bis morgen«, tröstete ihn schließlich die Schöne, »morgen kommt mein Vater zurück von der Fahrt, der wird dir den Weg sagen können.« Über solchen Gesprächen verging ihnen der Abend. Dann bettete das

Mädchen den Fremden auf ihrem Lager, deckte das Feuer zu und streckte sich auf die duftende Streu neben den Gast.

Am Morgen nahte sich ein Krieger der Hütte. Der hieß Cuchulinn willkommen, als er von dem Mädchen hörte, daß er als Gast in dem Häuschen übernachtet hätte. Bereitwillig gab er ihm Auskunft über den Weg zur Scathach. »Nicht leicht zu finden ist der Weg«, sagte er, »und manch schwieriges Gelände hast du zu überwinden. Wenn du weiter gen Osten ziehst, kommst du an ein weites Moor, das ist schlüpfrig, und wer den Weg nicht weiß, kommt elend darin um. Dahinter kommt steiniger Grund, und kein Steg noch Pfad zeigt an, wohin man sich wenden muß. Da will ich dir helfen und dich über das gefährliche Gebiet geleiten. Den Rest des Weges zurückzulegen ist dann deine Sache.« So setzten sie sich und stärkten sich für die Reise mit einem Frühimbiß. Alsbald erhob sich der Krieger und geleitete Cuchulinn, nachdem er sich von dem gastfreundlichen Mädchen herzlich verabschiedet hatte, auf den Weg. Erst gegen Mittag hatten sie das Moor und den steinigen Grund hinter sich. Da wies der Krieger mit der Hand auf eine ferne Schlucht. »Dort mußt du auf jene Schlucht zu steuern«, sagte er zu Cuchulinn, »darinnen läuft ein enger Pfad. Dem folge, ist er auch lang und mühevoll! Er führt dich schließlich über wüstes Geröll auf einen Hügel. Dort wohnt die Scathach mit ihrer Tochter Uathach.« Cuchulinn bedankte sich und ging in der Richtung, die ihm der Krieger gewiesen hatte. Bald stand er vor der Burg der Scathach; denn gewaltig war er ausgeschritten, um noch vor Einbruch der Nacht sein Ziel zu erreichen.

Das Tor des Duns schlug er mit dem Schaft seines Speeres entzwei. Dann ging er in den Hof. Da kam ihm Uathach, die junge Kampfmaid, entgegen. Erstaunt sah sie Cuchulinn an und ließ ihre Blicke von seinem Scheitel bis zu seinen Füßen gleiten. Sie sprach kein Wort; aber der jugendliche Krieger gefiel ihr. Sie ging zu ihrer Mutter und erzählte ihr, ein junger Krieger sei gekommen. »Stattlich sieht er aus, Mutter«, sagte sie und lobte seine kraftvolle schöne Gestalt. »Der gefiel dir wohl«, versetzte die Mutter, »nun so soll er heute nacht zuerst bei mir schlafen.« Uathach seufzte: »Mir wäre er auf meinem Lager auch nicht unwillkommen[156].«

Cuchulinn wurde vor Scathach geführt. Nachdem er ihr erklärt hatte, daß er gekommen sei, von ihr etliche Waffenkünste zu lernen, ließ sie ihn von Uathach, ohne ihm weitere Auskünfte zu geben, in ein besonderes Haus führen. Hier bediente ihn die Kampfmaid. Sie wusch und badete ihn und brachte ihm Speise und Trank. Dabei verfehlte sie nicht, ihm zu bedeuten, daß es sein Schade nicht wäre, wollte er ihr zu Gefallen sein. Dabei begann sie, Cuchulinn schmeichelnd über das Haar zu streichen. Darüber ergrimmte Cuchulinn, packte ihre Hand und zerbrach ihr einen Finger. Uathach schrie auf und lief wehklagend auf den Hof. Über die Unbill, die der Tochter seiner Herrin geschehen war, ergrimmte jetzt der in Scathachs Diensten stehende Kämpe Cochor Crufe. Er forderte Cuchulinn sofort zum Kampfe. Der Held von Erinn trat auch sogleich an und nach kurzem Gefecht erschlug er den Kämpen der Scathach.

Laut wehklagte über den Tod des Cochor Crufe seine Herrin Scathach. Cuchulinn mochte das nicht hören und erbot sich freiwillig, an Stelle des Cochor der Herrin zu Diensten zu sein. Das nahm Scathach an, behandelte nun aber Cuchulinn wie ihren Knecht. Da geschah es am dritten Tag, daß Uathach Cuchulinn gute Ratschläge gab. Sie lehrte ihn, wie er mit Hilfe des Wagenlenker-Lachssprunges zu der heimlichen Stelle vordringen könnte, wo in einem hohlen Eibenbaum Scathach ihre beiden Söhne Cet und Cuar[157] in geheimen Künsten unterwies. Dort sollte er das Schwert der Mutter zwischen die Brüste setzen und es nicht eher fortnehmen, als bis sie ihm die Erfüllung dreier Wünsche zugesagt hätte, und da sollte er sich wünschen: erstens gründliche Unterweisung in den geheimen Waffenkünsten, zweitens sie selbst, die Uathach, unter Gewährung einer Mitgift zum Weib nehmen zu dürfen, und drittens sollte sie ihm sein Schicksal bis in alle Zukunft weissagen, denn zu prophezeien verstünde Scathach auch. Das befolgte denn Cuchulinn alles gewissenhaft. So wurde er Scathachs Schüler und Uathachs Buhle, und was seine Zukunft anbetraf, so wußte er, daß er jung und hochberühmt sterben würde. Doch unsterblichen Ruhm und unverwelkliche Ehre schätzte er höher als ein langes Leben.

Als nun Cuchulinn bei der Scathach lebte, brach eine Fehde aus zwischen ihr und der Fürstin eines anderen Volks, und diese andere Fürstin hieß Aife. Gar zu gern wäre Cuchulinn in den Kampf gegen Aife gezogen. Aber Uathach, seine Buhle, fürchtete für sein Leben; denn Aife galt als eine der wildesten Frauenkrieger ihrer Zeit. So flößte Uathach dem Cuchulinn, ohne daß er es merkte, ein schweres Schlafmittel in den Trank. Und Cuchulinn schlief darauf auch sofort ein. Doch hätte der Schlaftrunk auch einen gewöhnlichen Menschen einen ganzen Tag lang nicht aufwachen lassen, bei Cuchulinn wirkte er nur für eine Stunde. So stand er auf und zog mit den beiden Söhnen der Scathach in den Kampf gegen Aife.

Schwer waren die Einzelkämpfe, die Cuchulinn gegen Aifes Krieger zu bestehen hatte. Aber noch jedesmal kam er siegreich am Abend zu Scathach heim und berichtete ihr von dem Verlauf der Schlacht. Immer zitterte Scathach um das Leben ihrer Söhne, aber regelmäßig brachte Cuchulinn sie gesund wieder heim.

Dann kam der Tag, an dem er wußte, daß er da mit Aife selber ringen müßte. »Was liebt die Fürstin Aife am meisten?« fragte er Scathach, bevor er in den Kampf ging. »Ihren Wagenlenker und ihre beiden Rosse«, sagte Scathach. Der Kampfplatz lag in den Bergen, und als Cuchulinn sich dorthin, wie er mit Aife verabredet hatte, auf den Weg machte, mußte er einen schmalen Pfad gehen, der an einer Felsenkante entlangführte und auf dem nur ein Gänger Raum hatte, sich fortzubewegen. Als er mitten auf diesem Pfad über einem tiefen Abgrund entlangging, kam ihm ein altes blindes Weib entgegen und ersuchte ihn, ihr Platz zu machen. Cuchulinn sprang von dem Bergpfad ab, hängte sich nur mit den Fingern an die Kante des Weges und hing mit den Beinen über der grausigen Tiefe. Da trat ihm das Weib auf die Finger der einen Hand, um ihn zu nötigen, den Halt loszulassen und abzustürzen. Cuchulinn aber ergrimmte über diese Bosheit, tat den Wagenlenker-Lachssprung und schwang sich hinter dem Weibe auf den Pfad. Da schlug er ihr mit einem Hiebe seines Schwertes den Kopf ab. Ahnungslos hatte er die Mutter von Aifes Wagenlenker Eis Enchend getöte[158]. Darauf kam Cuchulinn zu der Stätte, wo er mit Aife streiten sollte.

Aife kämpfte auf dem schmalen Bergpfad an einer engen Stelle. Tapfer ging sie Cuchulinn an, und es dauerte nicht lange, da hatte sie Cuchulinn das Schwert zerschlagen, daß er nur mehr den Griff in der Hand hielt. Groß war die Gefahr für ihn, nun sein Leben von der Hand der grimmen Fechterin zu verlieren. Da half er sich mit einer List. »Weh!« rief er plötzlich aus und tat so, als sähe er im Rücken der Aife ein großes Unglück. »Dein Wagenlenker Eis und die herrlichen beiden Rosse sind in die Tiefe gestürzt!« Nur einen Augenblick lang blickte sich Aife um. Aber dieser Augenblick genügte Cuchulinn, auf sie loszuspringen, sie unter den Brüsten mit beiden Armen um den Leib zu packen und sie sich wie ein totes Tier über die Schulter zu werfen. So eilte er mit ihr in Scathachs Lager zurück. Dort warf er Aife auf den Boden und setzte ihr einen Speer auf die Brust.

»Leben um Leben!« bat die Fürstin.

»Es sei!« sagte Cuchulinn, »aber drei Wünsche mußt du mir gewähren.«

»Wohlan, nenne sie!«

»Dies sind meine drei Wünsche: du stellst Geiseln und versprichst, nie mehr gegen Scathach zu Felde zu ziehen; du nimmst mich heute nacht vor deinem eigenen Dun in deine Arme, und einen Sohn sollst du mir gebären[159].«

Das gestand ihm Aife zu und hielt auch ihr Versprechen.

Als sich Cuchulinn in jener Nacht von Aife trennte, sprach sie zu ihm: »Sieh, Cuchulinn, nun habe ich empfangen von dir, meinem Besieger. Das Kind, das ich zur Welt bringen werde, wird ein Knabe sein. Zur rechten Zeit wird er zu dir kommen, dann magst du ihn als Vater anerkennen.« Da gab Cuchulinn ihm den Namen Conlai im Mutterleibe und schenkte Aife einen goldenen Ring. »Den soll mir der Sohn«, sagte er, »als Beweis zeigen, wenn er dereinst vor mich tritt.« Und darauf schieden sich Cuchulinn und Aife. Sie gab ihm aber noch eine schreckliche Waffe mit auf den Weg, den Gae bulga, und sagte ihm, wie das Wurfeisen zu handhaben sei, und dabei erklärte sie, eben dies Eisen, das er nur in der höchsten Not benutzen dürfe, würde ihm, da ihm niemand widerstehen könne, gewiß oftmals das Leben retten[160].

Nicht unverwundet war Cuchulinn aus all seinen Kämpfen im Lande der Scathach hervorgegangen. So blieb er noch geraume Zeit in Alba, um seiner Wunden zu pflegen. Eines Tages aber sagte Scathach zu ihm: »Nun wird es Zeit für dich, Cuchulinn, daß du heimkehrst; denn dort erwartet dich große Gefahr, und die wirst du überstehen und unsterblich sein wegen deines Kampfruhms.« Und damit sagte sie ihm alles voraus, was ihm an Not und Leid bei dem Angriff der Königin Medb von Connacht auf die Ulter zuteil werden würde. Da nahm er Abschied von der Scathach und ihrer Tochter Uathach und begab sich nach Erinn zurück.

Inzwischen hatte sich Lugaid Nos, Alamaccs Sohn, der König von Mumu, mit zwölf Edlen seines Gaus aufgemacht und war nach Tara zu König Cairbre Niafer[161] gezogen, um ihretwegen um die zwölf Töchter des Königs zu werben, die allerdings schon versprochen waren, ehe die Männer von Mumu noch gekommen waren. Davon hörte auch Forgall der Ränkespinner, und sogleich zog er mit seiner Tochter Emer an den Hof des Königs von Tara und bot sie dem Lugaid als Frau an. Freudig ging dieser auf das Angebot ein, als er Emer gesehen hatte. Doch Forgall hatte seine Rechnung ohne Emers Zustimmung gemacht. Als die Hochzeit in Forgalls Dun angesetzt war und Lugaid dort mit großem Gepränge erschien und selbst der König von Tara geruhte an dem Hochzeitsfest teilzunehmen, wurde Emer neben ihren Verlobten gesetzt. Da sprach sie mit ihm zum ersten Male. Und sie nahm seine Wangen in ihre Hände und gestand ihm offen, daß sie nur Cuchulinn lieben könne und ihm versprochen sei, und daß sie niemals nach Mumu gehen würde. Da wagte Lugaid nicht sie zu versuchen, und schied danklos von Forgall.

Wenige Tage aber nach dem Fortzug des Königs Lugaid von Mumu sprang Cuchulinn über die drei Bollwerke des

Duns von Luglochta Loga und drang gegen das Frauenhaus. Tapfere Männer stellten sich ihm entgegen, doch von neun blieb nur immer ein Mann am Leben. Darunter waren Scibor, Ibor und Catt, die Brüder Emers. Mit drei Schlägen zerriß er den Verhau, der um das Frauenhaus gezogen war, holte Emer und ihre Ziehschwester aus dem Haus und entführte die Mädchen samt einer Last von Gold und Kostbarkeiten über die drei Wälle, ohne daß ihn jemand daran hindem konnte. So erschien er wenig später mit den beiden Mädchen in Emuin Macha. Emer aber war von Stund an seine Frau[162].

Einmal feierten die Ulter das Samain-Fest[163] auf dem Murthemne-Feld. Viel Volk war da zusammengelaufen, und alles wartete auf die Eröffnung der Pferderennen. Auch die Edlen von Emuin Macha waren auf dem Festplatz anwesend und hatten ihre Frauen mitgebracht. Allein Fergus, der Sohn der Roig, fehlte, und Conall Cernach, Cuchulinns Milchbruder. »Fangt doch endlich mit den Pferderennen an!« schrien ungeduldig die Ulter. Aber Cuchulinn wollte davon nichts wissen, ehe nicht Fergus und Conall erschienen wären. Da machte Sencha[164] den Vorschlag, man solle sich einstweilen mit dem Brettspiel oder mit Singen unterhalten, und dabei könnten auch die Gaukler ihre Kunststücke vorführen.

Während man sich so stritt, senkte sich ein Schwarm wunderbarer bunter Vögel auf den Spiegel des Sees neben der Festwiese. Voll freudigen Staunens sahen die Frauen der Ulter das Wunder, und eine jede von ihnen wünschte sich, ihr Gatte ginge hin und finge ihr einen der bunten Vögel. »Ich wünschte mir einen dieser Vögel da auf meine rechte Schulter und einen andern auf die linke«, sagte die Königin Ethne Atencathrech, Conchobars Gemahlin. »Ei, wir wären schon mit einem Vogel zufrieden«, riefen die Frauen da durcheinander. Emer aber, Cuchulinns Gattin, meinte hochmütig: »Wer könnte sie denn anders fangen als nur Cuchulinn, und der bringt mir den ersten Vogel.« Da bestürmten sie die Frauen, Cuchulinn könnte doch auch für sie einen Vogel mitfangen. Da lachte die alte Leborcham, die Tochter der Adarc[165] und sprach: »Ich will für euch alle zu Cuchulinn gehen und ihn bitten, er möge uns alle die bunten Vögel fangen, dann kann sie Emer verteilen.«

Als Leborcham nun Cuchulinn die Bitte der Frauen von Ulad vortrug, wurde er unwillig und schimpfte auf die närrischen Launen der Frauen. Die Alte aber tadelte ihn darob und meinte: »Was haben dir die Frauen von Ulad Böses getan? Lieben sie dich nicht alle? Du aber hast ihnen als dritten Makel die Einäugigkeit angeheftet. Sieh, jede Frau, die sich in Conchobars Sohn Cuscrid den Stammler verliebt[166], fängt darauf an mit der Zunge zu stolpern. Das ist der erste Makel. Welche aber von Conall Cernach Feuer fängt, die wird bucklig. Das ist der zweite Makel der Frauen der Ulter. Und welche an Cuchulinn Gefallen finden, die kneifen beständig ein Auge zu, als wären sie blind darauf, und ahmen dich auf diese Weise nach, denn du zeigst doch diese Gewohnheit, ein Auge zuzukneifen, wenn du in Wut gerätst und den Gegner musterst. Du könntest ihnen also wohl den Spaß machen und die Vögel für sie fangen, da sie dich alle so verehren[167].«

Da fuhr Cuchulinn stracks in seinem Wagen zum Ufer des Sees hinunter. Er tat da über dem Wasser einen seltsam flinken Sprung durch die Luft, das Schwert in der Hand[168], und damit zwang er die erschrockenen Vögel mit ausgebreiteten Schwingen auf der Oberfläche des Sees zu liegen, und so war es seinen Begleitern ein leichtes, die Tiere zu fangen. Alle Frauen erhielten Vögel geschenkt, zwei Stück gab Emer einer jeden und behielt für sich selbst keinen. Als Cuchulinn das sah, fragte er sie, warum sie denn keinen Vogel für sich selbst bestimmte und ob sie ihm etwa gram sei. Emer schüttelte den Kopf und sah ihn liebestrahlend an: »Mir ist Freude genug«, sagte sie, »daß du die Vögel fingst und kein anderer; darum gebe ich sie gern an die Frauen, denn keine ist unter ihnen, die dich nicht liebt und an der du achtlos vorübergegangen wärest, während ich selbst keinen andern Mann kenne denn dich[169]. Was bedeutet mir also deine Beute, wenn ich dich selber habe?« Cuchulinn sagte darauf zu ihr: »Weil du so bescheiden bist, sollst du die beiden schönsten Vögel haben, wenn sich je wieder welche auf das Feld von Murthemne oder auf das Wasser der Boyne niederlassen und ich sie fange.«

Es währte nicht lange, so kamen zwei wunderbare weiße Schwäne geflogen und ließen sich klatschend auf dem Spiegel des Sees nieder. Sie waren an ihren Hälsen durch eine zierliche Kette von rotem Golde miteinander verbunden. Sie sangen ein schwermütiges Lied, und als die Leute ihre süße Weise hörten, versanken sie in Schlummer. Cuchulinn aber machte sich, eingedenk des Wortes, das er soeben Emer gegeben hatte, mit seiner Schleuder fertig, die beiden Schwäne zu erlegen. Emer blickte auf die wundervollen Vögel und bat dann den Gatten flehentlich, den Tieren nicht nachzustellen. »Mir ahnt«, sagte sie, »daß hinter diesen Schwänen eine Zaubermacht waltet, und die könnte dich leicht verderben. Darum rate ich dir, geh nicht auf die Jagd nach diesen Vögeln!«[170] Doch Cuchulinn kehrte sich nicht an Emers Warnungen, ging dicht an das Wasser des Sees und legte einen Stein in seine Schleuder. Das Geschoß traf die Vögel nicht. »Wehe mir!« rief er aus, »noch nie hat mein Stein gefehlt, seit ich die Schleuder trage.« Er versuchte es mit einem zweiten Schuß. Aber wiederum traf er daneben. »Der Tod über mich!« stammelte er und wurde sehr traurig. Da nahm er einen seiner kurzen Speere und warf nach den Schwänen. Wohl traf er den einen Vogel streifend an einem Flügel, aber im gleichen Augenblick tauchten die Schwäne und verschwanden vor seinen Augen.

Mißmutig ging Cuchulinn abseits und legte sein Haupt achtlos auf einen Stein. Verdrossen schaute er auf die Wolken am Himmel, und darüber schlief er ein. Da erschienen ihm im Traum zwei wunderschöne Frauen, die eine mit einem grünen Mantel bekleidet, die andere in Purpur. Die Grüne trat auf ihn zu, lachte ihn an und sprach: »Ich will dich besser treffen, du Herrlicher!« Damit hob sie einen Pferdestachel[171] und stach auf ihn, daß sein Blut floß. Die Purpurrote aber zückte eine kupferne Gerte und schlug ihn, bis ihm die Sinne vergingen. Dann verschwanden plötzlich die beiden Frauen, und noch aus der Ferne hörte er sie lachen.

Als die Männer von Ulad ihn schlafend fanden, wollten sie ihn wecken. Aber Emer wehrte ihnen. »Laßt ihn schlummern«, bat sie, »er ist in einen Zauberschlaf verfallen, weil er die beiden Schwäne gejagt hat, und Gesichter ängstigen ihn im Traum.« Darauf wollte sie, daß man Cuchulinn auf seine Burg Dun Delgan schaffe. Da aber riet Sencha, weit besser wäre es, den Schlafenden nach Emuin Macha zu fahren, wo zauberkundige Ärzte und Druiden genug wären, ihn zur Besinnung zu bringen. Und so geschah es.

In Emuin Macha wachte der Hund des Culann unter den Bemühungen der Druiden endlich auf. Doch er vermochte den Ultern nicht auf ihre Fragen anzugeben, was ihm zugestoßen war. So lag er im Haus von Tete Brec[172] in Emain Macha ein ganzes Jahr lang stumm auf seinem Lager, ohne mit irgend jemandem zu reden. Da erschien am Vorabend des nächsten Samain-Festes ein unbekannter Mann in seinem Haus und setzte sich an den Fuß seines Krankenlagers. Zu Häupten des Bettes saß gerade Cuchulinns Milchbruder Conall Cernach und hielt die Krankenwache. Der fragte den Fremden: »Was suchst du hier, und wer bist du?« Statt einer Antwort aber sang der Unbekannte ein zauberhaftes Laid. Darin kündete er, was der Zweck seines Kommens war.

»Die Zunge hemmt dir, o Hund des Culann,
Der Zauber der Side, und siech auf dem Lager
Liegst du voll Sehnen nach Liban und Fann,
Aed Abrats reizenden Töchtern.
Sie senden dir Botschaft und Bitte durch mich
Und wünschen Hilfe und Heil dir zu schenken,
Bist du milde gesonnen, einen Mond zu verbringen
In Labrids Land, um Huld und Gunst
Der Fann zu erfahren, der göttlichen Side,
Manananns Gattin. Auf das Murthemnefeld
Zum Samainfest wird Fann dir senden
Die liebliche Liban. Die heilt dein Gebrechen
Und führt dich sicher zu Fanns Lager,
Übers Feld von Cruach ins Gefilde der Wonne.
Sehnlich wünscht sich die Side, du folgtest der Schwester[173].«

»Wer bist du«, fragte Conall wiederum, »und was singst du da?« Doch der Fremde erwiderte nur: »Ich bin Oengus, Aed Abrats Sohn«, und zerfloß wie ein Rauch vor seinen Augen[174].

Nun aber vermochte sich Cuchulinn aufzurichten, und auch seine Zunge gehorchte ihm wieder. »Ich habe einen bittersüßen Traum gehabt, Conall«, sagte er zu seinem

Milchbruder und erzählte ihm ausführlich, wie es ihm ergangen war und daß er sich im Bann der Sidefrauen befände. »Was soll ich jetzt tun?« fragte er ihn schließlich und streckte seine Glieder, als wollte er aufspringen. »Was du jetzt tun sollst?« meinte Conall. »Du mußt wieder zu dem Stein gehen, da du eingeschlafen bist, dort wirst du ja sehen, ob die Elfenfrauen dich wirklich zu heilen gesonnen sind.«

»Weißt du keinen Zauber gegen sie, Conall?« forschte Cuchulinn weiter. »Sie könnten mich ganz verderben wollen.«

»Du solltest dein Weib Emer fragen, Cucuc«, raunte Conall, »ihre Eifersucht ist wahrlich inzwischen groß genug geworden, und die Leidenschaft ist eine scharfsichtige Erfinderin.«

»Du hast recht«, sagte Cuchulinn, »so geh und hole mir Emer!« Sogleich machte sich Conall auf den Weg.

Kaum aber war er gegangen, so überkam Cuchulinn eine große Unruhe. Wie eine unsichtbare Gewalt trieb es ihn, die beiden Frauen wiederzusehen, die ihm vor einem Jahr bei dem Stein begegnet waren, und eine innere Stimme schien ihm zuzuraunen, er müsse sich beeilen; denn nur in dieser Nacht stünde ihm der Weg nach Mag Mell[175] offen. Da rief er seinen Wagenlenker Laeg und hieß ihn unverzüglich die Pferde vor den Wagen spannen. Noch in der Nacht aber erreichte er den Stein im Murthemnefeld, der halb umgestürzt in einem Kreis von kleineren Steinen dalag[176].

Als Cuchulinn in den Steinkreis trat, kam ihm sogleich die Frau mit dem grünen Mantel entgegen. Er erkannte sie wohl; denn Laeg hatte ein Feuer am Boden angezündet, und die Flammen beleuchteten scharf das schmale Gesicht der Side und übergossen es mit einem rötlichen Schein. »Ich freue mich, daß du gekommen bist, Culanns Hund«, sagte sie zu Cuchulinn. »Wollt ihr mich nun wieder quälen?« fragte sie der Ulterkämpe, »oder habt ihr euch diesmal etwas anderes ausgesonnen? Was sollte euer Besuch vor einem Jahr denn bedeuten?« Die Side blickte ihn freundlich an und sprach: »Hast du nach uns nicht Steine geschleudert und mit Pfeilen geworfen? Hatten wir dir etwas Böses getan? Da wollten wir dich ein klein wenig strafen, Cuchulinn, wie du es verdient hattest. Doch wir wollten dir nicht dauernd Schaden zufügen. Heute komme ich vielmehr, dich um deine Freundschaft zu bitten. Ich bin Liban, die Gattin des wackeren Kriegers Labrid Rasch-Hand-ans-Schwert. Er schickt mich zu dir und lädt dich ein, ihm nur einen Tag lang im Kampfe gegen Eochaid Iuil, Senach Siburte und Eogan Inbir beizustehen[177]. Zum Dank will er dir Fann, die herrliche Frau, überlassen, die von Manannann mac Lir geflohen ist und sich in Labrids Schutz begeben hat. Sie selbst ist aber ganz damit einverstanden; denn sie hat dich mit brennenden Augen gesehen und will nicht eher ruhen, als bis sie dich in ihren Armen gehalten hat. So vereinigt sie ihre Bitte mit der des Labrid und meiner: komm, Hund des Culann! Komm und folge mir in das Land, da du nicht Mangel leiden wirst und wo die lieblichste Sidefrau dich für alle ausgestandene Mühsal reichlich belohnen soll!«

Doch Cuchulinn zögerte noch. »Ich soll mich mit Männern schlagen«, sagte er mißtrauisch, »und bin eben vom Krankenlager aufgestanden, und ich soll ein Weib beglücken, dem ich nichts als eben diese Schwäche und Krankheit verdanke? Wie reimt sich dies?«

»Du brauchst nur meine Hand zu erfassen«, beruhigte ihn Liban, »so bekommst du deine alte Kraft wieder, ja du wirst noch stärker sein als je zuvor. Da wirst du doch den Kampf nicht scheuen, sonst wärest du nicht der Hund des Schmiedes.«

Dies Wort griff Cuchulinn an die Ehre. So nahm er die Hand der Side und fragte: »Wo ist nun Labrid?« Da jauchzte Liban und sprach:

»Im Land der Wonne steht Labrids Haus
Auf silbernen Säulen und spiegelt sein Dach
Wabernd im rollenden Wasser der See.
Am Ufer des Eilands wandeln schlanke Frauen,
Goldenen Kränzen gleicht ihr köstliches Haar,
Tautropfen ihre blinkenden Augen.
Die Arme heben Aed Abrats Töchter
Und grüßen frohlockend Labrid den Helden,
Der auf goldenem Wagen über die Wogen des Meeres
Die weißen Rosse in rasender Fahrt
An funkelnden Ketten kraftvoll zügelt.
Zum Kampf fährt der kühne schreckliche Elf,
Die Wangen gerötet wie Rotlaub im Herbst,
Wie Weinduft weht ihm der strömende Atem,
Und hinter ihm folgen die flutenden Scharen
Der Elfenkrieger in klirrender Wehr
Auf rauschenden Wogen zur ruhmvollen Schlacht.
Wo des Raubwolfs wütender Rachen klafft,
Trifft ihn Labrids des Schnellen lauernder Speer.
So hütet den Schlaf er den Schönen des Eilands:
Seliger Lohn wird dem siegreichen Helden,
Heißt auf schwellendem Lager ihn liebreich willkommen
Die Sidefrau, die ihn sehnlich erwartet[178].«

Cuchulinn folgte der Side und stieg zu ihr in den Elfenwagen, und mit geisterhafter Schnelle fuhren sie dahin. Laeg aber kehrte heim nach Emuin Macha.

Emer war inzwischen gekommen und war mit Conall in das Haus Tete Brec getreten, um den Gatten zu heilen. Als sie das Lager leer fand und erkannte, daß Cuchulinn verschwunden war, machte sie Conall heftige Vorwürfe, daß er den Siechen ohne Pfleger gelassen hatte. Da erschien Laeg und berichtete, was er gesehen und gehört hatte und daß die Side Cuchulinn entführt habe. Seine Worte durchfuhren Emer wie ein glühendes Eisen, und in ihrem großen Schmerz lehnte sie sich an Conall und sagte seufzend: »Ich hörte vorhin einen seltsamen Wind über die Ebene wehen, das war der Wagen der Side, und darinnen trugen sie den Unglücklichen von dannen. Was soll nun geschehen?« Laeg suchte sich zu rechtfertigen: »Ich konnte ihnen nicht folgen, so rasch jagten die Rosse des Sidefürsten dahin; doch nun werden sie längst den Tanzplatz von Fidga[179] erreicht haben, wo Aed Abrats Töchter wohnen.« Conall neigte traurig das Haupt und sagte: »Wir müssen abwarten, wann er heimkehrt.« Emer aber war damit nicht zufrieden. Wortlos wandte sie sich ab. Als sie aber wieder daheim war, hieß sie ihre Mädchen fünfzig Dolche schleifen. Die trug sie zu einem Druiden und ließ ihn einen schrecklichen Zauber darüber sprechen und bewahrte sie dann für den Tag der Rache an der heillosen Side.

Ein Monat verging so. Da saß gegen Abend Cuchulinn mit Fann, der Side, am Eibenbaum von Cenn-Trachta[180]. Der Ulterkämpe legte seinen Arm um die Schultern der Elfin und sprach: »Siehe, Fann, du wundersames Weib, nun habe ich erfüllt, was Liban einst von mir verlangte als Buße dafür, daß ich mit Steinen nach euch schleuderte, als ihr mir in Schwanengestalt erschienet. Nun habe ich alle Feinde Labrids besiegt, und du hast mir überdies die Wonnen deines Leibes zu kosten gegeben. Nimmermehr kann ich nun von dir lassen. Doch mein gegebenes Wort treibt mich heim zu den Meinen. König Conchobar harrt meiner zu Emuin Macha, auch Conall, mein geliebter Milchbruder, trauert um mich, und Emer, mein Weib, verzehrt sich in Gram und Eifersucht. Ich muß wieder heim, wenn Manneswort noch gelten soll auf dieser Erde. Wo aber finde ich dich wieder, wenn mein Herz nach dir verlangt?« Da wies ihm Fann hinter lächelnden Lippen ihre milchweißen Zähne, legte ihre Arme um seinen Nacken und sprach zu ihm, und ihre Stimme klang süß betörend wie Harfenmusik:

»Die Raben riefen auf Sibortes Schultern:
Weh, der Wutverzerrte naht euch von Erinn!
Krächzend verrieten die Raben sein Kommen.
Eochid und Eogan, die Sidefürsten,
Mühten sich heftig, den Hund des Culann
Jagend zu fangen, doch flink entwich er.
Ums Frühhrot ging zur Felsenquelle
Eochid luil, das Antlitz zu waschen.
Zum rieselnden Wasser, den Rücken entblößt,
Beugt er sich nieder, das Naß zu schöpfen.
Da traf ihn Cuchulinns tödlicher Speer.
Eogans Haupt sah ich hoch an der Lanze,
Abschlug den Kopf ihm Cuchulinns Schwert.
Fernhin entwich da, erfüllt von Schrecken,
Senach Siborte, doch Culanns Hund
Erreichte ihn jagend und raubte sein Leben.
Siegstrahlend zog der Siebengeäugte,
Geleitet von Labrid, dem Sidekönig,

Über Fidgas Festplatz. Nie vergeß ich den Anblick.
Vom Siegeswagen winkte freundlich
Sein edles Auge über den silbernen Rand
Seines goldgebuckelten Bronzeschildes,
Als Aed Abrats Töchter den bartlosen
Jungen Helden jauchzend begrüßten.
Und die Sidefrauen ersehnten sich alle
Den hochberühmten Recken der Ulter,
Den Unvergleichlichen, als Gatten aufs Lager.
Doch lächelnd enteilte er all den lockenden Frauen
Und, von Liban, der lautren, treulich geführt,
Ließ er sich liebend umfangen von Fann der Side,
Die den Gatten mied um der Glut für Cuchulinn,
Die mit Liebe lohnte des Helden Taten.
Wonnesam war der Mond, der wunderbare, einzige,
Da Fann und Cuchulinn Freundschaft der Lende
Einander gewährten und unbeschreibliche Freuden.
Immer muß Fann nun gedenken des Vielgeliebten,
Nie kann der Hund des Culann der Herzgeliebten
vergessen[181].«

Cuchulinn lauschte ihrer Ruhmrede und berauschte sich an ihrem Wohllaut. »Aber wie gedenkst du es nun zu halten?« fragte er die Side, als sie geendet hatte. »Laß dich das nicht anfechten, du Hund des Culann«, sagte Fann, »ich habe mich vorerst sattgetrunken am Born deiner Liebe. So will ich dir Urlaub geben, um deine Angelegenheiten in deiner Heimat zu besorgen, und hier an der Gemarkung des Murthemne-Feldes wollen wir Abschied voneinander nehmen, bis uns die Sehnsucht abermals zusammenführt. Wenn du mich aber zu sehen wünschst und wenn dein Herz nach nur schreit, Cuchulinn, so sprich meinen Namen in diesen Eibenbaum, und ich will sogleich die gefährliche Reise unternehmen und zu dir eilen hierher nach Cenn-Trachta, bis wohin ich dich geleitet habe. Wenn indessen ich selber nach dir Verlangen habe, so wirst du ein Zeichen von mir sehen und das wirst du nicht mißverkennen. Ein Schwan wird über dein Haupt ziehen und einen klagenden Ruf ausstoßen, da weißt du, daß die Side Fann sich nach dir sehnt. Dann komm zum Eibenbaum von Cenn-Trachta, damit wir uns wieder in Armen halten.« Damit küßte sie ihn und entschwand seinen Augen wie ein Nebel.

Frostig war der Empfang, als Cuchulinn in Dun Delgan wieder vor Emer trat. Er suchte sich zu rechtfertigen und pries das Mädchen, dem er seine Huld geschenkt hätte, als reich und edel und aller Tugenden voll und wert der Liebe eines auserlesenen Kämpen. Aber Emer wollte davon nichts hören. »Das Weib, dem dein Herz gehört«, erwiderte sie, »ist kaum besser als ich. Aber freilich, alles Neue ist schön, alles Ungewohnte ist rot, alles Niegenossene weiß, alles Gewohnte dagegen bitter, langweilig und wertlos, weil es farblos geworden ist. Das Unbekannte lockt, das Bekannte läßt man liegen. Das ist die kleine Weisheit, die ich von dieser Welt begriffen habe. O Hund des Culann, einst lebten wir in Wonne zusammen und liebten uns, und wir könnten es wieder tun, wenn es dir nach so langer Abwesenheit wieder als etwas Neues gefällt.« Sie versank in trauriges Sinnen. Cuchulinn aber dachte an Fann.

Öfter sahen sich Cuchulinn und Fann am Eibenbaum von Cenn-Trachta wieder. Aber einmal bemerkte sie dort ein Hirt von Dun Delga, der in der Nähe seine Kühe weidete. Der berichtete alles Emer, was er gesehen hatte. Emer rüstete aber ihre Mädchen und bereitete sich auf das nächste Stelldichein vor, das Cuchulinn mit der Side haben sollte. So geschah es, daß sie mit den Mädchen erschien, als der Ulterkämpe die Side wieder an den alten Platz bestellt hatte. Fann bemerkte indessen rechtzeitig die Frauen und sah, daß sie Messer in Händen hielten, und wußte wohl, wen sie damit morden wollten. So teilte sie ihre Besorgnis Cuchulinn mit. Wohl versuchte sie dieser zu trösten; aber noch ehe er geendigt hatte, war Emer mit ihren Rächerinnen zur Stelle und reckte sich drohend gegen die Side. Da sprach Fann zu Cuchulinn, als sie erkannte, daß er schwach am Boden lag und sich nicht getraute, gegen Emer, seine Gattin, ein Wort zu sagen:

»Weh, Cuchulinn, kein Wort sprichst du
Zugunsten des Weibes, das alle Wonne dir schenkte.
Herzlieber Held, nun muß ich scheiden
Von der Seite des Mannes, den ich maßlos liebte.
Morden will mich deine Gattin, das Messer in Händen,
Du aber schweigst und denkst nicht an Abwehr,
Denkst nicht der Freuden, die Fann dir schenkte.
Lebe denn wohl, Geliebter, ich laß dich der Gattin;
Denn wehe der Frau, die willig vertraut
Dem Wort des Mannes, der nur minder sie achtet.«

So klagte Fann und stieß einen gellenden Schrei aus, als Emer sich ihr mit gezücktem Messer nahte. Da erbarmte sich Mananann mac Lir seiner Gattin, als er ihren Notschrei hörte, und wie ein Schatten stand er plötzlich zwischen ihr und Emer. Er grüßte seine Frau und fragte sie: »Willst du nun auf Culanns Hund warten oder mir wieder die Hand reichen?«[182] Da seufzte Fann schwer und bekannte: »Ich will mit dir gehn, Mananann, denn dir fehlt eine würdige Gattin, Cuchulinn aber nicht.« Da schwenkte Mananann seinen schwarzen Mantel zwischen den Liebenden, und sogleich vergaß Fann den Hund des Culann und dieser die schöne Side. Wie aber Culanns Hund die herrliche Frau mit Manannann fortgehn sah, fragte er Emer: »Wer geht dort von dannen?« Und er machte drei lächerliche Sprünge in die Luft und benahm sich wie ein Irrer. Er zog in die Berge und lebte lange Zeit ohne Speise und Trank, und oftmals gelüstete es ihn, auf der Straße von Mittel-Luachra während der Nacht in seinem Wahn zu schlafen[183].

Aber auch Emer war dem Wahnsinn nahe. Sie ging zu Conchobar nach Emuin Macha und erzählte ihm, wie schlimm es mit Cuchulinn bestellt sei. Da schickte der König von Ulad eine Schar von Druiden gegen Cuchulinn. Die sollten ihn festhalten und nach Emuin bringen, um ihn hier zur Besinnung zu bringen. Cuchulinn suchte zwar die Druiden, die gegen ihn ausgesandt waren, zu töten; doch diese sangen zauberkräftige Reime auf ihn, banden ihn an Händen und Füßen und brachten ihn gefesselt nach Emuin. Da bat er sie um einen Trunk, so verdurstet, wie er war. Die Druiden gaben ihm einen Vergessenheitstrank. Und als er den getrunken hatte, erinnerte er sich weder an Liban noch an Fann, noch an irgendein Ereignis, das ihm im Reich des Elfenkönigs Labrid zugestoßen war. Ebenso verfuhren schließlich die Druiden auch mit Emer. Auch sie mußte den Vergessenheitstrank schlucken. Da entsann sie sich nicht mehr an die Eibe von Cenn-Trachta, noch an irgendein Weib, das die Treue ihres Gatten in Versuchung geführt hatte. Die sicherste Gewähr aber, daß Fann und Cuchulinn nun für ewig getrennt blieben, war der Mantel Manananns, und den hatte er zwischen Cuchulinn und Fann geschüttelt. Unter dem Schatten seiner Falten verdorrte die Liebe zwischen der Side und dem Sterblichen[184].

Als Cuchulinn von der Kampfmaid Aife, die von ihm schwanger war, Abschied nahm, grüßte er sie noch einmal und sprach zu ihr: »Das Kind, das du gebären wirst, wird ein Sohn sein. Nimm hier diesen goldenen Ring und bewahre ihn wohl. Wenn dieser Ring einst meinem Sohn an den Finger paßt, so schmücke ihn damit im Gedenken an seinen Vater, und ist es ihm dann recht, so mag er mich aufsuchen. Ich will ihn willkommen heißen als meinen Sohn. Gib ihm aber auf seinen Weg diese Lehre mit: er soll sich durch niemand von seinem Wege abbringen lassen und keinem Manne soll er den Kampf verweigern, aber auch niemandem seinen Namen nennen.« Damit gab er Aife den Ring und schied von ihr, deren Leib er genossen hatte[185].

Seitdem waren viele Jahre vergangen. Da bat Conlai, Cuchulinns Sohn, seine Mutter Aife, ihn ziehen zu lassen, um seinen Vater zu suchen. Zu der Zeit hatten sich gerade die Ulter bei Tracht Eisi[186] versammelt. Conchobar war da und um ihn die andern Edlen von Emuin Macha. Da erblickten sie über dem Meer ein Schifflein aus Erz. Es kam näher und näher und wurde größer und stattlicher. In dem Boot stand ein einziger Jüngling und lenkte es mit einem goldenen Ruder. Ab und an aber legte der Jüngling das Ruder beiseite und schoß mit der Schleuder nach Seevögeln, die in seiner Nähe kreisten. Und jeder Vogel, nach dem er zielte, fiel alsbald zu Tode getroffen aufs Wasser, so kunstvoll verstand der junge Mann zu schleudern. Viele andere Kunststücke zeigte da noch der Jüngling, und die Ulter staunten über seine Kraft und Geschicklichkeit.

Nun schickte ihm König Conchobar den Condere[187] entgegen. Der sollte ihn nach der Sitte fragen, wessen Sohn er sei und woher er käme. Condere führte den Auftrag auch aus, aber der Jüngling weigerte sich hartnäckig, ihm seinen

Namen zu nennen. So kam Condere unverrichteter Sache wieder ans Ufer zurück. Darauf sandte Conchobar Conall Cernach zu ihm. Aber der hatte noch geringeren Erfolg. Der Bursche verschwieg ihm nicht nur seinen Namen, sondern schleuderte einen großen Stein so kunstvoll in die Luft, daß er ein Getöse wie Donner verursachte[188]. Darüber erschrak Conall so heftig, daß er der Länge nach hintenüber zu Boden fiel. Doch noch ehe er sich erhob, hatte der Jüngling bereits seine Hand in den Riemen seines Schildes gesteckt und bereitete sich zum Kampf. Da lief Conall lachend ans Ufer und rief den Ulterkämpen, die von dort aus sein Mißgeschick beobachtet und ihm höhnische Worte darob zugerufen hatten, mit lauter Stimme zu: »Nun kämpfe ein anderer von euch gegen den Bartlosen! Der Spott soll euch wohl vergehen.«

Da machte sich Cuchulinn fertig, zu dem Jüngling hinüberzugehen. Emer, sein Weib, suchte ihn zurückzuhalten und legte ihre Hand auf seinen Arm. »Geh nicht, Cuchulinn!« sagte sie zu ihm, »mir sagt eine innere Stimme, daß es eine besondere Bewandtnis mit dem Jüngling dort hat und daß er dir nahesteht. Prüfe ihn gut, ehe du die Waffe gegen ihn erhebst, oder überlaß das Prüfen überhaupt einem andern!« Doch Cuchulinn achtete Emers Worte gering, drängte sie beiseite und trat zu dem Jüngling. »Nenne uns endlich deinen Namen, Junge!« schrie er ihn an, »denn so verlangt es die Sitte, und willst du dich ihr nicht beugen, soll es dich gereuen, das schwöre ich dir zu!« Aber der Jüngling schüttelte nur trotzig den Kopf und faßte seine Waffe fester. Cuchulinn lief ihn jetzt mit dem Schwerte an. Doch der junge Mann schwang sein Schwert und kunstvoll schor er ihm mit einem Hiebe den Schädel kahl[189]. Da ergrimmte der Hund des Culann und packte den Gegner mit den

Armen. Dreimal rang der Jüngling den Alten nieder. Da stürzte dieser keuchend ins Wasser und forderte ihn auf, ihm zu folgen und in den Wellen weiter zu ringen. Der Jüngling zögerte nicht, sprang ins Wasser und tauchte Cuchulinn zweimal so kraftvoll nach unten, daß ihm der Atem verging und er zu ersticken glaubte. Als nun aber der Junge den dritten Ansprung machte, ihn unter Wasser zu drücken, ergriff Cuchulinn wutverzerrt den Gae bulga und stieß ihn dem andern in den Leib[190].

Sogleich sank der schöne Jüngling wie eine geschnittene Blume zusammen, und das Wasser färbte sich rot von Blut. Cuchulinn fing ihn auf und bettete den Sterbenden in seinen Armen. Da erblickte er den Ring am Finger des Jünglings, den er einst Aife als Morgengabe geschenkt hatte, und daran erkannte er, daß er seinen eigenen Sohn Conlai, das Kind der kampffrohen Aife, getötet hatte. Das schmerzte ihn sehr. Traurig trug er seine klägliche Last ans Ufer und legte den Todwunden in den Sand. »Seht da meinen Sohn, ihr Ulter!« rief Cuchulinn gramvoll, »er fiel durch seines eigenen Vaters Hand.« Düster kniete er neben dem Jungen nieder und streichelte ihn. Da öffnete Conlai noch einmal die Augen und sprach: »Nun weiß ich, daß ich durch den besten und tapfersten Krieger getroffen worden bin, durch Cuchulinn, meinen Vater. So ist es besser, als wenn es ein anderer gewesen wäre, der mir den Tod gab. Mein Verhängnis wollte es nicht, daß ich unter den Ultern leben sollte, so mußte ich sterben, ehe ich ihr Land betrat. Aber der Mutter hielt ich das Gebot und nannte meinen Namen nicht, bis ich erkannt war[191].« Darauf legte Conlai seine Arme um den Hals des Vaters und nahm von ihm Abschied.

Stumm und mit finsterem Ernst blickten die Männer von Ulad auf Cuchulinn, als er behutsam den Toten auf den

Boden gleiten ließ. Laut und schrill aber klagten die Frauen[192].

Kampfmüde und zu Tode erschöpft lag Cuchulinn eines Nachts in der Burg vom Emuin Macha; denn unermüdlich und unverdrossen setzten seine Feinde ihm zu und fielen immer wieder in das Gebiet von Murthemne ein. Branddunst lag in der Luft und die Rauchwolken von verbrannten Gehöften zogen unheilschwanger über das Land. Da fiel Cuchulinns Schwert von der Wand und klirrte zu Boden. Er hörte es nicht, so tief hatte ihn der Schlaf umfangen. Aber Leborcham, die Alte, die im selben Hause schlief, hatte es vernommen, und auch Niam, Conall Cernachs Weib, war vom Lager aufgesprungen[193], als sie die Waffe rasseln hörte. Sie weckten den schlafenden Helden. »Ein schlimmes Zeichen, Cuchulinn!« rief die Alte, »dein Schwert tanzt vor Durst.« Und Niam raunte ihm ins Ohr: »Es dunstet draußen nach Rauch, die Schwaden kommen vom Murthemne-Feld, das Mordfeuer rast durch die Gehöfte.« Da rieb sich Cuchulinn den Schlaf aus den Augen, sprang vom Lager auf und griff nach seinen Waffen. Als er sich den Mantel umwarf, fiel die goldene Heftel herab, und in der Dunkelheit trat der Kämpe auf die Nadel und verletzte sich den Fuß. Leborcham schrak zusammen. »Ein anderes böses Zeichen!« murmelte sie. Cuhulinn aber rief nach Laeg, seinem Wagenlenker, und befahl ihm, unverzüglich die beiden Kampfrosse vor den Wagen zu spannen, den Grauen der Macha und den Rappen Sainglend. Und Laeg ging, wie ihm geheißen war.

Nach kurzer Zeit kam der Wagenlenker zurück und klagte: »So wahr ich ehrlich bin, aber ich vermag heute den Grauen nicht vor den Wagen zu führen. Das Roß verweigert mir den Gehorsam. So komm du selbst, Cucuc, und schau, ob du das Pferd unter das Joch bekommst.« Sogleich ging Cuchulinn hin, und dreimal wies ihm das Tier die linke Seite[194]. Doch er redete ihm gütlich zu und spannte den Grauen unter das Joch neben seinen Gefährten, den Rappen Sainglend. Dann jagte er mit Laeg davon, als die weiße Dämmerung heraufstieg. Hinter ihm aber jammerten die Frauen von Emain Macha und rangen die Hände, als ob sie ahnten, daß er nicht wiederkommen würde.

Cuchulinn wählte den Weg nach Imrith-Burg, wo er seine Ziehmutter Findchaem besuchen wollte, ehe er in die Schlacht fuhr[195]. So tat er es immer, wenn je ihn der Weg nach Süden führte. Immer erquickte sie ihn mit einem Labetrunk, wenn er bei ihr abstieg, und so erfrischte sie ihn auch diesmal. Herzlich nahm er Abschied von seiner Pflegemutter und fuhr seines Weges weiter, den Feinden entgegen. Da stieß er auf der Straße auf drei alte Weiber. Die waren alle blind auf dem linken Auge und saßen am Wegrande um einen Kessel und kochten Fleisch darin. Cuchulinn wollte an ihnen vorbeifahren. Doch die eine Hexe rief ihm zu: »Komm, Cuchlinn, und koste unsere Speise, es ist süßes kräftiges Fleisch, das wir dir bieten.« Cuchulinn lehnte die Einladung ab und sagte: »Ich mag euer Fleisch nicht, denn es ist mir nicht erlaubt, an einen Herd zu gehen und aus dem Kessel zu essen[196].« Da lachte die Alte spöttisch und höhnte:

»Freilich, wäre es der Kessel eines großen Mannes, du würdest keinen Augenblick zögern, hinzutreten und daraus zu essen; aber zu dem kleinen Herd von drei armen alten Weibern hast du kein Zutrauen und hältst sie für zu gering, sie mit deinem Besuch zu beehren. Und allerdings haben wir hier nur Hundefleisch in dem Kessel. Doch schlimm ergeht es den Großen, die die Kleinen verachten.«

Cuchulinn grauste vor der Speise der Hexen; denn verboten war ihm der Genuß des Fleisches von dem Tier, dessen Namen er trug[197]. Aber er fürchtete gleichwohl den Spott der Hexen. So stieg er vom Wagen und trat zu dem Kessel. Da reichte ihm die älteste der Hexen an einem Speil von Ebereschenholz ein Stück Fleisch aus dem Kessel. Cuchulinn führte es mit der linken Hand unter seinem linken Schenkel durch, ehe er das Fleisch zum Munde führte und aß. Aus Hand und Schenkel aber entwich ihm sogleich seine altgewohnte Kraft.

Als der Ulterheld um den Berg des Fuad herumgefahren kam, erblickte ihn Erc, der Sohn des Cairbre Niafer[198], schon von weitem und rief seinen Kampfgefährten zu: »Dort naht sich ein Mann im Wagen, der euch nicht wohlgesonnen ist, ihr Männer von Erinn: sein Schwert leuchtet rot an seiner Hüfte, und sein Speer glüht in der Sonne wie ein Blitz. Seht euch vor!« Und sogleich hieß er sie einen Zaun aus ihren Schilden bilden, und dann ließ er drei Öffnungen. An jede dieser offenen Stellen befahl er zwei der besten Kämpen, die sollten dort jeweils ein Scheingefecht aufführen, sobald Cuchulinn in ihre Nähe kam, und dazu gab er jedem Kämpferpaar einen Spötter zur Seite, um den Ulter anzulocken. Denn Erc wußte wohl, daß er Cuchulinn nur durch List und Zauber verderben konnte[199].

Der Hund des Culann brauste nun in seinem Wagen heran. Wild schlug er auf die Männer ein, die sich ihm entgegenstellten, und viele von ihnen tötete er, so daß das Feld vom Blut der Erschlagenen dampfte. Als er aber zu der ersten Öffnung in der Schildmauer kam, wo sich zwei Krieger zum Schein bekämpften, vertrat ihm ein Spötter den Weg und sagte zu ihm: »Wenn du hier in den Kampf der beiden nicht eingreifen magst, so gib mir deinen Speer,

Cuchulinn, damit ich es tue!« Der Ulter aber wußte von der alten Weissagung, daß von seines Speeres Spitze immer der Edelste fallen müßte, es sei denn, er gäbe den Speer einem Bittenden als Geschenk hin. So durchschaute er die List des Spötters und antwortete: »Ich brauche meinen Speer nötiger als du; denn hier stehen die Männer von Erinn alle feindlich gegen mich einen.« Doch der Spötter ließ sich nicht abweisen und höhnte: »So weiß ich, daß du nicht den Mut hast, diese Kämpfenden zu trennen, und deinen Ruhm als Geizhals will ich durch alle Gaue tragen, da du mir den Speer nicht schenken willst.« Dies Wort machte Cuchulinn bleich vor Zorn. Er schleuderte seinen Speer nach dem Mann, aber mit dem Ende voran, und zerschmetterte ihm den Schädel[200]. Danach erschlug er das Kämpferpaar.

Als er nun damit beschäftigt war, sprang Lugaid, des Curoi Sohn[201], herzu und hob Cuchulinns Speer auf. »Wer wird durch diesen Speer fallen, ihr Söhne des Calaten[202]«, schrie er, »kennt ihr die Weissagung?« Da riefen etliche um ihn: »Ein König wird fallen durch diesen Speer.« Lugaid schleuderte Cuchulinns Speer zurück gegen den Wagen des Helden. Doch er traf nicht ihn, sondern den Wagenlenker Laeg und durchbohrte ihm die Brust. Laeg seufzte tief auf und mit dem Worte »Zu Tode hat er mich getroffen!« sank er vom Wagen. Lugaid aber schrie triumphierend zu Erc hinüber, der an der anderen Öffnung in der Schildmauer stand: »Die Weissagung hat sich erfüllt: der König der Wagenlenker ist gefallen, Laeg, der Sohn des Riangabir.«

In tödlicher Wut riß Cuchulinn den Speer aus der Brust seines Wagenlenkers, ergriff den Pferdestachel und jagte zur nächsten Öffnung, wo er Erc, den verhaßten Feind, erblickte. Doch auch hier stellte sich ihm ein Spötter entgegen und bat sich seinen Speer aus. Abermals beging Cuchulinn die Torheit, den Frechen mit dem Schaft seines Speeres zu töten. Doch damit gab er den Speer aus der Hand, und flugs hob ihn Erc auf. »Ein König soll fallen durch diesen Speer!« schrie er. »Ein König soll fallen!« stimmten laut seine Krieger ihm bei. Da schleuderte Erc den Speer gegen den Wagen. Doch er verfehlte Cuchulinn und traf den Grauen der Macha, das Roß des Ulters. Wild bäumte sich das Tier, während der Schaft des Speeres aus seinem Leibe ragte, zerbrach das Joch und stürzte zusammen. »Der König der Rosse ist gefallen!« jubelte Erc, »die Weissagung hat sich zum andern erfüllt.«

Nun umringten die Krieger den Kampfwagen, der nicht weiterfahren konnte, weil der tote Graue der Macha ihn hemmte. Wütende Hiebe teilte Cuchulinn mit dem Schwerte aus, und mancher Mann von Erinn sank da blutend in das Gras. Da trat der dritte Spötter vor Cuchulinn und bat ihn um seinen Speer. Der Ulterheld wies ihn ab. Da grinste der Spötter und sprach: »Ich werde dich schmähen durch alle Lande, dich, den Gau von Ulad sowie den Stamm, der dich erzeugte.« Cuchulinns Antlitz krampfte sich zusammen, und eine fürchterliche Wut erschütterte ihn. »Die Kunde von meiner Unehre«, schrie er mit schrecklicher Stimme, »soll deine Giftzunge keinem Lande mehr bringen, das schwöre ich dir zu.« Hoch hob er den Speer, das Ende nach vorn gerichtet. »Zierlich bewegst du dich noch im Zorn, schöner Jüngling!« höhnte der Spötter. Da fuhr ihm der Speer Cuchulinns durch den Schädel, und er verstummte für immer.

Wütend stürmten jetzt die Männer von Erinn auf Cuchulinn ein. Bei dem Getöse erschrak der Rappe Sainglend, riß sich von dem Wagen los und raste mit dem zerbrochenen Joch am Halse davon durch den Haufen der Krieger. Da stürzte der Wagen hin. Wohl schlug Cuchulinn mit dem Schwerte um sich, daß sich die Leiber der erschlagenen Feinde vor ihm schichteten wie ein Wall, doch sein Tod war ihm verhängt. Flink griff Lugaid nach Cuchulinns Speer, mit dem er den dritten Spötter erlegt hatte. »Ein König soll fallen durch Cuchulinns Speer!« brüllte er mit gellender Stimme. »Ein König soll fallen!« jubelten ihm die Söhne Calatens zu. Und Lugaid schleuderte den Speer gegen Cuchulinn und zerriß ihm den Bauch, daß ihm die Eingeweide aus dem Leibe quollen. »Ein König ist gefallen«, schrie Lugaid, und seine Stimme trillerte vor rasendem Entzücken, »der gepriesene König der Helden von Erinn!«

»Laßt mich zu dem See dort gehen«, bat Cuchulinn die Männer, als er am Boden lag, »damit ich meinen peinigenden Durst lösche.« Das gestanden sie ihm zu. So erhob sich Cuchulinn und drückte die Hände an seinen Leib. Langsam ging er gegen den Rand des Sees. Er ließ sich auf die Knie nieder, beugte sich tief hinab und trank von dem Wasser. Als er sich aufrichtete, sah er in der Ebene westwärts einen hohen Stein stehen. Zu dem schleppte er sich und band sich mit seinem Gürtel an ihm fest; denn er wollte aufrecht sterben. Und da er Lugaid das Wort gegeben hatte, bis zum letzten Atemzuge zu kämpfen, so rief er gellend zu den Männern hinüber, sie möchten nun kommen und mit ihm den letzten Gang tun.

Darauf eilten Lugaid und Erc zu ihm hin. Cuchulinn hielt das Haupt gesenkt, so daß sein langes Haar ihm das Gesicht bedeckte. Er war tot. Doch die beiden glaubten noch immer, es wäre Leben in ihm, und nahten sich nur zögernd. Als sich Cuchulinn aber nicht rührte, sagte Erc zu Lugaid: »Es wäre ein Schade, wollten wir ihm nicht den Kopf abschlagen als Rache für meines Vaters Haupt, das er ihm einst nahm.« So holte Lugaid zum Schlage aus und hieb dem toten Cuchulinn mit seinem Schwerte das Haupt ab. Als er es in die Hand nahm, fiel ihm Cuchulinns Schwert gegen das Gelenk und schnitt ihm die Hand ab. »Auch das soll an ihm gerächt werden«, sagte Erc und hieb Cuchulinns Leiche gleichfalls eine Hand ab. Darauf zogen Lugaid und Erc mit ihrem Heerhaufen nach Süden, bis sie an den Fluß Rurthech kamen[203]. Mit sich führten sie Cuchulinns Kopf, seine Hand und seine Waffen. Weiter kamen sie indessen nicht. Inzwischen hatte Conall Cernach, Cuchulinns Milchbruder, ein Heer in Emuin Macha gesammelt und jagte hinter den Feinden her. Schlimme Zeichen begegneten Conall auf seinem Heereszuge. Zuerst kam ihm der Rappe Sainglend entgegen, das zerbrochene Wagenjoch am schäumenden Hals. Da wußte Conall, daß Cuchulinn gefallen war. Dann fand er den Kampfplatz mit den vielen Toten und in ihrer Mitte die Leiche des Grauen der Macha vor Cuchulinns zertrümmertem Kampfwagen. Endlich erblickte er den Helden selbst an den Stein gebunden und des Kopfes und der Hand beraubt. Da wieherte der Rappe, als er den Blutdunst seines Herrn witterte. »Wahrlich«, sagte Conall, »du wirst nie eine schwerere Last heimtragen, Sainglend, als diese Leiche.« Und nachdem er alle Vorbereitungen für die Bestattung getroffen hatte, sandte er etliche seiner Männer mit Cuchulinns Leichnam heim nach Dun Delgan zu Emer. Er selbst aber eilte hinter den Mördern her, um Blutrache an ihnen zu üben, wie er es dem Milchbruder einst versprochen hatte.

Lugaid war hinter den Männern von Lagin zurückgeblieben, um seine Verwundung zu pflegen. Er badete an einer Furt im Flusse Rurthech[204]. Seinen Wagenlenker hatte er angewiesen, sorgsam auszuschauen, wann etwa ein Fremder in ihre Nähe käme. Da meldete ihm nach einiger Zeit der Wagenlenker, es käme etwas dahergesaust wie dunkle Vögel zwischen Schneeflocken. Lugaid spähte über die Ebene und sprach: »Unwillkommen ist der Reiter, der sich dort naht, und er kommt in großer Eile. Die dunklen Vögel, die du siehst, sind die Erdklumpen, die die Hufe seines Rosses emporwerfen, und die Schneeflocken sind die Schaumtropfen vom Gebiß des eilenden Tieres. Das ist Conall Cernach auf seinem Roß Rotsprenkel.« Nach einer Weile sagte der Wagenlenker: »Er hält hierher zur Furt.« Lugaid runzelte die Brauen: »Lassen wir ihn vorbei, denn mein Sinn steht jetzt nicht nach Kampf.«

Doch Conall Cernach hatte die beiden bereits an der Furt erspäht. Mit Windeseile kam er herangeritten und grüßte Lugaid nicht eben freundlich: »Das Gesicht manches Schuldners sehe ich gern. Ich komme die Schuld einzutreiben im Namen meines Bruders Cuchulinn, den du erschlagen hast.« Lugaid gab ihm zurück: »Ich will euch das Wergeld zahlen, das ihr Brüder insgesamt wert seid, nämlich einen Schwertschlag in den Nacken.«

»Versuche es«, sagte Conall, »sonst nehme ich dein Haupt mit mir.«

»Ich verlange nur eins von dir, wenn wir kämpfen«, meinte Lugaid, »du mußt dir einen Arm festbinden, da ich auch nur einen Arm frei habe. Ich denke, das wirst du mir zugestehen.«

Conall war damit einverstanden, und so kämpften sie nach Verabredung jeder mit einem Arm zunächst in der Ebene von Argetros[205], und hier verwundete Conall den Gegner mit seinem Jagdspeer. Dann setzten sie ihren Kampf bei den Ferta Lugdach[206] fort, und keiner vermochte den andern zu überwinden. Da lief Rotsprenkel, Conalls Roß, gegen

Lugaid an und schlug ihm mit dem Huf in die Seite, daß er umsank.

»Wehe«, schrie Lugaid, »du hast dein Versprechen und Manneswort gebrochen, Conall, denn nur mit einem Arm wolltest du gegen mich kämpfen.«

»Nur für mich gab ich mein Wort«, sagte Conall, »nicht für mein Pferd.« Damit stürzte er auf ihn los und schlug ihm das Haupt ab.

Es war kein Siegeszug, als Conall endlich heimkehrte. Tiefe Trauer herrschte in Dun Delgan, Cuchulinns Burg, und laut klagten die fünfzig schönen Frauen von Emuin Macha um den unvergleichlichen Helden, den sie alle geliebt hatten. Und wenn nachts der Sturmwind über die Dächer ihrer Häuser jagte, glaubten sie, es wäre Cuchulinn in seinem Elfenwagen[207].

Als die Männer von Dun Delgan die schweren Steine auf das Grab wälzten, in dem Cuchulinn gebettet lag, stand Conall Cernach mit Emer, der Witwe des Ulterhelden, nicht weit davon an einer Eibe. An den Zweigen des Baumes hing ein helles Tuch. Das nahm Conall herunter und zeigte Emer, was darunter verborgen war. An der Espengerte[208], mit der die Männer das Grab Cuchulinns ausgemessen hatten, hingen an den Haaren aufgeknüpft die Köpfe von vier Männern. Stumm betrachtete die Frau die bleichen Gesichter mit den verzerrten Zügen. Sie ahnte, daß dies die Totengabe des Bluträchers für seinen Bruder Cuchulinn war.

»Ich will dir sagen«, sprach Conall feierlich, »wessen Köpfe dies sind. Der zur Linken mit den schwarzen Locken und den dunklen Brauen gehörte einst Erc, dem Sohn des Carbre, des Königs von Mide. Er war die Seele der Feinde des

Hundes des Culann, er riet ihnen und hetzte sie auf zu blutigem Kampf gegen den Herrn des Feldes von Murthemne, um ihm sein Gebiet zu entreißen. Er büßte es mit seinem Haupte, der Sohn der Fedelm Nochrothaig, der Tochter König Conchobars. Wahrlich, er zeigte den Ultern wenig Liebe[209].«

Emer starrte auf den Kopf, dessen Augen geschlossen waren, um dessen Mund aber noch im Tode ein verächtliches Lächeln zu spielen schien. Conall fuhr fort: »Der Kopf daneben mit der gelben Mähne gehörte Mane, dem Sohn der Medb von Cruachan und des Alill von Connacht. Schön war er von Gestalt, weich sein goldenes Haar und sanft seine Stimme; aber in seinem Herzen kochte das Gift, das seine Mutter ihm einflößte, und aus seinen eisblauen Augen sprühte der Haß, wo immer er einem Manne von Ulad begegnete. Er zog mit den Männern von Lagin und Mide gegen Cuchulinn und viele Schandtaten verübte er im Feld von Murthemne. So nahm ich ihm den Kopf[210].«

»Ja«, flüsterte Emer und sah auf den Kopf, dessen eines Auge noch geöffnet war, »eisblau waren seine Augen, und er liebte uns nicht ...« Conall wies auf den nächsten. »Sieh dort«, sagte er, »dies Haupt mit dem Goldschmuck in den Haarflechten nannte einst der König von Lagin sein Eigen, der Sohn des Finn und Enkel von Ross dem Roten. Er hatte sich mit Erc gegen den Hund des Culann verschworen, denn seine Habgier kannte keine Grenzen. Nun werden bald die Raben seine braunen Locken zausen und ihm die schwarzen Verräteraugen aus dem Kopf zerren. Er fiel durch meine Hand, dieser Kopf, und wird Cuchulinns Hügel zieren[211].«

Emer seufzte tief. »O Connal«, sagte sie traurig, »lege mich zu dem Hund des Culann in das Grab, meinen Mund auf dem seinen! Er ist gerächt; aber was soll mir das Leben noch ohne ihn, um den ich vor Gram sterbe?« Conall runzelte die Stirn. »Schau dir auch den letzten Kopf da an, Emer«, sagte er grollend, »den blonden da zur äußersten Rechten! Das ist das Haupt Lugaids, des Sohnes des Curoi, und der ist der Mörder Cuchulinns. Nicht leicht war mein Kampf mit ihm, und von weit her brachte ich dir seinen Kopf...«[212]

Emer warf nur einen Blick auf Lugs Haupt, der flammte von endlosem Haß. Dann wandte sie sich und ging. Conall nahm die Gerte mit den Köpfen und trug sie zu Cuchulinns Grab, auf das die Männer oben die letzte starke Steinplatte schoben. Auf diesen Stein legte er die Köpfe an der heiligen Espengerte.

Dann gingen die Männer heim. Conall stand noch ein Weilchen und starrte auf den düsteren Hügel, unter dem sein Bruder Cuchulinn zur ewigen Rast gebettet war. Oben auf dem schweren Stein starrten die Schädel der Toten gegen den Himmel, an dem schwere graue Wolken ruhelos dahinjagten[213].

Die Schwanenkinder des Lir

Die Edlen aus dem Volk der Göttermutter Danu waren aus allen fünf Gauen Erinns zur Jahresversammlung zusammengekommen und berieten darüber, ob es nicht besser sei, wenn ein Hochkönig über alle Stämme herrschte, als daß sie sich gegenseitig Grenzen setzten und Kleinkönigen gehorchten. So hatten die Fürsten es vorgeschlagen, und die Versammelten wurden sich darüber einig, einen einzigen König zu wählen[214].

Von den Fürsten waren da fünf in der Halle, von denen jeder wert gewesen wäre, sich auf den Königsstuhl zu setzen. Das waren Bodb Derg, der Sohn des Dagda, und sein Bruder Oengus Og von Brug na Boinne, ferner Ilbrecc von Easroy, Mider der Stolze von Bri Leith und Lir aus dem Hause Finnacaid[215]. Oengus war der einzige unter ihnen, der nicht nach der Königswürde strebte und zufrieden war mit der Herrschaft über das Gefilde und seine Burg an der Boyne. So trat er beiseite. Die vier andern Fürsten aber verließen die Halle, um die Edlen unbeirrt wählen zu lassen. Das taten diese denn auch, und ihre Wahl fiel auf Bodb Derg, den sie sich als Hochkönig wünschten im Angedenken an seinen Vater und weil er dessen ältester Sohn war.

Als Lir von diesem Beschluß hörte, war er empört und verließ grußlos die Versammlung; denn nach seiner Meinung war niemand würdiger, die Königsherrschaft zu übernehmen als er selber. Doch mochte er auch grollen, Bodb Derg, der

Sohn des Dagda, wurde feierlich zum König ausgerufen, und alles Volk jubelte ihm zu, außer Lir von Finnacaid.

Da nun die Edlen fürchteten, Lir möchte in seinem Unmut Ränke spinnen gegen den neuen König, boten sie sich an, ihm nachzusetzen, ihn mit Speer und Schwert anzugreifen und sein Haus niederzubrennen. Doch Bodb Derg verwehrte ihnen das und sprach: »So sollt ihr nicht verfahren! Viele würden dabei von euch ihr Leben lassen müssen, denn Lir weiß sich zur Wehr zu setzen, und mag er sich übrigens nun fügen oder nicht, ich bleibe gleichwohl König über das Volk der göttlichen Mutter Danu.«

So ging denn eine lange Zeit dahin. König Bodb herrschte glücklich über sein Volk, und Lir saß draußen auf seinem Gehöft, grollend und zurückgezogen, und kümmerte sich nicht um die übrigen. Da traf ihn ein herber Schicksalsschlag, der sein Gemüt noch mehr umdüsterte. Sein Weib legte sich hin und starb ihm nach kurzem Krankenlager. Die Kunde von diesem Unglück drang aber auch zu Bodb Derg, und da er ein guter König war, den alles Mißgeschick seiner Landeskinder dauerte, so beschloß er, Lir zu helfen. Er trat daher vor die Edlen und sprach zu ihnen: »Ich möchte Lir aussöhnen mit mir und will ihm in seiner Not Hilfe und Freundschaft gewähren. Nun sein Weib ihm gestorben ist, wird er dies vielleicht dankbar anerkennen. Ich halte in meinem Hause drei liebliche Pflegetöchter, nämlich Aebh, Aife und Albhe, die Kinder des Olill von Arann[216]. Schön sind die Mädchen und rühmlich bekannt in ganz Erinn, und große Liebe hege ich zu ihnen. Deren eine will ich ihm als Weib für sein Lager anbieten.« Diesem Begehren stimmten die Edlen zu und meinten, das würde Lir kaum abschlagen können.

So sandte denn Bodb einen Boten zu Lir und ließ ihm sagen, er wolle ihm eine seiner Pflegetöchter zur Frau geben, wenn er seinen alten Groll aufgeben und sich mit ihm verbünden und verschwägem wollte. Dies Angebot des Königs anzunehmen hielt Lir für klug, und so brach er schon am nächsten Tage mit einem großen Gefolge und reicher Brautgabe auf, um Bodb zu besuchen.

Als er dort angekommen war, wurde er von Bodb hochwillkommen geheißen, und das Volk begrüßte ihn freudig als den Eidam des Königs. Mit bester Pflege wartete man seiner und versorgte ihn in einem besonderen Hause mit aller Aufmerksamkeit. Als aber die Nacht gekommen war, sprach Bodb zu seinem Gast: »Die drei Töchter des Olill von Arann ruhen auf dem Lager bei meiner Gattin im Frauenhaus. Komm mit mir, damit du dir eine von ihnen aussuchst!« So gingen sie beide zum Frauenhaus, und beim Schein der Binsenlichter[217] erblickte Lir dort die drei Mädchen auf dem Bett der Königin. »Triff nun deine Wahl, Lir!« sagte Bodb. Lir zögerte: »Sie sind alle drei sehr schön und reizend, und die Wahl ist schwierig; doch meine ich, die älteste von ihnen würde wohl am besten zu mir passen.«

»Gut denn«, sagte Bodb, »Aebh ist die älteste von ihnen, so mag sie dir folgen, wenn sie einverstanden ist.« Aebh lehnte das nicht ab, sondern erhob sich und reichte Lir die Hand. Und schon in der nämlichen Nacht teilte sie das Lager mit ihm[218].

Einen halben Mond verweilte Lir am Hofe des Königs. Dann zog er mit Aebh nach Finnacaid und feierte dort mit ihr ein üppiges Hochzeitsfest. Als ihre Zeit gekommen war, gebar Aebh dem Lir Zwillinge, ein Mädchen und einen Sohn, und das Mädchen nannte sie Finnguala, den Knaben aber Aed. Und im folgenden Jahre schenkte sie abermals Zwillingen das Leben, nämlich zwei Söhnen, dem Fiachra und dem Conn[219]. Doch bei dieser zweiten Geburt mußte sie selbst ihr Leben lassen. Heftig nagte der Schmerz über

Aebhs Hinscheiden an Lir, und hätte sein Herz nicht mit so großer Liebe an seinen vier Kindern gehangen, so wäre wohl auch er vor Gram gestorben.

Die Nachricht vom Tode der Aebh erreichte auch bald Bodb Derg, und drei laute Weherufe stießen die Leute seines Hofes aus, als sie erfuhren, des Königs geliebte Ziehtochter sei gestorben. Bodb aber sprach zu den Edlen: »Nun ist Aebh, die uns ans Herz gewachsen war, von uns genommen, und abermals hat Lir großes Unglück heimgesucht. Groß ist unsere Trauer um beide. Doch darüber soll unsere Freundschaft nicht Schaden leiden, ich werde ihm eine der Schwestern Aebhs zum Weibe geben.« Das hielten die Edlen für recht, und wiederum sandte Bodb Botschaft an Lir.

Lir vermählte sich nun mit Aife. Groß war die Freude in Finnacaid, als Lir mit der neuen Gebieterin durch das Tor fuhr. Aife selber war auch nicht wenig stolz, als sie Lirs reiches Besitztum sah; doch mit Mißgunst betrachtete sie die vier Kinder ihrer Schwester, die von allen, wie sie meinte, mit übergroßer Liebe verhätschelt wurden. Und doch mußte jeder, der die vier lieblichen Kinder sah, sie von Herzen liebgewinnen. Oft kam Bodb herüber zu Lir, und nur aus Zuneigung zu diesen Kindern, und häufig nahm er sie mit sich in sein eigenes Haus, um sich an ihnen zu erfreuen. Ja, die Söhne der Göttermutter Danu hielten ihretwegen ihr Altersfest[220] abwechselnd bald am Hofe Bodbs, bald in Finnacaid ab, und jedesmal waren die schönen Kinder der Aebh die Freude aller Festteilnehmer. Stets schliefen sie gegenüber dem Lager ihres Vaters Lir, und wenn der Morgen kam, pflegte der aufzustehen und sich mitten unter sie zu legen, um mit ihnen zu scherzen und zu lachen. Eben dieser Anblick aber stach Aife mit dem Stachel der Eifersucht, und schließlich hegte sie nur noch Haß und bittere Feindschaft gegen Lirs Kinder. So entfremdete sie sich ihrem Gatten, stellte sich krank und schlief seitdem lange Zeit getrennt von ihm. Da aber reifte in ihr allmählich der Entschluß, diese Kinder aus dem Wege zu schaffen, die ihr den Zugang zu Lirs Herzen zu versperren schienen.

Eines Tages ließ sie ihren Wagen anspannen, und der Nichte und den Neffen sagte sie, bei dem schönen warmen Wetter wolle sie eine Spazierfahrt zu Bodb Derg mit ihnen machen. Finnguala wollte freilich nicht mitfahren; denn ihr Gefühl sagte ihr, die Stiefmutter plane Böses gegen sie, und auch ein schrecklicher Traum hatte sie vor ihr gewarnt. Aber sie vermochte dem Geschick, das über sie verhängt war, so wenig aus dem Wege zu gehen wie ihre Brüder. So brach denn Aife von Finnacaid mit ihnen auf und ließ die Wagen den Weg nach Bodbs Burg nehmen.

Als unterwegs die Pferde einmal rasteten, nahm sie einen der Diener beiseite und versprach ihm alle Schätze der Welt, wenn er die Kinder heimlich umbringen wollte. Doch der wies das Ansinnen mit Entrüstung von sich und verhieß Aife schwere Strafe für ihren schlimmen Gedanken. Da zuckte es Aife in den Fingern, und sie griff nach ihrem Kurzschwert[221], um nun selber die verhaßte Brut ihrer Schwester auszulöschen. Doch ihr sank schnell der Mut, und so wartete sie auf eine günstigere Gelegenheit, ihr verräterisches Vorhaben auszuführen.

Sie fuhren weiter und kamen an das Ufer des Bunt-Eichen-Sees[222]. Dort wurden die Pferde ausgespannt. Aife ging mit den Kindern zum Rand des Sees hinab und lud sie ein, mit ihr zu baden. Sie warfen alle die Kleider ab und schwammen mit der Stiefmutter auf den See hinaus. Doch da nahm Aife plötzlich eine Zaubergerte, die sie verborgen gehalten hatte, schlug damit auf die Kinder und verwandelte sie in prächtige, leuchtend weiße Schwäne. Dazu sang sie das Zauberlaid:

»So schwimmt denn dahin, Geschwister des Unheils,
Ihr Königsbrut auf der blinkenden Flut!
Unselig und glücklos sei euch Sippe und Stamm!
So hell ihr auch schreit, der Himmel ist weit
Und weit des Vaters freundliche Hut.
Doch erreicht ihn der Ruf, so weckt er ihm Gram
Und eurer gedenkt er in endlosem Leid.«

Da sang ihr Finnguala entgegen:

»Du Zauberkundige, nun erkennen wir dich!
Uns Wehrlose schlug deine schädliche Hand.
Doch treibst du uns weit auch über Wasser und Flut,
Wir kehren dir manchmal mahnend ans Land.«

Die vier Kinder des Lir schauten unverwandten Auges auf die Zauberin, und Finnguala sprach zu ihr: »Ruchlos war deine Tat, Aife, und sinnlos hast du uns Verderben bereitet. Doch das soll an dir gerächt werden. Mächtige Freunde haben auch wir, und ihre Druidenkraft ist stärker als deine Bosheit, und sie werden dir vergelten, was du uns ersonnen hast. Doch eins frage ich dich noch: sollen wir nun ewig in dieser Gestalt über die Wasser gleiten?«

»Wahrlich«, sagte Aife, »so ihr mich darum fragt, gestaltet ihr euer Schicksal dadurch nicht besser. So wisset denn, daß ihr so lange verzaubert bleiben werdet, bis das Weib von Süden und der Mann aus Norden sich für alle Ewigkeit vereinigt haben und im Fleisch und Geiste eins geworden sind. Und das wird erst geschehen nach dreimal dreihundert Jahren. Und dreihundert Jahre sollt ihr bis dahin auf dem reißenden Mael-Strom zwischen Erinn und Albainn umhertreiben, zerzaust von den Stürmen und gejagt von den Wassern, wiederum dreihundert Jahre auf dem Iorrus Domnann einsam verbringen, und abermals dreihundert Jahre auf der Insel Gluaire des Brendan trostlos leben[223], bis euch Erlösung wird. Zuvor wird euch aber keine Macht eurer Freunde helfen können. Des seid versichert!«

Da sprach Finnguala: »Mich reut meine Frage. O hätte ich dich nie gefragt und hätten wir dich nie gesehen! Doch so höre nun auch meinen Spruch über dich: tausend Jahre sollst du Verdammnis tragen und ruhelos irren wie der Wind über Wasser und Land!«

Als sie das hörte, erschrak Aife heftig. »Hätte ich euch stumm gemacht«, sagte sie, »es stünde jetzt besser um mich. Doch das kann ich nun nicht mehr ändern.« Damit wandte sie sich zum Ufer zurück und ließ die Schwäne auf dem Wasser[224].

Wohl wunderten sich die Diener, als Aife ohne die Kinder zurückkehrte. Aber sie wagten nicht, sie danach zu fragen. Sie fingen die Pferde ein und spannten sie vor den Wagen. Als aber Aife zu Bodb Derg kam, unterließ der König es nicht, seine Pflegetochter zu fragen, warum sie denn die lieben Kinder des Lir nicht mitgebracht hätte. Aife entgegnete darauf: »Lirs Herz ist krank und wund. Schwer ächzend liegt der Held auf seinem Lager. Ich konnte es nicht mehr mitansehen, und so kam ich zu dir. Doch das versichere ich dir, er liebt dich nicht, und darum will er dir auch seine Kinder nicht mehr anvertrauen.«

König Bodb wunderte sich sehr über diese Rede und wollte nicht glauben, was er da hörte. »Liebe ich die Kinder denn nicht wie meine eigenen?« fragte er. Aber Aife antwortete ihm auf seine Fragen immer nur dasselbe. Da schöpfte Bodb Verdacht, daß es zwischen seinem Eidam und Aife übel stünde, und er sandte Boten ohne ihr Wissen zu Lir, um sich zu vergewissern. Lir erstaunte sehr, als des Königs Sendlinge zu ihm kamen. »Warum kommt ihr zu mir«, forschte er sie aus, »ist denn ein Unglück geschehen?« Die Boten aber antworteten ihm: »Wir kommen vom König, der sich darüber betrübt, daß du ihm deine Kinder nicht mitgeschickt hast.« Lir wurde unruhig bei dieser Auskunft und fragte weiter: »Ja, sind sie denn mit Aife nicht bei euch angekommen?« Als die Boten dies verneinten, überkam Lir eine schreckliche Ahnung, daß seinen Kindern ein Unheil zugestoßen wäre.

In der Frühe des nächsten Tages ließ er Pferde einfangen und vor den Wagen schirren und machte sich schleunigst auf den Weg zum König Bodb. Als er am Ufer des Bunt-Eichen-Sees entlangfuhr, sahen ihn die Schwäne, die noch auf dem See schwammen. Finnguala eilte an den Rand des Wassers, und als Lir und sein Gefolge bei ihr vorüberkamen, sang sie das Laid:

»Sei gegrüßt, o Fürst von Finnacaid,
Zur Unglücksstunde am Eichensee!
Trauer erfüllt dein treues Herz,
O liebender Vater, erfährst du die Kunde,
Die schreckensvolle, vom Geschick deiner Kinder.
Willst du hören das Leid der herzlieben Kinder,
So hemme die Rosse und höre mich an!«

Als Lir den Schwan so menschlich sprechen hörte, verwunderte er sich sehr, hielt den Wagen an, stieg herab und trat an den Rand des Wassers. »Wie ist es möglich«, fragte er den

Schwan, »daß du da redest wie ein Mensch?« Finnguala gab ihm Bescheid: »Wisse denn, o Lir, daß wir vier Schwäne deine Kinder sind. Ich hier bin Finnguala, dort sehen Aed, Fiachra und der schöne Conn dich an. Dein boshaftes und eifersüchtiges Weib Aife hat uns in diese Gestalt verzaubert, die Schwester unserer eigenen Mutter, und ihr Zauber ist so stark, daß uns niemand von unseren Freunden mehr helfen kann.« Der Vater schaute bestürzt auf seine Kinder und konnte das Schreckliche nicht fassen. »Niemand kann euch eure menschliche Gestalt wiedergeben?« forschte er entsetzt. »Nein, niemand«, entgegnete Finnguala, »erst nach dreimal dreihundert Jahren werden wir erlöst werden, wenn sich das Weib des Südens mit dem Mann des Nordens auf ewig vermählt.« Da stießen Lir und seine Mannen drei laute Weheschreie aus vor Kummer und Leid. »Wollt ihr nicht zu uns ans Land kommen?« bat Lir seine Kinder. Finnguala aber sagte traurig: »Uns ist beschieden, für immer von den Menschen getrennt zu leben. Nur daß wir noch menschlich sprechen können, ward uns gnädig verstattet.«

»So will ich euch eine Gabe dazu verleihen«, sagte Lir, »wenn ich weiter nichts für euch tun kann. Selige Süße lege ich in eure Stimme, und wenn ihr von nun an singt, so werden die Menschen verzückt euch lauschen und wie Trunkene alsbald in sanften Schlummer sinken und träumen, als wären sie auf der Insel der Glücklichen fern im Weltmeer.« Damit warf er ihnen Haselnußkerne ins Wasser, die die Schwäne gierig verschlangen[225].

Den Tag über blieb Lir mit seinem Gefolge am Rande des Eichensees. Als die Nacht kam, lauschte er dem lieblichen Gesange der Schwäne. Und die sangen dies Laid:

»Silbern webt die Sommernacht
Tönende Saiten an den Saum des Himmels.
Leise spielt drauf der laue Wind
Mit taufeuchten Fingern traumdunkle Weisen.
Heimlich schluchzen im Schatten der Bäume
Schimmernde Wellen von der Wehmut der Nacht,
Singen die Wasser und wogen im Mondlicht.
Doch am Waldquell sitzt eine weißblonde Frau
Und strählt ihr Haar im Sternenlicht
Und lächelt leise, und die goldenen Flechten
Leuchten und fließen wie feurige Glut.
Ein sanftes Rauschen durchrieselt die Blätter
Der schlafenden Bäume, der Birken und Eichen,
Und trunken nur flattert ein Vogel im Dunkeln.
Sonst schweigt die Erde und schlummert und träumt.«

Früh am Morgen erhob sich Lir. Da waren die Schwäne verschwunden. Sorgenschwer fuhr er weiter zu Bodb Derg. Doch als ihn der König schalt, daß er seine Kinder ihm vorenthielte, sagte Lir mit schmerzlicher Gebärde: »Wehe mir, Bodb, nicht ich war es, der dir die lieben Kinder nicht in die Arme schickte, sondern Aife dort, dein eigen Pflegekind und die Schwester ihrer Mutter. In vier schneeweiße Schwäne hat sie sie verzaubert, die schwimmen auf dem Bunt-Eichen-See vor den Augen der Männer von Erinn. Indessen haben sie menschlichen Sinn und Verstand behalten und zum Glück auch die Sprache; so konnten sie mir berichten, was Aife ihnen für Leid angetan hat.«

Bodb Derg fuhr auf bei dieser Kunde und keinen Augenblick zweifelte er daran, daß Lir die Wahrheit sprach. Der schuldbewußte Blick Aifes bestätigte ihm zudem die traurige Gewißheit. Da schalt sie Bodb und sprach: »Wahrlich, Aife,

Olills Tochter, ein schreckliches Los hast du den unschuldigen Kindern Lirs bereitet, doch hast du ihnen Erlösung verheißen. Und so werden sie einmal wieder Menschengestalt annehmen, wenn die Liebe eines Menschenpaares über deinen Haß triumphiert. Du aber sollst nie erlöst werden aus der Gestalt, die ich dir jetzt gebe.« Er blickte sie mit lodernden Augen an, die sie zusammenschrumpfen ließen. Dann gab er ihr einen Schlag mit seiner Zaubergerte, und sie zerfloß zu einem unsichtbaren Wesen. Heulend wie ein Sturmwind entwich sie aus dem Hause Bodbs, und seitdem lebt sie als ein Dämon der Lüfte bis auf den heutigen Tag[226].

Darauf begaben sich Bodb Derg und Lir und viele aus dem Volk der göttlichen Mutter Danu zum Ufer des Bunt-Eichen-Sees und schlugen dort ihr Lager auf. Sie hofften, die Schwäne noch einmal zu sehen, ehe sie hinüberflogen zu der Wasserwüste des Maelstroms. Auch die Stämme der Kinder des Mil kamen da zu dem See und lagerten sich dort[227]. Denn auch sie hatten von den wunderbaren Schwänen vernommen, die mit Menschenstimme süß zu singen wußten, und wollten sie hören. Lange Zeit blieben die Söhne der Göttermutter Danu und die Söhne des Mil dort beisammen, ohne daß sich die Schwäne blicken ließen. Doch in einer Nacht, als sich alles Volk zur Ruhe begeben hatte, tönte vom mondbeglänzten See ein wundersam schmerzlichsüßes Lied. Da sangen die Schwäne, als wollten sie von der Heimat Abschied nehmen und von ihren Lieben:

»König Bodb, fahr wohl, du weiser Fürst,
Leb wohl, Vater Lir, das Lied der Schwäne,
Wo immer ihr's hört, gilt euch, ihr Lieben.
Euch singen in Schlaf wir silbernen Vögel
Und schenken euch Träume tönender Wunder.

Nun werden lange wir verlassen und einsam
Schwimmend uns mühen, wo des Mael-Stroms Gischt
Brausend die Brust uns mit Schaum bedeckt
Und wütende Winde den Fittich uns blähen.
Unser Pfühl ist die Salzsee im pfeifenden Sturm,
Ungehört verhallt unser Ruf in der Nacht.
Doch einmal kommen wir zum Eichensee wieder,
Dann lacht uns der See und wir singen Lieder.
Fahr wohl, Bodb Derg, du weiser König,
Leb wohl, Fürst Lir, du geliebter Vater.«

So sangen die Schwäne, bis das Frührot der Sonne im Wasser des Sees wie ein Feuer brannte. Traumvergessen lauschten ihnen die schlummernden Menschen. Da fuhr ein zorniger Windstoß über die Wasserfläche. Sogleich schwangen die Schwäne sich auf, stiegen höher und höher und flogen dahin, weit, weit fort, wie eine Kette weißschimmernder Wolkenflöckchen über den blauen Himmel.

Seefahrer, die der Sturm verschlagen hatte, berichteten wohl dann und wann, sie hätten auf den Robbenklippen[228] in der Irischen See ein Schwanenweibchen gesehen. Das huderte da unter ihren Fittichen drei schöne Schwäne vor dem sausenden Wind. Und sie meinten, das wäre wohl Finnguala mit ihren Brüdern gewesen[229].

Bitterlich trauerten die Männer von Erinn um Lirs Kinder und erließen ein Gesetz durch das ganze Land, daß niemand hinfort einen Schwan töten dürfte, so leichte Beute er für den Jäger auch sein mag[230].

Und wann werden die Schwäne erlöst werden? – Wenn das Weib von Süden und der Mann von Norden sich für alle Ewigkeit in Liebe vereinigt haben und im Fleisch und Geist eins geworden sind[231].

Etain

Echu, den die Kinder der Mutter Danu ihren Dagda und Ollathair, ihren guten Herrn und großen Vater nannten, hatte seinen Haß geworfen auf Elcmar, den Bösmächtigen, den Gebieter über den Elfensitz und das Gefilde am Boyne-Fluß, die er mit List und Ränkespiel in seine Gewalt gebracht hatte. Klug war Elcmar und stark seine Zauberkraft, und nur zu leicht wußte er dem Gegner ein Zugeständnis zu entlocken, ehe der noch begriffen hatte, wie sehr ihn der Ränkevolle betrog. Das wurmte Echu, der nicht verschmerzen konnte, daß Elcmar sich das herrliche Land an der Boyne von ihm erschlichen hatte. Aber nicht allein Echu grollte dem frechen Eindringling aus dem Stamme der Fir Bolg, sondern die Mächtigsten aus dem Clan Lir der Söhne der Danu waren ihm alle gram und sannen auf sein Verderben[232].

Eines Sommertags fuhr Echu in seinem Wagen von Ulad in das Land Mide. Er wollte sehen, was der Feind trieb, und hoffte auf seiner Fahrt eine Stelle erspähen zu können, wo er ihm Schaden stiftete. Still lag das Land an der Boyne, und nur friedliche Viehherden weideten auf Elcmars Feldern unter der Obhut der Hirten. Echu bedachte wohl, daß er sich, ohne Verdacht zu erregen, nicht in seiner königlichen Pracht zeigen dürfte; denn nichts Gutes versprach er sich davon, wenn die Viehhüter seine Ankunft vorzeitig ihrem Herrn meldeten. So stieg er an der Gemarkung hinter hohen Eichen von seinem Wagen und übergab die Pferde seinem Wagenlenker. Seine Diener aber verwandelte er in Werwölfe und hieß sie still harren bis um Mitternacht, dann würde er ihnen ein Zeichen geben und wie eine Katze schreien, und dann sollten sie in Elcmars Herden einbrechen und laut heulen und jaulend sich alsbald weiter und weiter entfernen. Sich selbst aber zauberte er in einen jungen Mann um, knüpfte sich eine Schleife ins Haar und begab sich in der Tracht eines Wanderbarden zu Elcmars Sid[233].

Hier wurde er nicht unfreundlich empfangen; denn Elcmar kannte ihn nicht wieder. Er hieß ihn willkommen und ließ ihm Speise und Trank reichen. Als Echu sich gelabt hatte, griff er zur Harfe und sang ein Lied, und darin pries er die Auen und Triften an der Boyne und den Reichtum, mit dem die Flur hier gesegnet war. Das hörte Elcmar gerne, und auch Boand, Elcmars Weib, hörte dem Sänger zu. Da senkten sich Echus und Boands Blicke ineinander, und heißes Begehren erfüllte ihre Herzen. Dies Weib ist die Pforte, dachte Echu, durch die ich Elcmar ans Leben dringe, und zuversichtlich sang er weiter, ohne Boand aus den Augen zu lassen. Doch Elcmar war auf der Hut vor dem Zauber des Sängers; als er das Spiel seiner Augen bemerkte, steckte er seine zweizinkige Weißhaselgerte in den Boden vor Boand, und sobald der Barde sein Lied beendet hatte, entfernte er das Weib vor seinen Blicken.

In der kommenden Nacht aber, als alles in tiefem Schlafe lag, begab sich Echu vor den Sid, als wollte er ein Bedürfnis verrichten. Da stieß er den verabredeten Katzenschrei aus. Sogleich heulten draußen auf den Weiden etliche Wölfe, und ein Getrappel war zu hören, als ob Pferde und Rinder in großer Angst von dannen stöben. Da erhob sich Elcmar von seinem Lager und ging hinaus mit Spieß und Axt, um nach dem rechten zu schauen. Er traf auf Echu, und dieser stellte sich, als wollte er Elcmar auf die Wolfsjagd begleiten. Doch nach wenigen Schritten verwirrte ihm Echu so den Sinn, daß er immer weiter und weiter von dem Sid weglief und die ganze Nacht im Dunklen irrend umherkreiste, immer getäuscht von dem Geheul der Wölfe. Unterdessen aber schlich sich Echu in das Frauenhaus zu Boand und bat sie um die Gunst ihrer Lende. Sie zitterte zwar, als er sich ihr nahte, so sehr ihr Herz auch nach dem schönen Spielmann gierte; denn sie hatte große Furcht vor Elcmars Eifersucht und Rache. Doch Echu beruhigte sie und sagte ihr, er sei der Dagda, der gute Gott der Danu-Kinder, ihr Liebreiz hätte ihn bestrickt und nimmer wollte er heimkehren, ohne ihrer Liebe genossen zu haben. Da umfing ihn Boand mit großer Freude.

Am nächsten Morgen fragte Elcmar sein Weib, ob sie den fremden Barden nicht gesehen hätte, er sei ohne Gruß aus dem Sid verschwunden. »Ging er denn nicht mit dir in der Nacht, die Wölfe zu fangen?« fragte sie heuchlerisch zurück. »So muß er sich verirrt haben«, sagte Elcmar und tat, als glaubte er, was er sagte.

Boand ward von Echu schwanger. Als sie das merkte, ließ sie es dem Dagda sagen und bat ihn um Hilfe, damit ihr Gatte nichts davon erführe. Echu erbarmte sich ihrer und lockte abermals Elcmar von Hause fort. Diesmal sandte er ihm einen seltsamen bunten Vogel, der immer vor ihm herflog, sich aber nie von ihm fangen ließ und ihm immer zurief: »Elcmar, du Narr!« Bis nach Mag Inis raste Elcmar hinter ihm her, und erst am nächsten Morgen kam er erfolglos von der Jagd zurück, erschöpft und verdrießlich. In der Nacht aber war der Dagda gekommen, just als Boand das Kind gebar. Es war ein Knabe, und Echu gab ihm den Namen Oengus. Er wickelte das Kind in seinen Mantel und nahm es noch in der Nacht heimlich mit sich fort. Boands Wunde aber ließ er schnell heilen, so daß Elcmar nichts merkte, als er von seiner Irrfahrt heimkehrte.

Echu gab nun seinen Sohn Oengus in Pflege und wählte dazu einen seiner Verwandten aus demselben Clan, nämlich Mider den Stolzen von Bri Leith[234], und bat dessen Weib Fuamnach, sich des Kindleins anzunehmen. So wuchs Oengus denn im Hause des Mider und der Fuamnach auf. Doch man verhehlte ihm seine Abkunft; denn auch Mider hatte zuvor etliche Male Boand besucht und mit ihr heimlich das Lager geteilt. So nannte man Oengus denn den ›Sohn der beiden Jungen‹, nämlich des jungen Mider und des als jugendlicher Barde der Boand genahten Dagda[235]. Aber wenige wußten, wer eigentlich diese beiden Jungen waren, Oengus selbst jedoch am wenigsten.

Da kam er eines Tages zu seinem Pflegevater Mider und beklagte sich bitter bei ihm, ein Häuptling der Fir Bolg hätte seiner gespottet und ihn einen Sohn ohne Vater und Mutter genannt. Er weinte heiße Tränen über diese Schmach und verlangte von Mider zu wissen, wer sein Vater sei und welches sein Erbe. Mider tröstete den Knaben und versprach ihm, er würde mit ihm zu seinem Vater gehn, sobald er für waffenfähig erklärt worden sei, und bis dahin solle er nur Geduld haben. Mit diesem Bescheid wollte sich Oengus jedoch nicht zufrieden geben und forderte, obwohl er noch ein Knabe war, Waffen für sich, und die solle ihm sein eigener Vater geben. Da mußte sich Mider wohl oder übel dazu verstehen, zu Echu zu gehn und mit ihm über die Sache zu reden.

»Dein Sohn Oengus verlangt nach Waffen«, sprach Mider zu Echu, »und fordert sein Vatererbe, wenn du ihn als deinen Sproß anerkennst.«

»Ist er nicht noch etwas zu jung?« meinte Echu. »Und zudem hast du an Boands Seite so gut gelegen wie ich. Weshalb soll ich ihm da ein Erbe geben?«

»Ich leugne nicht«, entgegnete Mider ärgerlich, »daß Elcmars Weib mich so gut begünstigt hat wie dich. Doch ich habe Oengus großgezogen und keine Mühe gescheut, ihn zu einem wackern Jüngling zu schulen. Jetzt sprießt ihm der Flaum auf der Lippe, da darf er wohl sein Recht fordern, das ist einen ehrlichen Namen und ein Schwert. Sie spotten nämlich seiner und nennen ihn den Elternlosen oder den Sohn der beiden Jungen, und damit meinen sie dich und mich[236]. Es ziemt sich aber für dich nicht, daß dein Sohn, den du selbst nur in Pflege gegeben hast, landlos sein soll, während du König von Erinn bist.«

»Wohlan«, sagte Echu, »er soll die Waffen haben, die er begehrt. Seine erste Waffentat aber soll diese sein, daß er sich das Land erobert, das sein Erbe ist, und das ist das Gefilde, auf dem jetzt Boand mit Elcmar wohnt und das mir dieser Ränkespinner gestohlen hat. Gelingt ihm dies, so hat er Vater- wie Muttererbe.«

»Es wird nicht leicht sein für den Jungen«, meinte Mider und wiegte bedenklich den Kopf, »den bitterbösen Zauberer an der Boyne zu besiegen.«

»So mag Oengus zu mir kommen, damit ich ihn berate, ehe er gegen Elcmar zieht«, beruhigte ihn der Dagda. »Doch am kommenden Samuinfest[237] soll er meine Rache an dem Giftzüngigen vollstrecken.«

»Und was soll aus Boand werden?«

»Du erinnerst mich rechtzeitig an sie. Ich habe Nachricht,

daß sie morgen eines Kindes genesen wird, und da braucht sie Hilfe wider ihren argwöhnischen Gatten. Mir wäre es nicht unlieb, wenn du auch dieses Kind in Pflege nehmen wolltest, denn ich bin sein Vater.«

Mider schwieg und sah nachdenklich zu Boden. »Sieh«, fuhr der Dagda fort, »Oengus ist nun reif und wird dein Haus bald verlassen, da wird es dein Weib Fuamnach nicht ungern sehen, wieder ein Kind im Hause zu haben. Und dankbar wäre ich dir, wenn du es selbst diesmal unternähmest, das Kind aus Elcmars Sid zu holen. Mir hat er grimmige Rache geschworen, als ich ihn das letzte Mal betrog, um bei seinem Weibe zu liegen, und zu schwach war mein Zauber, ihn gänzlich zu blenden. Nun weiß er, wann ich komme und wann ich gehe, und er hält seine Netze bereit, mich zu fangen. Nun mußt du mir helfen, und ich will es dir gewißlich lohnen.«

So redete er auf Mider ein und bewog ihn schließlich, das Abenteuer zu wagen. Doch schimpflich ging es für den Stolzen von Bri Leith aus. Wohl gelang es ihm, sich unerkannt bis zu Boand zu schleichen. Er überredete sie auch leicht, mit ihm zu fliehen. Aber noch hatten sie nicht die Grenzen des Gefildes an der Boyne erreicht, so überkamen Boand die Wehen, und sie schenkte einem Mädchen das Leben. Als das Kind zu schreien anfing, kam Elcmar dazu. Mit seinem zweizinkigen Zauberstab aus dem Holz der Weißhasel spießte er Mider hinter dem Nacken mit dem Gesicht gegen die Erde. »Habe ich dich endlich«, rief er, »verräterischer Buhler!« Und er zog sein Schwert und schnitt Mider alles Haar aus der Mitte seines Scheitels als eine Trophäe ab und steckte die Locken in seinen Gürtel. »Nun habe ich dich geschoren, Sklave«, lachte er leise und frohlockend, »nun will ich deinen Schopf aller Welt zeigen als die Mähne eines zahnlosen Wolfes, der in keinen Schafstall mehr einbricht.« Damit hob er die Klinge, um ihn zu zerstücken.

»Laß nur mein Leben!« flehte Mider, »ich will dir drei Wünsche gewähren.«

»Es sei!« sagte Elcmar und ließ die Waffe sinken. »Zum ersten wirst du dieses Weib mit dir nehmen; denn sie wird euch so lästig sein, wie sie es mir gewesen; zum zweiten schicke mir deinen Ziehsohn Oengus, daß er mir dient als ein Sklave, ich schätze den Jungen, den zwei Väter erzeugten; zum dritten aber wirst du dies neugeborene Mädchen gewissenhaft aufziehen. Ihm prophezeie ich, daß es das schönste Weib werden wird, das je die Erde Erinns trug, und ihm gebe ich den Fluch mit auf den Weg, daß es nichts als Hader und Unrast allen bringen wird, die sich an seiner Schönheit berauschen. Willst du das halten, Mider?«

Der Stolze von Bri Leith bäumte sich unter seiner Fessel; aber er vermochte gegen den Zauber der Haselgerte nichts auszurichten. So neigte er sein Haupt als Zeichen der Zustimmung.

»Sieh, so fängt man Schlangen«, sagte Elcmar, als er den Zweizinkenstab wieder hob, »nun macht, daß ihr fortkommt, ihr Brut des Lir!«

So geschah es, daß Mider heimkam mit Boand und dem neugeborenen Mädchen, und Fuamnach, sein Weib, zog ihren Mund in spöttische Falten, als sie ihren Gatten von des Feindes Hand geschoren sah, und hatte wenig freundliche Worte, als sie die unerwünschten Gäste beherbergte.

Nach geraumer Zeit, als ihm das Haupthaar wieder gewachsen war, ging Mider mit Oengus und seiner Mutter Boand wieder zu Echu und berichtete, wie übel ihm Elcmar mitgespielt hatte. »Nun ist es an Oengus«, sagte er, »Blutrache zu üben für seinen Pflegevater, und keine bessere Waffentat könnte ihn würdig erweisen, die Waffen des Dagda, seines Vaters, zu tragen. Und so bitte ich dich, gib ihm Schwert und Schild! Dies Weib aber nimm zu dir, bis die Zeit verhängt, wo sie bleiben wird.«

Der Dagda war keineswegs erfreut über die Nachrichten, die ihm Mider brachte. Aber er gab Oengus Schwert und Schild aus seiner Waffenkammer und riet ihm, zum Samuinfest gegen Elcmar zu ziehen und ihm das Leben zu nehmen. Vorsichtig solle er zu Werke gehn, solange er Elcmar erblicke mit dem Haselstab in der Hand. Aber wenn er ihm diesen unversehens aus den Fingern geschlagen habe, so könne er ihn leicht besiegen. Da nahm Oengus die Waffen und dankte seinem Vater Echu. Seiner Mutter Boand aber sagte er: »Komm, Mutter, wir wollen zusammen an den Boynefluß ziehen, und ich will nur das Erbe erfechten, das mir nach Recht zufällt, und das ist der Sid und das Gefilde an der Boyne. Du aber sollst dort wohnen, wie du es immer getan hast, sobald ich dort herrsche.«

Da freute sich Echu, daß Oengus für seine Mutter sorgen wollte, und war sehr zufrieden mit seinem Sohn, daß er es ihm ersparte, Boand als sein Kebsweib an seinem Hof zu behalten. »Und wie willst du das Mädchen nennen«, fragte er Boand schließlich, »das Kind, das du geboren hast?«

»Etain soll das Mädchen heißen«, sagte Boand, »und ich hoffe, du wirst ihm deinen Schutz geben.«

»Das ist mir recht«, beschied sie der Dagda und schien froh, als die lästigen Bittsteller endlich wieder von ihm gingen.

Nun war es an Oengus, an Elcmar Blutrache zu üben für die Schmach, die er seinem Pflegevater angetan hatte. Mider aber warnte ihn, nicht voreilig zu sein; denn den Listigen könne man nur durch List überwinden. Danach richtete sich Oengus und wartete, wie ihm auch der Dagda geraten hatte, das Samuinfest ab. Da zogen die Lehensleute Elcmars in großer Schar zum Jahrestag nach Tara und nahmen auch ihre Frauen mit. Dahin wanderte auch Oengus, gekleidet wie ein Bauer, aber das Schwert trug er unter dem Mantel.

Während die Leute sich in Tara an den Spielen ergötzten und sich an Speise und Trank in den Festhütten erfreuten, spähte Oengus umher, ob er Elcmar entdecken könnte. Und als er endlich erfahren hatte, wer dieser Mann sei, behielt er ihn ständig im Auge. Als das Fest aber vorüber war und sich alles Volk zum Heimweg rüstete, heftete sich der Sohn des Dagda an die Fersen des Herrn vom Gefilde an der Boyne. Gewaltig mußte er laufen, um mit Elcmars Pferden Schritt zu halten. Doch wenn er auch bisweilen hinter dem Wagen zurückblieb, so holte er ihn doch immer wieder ein, wenn die Pferde verschnauften und im Schritt gingen. Dabei beobachtete er wohl, daß Elcmar keine Waffe weiter bei sich hatte als seinen Zauberstecken. Kurz vor der Gemarkung seines Landes hielt der Wagen, und Elcmar stieg ab, um sich nach dem seltsamen schnellen Wanderer umzusehen, der ihm immerzu folgte und der ihm schließlich aufgefallen war. Auf dem Wege stehend erwartete er ihn. Oengus kam heran und torkelte, als wäre er betrunken. Er tat, als sähe er Elcmar gar nicht, rempelte ihn aber so heftig von der Seite, daß diesem die Zaubergerte aus der Hand flog. Im selben Augenblick aber, als Elcmar sich schimpfend bückte, um sie wieder aufzuheben, zückte Oengus sein Schwert über ihm, und noch ehe der Wagenlenker seinem Herrn zu Hilfe eilen konnte, sprach der Sohn des Dagda die Worte: »Bemühe dich nicht, Elcmar, nach deinem Zauberstecken; denn ehe deine Finger ihn berühren, schlage ich dir das Haupt ab. Willst du aber tun, was ich von dir verlange, und das ist nicht gar viel, soll dir belassen sein, was für dich den größten Wert hat.«

Zornflammend hob Elcmar sein Antlitz. Aber als er in die düsterschwarzen Augen seines Gegners schaute, die jede Bewegung seiner Finger genau verfolgten, wußte er, daß er das Spiel verloren hatte. »Wer bist du«, fragte er den andern, »und was forderst du?«

»Wisse«, sagte Oengus, »ich bin der Sohn Echus und der Boand und verlange mein Muttererbe von dir für einen Tag und eine Nacht. Willst du mir das geben, so soll fortan Friede zwischen uns sein.«

Da fügte sich Elcmar, so schwer es ihn auch ankam. Oengus stieg auf den Wagen, und Elcmars Zaubergerte zerbrach unter den Rädern, als sie darüber fuhren. Elcmar selbst aber mußte zu Fuß neben dem Wagen herlaufen. So zogen sie in den Sid an der Boyne ein.

Als jedoch der Tag und die Nacht abgelaufen waren, die sich Oengus als Frist seiner Herrschaft über Elcmars Gebiet ausbedungen hatte, wollte dieser sein Besitztum wieder haben. Da sagte Oengus voller Hohn zu ihm: »Dein Leben ist dir wertvoller als dein Land. So sollst du mir denn für alle Zeiten lassen, was geringeren Wert für dich hat.« Und danach ließ er ihn über die Grenze jagen. Wenige Tage später machte sich Oengus auf und ließ sich von seinem Vater Echu seine Herrschaft über das Gebiet an der Boyne bestätigen, und auf seiner Heimfahrt nahm er seine Mutter Boand mit zu sich in den Elfensitz, in dem sie einst mit Elcmar gelebt hatte[238].

Während Oengus nun in Brug-na-Boinne herrschte, wuchs Etain, wie es ihr Elcmar verheißen hatte, im Hause des Mider zu der schönsten Jungfrau heran, die Erinn je gesehen hatte. Und als sie fünfzehn Jahre alt war, übte ihre

Schönheit einen solchen Zauber aus, daß ihr Pflegevater Mider in heißer Liebe zu ihr entbrannte, sie mit Anträgen verfolgte und sein Weib Fuamnach darüber vernachlässigte. Das sah sich diese nicht lange ruhig mit an, und da sie wohl erkannte, daß sie dem Liebreiz der Etain nichts entgegenzusetzen hatte, so schürte sie einen tödlichen Haß gegen ihre Pflegetochter[239]. Sie begab sich deshalb zu dem Druiden Bresal Etarlam und beratschlagte mit ihm, wie sie Etain aus dem Wege räumen könnte. Und Bresal diente Fuamnach, ließ sie einen geheimnisvollen Trank aus Kräutern trinken und legte einen starken Zauber in ihren Atem. Dann sagte er, sie solle mit Etain in einem Quell baden und ihr zwischen die Schulterblätter auf den Rücken hauchen, so würde sie von der Nebenbuhlerin befreit sein.

Ehe Fuamnach jedoch ihr Vorhaben ausführen konnte, kam Oengus eines Tages nach Bri Leith, um seine Pflegeeltern zu besuchen. Da erblickte er Etain. Und hatte das Mädchen Mider durch ihre Schönheit bestrickt, so verfiel auch Oengus ihrem Zauber. Er wußte ja auch nicht, daß Etain seine Schwester war. Wie ein Tor ging er umher und suchte die Nähe des Mädchens. Das entging der Aufmerksamkeit seiner Pflegeeltern nicht. Mider empfand darüber große Eifersucht gegen Oengus und fing an, ihn bitter zu hassen. Fuamnach aber lief abermals zu dem Druiden und fragte ihn um Rat, was sie nun tun solle. Da riet ihr Bresal Etarlam: »Nun wird es Zeit, daß du das Verhängnis deines Geschlechtes aus dem Hause schaffst. Geh daher noch heute abend, wenn die Sonne sinkt, mit Etain baden in dem Gewässer, das ich dir genannt habe, und tue nach meinem Rat.«

Listig wußte Fuamnach den Rat des Druiden zu befolgen und lockte die ahnungslose Etain zu dem Quell, an dem die

Frauen von Bri Leith zu baden pflegten. Als ihr Etain nackt den Rücken kehrte, blies sie ihr mit zaubrischem Atem zwischen die Schultern, und alsbald erhob sich die Tochter des Dagda in Gestalt einer Möwe klagend in die Lüfte.

Vergeblich fragten Mider wie Oengus, wo denn Etain geblieben sei. Fuamnach tat, als wüßte sie von nichts. Da beargwöhnten sich die beiden Männer gegenseitig und beschuldigten sich schließlich in heftigen Worten, als ob der eine dem andern das Mädchen vorenthielte. So schieden sie in bitterer Feindschaft. Fuamnach aber lachte heimlich zu dem Streit der Männer.

Als eine silberweiße Möwe flog Etain nun hinaus auf die See. Im Frührot sah sie ein Schiff auf den Wellen und hielt darauf zu. Sie setzte sich auf die Spitze des Mastes und begann zu dem Schiffer mit menschlicher Stimme zu reden: »O du, wer du auch seist, höre mich an und verstehe mein Leid!« Der Schiffer war aber kein anderer als Manannann, der Sohn des Lir, und aufmerksam lauschte er den Worten des weißen Vogels. Als er Etains Wehegeschichte erfahren hatte, sagte er: »Nicht viel kann ich für dich tun, Etain, denn der Zauber deiner Feindin ist stark. Es wäre auch nicht gut für dich, wolltest du zu Mider zurückkehren. Darum sage ich dir dies. Ich will dich mitnehmen nach Connacht zu Ethal Anbual und dich in seine Hut geben, bis sich dein Geschick erfüllt. Aber nur immer ein Jahr kann ich dir gewähren, in menschlicher Gestalt zu leben, das andere Jahr mußt du als Möwe über den Wassern schweben.« So fuhr Etain mit Manannann mit und wurde Ethal Anbual in Pflege gegeben. Dort wurde sie liebevoll gehegt, und fünfzig Gespielinnen umgaben sie als Mädchen, wenn sie in Menschengestalt auf dem Lande wandelte, und als Schwäne und Möwen, wenn sie auf dem Wasser lebte[240].

Oengus, der Sohn des Dagda, kehrte wie betäubt nach Brug-na-Boinne zurück und ließ traurig sein Haupt sinken. Seiner Mutter sagte er kein Wort von alledem, was er in Bri Leith erlebt hatte. Doch in der Nacht, als er schlief, sah er ein seltsames Traumgesicht. Ein Mädchen so schön wie Etain saß da am Ende seines Lagers und sang ihm leise ein wehmütiges Lied. Er lud sie ein, näherzukommen, und reichte ihr die Hand, um sie an sich zu ziehen. Doch als er ihre Fingerspitzen berührte, war sie auf einmal verschwunden. Da wachte er stöhnend auf und lag wach bis zum Morgen. Brennende Sehnsucht füllte seine Brust und heftete ihn krank an das Bett. Er aß und trank nicht und harrte nur auf die Nacht, vielleicht daß ihm das Traummädchen wieder erschiene.

Und sie trat wieder an sein Lager in der folgenden Nacht, eine kleine Harfe in der Hand, und bei der Saiten sanften Tönen sang sie leise wie in der Nacht zuvor. Aber noch ehe er sie in seine Arme zu nehmen vermochte, schwanden ihm die Sinne und er fiel in einen tiefen Schlaf. Auch in der dritten Nacht kam die Liebliche wieder; aber dann blieb sie aus und ließ Oengus in Sehnsucht ersterbend zurück.

Da er nicht essen und trinken wollte, wurde Oengus bald schwach und elend. Seine Mutter nahm seinen Zustand wohl wahr und versammelte die Ärzte um sein Lager. Doch keiner vermochte anzugeben, was dem Kranken fehlte. Da berief Boand den Fergne, den berühmtesten Arzt von Mide.

Der kam und besah sich den Siechen und wies alle Anwesenden aus dem Raum. »Dein Herz ist krank, Oengus«, sagte er dann zu dem Kranken, als er mit ihm allein war, »und dein Verstand ist versehrt. Ich kenne dein Leiden wohl. Doch ob ich dir das Mittel verschaffen kann, dich zu heilen, hängt nicht von mir ab.« Oengus gestand ihm nun, was ihn quälte und daß er nicht eher wieder gesund sein wollte, bis das ersehnte Mädchen sich ihm nicht enthüllt hätte. Da ging Fergne zu Boand, seiner Mutter, und sprach mit ihr und sagte ihr, welcher Art Leiden ihren Sohn befallen hätte und sie sollte zum Dagda gehn und ihn bitten, er möchte durch Erinn Boten senden, bis das Mädchen gefunden wäre, das es Oengus angetan hätte. »Es ist ein Mädchen«, meinte er zu Boand, »das ihm immer im Traum erscheint, und nach seiner Beschreibung muß es ein sehr schönes Mädchen sein.« Darauf beschrieb er Boand die Maid, wie sie Oengus dargestellt hatte.

Boand ging darauf zu Echu. Der sah ihren Besuch nicht gern, und sie erkannte wohl, daß nun Elcmars Wort in Erfüllung ging und daß sie dem Dagda, der sie einst so liebte, jetzt lästig fiel mit ihren Bitten. Aber sie ließ sich durch Echus mißgelauntes Gesicht nicht abschrecken und flehte ihn an um ihres Sohnes willen. »Du mußt ihm Rat schaffen«, sagte sie zu ihm, »denn er liegt da zum Sterben krank und leidet an einer hoffnungslosen Liebe zu einem Mädchen, das ihm im Traum erschienen ist, und kann sie ihm nicht werden, so verliert er das Leben!« Echu entgegnete unwillig: »Wie soll ich ihm da helfen, der ich nicht mehr weiß in der Sache als du?« Doch Boand ließ nicht nach, ihn zu bitten, und beschwor ihn: »Du bist der Elfenkönig von Erinn, Echu, und es kostet dich geringe Mühe, wenn du selbst Oengus nicht helfen kannst, zu Bodb, dem König von Mumu, zu schicken und ihn um Rat zu fragen; denn nicht umsonst ist Bodb im ganzen Lande wegen seines Wissens um die geheimsten Dinge berühmt.« Damit war der Dagda schließlich einverstanden[241].

Als des Dagdas Boten zu Bodb von Mumu kamen und ihm ihr Anliegen vortrugen, bat sich dieser ein Jahr Frist aus, um das Mädchen für Oengus in Erinn zu suchen. Als dies Jahr jedoch verstrichen war, ging der Sohn des Dagda, nachdem er die ganze Zeit siech in Brug-na-Boinne auf seinem Lager gelegen hatte und ganz abgezehrt war, allein zu Bodb und erkundigte sich bei ihm, ob er die Maid entdeckt hätte. »Ich habe sie gefunden, Oengus«, sagte Bodb, »und wenn du sie sehen willst, so komm mit mir, ich will sie dir zeigen. Sie befindet sich beim See Bel Dracconn bei der Harfe von Chliach.«[242] Hocherfreut dankte Oengus dem König von Mumu, und so brachen sie in Wagen, die mit schnellen Rossen bespannt waren, am nächsten Tag von dem Sid Fer Femmuin, wo Bodb seinen Wohnsitz hatte[243], auf und rasteten nicht eher, bis sie ans Seegestade kamen. Dort sahen sie wohl gegen fünfzig Jungfrauen, zierlich und lieblich und schön geschmückt mit prächtigen Ketten aus Silber um den Hals. Die schönste aber unter ihnen war größer als sie alle und hatte Goldschmuck im Haar und an den Armen, und nie erblickten wohl Menschenaugen ein anmutigeres Mädchen als sie. »Erkennst du sie wieder?« fragte Bodb. »Ja«, sagte Oengus, »sie ist die nämliche, die mir die Nächte versüßte. Wer aber ist sie? Warum kommt sie nicht mehr zu mir und warum läßt sie mich im Stich, da sie mir doch in Bri Leith so verheißungsvoll in die Augen sah?«

Bodb sagte nach einigem Zögern: »Sie wird die Beere des Vergessens geschluckt haben; so geschieht es nicht aus Lieblosigkeit, daß sie dich nicht mehr aufsucht.«[244]

»Wollen wir nicht hinabgehen zu den Mädchen?« sagte Oengus fiebernd. Aber Bodb riet ihm ab und hemmte sein Verlangen. »Sie würden jetzt schreiend davonlaufen; wollten wir uns ihnen plötzlich zeigen«, sagte er, »dann wäre das ganze Spiel verdorben, und sie würde sich dir niemals ergeben, Oengus. Nicht gut ist allzu rasche Werbung. Laß uns zum Dagda zurückkehren, nachdem wir wissen, wo das Mädchen ist, dann mag er bei ihrem Vater in deinem Namen um sie anhalten.«

So gingen sie ihres Weges, ohne daß die Mädchen ihrer gewahr geworden waren, und gingen zu Echu und berichteten ihm, was sie ausgekundschaftet hatten. »Du wirst nicht umhin können«, meinte da Bodb zum Dagda, »bei Alill, dem König von Connacht, vorzusprechen, ehe Oengus sich das Mädchen vermählen darf. Es ist auch ratsamer, ihn um Vermittlung anzugehen; denn man weiß ja noch nicht, ob der Vater des Mädchens mit Oengus als Eidam einverstanden ist. Da kann Alill ein gutes und gewichtiges Wort zu unsern Gunsten einlegen.«

»Wie oft willst du mich nun noch um dies Mädchen belästigen«, sagte der Dagda verdrießlich zu Oengus. »Wenn deine Mutter nicht mit einem Anliegen kommt, so tust du es, und immer habt ihr eine Bitte, die recht schwer zu erfüllen ist.« Und keiner von ihnen wußte, daß es sich bei dem Mädchen um Etain handelte, Echus Tochter und Oengus' Schwester; denn niemand hatte Oengus bis jetzt gesagt, daß Echu auch der Vater der Etain war und Boand ihre Mutter, und der Dagda hatte das Mädchen nie von Angesicht gesehen, noch Boand ihre Tochter je wieder, seit sie Mider und Fuamnach in Pflege genommen hatten. Aber Oengus ließ sich von seinem Vater nicht abweisen und bat ihn um der Ruhe seiner Seele willen, er möchte mit ihm zu König Alill nach Connacht fahren, um ihm das Mädchen in die Hand zu geben. Da sprach der Dagda, als sich auch König Bodb mit seinem Rat dafür einsetzte, Oengus die Bitte zu erfüllen: »Wohlan, so will ich zunächst allein zu Alill fahren und seine Meinung hören.« Damit entließ er die beiden, und Bodb kehrte nach Mumu zurück, Oengus nach Brug-na-Boinne, und der Dagda reiste mit sechzig kostbar aufgeschirrten Wagen und viel Gefolge zu König Alill nach Cruachan in Connacht.

Der König von Connacht nahm Echu und seine Krieger sehr freundlich auf. Acht Tage lang saßen sie in Alills Halle und schmausten und zechten. Endlich aber erklärte der Dagda, warum er gekommen sei. »Es lebt da ein Mädchen in deinem Land«, sagte er und wischte sich das Bier aus dem Bart, »und man meint, es gäbe kein schöneres in Erinn. Nun hat sich mein Sohn Oengus in sie verliebt und verzehrt sich nach ihr in Sehnsucht, so daß er sichtlich abmagert und siech geworden ist. Ich wüßte deshalb gern von dir, Alill, ob ich das Mädchen für sein Lager bekommen könnte.« Und dann beschrieb er ihm die Schönheiten des Mädchens, wie sie ihm Bodb und Oengus geschildert hatten. »Und sie pflegt mit ihren Gefährtinnen auf der Aue am See Bel Dracconn bei der Harfe des Cliach zu lustwandeln und zu spielen«, fügte er hinzu, um Alill auf die richtige Spur zu verhelfen. »Ich weiß, wen du meinst«, sagte Alill, »das Mädchen ist die Pflegetochter des Ethal Anbual; doch muß ich dir leider gestehen, daß ich wenig Gewalt über ihn habe und ihm nicht befehlen kann, deinem Sohn seine Tochter zu geben.« Da meinte Echu: »Immerhin wäre es dir ein leichtes, Ethal herholen zu lassen, damit wir die Sache mit ihm besprechen. Wenn er hört, worum es sich handelt, wird er sich nicht sträuben.«

Darauf sandte König Alill seinen Mundkoch zu Ethal Anbual und ließ ihm die Botschaft des Dagda ausrichten. Doch der Bote kam unverrichteter Dinge zu Alill zurück und meldete, Ethal wolle nicht kommen und seine Tochter auch nicht dem Dagda an die Hand geben, denn er fürchte die Macht und Stärke eines solchen Brautwerbers. Da ergrimmte Alill und sandte seine Krieger gegen Ethal aus, und die kamen nach einigen Tagen zurück und brachten den Störrischen gebunden vor den König.

»Warum willst du deine Tochter nicht dem Sohn des Dagda zur Frau geben?« fragte Alill den trotzigen Ethal. »Weil ich ihren Versprechungen nicht trauen kann«, sagte Ethal, »weder denen des Vaters noch denen des Sohnes: sie sind zu mächtig und brauchen ihre Abmachungen nicht zu halten.« Da zückte Alill sein Schwert und drohte Ethal: »Und wenn ich dir mit diesem Schwert dafür bürge, daß sie ihre Verträge halten werden?« Ethal krümmte sich rückwärts vor der Klinge und sagte: »Ich bin nur ihr Pflegevater und habe wenig Gewalt über sie. Denn ein Fluch ruht auf ihr, und ein Jahr lang muß sie als Vogel über dem Wasser leben, und erst das nächste Jahr ist sie wieder ein Weib auf dem Lande unter Menschen.« Er schwieg und wollte sich nicht weiter erklären. Doch Alill zwang ihn abermals und setzte ihm die Schwertspitze auf die Brust: »Dein Leben geht zu Ende, wenn du uns nicht sagst, wann sie als Mensch und wann als Vogel lebt.« Da gestand Ethal endlich: »Sie schwebt jetzt bis zum Ende des Jahres als Möwe über der Brandung an der See, und viele Jungfrauen in Vogelgestalt leisten ihr dort Gesellschaft.« Alill forschte weiter: »Und woran kann man sie erkennen?« Ethal knirschte mit den Zähnen, als ihm auch dies Geständnis abgepreßt werden sollte, und knurrte: »Sie trägt eine goldene Kette um den Hals, aber Unheil trägt sie dem ins Haus, der ihr die Kette löst.« Dann lachte er grimmig

König Alill senkte das Schwert und ließ ihn losbinden. »Geh!« sagte er zu ihm. »Wir wissen nun genug.« Und eilig entfernte sich Ethal Anbual. »Nun weißt du alles«, sagte darauf Alill zu Echu, »wenn Oengus geschickt im Fang von Möwen ist, so mag er sie sich selber holen.« Echu dankte Alill für seine Gastfreundschaft und seine Hilfe und zog am nächsten Tage mit seiner Schar wieder heim. Als der Vater ihm erzählt hatte, was er bei Alill in Cruachan erfahren hatte, freute sich Oengus über die Maßen. Sofort machte er sich auf den Weg nach dem See von Bel Dracconn. Dort erblickte er bald die weißen Vögel, die teils auf dem Wasser schwammen, teils sich in der Luft wiegten. Und schnell entdeckte sein Auge auch die herrlich weiße Möwe mit der goldenen Kette um den Hals. »Komm zu mir, Geliebte!« rief er und breitete seine Arme nach ihr aus. Der Vogel ließ sich auf seinen Ruf auf seine Hand herab und fragte ihn mit menschlicher Stimme: »Wer bist du, schöner Mann, und warum rufst du nach mir?«

»Ich bin Oengus, der Sohn des Dagda«, sagte er zärtlich zu ihr, »und ich möchte mit dir durch die Luft fliegen und an deiner Seite bleiben alle Tage, und wenn die Nacht kommt, möchte ich mit dir auf den Wassern ruhen, du Schöne! Erlöse mich von meiner Sehnsucht!«

»Das will ich gerne tun«, sagte der Vogel. Und alsbald verwandelte sich Oengus in eine weiße Möwe und schwang sich mit ihr auf in den Wind. Drei Tage und drei Nächte weilte er bei ihr und genoß ihrer Liebe, ohne daß ihn Tadel traf. Dann aber flog er mit ihr heim nach Brug-na-Boinne.

Als Oengus daheim in Elfengestalt wieder vor seine Mutter Boand trat, erzählte er ihr, daß er das begehrte Mädchen auf dem See von Bel Dracconn gefunden hätte, doch sei sie durch einen bösen Zauber in eine Möwe verwandelt worden. Er wies hinaus auf den Fluß, über dem sich die Möwe im Fluge wiegte, und sagte: »Dort jener Vogel ist meine Geliebte, und ich wollte dir alle Schätze der Erde schenken, könntest du ihr für alle Zeit ihre menschliche Gestalt wiedergeben.« Boand antwortete ihm, das könne sie gewiß tun, aber die Entzauberung könne nur im Wasser geschehen.

So gingen sie beide zum Ufer des Flusses hinab. Oengus rief die Möwe herab, und sogleich ließ sie sich auf den Wellen des Wassers vor ihm nieder. Da sagte Oengus zu ihr, daß die Mutter zu ihr kommen wolle, um sie zu entzaubern. Und der Vogel verstand, was er sprach, und harrte auf den Zauber des Weibes.

Boand sagte darauf zu ihrem Sohn: »Wende dich nun ab von uns, Oengus, und laß uns allein! Denn anders kann der Zauber nicht wirksam werden.« So kehrte Oengus ihnen denn den Rücken und schritt dem Sid zu, ohne sich umzuwenden. Boand aber warf ihr Hemd ab und stieg in das Wasser. Sie schöpfte das heilige Wasser des Flusses mit der hohlen Hand, bespritzte damit die Möwe und sprach dazu ihre starken Zauberworte. Und sogleich stand Etain vor ihr in Menschengestalt, und das Wasser reichte ihr bis zu den Knien.

»Wie heißt du, Mädchen«, fragte sie Boand, »die das Herz meines Sohnes Oengus hat siech und wieder gesund werden lassen?«

»Etain werde ich genannt«, sprach das Mädchen, »und der böse Zauber der Fuamnach, Miders Weib, bannte mich in Vogelgestalt.«

Da erschrak Boand heftig; denn sie erkannte ihre Tochter wieder und begriff, daß Oengus sich in seine eigene Schwester verliebt hatte. Sie vermochte nicht weiter zu reden, und Tränen quollen ihr aus den Augen. Sie weinte und weinte und zerschmolz vor Etains staunenden Blicken. Aber noch ehe sie Etain nach dem Grund ihres Schmerzes fragen konnte, verschwand Boand wie ein Strudel in den Wellen des Flusses. Und nach ihrem Namen wird er seitdem benannt[245].

Etain eilte darauf nach dem Sid zu Oengus. Der stürzte ihr entgegen und umfing sie freudig mit seinen Armen, als er sie endlich in menschlicher Gestalt wieder vor sich sah. »Heil dir, Etain, du wandernde Seele!« rief er aus. »Genug hast du nun gelitten von der Tücke des Verhängnisses und sollst nun für immer in meinen Armen ausruhen.« Doch als ihm Etain nun von Boands Ende berichtete, wurden sie beide gar traurig und redeten jenen Tag nicht weiter miteinander.

Keine Liebe aber war größer, als wie sie Oengus und Etain zueinander hegten. Und sie wußten nicht, daß sie Geschwister waren.

Alsbald verbreitete sich im Lande die Kunde, Oengus, der Sohn des Dagda, besitze in Brug-na-Boinne ein Weib, das sei schöner und herrlicher, als je Menschenaugen eines erblickten, und Etain sei sein Name. Diese Nachricht drang auch zu Mider nach Bri Leith und erregte seine Neugierde, und er begehrte, diese Frau von Angesicht zu sehen. »Ich will zu Oengus fahren«, sagte er eines Tages zu seinem Weibe Fuamnach, »ich will mich mit ihm versöhnen; denn es liegt kein Grund mehr vor, daß wir einander hassen.« Doch Fuamnach durchschaute ihn und entgegnete: »Es ist nicht recht, daß der Ältere zum Jüngeren geht und ihm die Hand zur Versöhnung reicht. Bleibe du hier, und ich werde einen Boten zu Oengus senden, der soll ihn bitten, uns zu besuchen, weil du dich mit ihm versöhnen willst.« Dem wußte Mider nichts entgegenzuhalten, und so ließ er sie den Boten fortschicken.

Fuamnach aber hatte wohl erfahren, daß Etain von ihrem Zauber erlöst war, und sie fürchtete abermals ihre Nebenbuhlerei mit Mider, wenn dieser sie wiedersehen sollte. So beriet sie sich wiederum mit Bresal dem Druiden, und wieder machte der Fuamnachs Atem zauberkräftig, Etain zu verderben.

Mit schmeichlerischen Worten hatte Fuamnachs Bote vermocht, Oengus davon zu überzeugen, daß Mider mit ihm Frieden machen wollte. So nahm er die Einladung an und rüstete seinen Wagen, um nach Bri Leith zu fahren. Als der Wagenlenker schon die Pferde anschirrte, fragte Oengus den Boten: »Warum will sich denn nicht auch Fuamnach mit Etain aussöhnen?« Klug versetzte der Bote, den Fuamnach gut belehrt hatte: »Wenn Mider erst mit dir Frieden geschlossen hat, werden sich auch die Weiber wieder vertragen. Dann soll in Bri Leith ein großes Fest gefeiert werden, dir zu Ehren und zur Freude der Etain.« Darauf nahm Oengus von Etain, die er nicht mehr von seiner Seite gelassen hatte, zärtlich Abschied und ermahnte sie, in seiner Abwesenheit niemand in das Haus zu lassen.

Am nächsten Tage aber, als Mider in Bri Leith Oengus heuchlerisch von seiner Freundschaft zu überzeugen suchte und ihn, ohne Etains auch nur mit einem Worte zu erwähnen, auf das üppigste bewirtete, erschien Fuamnach plötzlich vor dem Sid in Brug-na-Boinne und trat vor Etain. »Es tut mir leid«, sprach sie mit erheuchelter Liebenswürdigkeit zu ihr, »daß ich dir damals wehe tun mußte; aber die Schuld lag bei Mider, der dich auf sein Lager nahm, obwohl du seine Pflegetochter warst. Das war eine Schande für meinen Herd. Doch schau, zur Stunde versöhnen sich Oengus, dein Gatte, und Mider in Bri Leith. Sollten wir da nicht auch alles Leids vergessen, das wir uns angetan haben, und miteinander Frieden schließen?«

»Es ist dir nicht erlaubt, dieses Haus zu betreten«, antwortete ihr Etain an der Tür und blickte unfreundlich auf ihre Pflegemutter, »da Oengus es nicht gern sieht, wenn Fremde in seiner Abwesenheit hier aufgenommen werden.«

»So laß uns nach dem Sonnengemach[246] hinaufsteigen, wo die Frauen zu sitzen pflegen, wenn sie etwas zu bereden haben«, bat sie Fuamnach und gab sich eine betrübte und demütige Miene, als sie Etains Mißtrauen bemerkte. »Siehe, es wäre ungefällig von dir, wolltest du deiner Pflegemutter nach der Reise nicht einmal kurze Rast gönnen, ehe sie wieder von dir geht.«

Etain ließ sich bereden und ging mit Fuamnach zu dem Haus mit dem Söller. »Steige zuerst hinauf!« sagte Fuamnach mit erheuchelter Unterwürfigkeit zu Etain, »denn du bist hier nun die Herrin auf dem Hofe.« So stieg Etain vor Miders Weib die Stufen zum Söller empor. Als sie aber gerade den Fuß von der obersten Stufe auf den Boden des Sonnengemaches setzen wollte, blies ihr Fuamnach, die ihr dicht hinterher folgte, ihren Zauberhauch unter das Gewand. Da verwandelte sich Etain in eine Biene und flog surrend zum Fenster des Söllers hinaus in das Land.

Befriedigt von ihrer Rache, begab sich Fuamnach heim. In Bri Leith saßen Mider und Oengus beim Bier und zechten, und der süße Trank hatte ihre Gemüter erhitzt. Und als Fuamnach an die Tür des Hauses trat, hörte sie, wie Mider zum Sohne des Dagda sagte: »Du hast ein schönes Weib nun, Oengus, und alle Welt rühmt sie.« Fuamnach blieb stehen und lauschte. Oengus entgegnete unwillig: »Was geht dich mein Weib an, Mider? Ich habe sie mir mühsam suchen müssen.« Mider lachte leise und meinte: »Ich wollte dich dazu beglückwünschen und werde euch ein Fest geben, wenn es dir recht ist.« Oengus gab ihm trotzig zurück: »Ich halte nicht viel von einem Fest, Mider, wenn du dabei nur mein Weib begaffen willst. Zudem hat sie bei euch nicht viel Gutes erfahren.«

»So ist es also doch Etain«, sagte Mider und lächelte böse. »Laß mir dies Weib, Oengus, ich kann dir dafür ein nützliches Geheimnis künden.« Schroff wies ihn Oengus ab: »Ich will keine Geheimnisse um Etain wissen, mir genügt es, daß ich sie besitze, und niemand soll sie mir wieder rauben, das laß dir gesagt sein, Mider, am allerwenigsten aber du!«

Beleidigt fuhr Mider auf und lallte mit trunkener Zunge: »So will ich dir gleichwohl das Geheimnis sagen, da ich dein Pflegevater bin: Etain ist deine Schwester, die Tochter des Dagda und der Boand ...«

Oengus wankte auf seinem Sitz. Dann sprang er auf und griff an sein Schwert: »Das Wort soll dir Kopf und Zunge kosten, Mider!« –

In diesem Augenblick trat Fuamnach in den dunstigen Raum. Mit einem Stoß warf sie den betrunkenen Mider auf die Seite, so daß er auf die Streu fiel und die Schwertspitze des Oengus danebenfuhr. »Halt ein, du sinnverwirrter Narr!« schrie sie dann diesen an. »Euer alter Streit ist nun endlich abgetan: Etain hat sich abermals in die Lüfte erhoben und wird zu dir, Oengus, gewiß nicht zurückkehren!« Haßsprühend und siegesfroh funkelten ihn ihre Augen an.

Oengus taumelte einen Augenblick, als hätte ihn ein Schwertstreich schwer getroffen. Dann aber holte er mit der Klinge aus und schlug Fuamnach das Haupt ab. »Schändliche«, schrie er dabei, »so hast du abermals die Unglückliche verzaubert!« Und als das blutige Haupt vor ihm lag, fragte er dieses: »Wer hat dir den boshaften Rat gegeben, gestehe!« Aber Zähne und Lippen preßten sich an Fuamnachs Haupt fest aufeinander.

»Bresal Etarlam der Druide!« stöhnte Mider, der den rasenden Oengus nicht zu hemmen wagte und durch sein Geständnis wohl sein Leben zu retten hoffte.

»Gut, daß du es sagst, du Ränkeschmied!« sagte Oengus, ging hinaus zu dem Druiden, und als er ihn gefunden hatte, schlug er auch ihm das Haupt ab. Die beiden Köpfe hängte er an seinen Wagen, und ohne Gruß noch Dank fuhr er von dannen. Seitdem lebte er einsam in Brug-na-Boinne bis an das Ende seiner Zeit.

Etain aber flog auf Bienenflügeln und gelangte zum Inbher Cichmuine. Dort wohnte Etar, der König von Eochraide, und in seinem Haus hielt er gerade ein fröhliches Fest[247]. Auf dem Herde brieten die Köche das Schweinefleisch, und Diener reichten das Bier in Kannen herum. Neben Etar saß sein Weib. Angelockt durch den Duft des Honigmets, flog Etain in dies Haus hinein. Unbeachtet fiel sie Etars Weib in den Metbecher. Und die Frau trank den Met samt der Biene. Davon ward sie schwanger, und als ihre Zeit gekommen war, gab sie Etain wiederum das Leben in menschlicher Gestalt[248]. Und am Inbher Cichmuine wuchs Etain zur Jungfrau heran, und nichts erinnerte sie an ihr früheres Leben. Wohlgehalten ward sie von Etar, und fünfzig Gespielinnen umgaben sie täglich, wenn sie zu lustwandeln oder zu tanzen hinausschritt aus dem Dun ihres Vaters auf den Wiesenplan am Wasser.

Zu dieser Zeit herrschte Eochaid Airem als Hochkönig über Erinn. Er stammte aus altem Geschlecht[249], und die Fürsten der Gaue von Erinn beugten sich willig seinem Gebot[250]. Zwei Hauptstädte hatte er in seinem Lande, nämlich Dun Fremainne in Mide und Dun Fremainne in Tethba, aber kein Platz war ihm so lieb wie Dun Fremainne in Tethba[251]. Da sollte im ersten Jahre seiner Regierung das Sommerfest in Tara gefeiert werden. Nach ihrer Sitte strömten zu diesem Fest alljährlich viele Leute aus ailen Gauen Erinns zusammen, und auch ihre Frauen brachten die Männer dorthin mit. Weil aber Eochaid sich noch kein Weib genommen hatte, so ließen ihn die Fürsten des Landes wissen, es ginge nicht an, daß sie alle nach Tara kämen und hätten ihre Frauen bei sich, der Hochkönig selber aber sei unbeweibt. Sie würden nicht erscheinen, es sei denn, daß auch er sich bis dahin entschlösse, von den Mädchen oder Frauen von Erinn eine für sein Lager zu erwählen. Als Eochaid diese Meinung seiner Fürsten vernommen hatte, sandte er nach Norden, Süden und Westen Reiter aus mit dem Auftrag, überall umherzuspähen, ob sie ein Mädchen erblickten, das würdig wäre, seine Gattin zu werden. Und als die Boten zurückkamen und ihm über viele Mädchen berichteten, die sie beobachtet hatten und die sie als Königin für würdig und geeignet hielten, entschloß er sich, zunächst sich einmal Etain, des Etar Tochter, am Inbher Cichmuine anzuschauen; denn sie gerade wurde vor allen andern höchlich gelobt und gepriesen.

So kam Eochaid eines Morgens zu der Aue gefahren und erblickte dort Etain am Rand einer Quelle, wo sie in der Frühe sich zu waschen pflegte. Unbemerkt beobachtete er sie. Sie hatte die goldenen Flechten ihres Haares gelöst und badete in dem Quell. Eochaid konnte sich nicht satt sehen an der Herrlichkeit ihres Leibes. Dann trockneten sie zwei ihrer Dienerinnen mit Tüchern ab, während andere ihre Kleider zurechtlegten und wieder eine andere Magd ihr das Haar in Zöpfe flocht. Unter Lachen und Scherzen kleideten darauf die Dienerinnen ihre Herrin wieder an, zogen ihr ein hellgrünes Hemd an, legten ihr den weißen Gürtel um die Hüften und warfen ihr einen prächtigen blauen Mantel über, den sie mit einer goldenen Heftel zunestelten. Alsdann schmückten sie ihr die Locken mit einem goldenen Reif und hefteten goldene Kugeln in jede der Flechten ihres Haares. Schön wie eine Göttin stand sie schließlich in den Gräsern am hellen Quell, und Eochaid schlug das Herz vor

Freude bei ihrem Anblick. Aus seinem Versteck trat er vor sie hin und grüßte sie: »Nie sahen meine Augen oder die irgendeines Menschen solch ein vollkommenes Weib wie dich, Mädchen! Wer bist du?«

Etain lächelte. »Ich will es dir sagen, wenn du nur kundgetan hast, wer du selber bist und warum du zu so früher Stunde uns zu belauschen kamst.«

Darauf nannte ihr Eochaid seinen Namen und bat sie, ihm als seine Königin nach Tethba zu folgen. Er verhieß ihr alle seine Schätze, und in königlichen Ehren würde er sie halten, wenn sie sein Weib werden wollte. »Doch auch deinen Namen erführe ich gern, damit ich weiß, wie ich dich nennen soll, du lieblichste aller Frauen«, sagte er zu ihr und blickte sie mit verzückten Augen an. »So wisse denn«, erwiderte Etain, »ich bin Etain, Etars Tochter, des Königs der Elfen von Eochraide. Viele Edle haben mich begehrt, doch ich habe nur immer dich geliebt, wenn ich dich auch nie gesehen habe, und wußte von deinen Taten, als ich noch ein kleines Mädchen war, und so habe ich mich aufgespart für dich, König Eochaid, und nur dir will ich folgen als deine Königin. jeden Morgen kam ich hierher und träumte voll Sehnsucht, du kämest hier vorüber und ich könnte mit dir ziehen. Nun ist das Wahrheit geworden. So nimm mich, wie ich hier bin.« Da freute sich Eochaid, wie er sich noch nie über einen Sieg gefreut hatte. Er hob sie in seinen Wagen und fuhr mit ihr von dannen. Und als er mit ihr nach Tara kam, schenkte er ihr sieben Sklavinnen und überhäufte sie mit Schätzen aller Art, und die Männer und Frauen von Erinn grüßten sie und bewillkommneten sie herzlich als die Königin von Erinn.

Das Sommerfest von Tara wurde nun mit aller Pracht und Lustbarkeit gefeiert. Dorthin kam auch Eochaids Bruder

Alill Anglonnach[252]. Und als er mit seinem Weibe, der Tochter des Luchta Rothand, von der Grenze von Lagin[253] in die Königshalle von Tara kam und sich an der Festtafel niedersetzte, die für die edlen Gäste aufgestellt war, sah er Etain, seines Bruders Gattin, und eine unbezwingbare Liebe zu ihr erfüllte sein Herz. Immerfort starrte er auf Etain. Da sprach seine Frau zu ihm, als sie bemerkte, wie er Etain immerzu anblickte: »Was schaust du immerfort auf das Mädchen? Mir scheint fast, du bist in sie verliebt.« Das Wort ärgerte Alill, und er blickte hinfort beiseite. Doch er sprach wenig an jenem Abend, und Essen und Trinken vergaß er über seinem Verlangen nach Etain.

Nach dem Fest gingen die Leute auseinander und zogen heim. Alill fuhr mit seiner Frau und dem Königspaar nach Dun Fremainne in Tethba. Als er jedoch dort angekommen war, legte er sich auf sein Lager und stand nicht mehr auf, so heftig peinigte ihn die Liebe zu Etain und die Eifersucht, mit der er seinen Bruder Eochaid um dies Weib beneidete. Der König erfuhr von dem Siechtum seines Bruders und sandte ihm seinen besten Arzt, den Fachtna, damit er ihm Linderung und Heilung verschaffe. Doch da Alill hartnäckig schwieg und dem Arzt kein Wort davon gestand, was ihn quälte, so wußte dieser nicht, was er aus der Krankheit machen sollte und überließ den Siechen seinem Schicksal.

Zu dieser Zeit wurde Eochaid genötigt, nach Tara zu fahren, um dort mit etlichen Edlen seines Landes über dringende Geschäfte zu verhandeln. Etain ließ er in seiner Burg zurück, und ehe er fortzog, bat er sie, sich seines kranken Bruders anzunehmen, und sprach: »Ich werde nun längere Zeit fort sein, Etain, so laß dein Lager in der Nähe von Alill aufschlagen, damit du ihm, solange er noch lebt, hilfreich zur

Seite stehen kannst. Sobald er aber gestorben ist, laß ihn begraben und errichte auf dem Hügel einen Stein zu seinem Gedächtnis mit seinem Namen in Ogamrunen darauf. Ich will dir diese Freundlichkeit gegen meinen Bruder gewißlich danken.« Etain versprach es ihm, und so fuhr er ohne Sorge nach Tara[254]. Am Tage darauf ging Etain in das Haus, wo Alill auf seinem Siechbett lag. Sie ließ Wasser herbeitragen und bereitete ihm das Essen. Als nun der Kranke sie, die er so schmerzlich liebte, in seiner Nähe sah, besserte sich sein Siechtum zusehends. Doch jedesmal, wenn sie wieder von ihm ging, sank er seufzend auf sein Bett zurück. Da fragte ihn Etain eines Tages: »Sag, Alill, gibt es denn gar kein Mittel, das dich gesund machen kann? Manchmal schien es mir schon, als wollte sich deine Krankheit bessern, doch bald war sie wieder schlimmer als jemals. Wenn ich nur wüßte, wie ich dir helfen könnte, ich würde keine Mühe scheuen.«

Da entgegnete ihr Alill mit trauriger Stimme und klagte ihr sein Leid: »Weh klingen die Töne auf meiner Harfe, und einstens sang ich so froh. Doch meine Seele ist wund, als wäre sie mit Dornenruten und Brennesseln geschlagen worden. Weit ist die Erde und weit der Himmel darüber, doch wo soll ich Zuflucht nehmen mit meinem endlosen Leid? Ein Geheimnis verschließt mir die Lippen, und so kann ich nicht rufen, kann nicht einmal den Widerhall meiner trostlosen Stimme hören ...«

»Wenn dich das Geheimnis so drückt, warum sagst du es nicht wenigstens mir? Vielleicht steht es in meiner Kraft, dich zu retten«, sagte Etain und blickte ihn mitleidig an. »Wahrlich, ich verspreche dir, daß ich niemandem von deinem geheimen Leid etwas verraten werde.«

»Du bist ein edles Weib, Etain«, lobte sie Alill, »so will ich es dir gestehen: ich liebe eine Frau, und meine Liebe ist tief wie der Abgrund des Meeres, doch hoffnungslos wie die Wildnis. Und ich muß schweigen.«

Nachdenklich verließ ihn Etain an diesem Tage. Doch am nächsten brachte sie Alill eine Harfe mit und bat ihn, ihr ein Lied zu singen, das würde ihn erleichtern. Da griff Alill nach dem Saitenholz und fing leise zu singen an:

»Hell brennt mein Herz, eine lodernde Flamme
Weh ich im Wind, eine glühende Zunge
Steig ich zum Himmel steilauf flatternd,
Gierig lechzend in des Leides Qual,
Und verzehre mich selber in sinnlosem Wüten
Und im Staub der Funken, die ferne verlöschen.
Die das Feuer entfachte, steht stumm dabei,
Und rot übergossen glüht ihr das Antlitz.
Sie freut sich des Feuers und will es nicht hüten –
So wird morgen der Wind mit der weißen Asche
Kreiselnd spielen und sie spurlos verstreuen.«

Als Alill sein trauriges Lied geendet hatte, griff Etain nach seiner Hand. »Und wäre es ein Weib aus Elfengeschlecht«, sagte sie hastig, »ich wollte für dich um sie werben, Alill.« Alill seufzte: »Schau in den Spiegel meiner Augen, Etain, so erblickst du ihr Bild darin.«

Betroffen sah ihn Etain an. »Warum hast du es nicht gleich gesagt, Alill, daß ich es bin, um derentwillen du siech wurdest? Ich hätte dir, da du doch der Bruder Eochaids bist, längst geholfen.«

Alill drückte ihr die Hand mit allen seinen Fingern. Doch Etain entzog sie ihm schnell. »Höre«, sagte sie flüsternd, »draußen vor dem Dun steht im Süden ein einsames Häuschen. Dort erwarte ich dich heute um Mitternacht.« Und noch ehe er einen Dank stammeln konnte, entfloh sie von seinem Lager.

Sehnsüchtig verfolgte Alill den Lauf der Sonne, und als sie untergegangen war, blickte er voller Unruhe auf die Sterne. Einen nach dem andern sah er aufgehen und zählte die Stunden. Doch zur Stunde, da er sich aufmachen wollte, zum Stelldichein mit Etain zu gehen, verfiel er in einen tiefen Zauberschlaf und schlief fest bis zum Morgen. Etain aber war ihrem Versprechen gemäß zu dem einsamen Häuschen vor dem Wall des Duns gegangen, als die Nacht hereinbrach. Dort harrte sie auf Alill. Um Mitternacht jedoch kam der Schatten eines stattlichen Mannes bis in ihre Nähe. Der blieb ein Weilchen vor ihr stehen, betrachtete sie schweigend und ging langsam weiter. Vergebens aber wartete sie auf Alill.

Am nächsten Morgen eilte Etain zu Alill und erzählte ihm, was ihr in der Nacht zugestoßen war, und fragte ihn, warum er denn nicht gekommen wäre. Als Alill dies vernahm, wäre er am liebsten gestorben. Mit Tränen in den Augen bat er Etain um Verzeihung und berichtete ihr, wie er gerade kurz vor Mitternacht in einen tiefen Schlaf verfallen sei und so das Stelldichein versäumt habe. »So komm denn heute nacht um dieselbe Zeit«, ermunterte ihn Etain und ging, nachdem sie ihm wie bisher ihre Pflege hatte angedeihen lassen.

Doch in der folgenden Nacht geschah das nämliche. Alill schlief wie unter einem Bann ein, und Etain wartete vergebens auf ihn. Statt seiner aber erschien wie zuvor der dunkle Unbekannte und ging schweigend an ihr vorüber. Abermals beklagte sich Etain bei Alill am nächsten Morgen über seine Geringschätzung, und wiederum beteuerte er ihr, ein unwiderstehlicher Zwang habe ihn auf das Lager geworfen und ihm die Lider zum Schlaf geschlossen. So bestellte ihn Etain zum dritten Male für die folgende Nacht.

Aber wiederum harrte Etain vergebens auf Alill. Statt seiner tauchte wie zuvor der schwarze Schatten des geheimnisvollen Mannes auf und blieb stumm vor ihr stehen. Da fuhr ihn Etain an: »Warum kommst du immer, unser Stelldichein zu stören? Nicht mit dir habe ich mich verabredet, sondern mit Alill; und ich tat das nicht aus Lust und Begierde, sondern weil er siech ist aus Liebe zu mir. Wer bist du überhaupt?« Da antwortete der Dunkle mit einer geisterhaften Stimme: »Du kennst mich wohl, Etain. Ich bin Mider, der Herr von Bri Leith. In deinem früheren Leben teiltest du einst mein Lager. Willst du nicht mit mir kommen?« Entrüstet beschied ihn Etain: »Ich denke nicht daran, den Hochkönig von Erinn im Stich zu lassen um einen Mann, den ich so wenig kenne wie sein Geschlecht.«

»So wisse denn, daß ich mächtig bin im Reich der Side und mehr Gewalt habe als der Hochkönig von Erinn. Ich habe Alill entzündet in Liebe zu dir, und ich habe ihn daran gehindert durch tiefen Zauberschlaf, hier zu dir zu kommen, damit er deine Ehre nicht antastet. Ich bin mächtig, Etain. Willst du also nicht mit mir gehen?«

Empört wandte sich Etain von ihm ab. »Ich werde nicht folgen, du Schändlicher«, wehrte sie entrüstet ab, »sondern werde Eochaids Gattin bleiben.«

Da verschwand der Schatten in der Nacht so still, wie er gekommen war. Etain aber kam am Morgen zu Alill und berichtete ihm, was sie in der Nacht erlebt hatte, und bat ihn um Verzeihung, daß sie ihn der Lieblosigkeit geziehen hatte. »Zu rechter Zeit kam dieser Fremde«, jubelte Alill, »denn sieh, nun bin ich von meiner Leidenschaft zu dir geheilt.

Und Eochaid, mein Bruder, wird zufrieden mit uns beiden sein, wenn er erfährt, wie es uns erging.«

Wenige Tage darauf kehrte Eochaid von Tara zurück, und Etain verfehlte nicht, ihm alles zu berichten, wie es sich zwischen ihr und Alill zugetragen hatte. Da freute sich der König über die Genesung seines Bruders wie über die Opferwilligkeit seines Weibes. Doch nicht allzu lange sollte er sein Glück genießen.

Eines Abends, als der König nach dem Essen in seinem Hause saß, führte man ihm einen Fremdling herein, der ihn zu unterhalten versprach. »Es ist schon spät in der Nacht«, sagte Eochaid zu dem Fremden, »womit willst du mich noch belustigen?«

»Ich bin ein guter Brettspieler«, rühmte sich der andere, »und wenn es dir gefällt, könnten wir noch ein wenig spielen.«

»Mein Spielbrett befindet sich im Schlafgemach der Königin«, meint Eochaid, »und da sie schon zur Ruhe gegangen ist, können wir sie jetzt nicht stören.«

»Das tut nichts«, sagte der Gast, »hier habe ich mein eigenes Brettspiel mitgebracht, und darauf können wir uns messen.« Damit holte er unter dem Mantel ein kostbares Brett hervor, dessen Felder mit Gold und Silber ausgelegt waren, und ähnlich köstlich waren die Steine, die er dem König plötzlich entgegenhielt, als hätte er sie aus der Luft gegriffen.

»Und was soll der Preis des Spieles sein?« fragte Eochaid und sah begehrlich auf das Spielbrett und die wunderbaren Steine.

»Das mag der Gewinner hernach selber bestimmen«, meinte der andere.

Damit war der König einverstanden, und so spielten sie lange und immer hitziger. Zum Schluß aber hatte der König verloren. »Und was verlangst du nun von mir?« fragte er den Gewinner.

»Dein Weib Etain«, sagte der nächtliche Gast leise und dumpf.

Erschrocken fuhr der König auf. »Gewonnen ist gewonnen«, sagte der Mann gelassen. »Doch damit du heute nicht unwillig über mich wirst«, tröstete er ihn über den Verlust, »so magst du wissen, daß ich erst nach Jahr und Tag komme, um sie mir zu holen.« Nach diesen Worten entschwand er so plötzlich, wie er gekommen war, in die Nacht hinaus.

Ein Jahr später feierte Eochaid ein prächtiges Fest in Tara. Auch sein Weib Etain hatte er mitgenommen, wie es die Sitte verlangte. Doch eingedenk der Drohung des unheimlichen Brettspielers aus jener Nacht stellte er an allen Toren des Walles Wachen auf und alle Türen der Festhalle lies er sorgsam behüten. So nahm das Fest einen fröhlichen Verlauf. Lärmend und in trunkener Zufriedenheit saßen die Edlen abends beim Schmaus, lauschten den Liedern der Barden und freuten sich mit dem Königspaar an den Späßen der Gaukler.

Da stand auf einmal wie aus der Erde gewachsen Mider von Bri Leith mitten unter ihnen. Niemand vermochte den Sidefürsten zu sehen, außer Eochaid und Etain[255]. Langsam trat der Unheimliche hinter die Königin und raunte ihr ins Ohr:

»Vielschöne Frau, du Kleinod von Erinn,
Komm in mein Wunderland, du Wonnereiche,
Wo goldgelockt die Glücklichen wandeln!
Aus sanfter Dämmerung dunkler Wimpern
Strahlen die Augen der Edlen dir Heil.
Freund sind dir alle Elfen des Hügels,

Die weißwangigen, und lächeln dir heiter
Herzlichen Willkomm und umhegen dich liebreich.
Liebe ohne Stachel und Lust ohne Gifthauch
Bietet das Land dir, da sie leidlos wohnen,
Kummer nicht kennen und niemals sterben.
Da blühen viel Blumen auf Wiesen und Auen,
Da rauschen rieselnd die Bächlein zu Tal,
Und weiße Birken stehn wehend am Strand.
Lieblicher als Inisfal ist das Land, das ich meine,
Lauer die Luft und süßer der Trank
Aus den goldenen Bechern der Geisterrunde.
O folge mir, Frau, unirdische Schönheit
Leiht deinem Leibe mein duftzarter Kuß.
Über Fluß und Hügel fliege ich mit dir,
Noch ehe des Hundes Geheul die Wächter ermuntert,
Und im silbernen Licht der Sichel des Mondes
Grüßen noch heut uns mit hellem Jubel
Singend die Side am bläulichen Hügel
Und krönen als Königin dich, du Schönste[256].«

Etain hatte die Augen geschlossen, als lauschte sie einer fernen, süßen und längst vergessenen Weise. Von Grauen gelähmt aber sah König Eochaid, wie Mider nun seinen Arm um Etain legte, sie aus dem Stuhl hob und mit ihr aus dem Saal eilte, ohne daß einer der Männer oder eine Frau etwas von ihnen bemerkte. Draußen heulte ein Hund. Da sprang er auf und schrie nach seinen Waffen. Aber die Leute glaubten, er sei betrunken, und brachten ihn zu Bett. Widerstandslos ließ er schließlich alles mit sich geschehen. »O Etain, Etain!« rief er plötzlich. Da merkten die Leute erst, daß die Königin spurlos verschwunden war[257].

Fraechs Werbung um Finnabir

Die Side Boand hatte eine zarte und feine Schwester. Das war Befinn, die weiße Frau, die still und sanft über den Wassern des Boyneflusses schwebte, wenn das bleiche Licht des Mondes auf den Wellen in Ringeln tanzte. Idan liebte sie, der stattliche Krieger, und aus heimlichem Umgang mit ihm hatte sie einen Sohn, das war Fraech. Zärtlich hing Befinn an diesem Kind, und als Fraech mannbar geworden war und Waffen trug, schenkte sie ihm zwölf herrliche weiße Kühe mit roten Ohren aus ihrem Sid, so daß er einen eigenen Hausstand gründen konnte[258]. Sein Hauswesen gedieh dem jungen Mann denn auch vortrefflich, und bald verbreitete sich über ihn durch ganz Erinn der Ruf, Fraech sei ein reicher und glückhafter Hofhalter und dazu der schönste Mann, den es im Lande gebe.

Das erfuhr auch Finnabir, die goldlockige Tochter des Königspaares von Connacht, Alill und Medb[259]. So trug das Mädchen Verlangen, diesen schönsten Mann einmal von Angesicht zu sehen. Das ließ sie Fraech wissen, und dieser beschloß darauf, da er noch unbeweibt war, nach Cruachan zu reisen, mit Finnabir zu sprechen und, wenn sie ihm gefiele, bei ihren Eltern um sie zu werben. Er beredete sich darüber mit seinen Altersgefährten und forderte sie auf, ihn auf dem Zuge zu begleiten. Dazu waren diese gern bereit, rieten ihm aber, sich auch wohl mit Brautgeschenken zu versehen und überhaupt den Zug so prunkvoll wie möglich auszustatten.

Da ging Fraech zu seiner Muhme Boand und bat sie um Geschenke und Kleider für sich und seine Genossen für die Brautfahrt. Und Boand schenkte ihm schneeweiße Hemden, schillernde blaue Mäntel und purpurne Schuhe in genügender Anzahl, dazu wundervolle Waffen, Rosse mit goldbeschlagenem Geschirr und schwere Bronzewagen und Jagdhunde in großer Menge, von denen immer zwei durch eine silberne Kette miteinander zusammengekoppelt waren.

So zog denn Fraech mit seinen Gefährten auf die Fahrt, und das Gepränge des bunten Zuges war kaum zu beschreiben. Auch Hornbläser nahm er mit, die fröhlich auf ihren Hörnern in die Morgenluft bliesen, dazu etliche Narren und Gaukler zur Unterhaltung, und besondere Freude hatten alle an drei Harfenspielern, die den Zug ebenfalls mit ihren kostbaren und zauberkräftigen Harfen begleiteten, das waren Klageweh, Lachehell und Schlafesüß. Die drei waren die Söhne der Boand, und die hatte sie zur Welt gebracht, während ihr Erzeuger, der glutvolle Uathne[260], an ihrem Kindbett auf der Harfe spielte. Wie eine schmerzliche Klage war ihr der Anfang des Harfenliedes Uathnes damals erschienen; wie fröhliches Lachen, was er dann spielte, als sie den zweiten Sohn gebar, und sänftigenden Schlaf hatte ihr das Ende der Weise gebracht, als sie dem dritten Kind das Leben gegeben hatte und nach den Mühen der Drillingsgeburt einschlummerte. So sprach denn Boand, als sie erwachte, zum Vater ihrer Kinder: »Erkenne sie an, zaubermächtiger Uathne, und gewähre deinen drei Söhnen die Gabe des Harfenspiels unter den Menschen. Klageweh, Lachehell und Schlafesüß sollen sie heißen, und wann immer sie ihre Harfe erschallen lassen, sollen alle, die sie hören, weinen und lachen und in seligen Schlummer versinken[261].« Diese drei Harfenspieler also nahm Fraech mit auf die Werbefahrt.

Als der Späher auf der Veste von Cruachan den stattlichen

Zug nahen sah, eilte er zu Alill und Medb und meldete ihnen, ein glänzendes Heer komme da gezogen, und dergleichen Pracht habe er, solange er von dem Wall Ausschau gehalten, niemals mit Augen geschaut. Die Krieger kämen mit dem Wind, und wundersame Musik schickten die Hornbläser vorauf. Den erstaunlichsten Anblick jedoch böte ein junger Krieger, der in seinem schimmernden Wagen der Schar ein gutes Stück vorauseile, seinen Speer weit vor sich her in die Luft schleudere und, noch ehe er zu Boden fiel, ihn immer wieder auffange, so schnell liefen seine Rosse.

»Kommen sie in friedlicher Absicht?« fragte Medb.

»Sie scheinen uns besuchen zu wollen«, sagte der Wächter, »denn wollten sie uns schaden, würden sie nicht so fröhlich daherfahren.«

»Wenn sie uns friedlich besuchen wollen, so laß sie durch das Tor«, meinte Alill, »aber erkundige dich zuvor bei ihnen, wer sie seien und in welcher Absicht sie kämen.« Inzwischen war alles Volk von Cruachan auf die Wälle gestiegen, um die festlich geschmückte Schar zu bewundern. Und es entstand da ein solches Gedränge, daß etliche schier erdrückt wurden und mit Schaden liegen blieben. Die jungen Leute aber waren vor der Burg von den Wagen gestiegen und hatten ihre Jagdhunde losgelassen. Binnen kurzem hetzten die Hunde allerlei Wild zusammen, Rehe und Hasen und wilde Schweine, und mit großer Gewandtheit erlegten die jungen Männer die Tiere auf dem Vorplatz vor dem Burgtor. Da lugte der Wächter über das Gatter der Pforte und fragte sie nach ihrem Begehr. »Ich bin Fraech, der Sohn der Befinn und des Idan«, sagte der Jüngling, dessen Schleuderkunst der Torhüter noch soeben bestaunt hatte, »und wir sind gekommen, Alill und Medb einen freundschaftlichen Besuch zu machen.« Mit diesem Bescheid ging der Wächter zum Königspaar, und als er nach kurzer Frist zurückkam, öffnete er der Kriegerschar bereitwillig das Tor.

Alill und Medb empfingen die jungen Krieger in der großen prachtvollen Bierhalle von Cruachan und hießen sie willkommen. Fraech dankte für den Gruß und erklärte, er habe dem Königspaar mit seinen Gefährten einen freundschaftlichen Besuch abstatten wollen, weil die Herrscher von Connacht im ganzen Lande wegen ihrer Gastfreundlichkeit gerühmt würden. Medb schnitt dazu ein schiefes Gesicht und sagte: »Wir werden euch nicht gerade üppig bewirten können; denn unvermutet kamt ihr zu uns gereist.« Doch Alill, dessen Augen bereits begehrlich nach den Gastgeschenken Ausschau hielten, stieß seine Gattin sanft in die Seite und sprach: »Du siehst stattlich aus, Fraech, und die Ausstattung deines Gefolges verrät deinen Reichtum. So hoffe ich, du wirst unser Haus zu ehren wissen.« Fraech verstand diesen Wink und ließ sogleich die köstlichen Gastgeschenke dem Herrscherpaar zu Füßen legen. Kostbare Kleider waren das und erlesene Waffen und Kleinodien aus dem Sid der Muhme Boand. Da verklärten sich die Züge der Königin und freundlich sagte sie zu Fraech: »Wir wollen dir und deinen Genossen diese schöne Halle als Gästehaus einräumen. Hier mögt ihr denn wohnen, bis der Weg euch wieder heimführt.« Darauf ließen die Gastgeber die jungen Männer unter sich. Die hängten an den Wänden der Halle ihre Waffen auf und machten es sich auf den Lagerstätten ringsum bequem[262]. Ein gewaltiges Gebäude war dies Haus, aus Tannenholz gezimmert und mit Schindeln gedeckt. In der Mitte befanden sich zwei Feuerherde zum Abkochen der Speisen, und auf jeder der Längsseiten ließen zehn Fenster das Tageslicht hereinfallen. Sorgfältig waren die Lagerstätten gearbeitet, aus rotem Eibenholz die Gestelle und die Füße aus Bronze. An erhöhter Stelle aber standen die kostbaren Ruhebetten für Alill und Medb[263]. Die Einrichtung gefiel den jungen Kriegern über die Maßen, und in froher Stimmung warteten sie nun auf die Unterhaltung, die man ihnen in Cruachan bereiten würde. Und die ließ auch nicht lange auf sich warten.

Bald erschien das Herrscherpaar wieder mit einem großen Gefolge von edeln Männern und Frauen. Doch so sehr Fraech auch ausschaute, er konnte die schöne Finnabir leider nicht unter ihnen entdecken. Da sagte Medb: »Die Knechte und Mägde sind bereits bei der Arbeit, das von euch mitgebrachte Wildbret zu zerlegen und zu braten. So wollen wir uns die Zeit vertreiben, bis das Mahl bereitet ist.«

»Was schlägst du da vor?« fragte Alill die Königin.

»Ich meine, wir vergnügen uns mit dem Brettspiel«, erwiderte sie.

»Und dazu mag einer meiner Harfenspieler uns Musik machen«, erbot sich Fraech.

»Das wird ja herrlich werden«, stimmte Alill zu.

Alsbald setzten sich alle und beschäftigten sich mit dem Brettspiel. Fraech hatte ein sehr schön gearbeitetes Spielbrett mitgebracht, das mit Gold und Silber ausgelegt war, und als Medb dies erblickte, wollte sie nur auf diesem spielen. Sie bot den hohen Einsatz von zwölf Kühen und forderte Fraech auf, dasselbe zu tun. Der bot das Doppelte. So begannen sie denn zu spielen. Da hub Klageweh an auf der Harfe zu spielen, und es währte nicht lange, so rannen allen im Saal die hellen Tränen über die Backen. Auch die Königin mußte immerzu weinen und vermochte nur wenig auf das Spiel zu achten. So verlor sie immerfort, bis sie ihre zwölf Kühe verspielt hatte. Mit nassen Augen und saurer Miene blickte sie schließlich auf den Gewinner. Der aber lachte und sagte, als der Harfner endlich schwieg: »Ich schenke dir deine zwölf

Kühe zurück, Medb; denn deine Tränen rühren mich tief.« Diese Freundlichkeit stimmte die Königin sehr für Fraech, so groß auch ihr Mißtrauen gegen ihn zuvor gewesen war.

»Ich bin nun hungrig, und unsere Gäste werden es auch sein«, wandte sich Alill jetzt an Medb. »Du solltest die säumigen Köche anspornen.« Da gab Medb augenblicklich Befehl, die Feuer auf den beiden Herden anzuzünden. Als dies geschehen war, erschienen auch alsbald die Knechte und Köche mit zwei mächtigen Kesseln voller Wildfleisch und setzten sie auf das Feuer. Und es dauerte nicht lange, so erfüllte ein kräftiger Bratengeruch die Halle und ließ den Gästen das Wasser im Munde zusammenlaufen. Andere Diener trugen darauf Bier in großen Hörnern herbei und labten die Männer und Frauen. »Du gefällst mir, Fraech«, sagte nach einiger Zeit Medb zu dem Jüngling, der neben ihr saß, »willst du nicht heute nacht bei mir schlafen?« Ehe aber Fraech, der über die Frage sehr erstaunt war, antworten konnte, fing Lachehell, der andere Harfner, zu spielen und zu singen an. Da mußten alle laut lachen, und es entstand ein großes Getöse in der Halle. Am lautesten aber lachte Medb, so daß sich ihr Gesicht krampfhaft verzerrte. Als Lachehell sein erstes Lied beendet hatte, meinte Fraech zu Medb, der noch immer Tränen in den Augen standen von dem vielen Lachen: »Ich sehe, du verstehst zu scherzen, Medb, darum nehme ich dein Angebot nicht ernst und fürchte, du wolltest mich nur auslachen.«

In diesem Augenblick trat Lothur, einer von Fraechs Narren[264], vor das Königspaar und seinen Herrn. Er hielt die Fleischstücke aus dem Kessel auf seiner flachen Hand und zerhieb sie mit seinem Schwert so geschickt, daß er sich auch nicht einmal die Haut der Hand verletzte. Dann warf er die Stücke in die Luft, fing sie mit dem Munde auf und verschlang sie. »Du solltest zuerst an uns denken, Gaukler«, mürrte Alill, als er dies Spiel sah, »statt an deinen eigenen unersättlichen Wanst.« Da winkte ihm Fraech zu, und sogleich bediente er das Königspaar und seinen Herrn mit einer Geschicklichkeit, die alle, die ihm dabei zusehen konnten, erstaunen machte.

Das Biergelage wurde nun immer lustiger, und der süße Met wie das warme Fleisch rötete bald alle Gesichter, und trunkene Freude brütete im Saale. Aber wenn die Ausgelassenheit dann und wann zu toll wurde, ließ Fraech den Klageweh singen, und sofort schlug die Stimmung um und alle begannen sich die Augen zu wischen. Bekamen jedoch hier und da zwei Männer Streit miteinander, dann mußte Lachehell spielen, und sofort löste sich der Zank in gellendes Gelächter auf. Zwischendurch machten die Gaukler und Narren ihre Späße, und so saß man in der Halle bis tief in die Nacht.

Der Königin Medb war das Bier ins Blut gedrungen, und hitzig fragte sie Fraech, ob er nun nicht mit ihr in das Frauengemach gehen wollte. »Höre noch meinen dritten Harfner an, Medb«, bat Fraech, »dann will ich gern das Bettspiel mit dir versuchen und hoffe dabei so siegreich zu sein wie beim Brettspiel.« Er winkte dem Harfner Schlafesüß, und alsbald begann der seine Weise zu spielen. Da dauerte es nicht lange, und König Alill neigte sein Haupt auf den Tisch, schlief ein und schnarchte laut. Ihm folgte ein Haupt nach dem andern, und zuletzt streckte sich Medb nach hinten auf ihr Lager und versank in tiefen Schlaf. Da hörte der Harfner mit seinem Spiel auf und ging selbst zur Ruhe.

Nach einer Woche, in der jeder Tag als ein Festtag gefeiert wurde mit Jagdfahrten in die Umgebung von Cruachan, Spielen, Schmausereien und Trinkgelagen, ließen Alill und

Medb ihren Gast endlich in das Beratungshaus holen und fragten ihn, ob er nun mit seinem Besuch nicht doch etwas Besonderes bezweckt habe. Fraech erwiderte darauf, er habe ja schon mitgeteilt, warum er gekommen sei. So verlief die Unterredung ergebnislos. Fraech aber ärgerte es, daß er Finnabir noch immer nicht zu Gesicht bekommen hatte.

Daher ging er eines Morgens in aller Frühe hinaus an den Quellbrunnen, weil er hoffte, sie hier zu dieser Stunde zu treffen. So tat er, als wollte er sich waschen, und harrte dort auf sie. Er hatte sich in seiner Erwartung auch nicht getäuscht; denn nach einiger Zeit kam auch Finnabir zum Wasser. Der Jüngling, dem das Mädchen gar wohl gefiel, nahm sie bei der Hand und sprach: »Du bist Finnabir, denn du ähnelst sehr deiner Mutter. Deinetwegen bin ich hierher gekommen, wie du weißt, und doch verbirgt man dich vor mir. So bleibe denn jetzt ein Weilchen bei mir, damit wir uns besprechen.«

»Ich täte es herzlich gern«, klagte das Mädchen, »aber ich darf nicht lange säumen. Meine Mutter hat mir streng verboten, mich vor dir sehen zu lassen, und ich bin in ihrer Gewalt. Ich vermag nichts zu unternehmen. Mich freut es nur, daß wir uns hier begegnet sind; denn ich liebe dich und keinen andern.«

»So will ich dich entführen«, schlug ihr Fraech vor und drückte sie zärtlich an sich.

»Nein«, sagte Finnabir, »das würde vielen Männern das Leben kosten. Aber du bist ja reich genug, denke ich, daß du den Brautpreis für mich bezahlen kannst. Dann steht unserer Vermählung nichts im Wege. Geh nur zu meinen Eltern und sprich offen davon, was dich hergeführt hat. Und zum Zeichen, daß ich dir gehören will, nimm hier diesen Daumenring! Meine Mutter gab ihn mir zum Aufbewahren; aber wenn sie mich danach fragt, will ich sagen, ich habe ihn verloren.«

Fraech lächelte über den guten Willen des Mädchens und nahm den Ring. »Sobald dich deine Eltern mir zugesagt haben, will ich dir viel Geschmeide schenken, Finnabir, und dich schmücken wie eine Königin«, sagte er, »aber zur Stunde würde dich ein Goldschmuck aus meiner Hand nur verlegen machen, wenn dich deine Mutter darum fragt.«

»Und du wirst nun um mich werben?« fragte Finnabir und blickte bittend zu ihm auf. »Das will ich gewißlich tun«, beschied sie Fraech, und mit diesen Worten trennten sie sich, nachdem sie der Jüngling dreimal geküßt hatte.

Um die Mittagszeit saßen Alill und Medb im Beratungshaus. »Ich weiß nicht, ob Finnabir mein Gebot übertreten hat«, sagte die Königin, »aber mir scheint, sie hat Fraech irgendwo erspäht, und nun brennt ihr kleines Herz lichterloh, und immerfort bittet sie mich, den Jüngling doch auch einmal zu sehen.«

»Sie wird ihn schon bemerkt haben«, meinte Alill, »und du solltest ihr nachgeben, sonst läuft sie uns noch mit ihm davon. Außerdem wäre das so übel nicht, wenn wir sie mit ihm verheiraten. Er wäre uns dann verpflichtet und würde mit seiner Schar zu uns stoßen, sobald wir den Zug gegen Conchobar und die Ulter unternehmen.«

Da erschien Fraech auf der Schwelle des Hauses. Er grüßte kurz und trat vor die beiden. »Ich hätte euch eine Frage vorzulegen«, sagte er bedächtig. »So sprich nur!« ermunterte ihn Alill. »Ich wollte euch fragen«, brachte Fraech nun langsam heraus, »ob ihr mir wohl eure Tochter Finnabir zur Frau geben wolltet, denn viel Rühmens habe ich von ihr gehört.«

Alill und Medb blickten sich verdutzt an. »Du wirst den Brautpreis nicht bezahlen wollen, den ich fordere«, sagte schließlich Alill listig und blinzelte zu Medb hinüber. »Du sollst haben, was du verlangst, Alill«, beteuerte Fraech. Da sagte der König: »So höre, was ich für sie fordere: sechzig gute Rosse mit allem Geschirr und Gebissen von Gold, dazu zwölf trächtige Kühe oder solche mit einem Kalb. Ferner sollst du mit deinen Kriegern zu uns stoßen, sobald wir auf Kriegsfahrt ziehen, und dich mit ihnen sofort einstellen, wenn wir dich rufen. Willigst du darein, so sollst du Finnabir haben, sobald du zum Kampfe zu uns kommst.«

Da lachte Fraech und rief: »Wahrlich, das nenne ich einen hohen Preis für das Mädchen. Doch ich schwöre dir bei meinem Schwert und meinem Schild, deine Königin hätte sich billiger verkauft. Warum soll also die Tochter teurer sein als die Mutter?« Mit diesen Worten verließ er verdrossen die Besprechung und zog sich zurück.

»Ein Frechling, fürwahr!« geiferte jetzt Medb, »was sagst du zu dieser Verhöhnung, Alill? Darum ist er also so lange bei uns geblieben und hat unser Gut verpraßt, um uns nun mit Schimpf und Hohn zu bedecken.«

»Ja«, meinte Alill, »er wird nun hinziehen und uns überall in Erinn lächerlich machen. Das Beste wäre jetzt wohl, ihn umbringen zu lassen, ehe er Unheil ausbrütet.«

»Das würde unserm Ansehen noch mehr schaden«, widersprach Medb.

»So will ich darüber nachdenken, wie ich es anstelle, ihn unauffällig zu beseitigen«, beharrte Alill auf seinem schändlichen Plan, »aber unsere Ehre soll er nicht antasten.«

»Sieh lieber zu, daß er bald abzieht«, murrte Medb, »ich mag die Fresser nicht mehr auf dem Gehöft haben.« Damit trennten sie sich.

Am Nachmittag schlug König Alill seinen Gästen vor, sie wollten allesamt in der Brei baden. »Man sagt«, bemerkte er zu Fraech, »du seist ein vortrefflicher Schwimmer, so laß uns deine Kunst sehen.« Fraech wollte zwar alsbald von Cruachan wieder aufbrechen, nachdem ihm seine Werbung mißglückt war, doch ließ er sich von Alill bereden, noch bis zum nächsten Tage zu bleiben.

Als sie zu dem Wasser kamen, sagte Alill: »Springe nun hinein, Fraech, damit wir dich schwimmen sehen.«

»Ist das Gewässer auch geheuer?« fragte der Jüngling.

»Man badet oft darin«, sagte Alill, »und niemand fürchtet sich hier vor dem Wasser.«

Fraech legte sein Gewand ab und packte seinen Gürtel mit der Tasche oben auf. Dann stieg er in die Wellen. Finnabir und Medb schauten ihm zu, wie er mit schnellen Stößen die Wellen zerteilte. Alill aber untersuchte unterdessen die Tasche seines Gastes. Darin fand er den Ring, der ihm wohl bekannt war. Mit schnellem Wurf schleuderte er ihn ins Wasser. Doch Fraech hatte ihn gut beobachtet. Er sah, wie der Ring, den ihm Finnabir geschenkt hatte, ins Wasser klatschte und wie ein Lachs das blinkende Ding gierig verschlang. Da tauchte er nach dem Fisch, fing ihn unter Wasser und schwamm verstohlen mit ihm nach einer entlegenen Stelle und legte das Tier, nachdem er es getötet hatte, am Ufer dort unter einem Erlengebüsch ins Versteck. Hierauf schwamm er zurück und wollte nun aus dem Wasser steigen. Doch Alill rief ihm zu: »Ach, Fraech, siehst du dort drüben den Ebereschenbaum mit den schönen roten Beeren? Schwimm doch hinüber und bringe mir einen Zweig davon!«

Fraech drehte um, schwamm hinüber und brach einen Zweig von dem Baum. Als er zurückkam, klatschte Finnabir vor Freude in die Hände: »Schaut!« rief sie aus, »wie schön ihm die roten Beeren auf der weißen Schulter leuchten! Wie ein Gott fliegt er über das Wasser, ich sah nie einen schöneren Mann als ihn.« Fraech reichte Alill den Ebereschenzweig.

Der besah ihn und sprach: »Herrlich sind die roten Beeren. Doch bringe für Finnabir auch einen Zweig, sie liebt diese Beeren so.« Da wandte sich Fraech abermals, um der Geliebten den Gefallen zu tun. Doch wie er diesmal in die Mitte des Flusses gelangte, tauchte aus der Tiefe ein Ungeheuer und stürzte sich auf ihn. Geschickt wich er ihm aus und schrie zum Ufer zurück: »Ein Schwert! Reicht mir ein Schwert!« Doch niemand wagte es, dem jungen Mann zu Hilfe zu eilen. Da warf Finnabir eilends ihr Kleid ab und stürzte mit ihrem Schwert in der Hand zu Fraech. Ergrimmt schleuderte ihr Alill seinen fünfzackigen Speer nach. Doch die Waffe streifte sie nur leicht an den Haarflechten. Fraech aber, dem das Untier schon in die Seite gebissen hatte, fing den Speer auf und schleuderte ihn mit solcher Kunstfertigkeit zurück ans Ufer, daß er Alill durch Hemd und Mantel fuhr und ihn, ohne ihn zu verletzen, an den Boden nagelte. Entsetzt liefen nun alle vor dem Rasenden davon, zumal sie ihn nun Finnabirs Schwert in der Faust schwingen sahen, und auch Alill eilte mit zerfetzten Kleidern hinter ihnen her.

Jetzt erst erledigte Fraech das Wasserungeheuer und schlug ihm den Kopf ab. Dann stieg er, aus vielen Wunden blutend, mit Finnabir, die ihn stützte, aus dem Wasser.

»Du hast dich übel benommen, Alill«, warf ihm Medb vor, als sie wieder in der Burg waren. »Du bist der ungeschickteste Tölpel, den ich je mit Augen sah. «

»Mir tut mein Mißgeschick gewiß leid, Medb«, verteidigte sich Alill, »Fraech ist wirklich ein ganzer Kerl, das muß man ihm lassen. Doch das Mädchen – ihr Mund soll mit morgen abend für immer verstummen. Nicht weil sie ihm zu Hilfe eilte, sondern weil sie uns den Ring stahl und an Fraech wegschenkte.«

Entrüstet ließ Medb ihn stehen und gab ihren Mägden Befehl, für Fraech schleunigst ein Bad herzurichten, um den Verwundeten zu säubern und zu pflegen. So nahm ihn denn eine Schar von Frauen in das Bad. Dort wuschen sie ihm die Wunden in der Wanne und bestrichen sie mit Fett und Öl. Draußen aber bliesen Fraechs Hornbläser eine traurige Weise; denn sie vermeinten, ihr guter Herr wäre tot. Fraech ging es auch gar nicht gut, und obschon sich Finnabir selbst und die Frauen alle Mühe mit ihm gaben, verfielen seine Kräfte doch schnell, so schwer hatte ihn das Untier versehrt.

Da erschienen in der Nacht dreimal fünfzig Frauen in weißen Gewändern, mit grünen Hauben und silbernem Geschmeide um Hals und Arme, und ließen ihre Klagerufe vor den Wällen von Cruachan erschallen. Man ging hinaus und erkundigte sich bei ihnen, worum sie so bitter klagten. »Um Fraech, den Sohn der Befinn, jammern wir«, sagten sie ihnen, »um den Liebling der Side von Erinn. Bringt ihn heraus zu uns, denn um ihn sorgt sich seine Mutter und die weißen Frauen der Boyne.« Da brachten sie Fraech heraus zu den weißen Frauen. Die hoben ihn behutsam auf und trugen ihn hinein zu den Elfen des Hügels von Cruachan.

Am nächsten Tage stand Fraech völlig geheilt auf dem Burghof. Alle grüßten ihn und freuten sich über seine Genesung, am meisten aber seine Gefährten, die gar traurig die Nacht verbracht hatten und schier von Sinnen kamen, als sie den Klageruf der Sidefrauen vernahmen. Das ist die grausigsüße Melodie, die noch heute die Musikanten von Erinn zu spielen pflegen, den Klageruf der Sidefrauen. Auch Alill und Medb eilten herbei und bemühten sich, Fraech wieder zu versöhnen. Und die Königin zeigte vor Fraechs Augen solche Empörung über die Schandtat ihres Gatten und bat ihren Gast so dringend um Vergebung, daß endlich zwischen ihnen allen Frieden geschlossen wurde. Darauf begaben sie sich allesamt zum Schmaus in die Festhalle. Bis gegen Abend zechten sie hier.

Da rief Fraech einen seiner Krieger zu sich und sagte zu ihm: »Geh zu dem Erlenbusch am Ufer des Wassers, hundert Schritte flußabwärts von der Stelle, wo ich gestern nach dem Kampf mit dem Untier herausgestiegen bin. Dort findest du einen Lachs. Den trage zur Köchin und bestelle ihr, sie möchte den Fisch kochen und sogleich vor den König setzen. Sie solle ihm aber nicht die Eingeweide herausnehmen.« Der Krieger ging fort. Fraech aber freute sich, als er Alill in der Trunkenheit lallen hörte: »Und schafft sie den Ring nicht wieder herbei, ihre Lippen sollen heute abend welk werden. Ja, das habe ich ihr zugeschworen.«

Als man sich nun an dem reichlichen Essen und dem kräftigen Trunk hinreichend ergötzt hatte, gebot Alill, man solle ihm seine Kleinodien herbeischaffen, die wolle er seinen Gästen zeigen. Darauf trug man ihm Ringe und Spangen herbei, köstliche Ketten aus Gold und Silber, edles Gestein und prächtige Hefteln und Broschen. Und als die Gäste diese Schätze bestaunten und bewunderten, sagte der König plötzlich: »Finnabir, ich habe deiner Mutter vor längerer Zeit einen besonders schönen Ring gegeben und sie hat ihn dir zur Aufbewahrung anvertraut. Bringe mir jetzt auch diesen Ring!«

»Ich glaube, ich habe ihn verloren«, stammelte Finnabir, und ihre Augen füllten sich mit Tränen.

»Du mußt ihn mir herbeischaffen, Mädchen, damit ihn die Jünglinge sehen. Er ist das Prachtstück meines Schatzes.«

»Ich kann nicht sagen, wo ich ihn hingetan habe«, bettelte sie.

Alill wurde wütend. »So suche ihn, oder es ist um dein Leben geschehen, Dirne!«

Die Jünglinge suchten ihn zu beruhigen und meinten, der Schätze wären es ja übergenug, und der Ring ließe sich wohl entbehren. Und Fraech erbot sich sogar, Alill jedes Kleinod aus seinem Schatz zu schenken, wollte er das Mädchen verschonen, das ihm das Leben gerettet hätte, als sie ihm das Schwert brachte. Doch der König beharrte trotzig und ungerührt auf seinem Willen: »Kein Schatz der Welt kann sie retten, wenn sie mir nicht den Ring bringt.«

»Ich kann ihn dir nicht wiedergeben«, weinte jetzt Finnabir, »mache mit mir, was dir beliebt.«

»Deine Tränen bewegen mich nicht«, grollte Alill, »und so gibst du den Ring, oder ich lasse dir das Haupt abschlagen.«

»So will ich gehn und ihn suchen«, schluchzte Finnabir und wandte sich zur Tür. Doch Alill rief sie zurück: »Nein, geh du nicht selbst, sondern laß einen andern den Ring holen.« Da schickte das gepeinigte Mädchen eine Magd fort. Die hielt aber Fraech vor der Tür an und sagte ihr, sie solle den gesottenen Lachs aus der Küche bringen, damit würde der Streit wohl aus der Welt geschafft werden. Fragend blickte die Magd auf Finnabir zurück. Die aber nickte nur unter Tränen. Der König sah den Blick und schlug mit der Faust auf den Tisch: »Bei dem Gott, bei dem mein Stamm schwört, Finnabir, entweder kommt der Ring zum Vorschein oder du entsagst deinem Leben.« Fraech blickte ihr ermutigend in die Augen und lächelte sie an. Da gab das Mädchen ihrem Vater zurück: »Und ich schwöre dir, wird er gefunden, so sollst du mich keinen Tag länger in deiner Trunkenheit schmähen und peinigen.«

»Das Wort lasse ich gelten«, knurrte Alill, »dann magst du gehn, mit wem du willst, und wäre es mit einem meiner Pferdeknechte.«

»So wartet doch ab, ob der Ring sich wiederfindet«, sagte Medb, die dem törichten Gezänk bis dahin ruhig zugehört hatte. »Wird er heute nicht gefunden, so kann das doch morgen sein. Allerdings scheint nur, es wäre ein Wunder, wenn er heute noch zum Vorschein kommt. Und ist er verloren, so läßt er sich wohl durch einen ähnlichen ersetzen.«

Wieder wollte Alill grimmig auffahren. Doch da brachte die Magd den gesottenen Lachs. Der lag trefflich zubereitet in der Schüssel und die Köchin hatte ihn mit Honig bestrichen. Fraech griff zu seinem Schwert, und noch ehe der verdutzte König begriffen hatte, was es mit dem gesottenen Fisch auf sich hätte, schnitt er den Lachs mitten durch. Da rollte der Ring dem König entgegen. »Ist dies dein Ring?« fragte er Alill. Der nahm ihn in die Hand und prüfte ihn sorgsam. »Übrigens fehlt mir seit einiger Zeit ein Ring aus meiner Tasche«, ließ sich Fraech weiter hören, »mich dünkt, er sah jenem da in deiner Hand recht ähnlich.« Da lachte Alill ein kindisches Lachen. »Ich will dir's nicht verschweigen, Fraech«, sagte er dann, »dies hier ist mein Daumenring und ich fand ihn in deiner Tasche. Bei deiner Ehre, wie kamst du zu dem Ring?«

»Ist es gleich nicht vornehm, Alill, seinen Gästen die Taschen zu durchwühlen, so sollst du nun alles erfahren«, entgegnete Fraech. Und er erzählte ihm, wie sich alles mit dem Ringe zugetragen hatte. Er hütete sich indessen zu gestehen, daß ihm Finnabir selber den Ring gegeben habe. Vielmehr stellte er es so dar, als hätte er den Ring draußen gefunden. Da sei ihm Finnabir begegnet, die eifrig mit den Augen auf dem Boden suchte. Er wußte wohl, daß der Ring kostbar war, und hatte ihn deshalb zu sich gesteckt und aufgehoben. Als er nun das Mädchen so suchen sah, ahnte er rasch, warum sie so immerzu auf den Boden blickte. Da hätte er sie gefragt, was sie ihm gäbe, wenn er ihr das erstatten könnte, wonach sie Ausschau hielte. Und als er ihr den Ring zeigte, hätte sie ihm als Finderlohn ihre Liebe für ein Jahr zugesichert.

Da verwunderten sich alle im Saal. Finnabir aber jubelte: »Und so werde ich dem herrlichen Mann mein Wort halten müssen.«

Da konnte Alill keinen Widerspruch mehr erheben. »So nimm denn das Mädchen, Fraech«, brachte er schließlich widerwillig heraus. »Doch das Beilager sollst du erst in der Nacht halten, wenn du mit deiner Schar zu uns stößt, sobald die Männer von Connacht auf Kriegsfahrt ziehen, und das wird sehr bald geschehen.«

Damit war Fraech einverstanden. Am nächsten Tage nahm er Abschied von Finnabir, küßte sie dreimal vor aller Augen, grüßte Alill und Medb und zog mit seinen Kriegern, seinen Hornbläsern, Harfnern und Gauklern wieder heim zu seinem Gehöft[265].

Die Frau in dem gläsernen Schiff

Viele Lieder künden von den Taten des Königs Conn Hundertkampf. Der war ein gewaltiger Kämpe und herrschte einst machtvoll über alle fünf Gaue von Erinn als Hochkönig[266]. Aber nur ein Lied meldet, wie der mächtige Conn einmal in seinem Leben seiner Ohnmacht inne wurde, und das geschah vor einem wunderschönen Weibe in einem Schiff von reinem Glas und um seines Sohnes willen. König Conn hatte zwei Söhne: Condla den Roten und Art den Bären[267]. Aber während Art stark und wohlgestaltet war und eine der kräftigsten und ansehnlichsten unter den Jungmannen Erinns, war Condla mißgestaltet, und ein Buckel verunzierte seinen zarten und schwachen Körper, obwohl sein Antlitz lieblich und edel anzusehen war und von zwei hellen blauen Augen freundlich erleuchtet wurde. Und seltsam war das Geschick eben dieses unglücklichen Buckligen, der durch die Frau in dem gläsernen Schiff glücklich und selig werden sollte. Das geschah so.

Einmal ritt König Conn mit seinem Sohne Condla und dem Druiden Coran ums Frührot über die Ebene von Archommin in der Landschaft Mide. Sie nahmen ihren Weg der Sonne entgegen und wollten das Meer erreichen. Zu der frühen Stunde wallten leichte Nebel über dem Feld wie Schleier. Da starrte Condla plötzlich wie von einem Zauber gebannt vor sich auf den Weg, und auch sein Roß hemmte den Lauf, stand still und steilte die Ohren. Ihm entgegen kam da ein Weib geschritten von königlicher Gestalt in einem wundersam fließenden Gewande, desgleichen der junge Königssohn niemals gesehen hatte. Die beiden andern Reiter bemerkten die schöne Frau nicht, die nur für Condla sichtbar war, setzten ihren Weg unbekümmert fort und achteten nicht weiter auf das befremdliche Gebaren des jungen Prinzen. Da redete Condla die Frau in dem Schleier an: »Wer bist du, Weib, und woher kommst du, daß du uns zu dieser ersten Morgenstunde hier auf dem Felde begegnest?«

Das Weib antwortete ihm freundlich und gütig: »Ich bin eine Side, du Königssohn, und komme aus dem Land des Friedens, wo niemals Streit ausbricht. Von der Insel des ewigen Lebens nahe ich dir, wo nie der Tod zu Gaste kommt. Liebliches Saitenspiel ertönt dort, wenn wir sitzen und Speise schmausen, wie kein Irdischer je sie aß, und aus funkelnden Bechern kühle Süßigkeit schlürfen, wie sie kein Sterblicher je genoß.«

Als König Conn die Stimmen hinter sich vernahm, die da miteinander Zwiesprache hielten, zog er die Zügel an und wandte sich im Sattel nach seinem Sohn um, und der Druide tat desgleichen. »Mit wem sprichst du da, Condla?« fragte der König nach hinten. Aber er bekam keine Antwort von Condla, und statt dessen hörte er die unsichtbare Side deutlich singen:

»O junger Condla, dir krönt die Stirn
Ein lichter Reif, dein rotblondes Haar
Erschau ich mit Lust: ich liebe dich, Condla.
Was dein Sehnen träumt, deine Seele begehrt,
Ich schenke dir alles, du Schöngelockter.
Kein Siechtum soll mehr saugen am Mark dir,
Keine Krankheit je deine Jugend zerstören,

Nie soll dir nahen Alter noch Tod.
Blühende Schönheit, nie schwindend noch welkend,
Ewiges Leben in endlosen Freuden
Und das Licht meines Leibes gewähre ich dir,
Läßt willig du ruhn meinen weißen Arm
Auf dem Schmuck deiner Schulter, der goldenen Heftel,
Und meine zarte Hand auf dein Herz dir sinken.«

Condla der Rote blickte unverwandt und wie verzückt auf die liebliche Gestalt, und im Bann ihres Zaubers fragte er sie wie träumend: »Wo liegt das Eiland, von dem du sprichst und wo alle Sehnsucht gestillt wird?« Da sang die Side weiter, und ihre Stimme klang jetzt jubelnd und hell wie ein Frühlingswind:

»Das Eiland der Feien blüht fern im Meer.
Boadag gab dort, der edle Elfenkönig,
Mir, seiner Tochter, das tanzende Schiff,
Das Schiff aus Kristall, das schimmernd und funkelnd
Sich wiegt auf den Wogen und lachend dahinfährt.
Das schaukelt am Strand jetzt, das steuert uns hurtig
Übers brausende Wasser nach Boadags Reich.
O komm, Condla, dich soll's nicht gereuen!
Aus dem Banne Tethras, des Totenfürsten,
In dessen Schatten du lebst bei den lieben Verwandten
Immer hier auf der Erde, wenn auch geehrt und gelobt,
Erlöst meine Liebe dich, du Rotwangiger.
O komm, Königsspröß, und folg mir von hinnen[268].«

Als die Side dies verführerische Lied zu singen begann, blickte König Conn scharf auf seinen Sohn und erkannte bald, daß er sich nicht zu rühren vermochte unter dem

Bann der unsichtbaren Frau. Da rief er dem Druiden zu: »Hörst du nicht, Coran, wie eine Side meinen schönen Sohn mit ihrem verderblich süßen Lied zu betören trachtet? Mit den Sichtbaren kämpfte ich noch immer siegreich, aber gegen die Unsichtbaren kann ich mit all meiner Macht nichts ausrichten. So singe denn du, der du größeren Wissens und besserer Künste mächtig bist, deinen stärksten Bannspruch gegen die Unholdin, die mir mein Kind rauben will!«

Da sprang der Druide sogleich vom Pferde, riß ein Büschel Gras aus der Erde und warf die Halme gegen den Ort, woher das Zauberlied des Weibes erklang. Mit gewaltiger Stimme, die den Sang der Side überdröhnte, sang Coran:

»Wie das Gras vergehe, das der Erde entrissen,
Das der Wind verweht, das das Feuer verzehrt!
Entweiche, Feindin, vorm Feuer meiner Augen!
Zerstäube, Heillose, vorm Hauch meines Mundes!
Versinke, Weib, im Wasser der Zunge[269]!«

Mit brennenden Augen schaute der Druide, als er diese schreckliche Verwünschung ausstieß, in die Richtung, da er die Side vermutete, hauchte dreimal seinen Atem gegen sie und spie dann auf die Erde. Da hörte die Zauberfrau auf mit ihrem Singen und reichte Condla einen roten duftenden Apfel[270]. Condla nahm die Frucht, und darauf sah er die Side nicht mehr mit Augen, fühlte er auch gleichwohl ihre Nähe noch, und er konnte seine Glieder wieder rühren. Conn aber dankte dem Druiden für die Errettung seines Sohnes, und die drei ritten weiter.

Condla der Rote blieb von Stund an in sich gekehrt und in Träumereien versunken, sprach nur selten und verschmähte Speise und Trank. Nur biß er dann und wann in den Apfel, den ihm die Side in die Hand gegeben hatte und von dem er essen mochte, soviel er wollte, ohne daß er sich verminderte. Und bei jedem Bissen, den er von dem Apfel in den Mund nahm, brannte aufs neue die Sehnsucht nach jenem schönen Weibe in seinem Herzen. So vergingen ihm etliche Monde.

Da stieg er eines Morgens in der Frühe hinab zum Meer. Sein Vater, der ihn wohl bewachen ließ, weil ihn seine Schwermut bekümmerte und er immer fürchtete, die Side möchte noch einmal ihn zu entführen versuchen, folgte ihm in einiger Entfernung, und auch Condlas jüngerer Bruder Art ging mit dem Vater. Als nun Condla der Rote am Meeresgestade stand und sehnsüchtig über die Wasser blickte, die weißschäumend gegen das Ufer gerollt kamen, sah er auf einmal das gläserne Schiff des Elfenkönigs auf den Wellen, und dann stand die Side so schön und lockend wie damals in den Nebeln auf dem Feld von Archommin. Und als sie näher zu ihm herangekommen war, sprach sie zu ihm: »Voll Verlangen schaust du nach mir aus, Condla, und dein Herz ruft nach mir. Wisse denn, daß ich dir immer nahe war und dich nicht lassen werde unter den Sterblichen.« Condla der Rote neigte sein Haupt und hörte ihre Worte voller Entzücken.

Als König Conn abermals die Stimme des Weibes hörte, das er zwar nicht wahrnahm in dem kristallenen Nachen, das er aber an eben dieser Stimme wiedererkannte, bangte sein väterliches Herz um den Sohn; denn nun wußte er, daß ihm große Gefahr drohte. So sagte er zu Art, seinem jüngeren Sohne: »Lauf, Art, so schnell dich deine Füße tragen und hole mir Coran, den Druiden! Nun geht es um deines Bruders Leben und ich brauche Corans mächtigen Zauber, ihn zu retten. Geh und sage ihm das!« Eilends lief Art davon.

Da sprach die Side zum König: »Vergebens wird heute dein Druide sich bemühen, mich zu verscheuchen, König Conn Hundertkampf! Denn heute stehe ich in meinem gläsernen Elfenboot, und an dessen kristallenen Wänden prallen sein Speichel und seine Flüche wirkungslos ab. Ich aber sage dir: nicht hier in Erinn wird Condla der Rote König sein, sondern dort wird er die Krone tragen, wohin ihn mein Schifflein entführt.«

Conn trat voller Zorn und Schmerz an Condla heran, packte ihn an den Schultern und blickte ihm ins Gesicht. »Dich berückt das schändliche Weib, Condla«, sagte er zu ihm. »Komm heim mit mir! Du gehörst zu uns und sollst einst König sein von Erinn. Oder bist du nicht Manns genug, ihr dein Herz zu versagen?«

Traurig schaute der Bucklige den Vater an und sprach: »Ich weiß nicht, wie mir ist, Vater. Ich liebe dich und euch alle daheim. Doch stark ist die Macht, die das Weib über mich übt, und großes Verlangen trage ich nach dieser Frau, seit ich sie zum ersten Mal sah.« Da hub die Side wieder zu singen an:

»Über die See fliegt dein Sinnen, rotblonder Condla.
Drum steh nicht säumig und steig in mein Schiff!
Ehe die Sonne sinkt hinter dem glühenden Meer,
Hebt sich uns aus der Flut an des Himmels Rand
Lächelnd und grüßend der Glücklichen Eiland.
Rot flammen die Felsen im Abendlicht,
Doch dämmriges Dunkel schwarzgrüner Bäume
Lockt uns zur Rast in den raunenden Schatten.
Dann senkt sich die Nacht, die silberblaue,
Und Willkomm bieten, mit Blumen im Haar,
Uns Feien und Elfen, die Frauen und Mädchen,

Und dienen uns sorglich und singen und spielen.
Dort ruhst du nur, Condla, als König am Herzen,
Unser silbernes Lager deckt sanftkühle Nacht.«

Als die Side dies betörende Lied zu Ende gesungen hatte, lief der Bucklige wie ein Rasender durch die brandenden Wellen zu dem gleißenden Schiff von Glas und sprang hinein. Sogleich löste sich das Boot vom Strande und fuhr geisterhaft schnell weit hinaus auf die See. Wie ein glänzender Stern leuchtete es bald in weiter Ferne auf den dunkelgrauen Wogen des Meeres, als Art atemlos mit dem Druiden den Abhang zum Strande hinabgelaufen kam. »Die Side hat ihn entführt«, sagte König Conn düster und wies mit der Hand auf die See hinaus. »Niemand weiß, wohin er fährt, und somit ist Condla für uns gestorben.« Stumm blickten Art und der Druide über die Wasser in die Ferne. Da drehte sich Conn zu seinem Sohne Art um und sprach: »Nun, Art, bist du der einsame, einzige.«

»Das ist ein treffender Name«, meinte der Druide, »und dieser Name soll ihm fortan bleiben: Art der Einzige[271].« So erhielt Art seinen Namen, als Condla mit dem fremden Weibe entflohen war, und so hieß er dann auch als Hochkönig von Erinn.

Lomna der Narr

Finn, Cumals Sohn, war der Eidam König Cormacs von Tara[272] , und er befehligte das Heer der Männer von Erinn, das ständig unter Waffen stand. Das waren die Fiann[273], eine Schar auserlesener Kämpen, welche die Schutzwache des Königs bildeten, das Land gegen Seeräuber verteidigten und unstet von Gau zu Gau umherzogen, um Rechtsbrecher und Aufrührer niederzuhalten.

Finn war ein großer Frauenverehrer, und sei es auf den Hügeln oder in den Tälern, in den Ebenen oder in den Wäldern, wo immer er hinkam, wartete seiner ein Weib als seine Wirtin und Bettgenossin, und niemand durfte diesen Frauen allen je ein Leid antun, wollte er nicht den Zorn des mächtigen Heerführers heraufbeschwören. Nun geschah es einmal, daß Finn mit seinen Kriegern nach Tethba im Gau Lagin zog, weil er dort eine Jagd veranstalten wollte. In seinem Gefolge befand sich auch Lomna Midlach[274], ein Narr, der ihm treu ergeben war und den er wegen seiner witzigen Späße sehr gern hatte. Und war er gleich ein schwaches, dürres Männlein mit einem runzeligen Gesicht, so mochten ihn auch die Fiann wohl leiden, weil sie an seinen Scherzen ihre Freude hatten.

Als nun Finn bei einer schönen Frau in Tethba sein Quartier bezogen hatte, weilte auch Lomna in diesem Hause bei seinem Herrn. Er ging aber mit den Kriegern nicht auf die Jagd, weil er die Anstrengung seinem schwächlichen Körper nicht zumuten konnte. Eines Tages waren nun wieder die Fiann mit ihrem Anführer weit ins Land gezogen, um dem Wild nachzustellen, und Lomna war allein zu Hause geblieben. Da es schönes Wetter war, hielt es ihn aber nicht drinnen. So begab er sich hinaus und setzte sich einen guten Steinwurf abseits in das hohe Gras neben einen Strauch und ließ sich wohlig von der Sonne bestrahlen. Da sah er plötzlich einen fremden Krieger von den Männern von Lagin aus dem Walde treten und seinen Weg über die Wiese hin zu dem Hause nehmen, in dem die schöne Frau wohnte. Und schließlich bemerkte er, wie dieser Mann in dem Hause verschwand. Der Narr lächelte boshaft, und nach einem Weilchen erhob er sich still aus dem Grase und schlich sich leise zu der Tür, durch die er den Mann von Lagin hatte eintreten sehen. Argwöhnisch spähte er in das Innere des Jagdhauses. Seine Vermutung hatte ihn nicht getäuscht. »Sie sind alle fort, Cairbre, und werden vor Abend nicht heimkommen«, sagte die Frau und blickte den Mann mit verliebten Augen an, »nur der alberne Narr treibt sich noch irgendwo hier herum.« Der Mann achtete aber kaum auf ihre Worte, sondern umarmte und küßte sie zärtlich, nahm sie auf seine Arme und trug sie zu dem Ruhelager, das sich in einem Winkel des Gemaches befand. Wieder verzog sich der Mund des Narren zu einem gehässigen Lächeln. Doch er sah sich das Liebesspiel der beiden ein Weilchen ruhig mit an.

Da schrie die Frau auf einmal auf: »Ein Schatten fiel über den Türeingang, Cairbre! Wir werden belauscht ...« Wütend sprang Cairbre auf, griff nach seinem Schwert und stürzte zur Tür. Rasend vor Zorn schleifte er den Narren, dessen Nacken er mit der Faust gepackt hielt, hinter sich her in das Haus hinein. »Es ist Lomna, Finns Narr«, sagte die Frau, »er wird mich verraten.«

»Das wird er nicht tun«, schrie Cairbre ihn an, »oder er soll seinen Kopf nicht zwischen seinen verbogenen Schultern behalten!« Bei diesen Worten zückte er sein Schwert gegen den zitternden Schwächling. »Gestehe«, grollte Cairbre weiter, »was ist dir wichtiger, deine Zunge oder dein Kopf?« Ängstlich blickte das Männlein auf das erhobene Schwert, sah seinen Gegner mit einem unergründlichen Blick aus seinen dunklen Augen an und bekannte: »Ich schwöre dir, daß meine Zunge nicht ausspeien wird, was meine Augen tranken.«

»So trolle dich und denke an dein Wort!« mahnte ihn Cairbre und ließ sein Schwert sinken.

Der Narr ging hinaus, und es schmerzte ihn, daß sein Herr von dem schönen Weibe so schmählich verraten wurde. So nahm er draußen sein Messer, hieb sich einen Haselstab ab und schnitt in seine Rinde mit Ogamzeichen diese Worte: »Ein Erlenstock zwängt sich ins Goldgehege. Tödlicher Nachtschatten sprießt an des Hauses Wand. Ein Narr nur hebt eine lüsterne Frau. Öde Heide deckt die nackte Höhe von Uallan in Lagin.« Diesen Stab warf er vor den Eingang des Hauses, als Finn abends mit seinen Jägern heimkam[275].

Finn sah die Zeichen auf der Haselgerte, hob sie auf und las die Worte, die sein Narr darauf eingeritzt hatte. Und er verstand, was die Zeichen meinten. Tiefer Abscheu erfüllte ihn, und er begann die schöne Wirtin zu hassen. Fortan nahm er sie nicht mehr auf sein Lager. Mit um so größerer Gunst aber lohnte er dem Narren seine Treue. Zwar versuchte Finn wiederholt, den ehrlichen Warner zum Sprechen zu bewegen, und einmal drang er sogar heftig in ihn, er solle ihm erzählen, was er gesehen habe. Lomna aber hütete sich aus Furcht vor der hellhörigen Wirtin und dem

Schwert ihres heimlichen Buhlen und sagte nur lächelnd: »Meine Zunge ist zu schwach, den Wespen ins Nest zu lecken, und seit eine mich mit dem Stachel traf, ist sie geschwollen und unbeweglich, und der Wespenhonig schmeckt bitter.« Da lachte Finn und gab sich zufrieden.

Die schöne Wirtin aber fühlte sich gekränkt, daß Finn sie keines Blickes mehr würdigte. Sie fürchtete auch, ihr Ansehen möchte schnell sinken in Tethba, wenn der Mächtige ihr seine Gunst entzöge, und scheute den Hohn der Spötter. Mißtrauisch beobachtete sie den Narren, und aus seinen Augen las sie gar bald, wer ihr Finns Zuneigung verscherzt hatte. So überkam sie ein heftiger Groll gegen Lomna, und sie sann auf sein Verderben.

Heimlich sandte sie Nachricht an Cairbre und ließ ihn wissen, Lomna, Finns Narr, habe sein Wort gebrochen und seinem Herrn alles verraten. Er möge kommen und Rache an ihm nehmen, und am liebsten wäre es ihr, er machte ihn für immer stumm; denn arger Spott würde sie treffen, flögen erst des Narren giftige Worte wie geschwätzige Vögel durch das Land. Da machte sich Cairbre, der ein berühmter Kämpe in Lagin war, auf und lauerte auf die Gelegenheit, wo er Lomna allein treffen würde. Er begegnete ihm auch schon am andern Tage einsam am Rande des Waldes, als er wie bisher allein zurückgeblieben war, während die Fiann auf den Hügeln jagten.

»Du hast dein Wort gebrochen«, sagte Cairbre zornig zu ihm.

Spöttisch sah der Narr ihn an. »Meine Zunge ist nicht so flink wie ein Jagdhund, der einer läufigen Hündin nachrennt. Aber ich sehe wohl, du hast es mehr auf meinen Kopf abgesehen als auf meine Zunge. So nimm ihn denn, aber es wird dich hernach gereuen.«

Dies Wort empörte Cairbre, und er schlug dem Narren den Kopf ab, wie er es ihm angedroht hatte. Er zog ihm auch Hemd und Mantel aus und ließ den nackten Leichnam liegen. Den Kopf des Spötters aber nahm er mit. Als Finn gegen Abend mit seinem Gefolge zurückkehrte, stieß er am Waldrand auf die kopflose Leiche, deren blutiger Hals im Grase wie Scharlach leuchtete. Er blieb stehen und sprach: »Hier liegt ein Toter, der seinen Kopf verlor. Wer mag das sein?« Da trat einer von den Fiann heran und meinte: »Das wird nicht so schwer sein herauszufinden, denke ich; hier könntest du vielleicht den Teinm-Laegda-Zauber anwenden[276].«

Da steckte Finn den Daumen in den Mund und murmelte den Zauber. »Von unsern Leuten hat ihn keiner umgebracht, noch hat ihn ein Eber zerschlitzt, noch ein Wolf ihn angefallen«, sagte er dabei, »und ein Bär hätte ihn in sein Lager geschleppt. Einer der Männer von Lagin aber weiß, wo er den Kopf gelassen hat. Ein Feind hat ihn geköpft. – Lomna! [277]«

»Lomna!« schrien die Fiann voller Zorn und Schmerz. Da nahmen sie die Hunde an die Leinen und setzten sie auf die Spur. Finn aber eilte mit ihnen durch den Wald. Es währte nicht lange, und die Dunkelheit brach herein. Doch die Hunde hielten die Spur und führten die Männer nach stundenlanger scharfer Hetze in ein düsteres Tal, das von einem Flüßchen durchzogen wurde. Da erblickten sie ein Haus, in dem auf dem Herde ein helles Feuer brannte. Finn ließ die hechelnden Hunde zurückreißen und ging selbst leise zu dem Haus. Durch ein offenes Fenster schaute er hinein.

In dem Raum waren keine Lagerstätten, noch irgendwelcher Hausrat. Auf dem blanken Boden saßen etwa zwanzig Männer und sahen stumm dem Mann am Feuer zu, der dort frisch gefangene Fische briet. An der einen Wand aber lehnte ein Spieß, an dessen Spitze der Kopf Lomnas, des Narren, steckte, der mit offenen Augen herabschaute. Als der Mann am Herd einen Fisch gebraten vom Feuer hob, zerlegte er ihn mit seinem Messer in so viele Teile, als Männer vorhanden waren, und gab jedem davon, und so verfuhr er mit einem zweiten. Da fing der Kopf des Narren zu sprechen an: »Du hast nicht gerecht geteilt, Cairbre, reich war deine Beute an Lachsen, mir aber hast du keinen Bissen davon in den Mund gesteckt. Das ist eine Beleidigung den Fiann gegenüber, wenn man seine Gäste hungern läßt.«

Cairbre hörte nicht auf das, was der Kopf sprach. Nur die Männer lachten über das Wort des Narren. Als aber Cairbre abermals von den Fischen jedem der Männer seinen Teil zuwies und Lomnas Kopf dabei überging, hob der von neuem an: »Die Fiann werden dich tadeln wegen deines Geizes, Cairbre. Wieder hast du geteilt, das größte Stück für dich behalten, die andern Männer spärlich bewirtet, und mich läßt du überhaupt hungern, obwohl du mich in dein Haus mitgenommen hast. Dein Ruhm als Geizhals wird dir im Lande bewahrt bleiben.«

»Tut den Kopf hinaus!« befahl Cairbre. »Er stört uns hier mit seinen üblen Reden[278].«

Sogleich nahm einer der Männer den Spieß mit dem Kopf des Narren und trug ihn hinaus. Dort stellte er ihn neben den Eingang. Jetzt hatte Finn genug gehört. Er ging zur Tür des Hauses und stellte sich mit gezogenem Schwert davor. Da schrie der Kopf des Narren: »Heil dir, Finn, du Enkel des Baiscne[279], daß du gekommen bist, einem Hungrigen zu seinem Recht zu verhelfen. Nun werden die Geizigen wie die Lachse in dem großen Feuer gebraten werden, und ihr Fleisch soll dampfen der Bodb ein Wohlgefallen!«

Gellend drang der Ruf zu den Männern im Hause wie zu den Fiann, die jetzt schnell herbeigelaufen kamen. Als Cairbre den Lärm draußen hörte, eilte er zur Tür. Doch in dem Augenblick, da er heraustrat, fuhr ihm Finns Schwert zwischen Nacken und Schultern, und sein Kopf rollte vor den Spieß mit dem Haupt Lomnas. »So ist's recht«, lachte der noch einmal, als er von oben auf Cairbres Kopf schaute, der von dem Herdfeuer durch die Tür blutrot beschienen wurde, »nun kommst du mein einziges Bein zu küssen. Wie wird dein Liebchen sich grämen, daß ihr der Kuß entging!« Dann schloß er die Augen und verstummte für immer. Seinen Mund verzerrte ein befriedigtes Grinsen.

Kein Mann entkam von den Kriegern von Lagin in jener Nacht, als die Hütte in Flammen aufging.

Diarmait und Grainne

Die erste weiße Blässe dämmerte früh am Himmelsrand, als Finn, der Sohn des Cumal, von dem Wall seiner Burg Almhuin den Hügel hinab ins Tal blickte[280]. Trauergebeugt stand er da, und grau schimmerten die Locken an seinen Schläfen wie die silbernen Wölkchen zu seinen Häupten, die das Frühlicht an ihren Säumen eisenfarbig aufleuchten ließ. Zwei junge Krieger näherten sich ihm. Der eine von ihnen, ein schöner und geschmeidiger junger Mann, der mit seinem Gefährten die Nachtwache auf der Veste des Heerführers der Fiann gehalten haben mochte, trat zu ihm heran und fragte ihn: »Warum bist du schon so früh auf, Vater? Noch ist der Himmel bleich, und die Sterne sind noch nicht erloschen.« Der Alte wandte ihm sein Antlitz zu: »Seit Maghnis, die Tochter des Garach Glundub, Moirnas Sohn, mir gestorben ist, kann ich nicht schlafen, Oisin[281].« Der Sohn blickte dem Vater mitfühlend in das faltige Gesicht: »Viele Monde ist die Mutter nun schon tot, Vater, du solltest dich wieder vermählen, damit dein Herz wieder froh wird.« Damit wandte er sich an den andern jungen Krieger, der langsam herzutrat. »Meinst du nicht auch, Diorruing, Sohn des Dobhar aus dem Stamme des Baiscne[282], daß Finn wieder heiraten sollte? Traurig durchwacht er die Nächte in Erinnerungen an die Tote und findet nicht Ruhe noch Schlaf.« Finn schaute über die beiden hinweg gegen den Himmel, der sich im Osten leise rötete. »Aber freilich ist es nicht leicht«, fuhr Oisin fort, »die rechte Frau für ihn zu finden.« Diorruing überlegte einen Augenblick und senkte das Haupt. Dann aber schaute er plötzlich Finn scharf an, als wäre ihm ein guter Gedanke gekommen: »In ganz Erinn gibt es nur eine Frau, Finn, die deiner würdig wäre, und die solltest du heimholen.« Finn lächelte müde und fragte zurück: »Und welche Frau meinst du da?«

»Keine andere als Grainne, König Cormacs blonde Tochter, in Tara«, sagte Diorruing, und Oisin stimmte ihm sofort auf das wärmste zu. Und lange setzten die beiden jungen Männer dem Alten mit dem Vorschlag zu, bis er schließlich meinte: »Ich sehe ja ein, daß ihr recht habt, und ich sollte mich wieder vermählen; aber ob mir der König seine Tochter gibt, weiß ich nicht, und verweigert er sie mir, so wäre das eine schwere Kränkung für mich.«

»Laß das unsere Sorge sein, Vater«, beschwichtigte ihn Oisin, »wir können leicht nach Tara an Cormacs Hof ziehen und ihn unter der Hand fragen, wie er über die Sache denkt. Dann werden wir dir berichten, und dann magst du dich entscheiden.« Noch immer zögerte Finn und äußerte Bedenken. Dann aber schilderte Diorruing dem Alten die Verbindung mit der schönen, reichen und durch ihren Vater auch mächtigen Königstochter, bis Finn endlich damit einverstanden war, daß die beiden als seine Brautwerber zu König Cormac gingen.

Am folgenden Tage schon machten sich Oisin und sein Gefährte auf den Weg nach Tara. Als sie sich der Königsburg näherten, hielt Cormac dort gerade Heerschau auf dem Wiesenplan. Er erblickte die beiden schon in der Ferne und verwunderte sich, was für eine Absicht sie wohl zu ihm führte. Nachdem sie sich begrüßt hatten, trug ihm nun Oisin vor, sie seien zu einem bestimmten Zweck gekommen, nämlich für seinen Vater Finn um Grainne zu werben. »Es soll davon aber noch niemand wissen«, sagte Oisin, »wir wollten heute weiter nichts von dir erfahren, Cormac, als deine Meinung, und wenn du uns abweisen solltest, so laß das unter uns bleiben.« König Cormac freute sich über diese verständige Art, bei ihm um die Hand seiner Tochter anzuhalten, lobte Oisins Vorschlag und meinte, es wäre eine große Ehre für ihn, wenn Finn sein Eidam werden wolle. Dann aber fügte er hinzu: »Und meine Meinung über die Sache will ich euch nicht vorenthalten: Grainne mag sich selbst entscheiden, und wenn ihr Finn als Gatte recht ist, so will ich gegen die Vermählung nichts einwenden. Und wie sie darüber denkt, sollt ihr noch heute abend erfahren.« Darauf lud er sie ein, der Heerschau beizuwohnen, und als sie beendet war und die beiden Brautwerber bei einem reichlichen Mahl erquickt worden waren, ging der König gegen Abend zum Frauenturm[283].

Grainne hatte sich auf dem Söller schon zur Ruhe gelegt und war nicht wenig erstaunt, als der Vater sie noch so spät besuchte. Cormac beruhigte sie und setzte sich auf den Rand ihres Ruhebettes. »Höre, Grainne«, sagte er, »der Grund meines Besuches wird dir nicht unlieb sein. Es sind Boten von Almhuin gekommen, und sie werben um dich bei mir ...« Das Mädchen ließ ihn nicht ausreden, strich sich mit ihren schlanken Händen das üppige Blondhaar nach hinten und fragte: »Ist Oisin gekommen, von dem man soviel Rühmens hört?« Cormac zögerte betroffen. »Ja«, meinte er bedächtig, »Oisin ist der Werber, und der ist ein trefflicher junger Mann ...« Grainne faltete voller Wonne die Finger ineinander und fiel dem Vater abermals ins Wort: »So brauchst du mich nicht erst lange zu fragen, Vater, wer dir als Eidam recht ist, soll mir als Gatte genehm sein.« Cormac hörte mit Freuden diesen Bescheid: denn er fürchtete, seine eigenwillige Tochter möchte ihm antworten, sie würde nie und nimmer den alten Finn zum Gatten haben wollen. »Es ist gut, Kind«, sagte er, »dann will ich es so den Werbern mitteilen.« Damit ging er wieder und verständigte Oisin und Diorruing über Grainnes günstige Antwort.

Hocherfreut meldeten die beiden Brautwerber dem alten Finn in Almhuin das Ergebnis ihrer Fahrt zu Cormac. Da machte sich der Anführer der Fiann auf und zog mit großem Gepränge nach Tara. Herzlich wurde er dort von König Cormac und seiner Gattin Eitche, der Tochter des Atan von Corcaigh, bewillkommt und mit seinem Gefolge festlich als Eidam aufgenommen. Nach der Begrüßung aber begaben sich alle, der König und die Königin mit ihrem Gefolge wie die Hochzeitsgäste, um Finn, den Bräutigam, in die herrliche Methalle von Tara zu geleiten, das schönste Gebäude von ganz Erinn[284]. Rechts neben Cormac bekam Finn seinen Platz, zu seiner linken Schulter aber hatten sich die Königin Eitche und ihr zur Seite ihre Tochter Grainne an der Tafel niedergelassen. Und alle andern erhielten den Platz angewiesen, der ihnen nach Rang und Würde zukam.

Grainne gegenüber lag an der Tafel ein Druide auf der Bank, ein liebenswürdiger und umgänglicher Mann. Der erhob sich während des Mahles und sang ein Preislied auf König Cormac und seine glorreichen Ahnen und auf die Heldentaten des Finn, des Sohnes des Cumal[285]. Dieser Druide gehörte zu Finns Gefolge und Daire Duanach, Sohn des Moirne, war sein Name[286]. Den fragte Grainne unvermutet: »Sage mir, Daire, wer unter den Männern ist eigentlich Oisin?« Der Druide tat ihr Bescheid: »Sieh jenen Mann dort, der Finn gegenübersitzt, das ist Oisin, und der junge

Mann an seiner linken Schulter ist sein Sohn Osgur.« Grainne betrachtete sich diesen Oisin, von dem sie soviel Löbliches gehört hatte. »Er ist ein schöner und wohlgestalteter Mann«, flüsterte sie. Da meinte der Druide: »Freilich, nach Finn, deinem Bräutigam, gibt es keinen besseren Kämpen in Erinn.« Über Grainnes Gesicht glitt ein dunkler Schatten. Mit höchstem Erstaunen fragte sie: »Wie denn, soll denn nicht Oisin mein Gatte werden? Dieser Finn, dachte ich, kommt nur, um mich für seinen Sohn heimzuführen? Finn ist ja älter als mein Vater ...«

Erschrocken blickte der Druide sie an. »Laß das Finn nicht hören, was du da sagst«, raunte er, »er wählt dich dann bestimmt nicht zur Gattin, und auch Oisin würde nicht wagen, deine Liebe zu erhören um seines Vaters willen.«

Enttäuscht ließ Grainne ihr Haupt sinken und verbarg ihr Antlitz. Aber sie fragte, ohne sich etwas von ihrem Unwillen merken zu lassen, nach einer Weile den Druiden weiter: »Und nenne mir die andern Helden, die da an der Tafel ihren Platz haben.« Da sprach der Druide: »Sieh dort, der Mann mit den schönen Beinen, das ist Cailte, der Sohn des Ronan, und neben ihm an seiner rechten Schulter liegt Goll, der Sohn des Moirne, ein gewaltiger Krieger; neben ihm aber hebt jetzt gerade ein starker Kämpe den Becher, das ist Lughaid, Finns Schwestersohn, und jener dort, den das Herdfeuer so grell beleuchtet, das ist Diarmait, der Sohn des Donn, der Enkel des Duibhne, Finns Hauptmann, ein stattlicher Kämpfer und Liebling der Frauen und Mädchen.« Lange ruhten Grainnes Augen auf der Gestalt dieses Mannes mit den rabenschwarzen Locken, den roten Wangen und den nachtdunklen Augen, dessen weiße Zähne so blitzten, wenn er lachte. Und sie hörte nicht mehr zu, als der Druide fortfuhr: »Jener Mann aber, der sich im Augenblick zu ihm hinneigt und ihm ins Ohr flüstert, ist Diorruing, der Sohn des Dobhar Damhadh aus dem Stamme des Baiscne, er ist ein Druide und einer von den Wissenden.«

Lange Zeit verharrte Grainne still und stumm inmitten des Getöses des Festschmauses. Dann aber hieß sie ihre Dienerin, die ihr bei Tisch aufwartete, einen goldenen Humpen aus dem Söller bringen und trug ihr auf, ihn bis oben hin mit Wein zu füllen. Als die Dienerin ihr das riesige Gefäß mit Wein bis an den Rand gefüllt auf den Tisch setzte, tat Grainne, von niemandem bemerkt, ein starkes Gewürz hinein, wartete ein Weilchen und rührte dann den Wein vorsichtig mit einem großen silbernen Löffel um. Darauf erhob sie sich und ging von einem zum andern mit diesem Humpen, und zu jedem sagte sie: »Trink einen guten Schluck aus diesem goldenen Becher um meiner Liebe willen!« Das taten sie denn der Reihe nach, und neunmal neun Männer tranken aus dem Humpen, den sie kredenzte, einen Schluck um ihrer Liebe willen. Doch kurze Zeit, nachdem sie getrunken hatten, schliefen sie einer nach dem andern ein, und niemand vermochte einen von ihnen wachzurütteln. So lagen sie und schliefen tief und fest: Cormac, sein Sohn Cairbre Lifeachair, Finn, Cailte, Osgur, und wie die Kämpen alle hießen.

Als Grainne zu Oisin trat, war der Humpen leer, und nur er und Diarmait bekamen von dem Schlaftrunk keinen Tropfen. Da sprach Grainne zu Oisin: »Du siehst, was ich vorhatte: nie werde ich mich deinem Vater Finn vermählen. Nun schlafen sie alle lang und fest von meinem Zaubertrank. Jetzt frage ich dich, ob du mich entführen willst, ehe sie wieder aufwachen?« Erschrocken wich Oisin vor ihr einen Schritt zurück. »Das bleibe ferne von mir«, sagte er schmerzlich, »denn wenn du mich auch liebst, so kann ich meinem Vater nimmermehr die Treue brechen.« Da wandte sich Grainne kurz von ihm ab und ging zu Diarmait. »So entführe du mich, Diarmait!« forderte sie ihn auf. Aber auch Diarmait bat sie zu bedenken, daß er Finn durch Manneswort zur Treue verpflichtet sei. Sie solle sich einen andern unter den Männern wählen. Da wurde Grainne zornig, legte ihre Hand auf seine Schulter und sagte: »Du siehst recht wohl, Diarmait, daß ich keine andere Wahl habe. So banne ich dich mit dem Zauber des Dromdraoidheacht[287], und Spott und Schrecken sollen dir folgen, wenn du mich nicht heute nacht entführst!«

Diarmait ergriff sie bei beiden Händen und schaute sie an. »Warum hast du gerade mich auserwählt zu der Tat, die vielen Männern das Leben kosten wird?« fragte er sie mit einer Stimme, in der Bitterkeit und Bewunderung vor der hinreißend leidenschaftlichen schönen Frau schrill gegeneinander klangen. »Weil ich dich liebte, als ich dich sah, Diarmait«, sagte Grainne mit heißem Atem, »weil ich dich grenzenlos liebe!«

»Wie sollen wir nun aber aus Tara entkommen«, wollte Diarmait wissen, der sich in sein Schicksal gefangen zu geben schien. »Hat dein Vater nicht die Schlüssel zu den Toren der Stadt? Und wenn diese auch offen wären, würden uns denn die Wachen hinauslassen?«

»Mache dir darüber keine Sorge, Geliebter«, begütigte ihn das Mädchen, »ich weiß im Steinwall ein Hinterpförtchen, durch das wir leicht entfliehen können.«

»Das sei ferne von mir«, lehnte er ab, »daß ich mich durch ein Pförtchen aus Tara hinausstehle.«

»So springe, auf deine Speere gestützt, über die Mauer«, riet sie ihm, ließ seine Hände los und verschwand eilends aus der Methalle.

Wie betäubt stand jetzt Diarmait da und blickte zu Boden. Da trat Oisin zu ihm heran und rührte ihn an: »Diarmait, mag es auch Verrat an meinem Vater sein, du stehst nun unter dem Bann des Draoidheacht und mußt ihr folgen. Leb wohl, dein Weg wird lang sein, mühselig und voll Dornen wegen der Liebe jener Frau. Aber sie wird ihn dir versüßen, und unsterblicher Ruhm erwartet dich am Ende. Leb wohl!« Da nahm Finns Hauptmann Abschied von seinem Freund Oisin und ging zwischen den stummen Schläfern aus der Halle.

Wie ihm Grainne geraten hatte, sprang Diarmait, sich in gewaltigem Schwunge auf die Schäfte zweier Speere stützend über die Mauer. Es war dunkle Nacht. Drüben aber sah er auf dem Wiesenplan Grainnes helles Gewand leuchten, und dort traf er sich mit ihr. Aber nochmals bat er sie: »Laß uns nun umkehren, Grainne, es ist noch Zeit, und die Recken liegen alle in tiefem Schlaf. Niemand wird etwas erfahren, was wir heute nacht getan haben. Nur Oisin weiß darum, und er wird schweigen aus Freundschaft zu mir. Laß uns umkehren!« Aber unbeugsam sagte Grainne zu ihm: »Ich will mit dir fliehen, Geliebter, und wäre das mein Tod!«

So liefen sie in das Dunkel der Nacht hinein. Nach einer Weile wurde Grainne müde und mußte sich setzen. »Trage mich weiter!« bat sie ihren Entführer. »Ich will weder dich je tragen, noch irgend jemals ein anderes Weib«, erwiderte Diarmait schroff[288]. »So hole nur Wagen und Pferde von Tara, während ich hier auf dich warte.« Wortlos drehte er sich um und lief den Weg zurück. Nach langer Zeit kam er mit einem Wagen und zwei Pferden, die er sich auf der Weide gefangen hatte. Nun kamen sie schnell vorwärts und gelangten am Morgen an die Mündung der Bucht von Luan[289].

»Wenn Finn erwacht und erfährt, daß ich mit dir geflohen bin«, sagte Diarmait, als sie abstiegen, um ein wenig auszuruhen, »wird seine Wut so grenzenlos sein wie deine Liebe zu mir, Grainne.« Sie zuckte die Achseln. »Er wird nur gar zu leicht die Wagenspur finden und uns bald einholen«, mahnte er weiter. »So laß den Wagen und ein Pferd hier stehen«, riet sie ihm, »wir können auf einem Pferd durch das Wasser schwimmen, und da verlieren sie die Spur.« Das erschien Diarmait gut, und so verfuhren sie. Sie gelangten an das andere Ufer und zogen nun weiter auf der Connachter Seite bis sie zu dem Wäldchen mit den beiden Hütten[290] in Clanrickard kamen. In der Mitte dieses Gehölzes schlug der Hauptmann eine Lichtung und baute aus den gefällten Baumstämmchen eine Hütte. Darum legte er einen starken Verhau mit zwei Öffnungen, nämlich eine nach vorn und eine nach hinten. Inzwischen hatte Grainne Binsen und Laub gesammelt und in der Hütte ihr Hochzeitsbett schlecht und recht hergerichtet. Dann kam die Nacht nach dieser anstrengenden Fahrt. Doch wer war so selig als Grainne, als sie mitten in der Wildnis den Geliebten in ihren Armen halten konnte!

Als die Recken in Tara ihren schweren Rausch ausgeschlafen hatten, waren sie sehr bestürzt, als sie von Oisin erfuhren, daß sich Grainne von Diarmait hatte entführen lassen. Finn vollends schäumte vor Zorn. Sogleich sandte er zwei Späher aus, um nachzuschauen, welchen Weg die beiden Flüchtlinge genommen hatten. Die machten sich auf und gelangten gar bald bis zu der Furt von Luan. Hier fanden sie den Wagen und das Pferd; aber welchen Weg die Flüchtigen weiter genommen hatten, vermochten sie nicht zu erkunden. So kehrten sie mit dem Wagen und dem Pferd zu Finn zurück und berichteten ihm, was sie entdeckt hatten.

Nun machte sich Finn mit seinem ganzen Gefolge auf, Diarmait und Grainne zu verfolgen. Auch sie kamen bis zur Bucht von Luan und irrten dort geraume Zeit umher. Aber schließlich fand ein aufmerksamer Späher doch die richtige Spur, und die wies auf das andere Ufer. Daher setzten die Männer alle über das Wasser und nahmen die Jagd wieder auf.

Oisin schmerzte es tief, daß sein Freund Diarmait schuldlos so gehetzt werden sollte. Darum schickte er seinen guten Hund Bran vorauf, der sollte die Liebenden warnen. Bran fand auch schnell den Weg zu dem Wäldchen, in dem das flüchtige Paar Zuflucht gesucht hatte. Groß war Grainnes Schrecken, als sie den Hund heranspringen sah. »Laß uns weiter fliehen!« mahnte sie Diarmait, »sie sind uns auf der Spur.« Diarmait aber wollte von Flucht nichts wissen. »Einmal holt Finn uns doch ein«, sagte er gleichmütig, »dann kommt es zum Kampf, der mir nicht erspart bleibt.« Da tönte ein langer lauter Schrei zu ihnen von weit her. »Das ist Fearghoir, der da ruft«, hob Diarmait wieder an, nachdem er eine Weile gelauscht hatte, »das ist Cailtes Waffenträger, und er hat die gewaltigste Stimme in der ganzen Schar der Fiann[291].« Grainne erbleichte vor Furcht, als sie den heulenden Ruf hörte. »Was bedeutet sein Schreien, Diarmait?« fragte sie zaghaft. Finns Hauptmann lachte leise: »Oisin und Cailte lassen ihn rufen, um uns zu warnen, wie sie uns den Hund geschickt haben zum Zeichen, daß wir auf der Hut sein sollen.«

»So laß uns doch von dannen eilen«, bat Grainne wieder. »Sieh doch, da läuft der Hund schon wieder hin, er ahnt es, daß sie jetzt näher kommen ...« Doch Diarmait schüttelte den Kopf. »Und wenn ich mein Leben hier lassen muß«, stieß er trotzig heraus, »ich werde Finn hier nicht heimlich entweichen.« Da schwieg Grainne, aber ihr Herz war voller Angst.

Unterdessen rückten die Fiann näher und näher. Vergeblich stellte Oisin seinem Vater vor, wie töricht sein Beginnen sei; umsonst suchten Diorruing und Cailte Finn zu überzeugen, das liebende Paar sei längst weitergeeilt. Mit einem grimmigen Lachen gab ihnen der Alte zur Antwort: »Ich sah den flüchtigen Hund wohl zu ihnen eilen, um sie zu warnen, und ich hörte Fearghoir rufen, um ihnen unsere Ankunft anzuzeigen, und ich kenne unseren Hauptmann wohl, der den Kampf nicht scheut. Sie sollen mir beide nicht entgehen, da wir die Spur nun bis hierher gefunden haben, und meine Rache sollen sie zu spüren bekommen.« So kamen sie um die Abenddämmerung zu dem Wäldchen, und Finn stellte seine Kämpen rings um den Verhau, den Diarmait um die Waldhütte errichtet hatte. Als der Hauptmann sich umringt sah, holte er Grainne aus der Waldhütte und rief Finn zu: »Wir wollen den Kampf morgen austragen, sobald die Sonne aufgeht.« Der Vorschlag gefiel Finn, zumal ihn seine Krieger drängten, Diarmait die eine Nacht noch zu gönnen. Aber bedingungslos wollte Finn Diarmaits Angebot denn doch nicht hinnehmen. So rief er schließlich zurück: »Wenn du mir Grainne sofort hinausgibst, will ich den Kampf bis morgen verschieben.« Statt einer Entgegnung nahm der Hauptmann die Geliebte vor aller Augen in die Arme und küßte sie dreimal auf den Mund[292]. Der Anblick entflammte den Alten zu wildem Zorn. »Bei dem Gott, bei dem mein Stamm schwört«, rief er, »das sollst du mir mit deinem Kopf büßen, Diarmait!« Aber da nun über dem Verhandeln die Nacht herabzusinken begann, mußte Finn wohl oder übel davon absehen, den Kampf sogleich zu eröffnen, und auch seine Kämpen wollten jetzt in der

Dunkelheit von einem Waffengang mit ihrem alten Hauptmann, den sie immer noch liebten und verehrten, nichts hören. So begnügte sich Finn damit, den Platz rings eingeschlossen zu halten.

Darauf begaben sich Diarmait und Grainne wieder in die Hütte. Zitternd legte sie sich auf das rauhe Lager, er aber setzte sich mit dem Rücken gegen einen Türpfosten in den Eingang; denn er fürchtete einen tückischen Überfall im Dunkeln von seiten Finns. Da tauchte mitten in der Nacht ein Schatten vor der Tür auf. Schlaftrunken sprang Diarmait sofort auf die Beine, das Schwert in der Hand. Aber mit einer wundersam leichten Handbewegung nahm ihm der Fremde die Waffe aus der Hand und führte ihn in die Hütte hinein. »Wisse«, flüsterte er ihm zu, »ich bin Oengus von Brug-na-Boinne und komme als dein Schutzgeist, dich zu retten[293]. Ich will euch beide unter meinen Mantel nehmen und euch, ohne daß eure Verfolger dessen gewahr werden, von hinnen führen.« Diarmait dankte ihm, wollte aber das Angebot für sich selbst nicht annehmen. »Nimm Grainne«, bat er ihn flehentlich, »und rette sie aus dem Ring der Feinde; ich selbst aber habe geschworen, daß ich Finn nicht heimlich davonlaufen will.« Da sagte Oengus: »Gut denn, so will ich Grainne mit mir nehmen, und ich werde sie nach Ross-da-Soileach[294] bringen, dort magst du zu uns stoßen, wenn du deinen Kampf hier bestanden hast.« Darauf barg er die schlafende Grainne unter seinem Mantel und geisterhaft verschwand er mit ihr im Dunkel der Nacht.

Als der Morgen dämmerte, wappnete sich Diarmait und schritt zu dem einen Tor des Verhaus. Dort standen Oisin und Cailte, und sie weigerten sich, mit ihm zu kämpfen. Da begab sich der Hauptmann zum andern Tor. Da wartete Finn schon auf ihn mit seinen Kriegern. Da tat Diarmait einen gewaltigen Sprung und stand in einem Augenblick mit beiden Füßen auf den Schultern des Alten. Und nochmals schwang er sich auf und so mächtig, daß er weit hinter den Kriegern allen zu Boden sprang und Finn von dem Schwung des Helden der Länge nach ins Gras fiel. Und ehe sich die Überraschten noch erholt hatten, war der Hauptmann auf seinen flinken Füßen schon so weit fort, daß ihn niemand mehr einzuholen vermochte.

Gegen Abend gelangte Diarmait zu dem Ort, den ihm Oengus genannt hatte, nach Ross-da-Soileach. Dort fand er Oengus und Grainne in einer geräumigen warmen Hütte. Sie saßen beim Feuer, und Oengus briet einen Dachs über dem Spieß. Groß war Grainnes Freude, als sie den Geliebten unversehrt wieder neben sich sitzen sah. Als sie gegessen hatten und Diarmait erzählt hatte, wie er den Verfolgern entkommen war, begaben sie sich zur Ruhe. Diarmait und Grainne legten sich hinten in der Hütte auf das weiche Lager, Oengus aber setzte sich vorn in die Nähe der Tür und hielt Wacht. So verbrachten die Liebenden eine selige Nacht im Schutz des Gottes. Am Morgen aber nahm Oengus von ihnen Abschied und ermahnte Diarmait: »Höre, Diarmait aus dem Stamme des Duibhne, wenn ihr weiter flieht, so birg dich nie in einem hohlen Baum, noch geh in eine Höhle, die nur einen Ausgang hat, noch betritt eine Insel, zu der nur ein Weg führt! Wo du Speise kochst, da sitz nicht nieder, um zu essen, und wo du ißt, leg dich nicht zum Schlaf! Und wo du schläfst, da erhebe dich noch vor Sonnenaufgang!« Mit diesen Worten verließ Oengus die Hütte.

Diarmait und Grainne flohen nun nach Garbaba-na-b Fiann[295], am Ufer des Flusses Siona[296] entlang. Dort fing Diarmait einen Lachs. Nachdem sich die beiden davon ein Mahl bereitet und gegessen hatten, irrten sie weiter zum

Moor von Finnliath[297]. Hier begegneten sie einem Jungen, der nannte sich Muadhan. Als Diarmait ihn fragte, ob er sie begleiten wolle, willigte er ein und folgte nun den beiden als Helfer und Diener. Bald kamen sie auf ihrer Flucht an den Fluß Carra[298]. Da zeigte sich die Stärke des Jungen. Er trug gleichzeitig Diarmait und Grainne durch das Wasser an das andere Ufer. Und ebenso tat er das, als sie zu den Wassern des Beith[299] gelangten. Hier fanden sie eine Höhle beim Currach cinn Adhmuid[300] oberhalb von Tonn Toime[301]. In dieser Höhle bereitete Muadhan den beiden ein bequemes Lager, auf dem sie nach der mühsamen Wanderung endlich wieder einmal ruhig schlafen konnten. Aber Muadhan war auch ein geschickter Fischer. Mit einer Gerte, an die er eins seiner langen Haare als Schlinge befestigt und mit einer Beere beködert hatte, fing er aus dem Fluß eine große Menge von Fischen. So hatten die Flüchtlinge ein ausgiebiges Mahl.

Aber auch in dieser Höhle sollten Diarmait und Grainne nicht lange Zeit Frieden haben. Eines Morgens sah der Hauptmann mehrere Schiffe, die im Nebeldunst mit größtenteils gerefften Segeln langsam sich dem Strande näherten und ein gutes Stück weiter westlich vor Anker gingen. Einige der Seefahrer stiegen an Land. Diarmait ging ihnen entgegen und traf bald auf die kleine Schar, an deren Spitze drei Männer schritten, die ihre Anführer schienen. Da Diarmait nach dem ruhelosen Leben, das er zu führen gezwungen war, nicht eben sehr schmuck und stattlich aussah, hielten die drei ihn für einen Fischer und fragten ihn, ob er etwas von Diarmait und Grainne gehört oder gesehen habe. Mit dem Schein der Arglosigkeit forschte Diarmait sie aus und erfuhr, daß die drei gefürchtete Seehäuptlinge waren, Dubchosach, Finnchosach und Trenchosach hießen und von

Finn geschickt waren, ihn zu fangen. »Habt ihr Wein im Schiff«, fragte sie Diarmait, »so kann ich euch vielleicht einen guten Wink geben, wo ihr Diarmait auf die Spur kommt.« Daran solle es nicht fehlen, meinte Dubchosach und ließ aus seinem Schiff ein großes Faß mit Wein herbeischaffen. Das schob Diarmait den ziemlich steilen Abhang hinauf, nachdem er den Seefahrern gesagt hatte, er werde ihnen mit diesem Faß ein Kunststück vorführen, und wenn sie ihm das nachmachen könnten, wollte er sie gern zu Diarmait führen. Auf der Höhe angekommen, stellte er sich nun auf das Faß und rollte auf ihm zu Tal, als stünde er auf dem Rücken eines wilden springenden Pferdes. Unten hüpfte er von seinem sonderbaren Reittier herunter und forderte die Seefahrer auf, ein Gleiches zu tun. Staunend und lachend hatten die dem kühnen Faßreiter zugeschaut, und nun erbot sich sofort ein schlanker Mann aus der Schar, das Kunststück seinerseits nachzumachen, das ihm nicht schwer schien. Doch es mißlang ihm greulich. Er stürzte auf halbem Wege kopfüber nach vorn herunter, und das Faß rollte über ihn hinweg und zerquetschte ihn. Da erschraken die Seefahrer und zogen sich zurück, ohne das Faß mitzunehmen.

So verbrachten Diarmait und Grainne den Tag in Ruhe, hielten eine reichliche Mahlzeit, da Muadhan wieder viele Fische gefangen hatte, und stärkten sich an dem guten Wein, den die Seefahrer ihnen gelassen hatten. Am nächsten Tage aber kamen die drei Schiffsführer mit etlichen ihrer Matrosen wieder an Land, und Diarmait verfehlte nicht, sie abermals auszuforschen. Auf seine Frage, wo sie her wären, gaben sie ihm den Bescheid, sie kämen von Muir n-Iocht[302] und würden nicht eher gehen, als bis sie Diarmait gefangen hätten. Sie drohten ihm aber jetzt, sie würden ihn selbst gefangen nehmen und ihn wohl zu zwingen wissen, ihnen das

Versteck des Flüchtigen anzugeben, wenn er das nicht freiwillig täte. Außerdem wollten sie, weil sie sich wegen der gestrigen Niederlage zu schämen schienen, das Faß Wein zurück haben.

Da pflanzte Diarmait seinen schönen Speer, den Crann buidhe, den er einst von Manannan mac Lir geschenkt bekommen hatte[303], in den Boden, mit der Spitze nach oben. »Hört«, sagte er, »ich will euch Gelegenheit geben, die Scharte von gestern auszuwetzen. Ich will über diesen Speer springen, und wenn mir das einer von euch nachmacht, sollt ihr alles haben und erfahren, was ihr wollt.« Damit sprang er in einem kühnen Satz über die Speerspitze. Doch als ihm das einer aus der Schar nachtun wollte, blieb er oben an dem Speer hängen und rannte sich den Spieß durch den Leib. Da ergriff wiederum die drei Meermänner Entsetzen, und sie gingen zurück zu ihren Schiffen.

Schliefen die beiden Liebenden auch in der kommenden Nacht ruhig, so erkannte Diarmait doch schon am Morgen, daß die Schiffe immer noch vor Anker in der Bucht lagen. Und es währte auch nicht lange, so begegnete er zum dritten Male den drei Schiffsführern, die bereits nach ihm Ausschau hielten. Diesmal aber bedrohten sie ihn heftiger als zuvor und erklärten ihm, sie wollten jetzt zu Diarmait geführt werden und wünschten keine Kunststücke mehr zu sehen. Doch Diarmait wußte sie so spöttisch bei der Ehre zu packen, daß sie ihm eine dritte Probe zugestanden. So grub er zwei Astgabeln tief in die Erde und legte darüber sein gutes Schwert Moraltach, ein Geschenk des Oengus[304], und zwar mit der Schneide nach oben. Abermals sprang er dann leichtfüßig und federgelenkig darüber, ohne sich zu verletzen. Als aber einer der Seefahrer dasselbe Kunststück versuchte, über das Schwert stürzte und in zwei Teile zerschnitten herabfiel, wurden die drei Meermänner wütend und bedrohten Diarmait mit ihren Schwertern und Lanzen. Da sagte Diarmait, sein blutiges Schwert wieder an sich nehmend: »Es sei denn, ich will euch drei zu Diarmait führen. Aber ihr müßt allein kommen. Ein so großer Haufe würde Lärm verursachen, und dann würde der Vogel entfliegen, noch ehe ihr ihn zu Gesichte bekommen hättet.« Damit waren die drei Schiffsführer Dubchosach, Finnchosach und Trenchosach einverstanden und forderten ihn auf, sie zu führen und voranzugehen. Sie folgten ihm dicht auf den Fersen und mit gezogenen Schwertern.

Diarmait führte die drei Meermänner bis vor die Höhle. Dann bedeutete er ihnen, hier drinnen wären Diarmait und Grainne, und er wolle hineinschauen, ob der Augenblick günstig wäre, sie zu überfallen. Dann verschwand er drinnen, ergriff vor den erschrockenen Augen der Geliebten seine beiden Speere, den Gae buidhe und den Gae dearg[305], und trat plötzlich hinaus zu den drei Seehäuptlingen, die ihn voller Spannung erwarteten. »Hier bin ich denn selber, den ihr sucht«, rief er laut, »nun seht zu, wie ihr mich fangen wollt.« Und damit warf er den einen Speer gegen Trenchosach und durchstach ihm ein Bein, daß er hilflos zu Boden sank. Darauf schleuderte er den andern Speer gegen Finnchosach und durchbohrte ihm den Arm, so daß auch dieser Gegner kampfunfähig wurde. Da aber stürzte sich Dubchosach mit dem Schwerte auf ihn, und ein wütendes und verbissenes Kämpfen begann zwischen ihm und dem Hauptmann. Aber in einem günstigen Augenblick, da sich Dubchosach eine Blöße gab, schlug ihm Diarmait die Sehne zwischen Ferse und Knöchel mit dem Schwerte durch, und da sank auch sein dritter und gefährlichster Feind zu

Boden[306]. Leicht warf er jetzt auch Finnchosach auf die Erde und fesselte die drei mit ihren eigenen Ledergürteln, und er knüpfte darein einen Zauberknoten, den nur vier Männer wieder zu lösen wußten, das waren Oisin, Osgur, Lughaid mit der starken Hand und Conan mac Moirna. So ließ er die drei nebeneinander liegen und floh mit Grainne und Muadhan zum Moor von Finnliath zurück.

Gegen Abend kamen freilich die Mannschaften der drei Schiffe und suchten nach ihren Schiffsherrn. Da fanden sie auch die drei gefesselt auf der Erde vor der leeren Höhle liegen. Doch niemand konnte die Zauberknoten lösen, und da Diarmait die drei an starke Bäume gebunden hatte, mußten die Seeleute ihre drei Führer am Orte zurücklassen. So fuhren sie wieder ab, um Finn die traurige Kunde zu überbringen und ihn zu bitten, zauberkundige Männer zu schicken, um ihre Anführer wieder zu befreien[307].

Eilig war das Liebespaar mit dem treuen Diener von dannen geflohen. Und bald war Grainne so erschöpft, daß sie nicht mehr laufen konnte. Da nahm Muadhan sie auf seinen Rücken und trug sie bis zum Sliabh Luachra[308]. An einem Gewässer in der lieblichen Ebene von Concon hielten sie endlich und machten Rast. Unruhig war die Nacht nach kargem Mahl, als die Liebenden im Freien todmüde einschliefen; denn in ihren Träumen geisterten die Gespenster der Vergangenheit unheilvoll und drohend.

Bald darauf erfuhr auch Finn, daß die drei Seehäuptlinge, die er gegen Diarmait ausgesandt hatte, in zauberische Knoten gefesselt vor der Höhle bei Tonn Toime lagen und um ihr Leben rangen. Da begab er sich zu der Hexe vom Schwarzen Berge[309]. Lange beriet er sich mit ihr, wie er Diarmait verderben könne, und schließlich war die Böse selber bereit, gegen den Verhaßten zu Felde zu ziehen.

So schwärmten denn bald darnach die Fiann über die sanfte Ebene von Concon, und an ihrer Spitze ging ein Mann in grünem Mantel mit drei furchtbaren Spürhunden. Diarmait sah die Verfolger kommen und sprach zu Grainne: »Ich glaube, du bringst dem Mann im grünen Mantel, der da an der Spitze der Feinde gegen uns herkommt, wenig Liebe entgegen.« Grainne stöhnte aus Herzensgrunde: »Ich wollte, ich hätte in meinem Leben überhaupt keinen Mann zu Gesichte bekommen.« Da nahm sie Muadhan wieder auf seinen Rücken und trug sie etliche Meilen weiter den Berg entlang. Dann kam er eilends zurück zu Diarmait und sagte zu ihm: »Mache dir um die Hetzhunde keine Sorge, sie kommen von der Hexe vom Schwarzen Berge; aber ich habe ein Mittel, den wilden Bestien zu begegnen. Geh jetzt zu Grainne, sie zu beruhigen!« Damit holte er unter seinem Mantel ein ganz kleines Hündchen hervor, und als der erste Hund mit glühendem Rachen dahergelaufen kam, ließ er das Hündchen gegen das Untier los. Das sprang ihm in den Schlund, daß der Hund zerplatzte. Dann kam es wieder gehorsam zu Muadhan zurück, und der barg es unter dem Mantel.

Inzwischen war Diarmait zu Grainne gelaufen. Dahin zog sich jetzt auch Muadhan zurück. Da stürzte der zweite Hund herbei. Diarmait schleuderte den Gae dearg nach ihm und traf ihn von Bauch her in den Nabel. Da fiel auch diese schreckliche Bestie, zerrissen von dem Speer. »Es war richtig, daß wir uns zurückzogen«, sagte Muadhan, »denn die Hunde laufen ungleich schnell. Jetzt aber kommt der größte und stärkste der Hexenhunde. Da paß gut auf!« Sie waren nun bis zum Lic Dubhain[310] am Berge Luachra zurückgegangen. Da kam der dritte Hund dahergerast, mit offenem glühenden Rachen, ein wahres Scheusal. Diarmait wandte ihm das Gesicht zu, während Grainne ein paar Schritte hinter ihm mit angstvoller Miene beobachtete, wie das Untier heranstürmte. Eine Schattenlänge vor Diarmait setzte der furchtbare Hund zum Sprung an. Von seinen stählernen Flechsen geschnellt flog er in weitem Bogen über Diarmait hinweg, um sich auf Grainne zu stürzen. Doch der Hauptmann ergriff ihn mitten im Schwung an seinen beiden Hinterbeinen und schlug ihn mit dem Schädel gegen einen Felsen. Zerschmettert lag nun auch dieses dritte Ungeheuer am Boden.

Da kam der Grünmantel heran, und hinter ihm noch zwei andere Hundeführer. Sie kämpften nicht lange mit Diarmait, da mußten auch sie mit dem Leben büßen und lagen zerhauen mit dem Gesicht gegen die Erde. Als die Fiann aber das blutige Ende der drei Grünmäntel sahen, zogen sie sich eilig zurück. Hinter ihnen aber schwebte flatternd über das Feld die heillose Hexe. Muadhan wies mit dem Finger auf sie: »Da taumelt sie hin, Deirdre, die Hexe vom Schwarzen Berge! Aber sie wird wiederkommen in anderer Gestalt. Darum müssen wir nun rasch weiterziehen.«

Ostwärts flohen sie weiter. Durch das Gebiet der Ui Conaill Gabhra[311] wanderten sie eilig zum Fluß Siona und zogen, das Gewässer immer zur Linken, wieder nach Ross-da-Soileach. Dort gelang es Diarmait am Abend, ein Reh zu erlegen. Muadhan weidete es aus und bereitete die Abendmahlzeit. Dann aßen sie und schliefen bis zum Morgen. Als Diarmait und Grainne aber erwachten, war Muadhan verschwunden, und soviel sie auch nach ihm suchten und riefen, er kam nicht wieder[312]. Es betrübte sie sehr, den wackeren Gefährten verloren zu haben, und schweren Herzens wanderten sie weiter. Sie kamen zum Sliabh Echtghe, ruhten ein wenig und zogen dann fort zum Cantred Ui

Fiachrach[313]. Grainne schmerzten die Füße, mühselig schleppte sie sich an Diarmaits Seite fort, der seinen Arm um ihre Hüfte legte und sie stützte. Aber ungebrochenen Mutes wanderten die beiden Ausgestoßenen weiter und weiter.

Inzwischen war die Hexe Deirdre zu Finn geeilt und hatte ihm berichtet, wie kläglich ihr Zug mit den drei Zauberhunden gegen Diarmait gescheitert war. Mit schlotternden Beinen stand sie vor ihm, eingesunken waren ihre Augen von der großen Angst, und nur mit lallender Zunge vermochte sie zu reden. Unfreundlich blickte Finn auf sie und ließ sie gehen. Doch dann machte er sich auf, die drei Seehäuptlinge zu befreien. Als er jedoch mit den vier Männern zu der Höhle kam, vor der die drei, fast wahnsinnig vor Durst und dem Tode nahe, noch immer gefesselt lagen, wollte keiner der Zauberkundigen ihnen die Fesseln lösen. Oisin lehnte das ab, und wie er auch sein Sohn Osgur, Lughaid mit der starken Hand und Conan mac Moirna. So mußten die Seehäuptlinge sterben. Finn ließ ihnen drei steinerne Gräber errichten und schwor: »Wahrlich, grausam hat Diarmait diese drei Kämpen verdursten lassen. Ich will ihm dasselbe Schicksal bereiten!« Darauf zog er zurück nach seiner Burg Almhuin in Lagin.

Nach unsäglich beschwerlicher Wanderung waren Diarmait und Grainne währenddessen in einen Bannwald gelangt, der von einem jungen Burschen gehütet wurde, nämlich von dem Sohne des Cham, einem schrecklichen Riesen aus dem Geschlechte des Naoi[314]. Greulich war er anzusehen mit seinen grobknochigen Gliedern, seiner dicken breiten Nase, zu der die krummen Hauer aus seinem breiten Maul aufragten, seinen roten Augen und seiner schuppigen ledernen Haut. Keine Waffe konnte ihn verwunden, kein Feuer brennen, kein Wasser ertränken. Nur durch drei Schläge mit seiner eigenen eisernen Keule konnte er umgebracht werden. In den Zweigen eines Ebereschenbaumes pflegte er zu nisten, und wehe dem, der sich unterfing, die wunderkräftigen Beeren des Baumes zu pflücken, ihn sahen Menschenaugen niemals wieder. In diesem Wald hatte sich Diarmait eine Hütte gebaut und rastete hier wieder für einige Zeit mit der Geliebten. Freilich hatte er den Riesen erst um Erlaubnis gefragt, in dem Wald wohnen und jagen zu dürfen, und der hatte es ihm nur unter der Bedingung gestattet, daß Diarmait niemals an die Beeren des Baumes rühre. Das hatte ihm der Hauptmann fest versprochen. Doch wenn er nun glaubte, aller Verfolgung entronnen zu sein, so irrte er sich.

Finn hatte wohl erfahren, wo das Liebespaar nun wieder Zuflucht gesucht hatte, und nach wie vor sann er auf Rache. Da kamen eines Tages zu ihm zwei Männer. Das waren die Söhne des Morna, und ihre Mütter stammten aus dem Elfengeschlecht der Söhne der Danu. Einst hatte Morna in der Schlacht von Cnucha[315] Finns Vater Cumal, den Sohn des Trenmor aus dem Stamme des Baiscne, erschlagen. Sie wollten jetzt Frieden von Finn und sagten ihm, sie seien ja noch in ihrer Mütter Leibe gewesen, als die Tat geschah, und so treffe sie keine Blutschuld. Finn verlangte aber doch von ihnen Wergeld. Da fragte ihn der eine von den beiden Männern, Oengus mac Airt og mic Morna[316], worin die Buße bestehen solle, setzte aber gleich dazu, sie hätten keine Schätze. Da sprach Finn: »So bringt mir entweder Diarmaits Kopf oder die Wunderbeeren aus dem Bannwald, wo er sich aufhält.« Oengus mac Airt wußte nicht, welchen Weg er zu gehen hätte, um in den Bannwald zu gelangen. Da belehrte ihn Oisin über die Lage des Waldes und fügte hinzu: »Ihr müßt auch wissen, was es mit den

Beeren des Ebereschenbaumes auf sich hat. Zwei Weiber aus dem Volk der Göttermutter Danu stritten sich einst um den Wert der Männer, die sie liebten. Das waren Aife und Aine, Manannans liebliche Töchter[317]; und Aife behauptete, ihr Liebster Lughaid, der Schwestersohn Finns, könne seinen Schleuderklotz weiter und sicherer über die Eisfläche bollern als Ler vom Sid Finnacaid, der Buhle der Aine. Das wollte Aine durchaus nicht zugeben, und so kam es zu einem Wettkampf zwischen den beiden Männern, die von den Frauen aufgestachelt waren, auf dem Eis des Sees Lein Linnfiaclach[318]. Aus allen Gegenden kamen die Söhne der Göttermutter Danu dort zusammen, um dem Wettkampf zuzuschauen. Lange dauerte der Kampf, und schließlich zeigte es sich, daß die beiden Männer gleich gute Schleuderer waren. Als sich die Zuschauer nun wieder zerstreuten und nach Hause zogen, verlor einer der Danu-Söhne aus der Tasche, in der er seine Wegzehrung mit sich trug, eine Ebereschenbeere. Die blieb im Schnee liegen bis zum Sommer. Dann aber wuchs daraus mit wunderbarer Schnelle ein prächtiger Baum, gerade an jener Stelle, wo er heute in dem Bannwald steht. Die Beeren dieses Baumes haben aber wundersame Eigenschaften: sie berauschen wie Wein oder alter Met, und wer nur drei der Beeren genießt, verschafft sich damit ewige Gesundheit; alte Leute werden jung, wenn sie von den Beeren essen, und selbst ein Hundertjähriger schaut dann aus wie ein Mann von dreißig Jahren. Bald erfuhren die Söhne der Danu von dem wunderbaren Baum, und da schickten sie zu seiner Bewachung einen scheußlichen Riesen hin, den Sohn des Cham aus dem Geschlechte des Naoi. Jeden tötet er, der sich dem Baum zu nahen wagt. So ist die Aufgabe, die eurer harrt, wahrlich keineswegs leicht.«

Doch weder Oengus noch Aed, die beiden Morna-Söhne, ließen sich von Oisins Erzählung schrecken. Gemeinsam brachen sie auf und wanderten nach dem Bannwald auf dem Wege, den ihnen Oisin beschrieben hatte. Bald stießen sie dort auf Diarmait. Aber sie erkannten ihn nicht und berichteten ihm treuherzig auf seine Frage nach dem Grund ihres Besuches, mit welcher Aufgabe sie Finn betraut hatte und daß sie nur mit Diarmaits Kopf oder mit den Zauberbeeren ihm das geforderte Wergeld bezahlen könnten. Diarmait lächelte, als sie ihm erzählten, daß sie ihn selber suchten, und meinte dann obenhin: »Früher war Finn auch mit geringerem Wergeld zufrieden. Damals verlangte er von Conan, mit dem er in Blutfehde lag, nur den dicken Kopf von Cians Drachen.«

»Was ist das für eine Geschichte?« fragten die beiden Morna-Söhne.

»Ich will sie euch erzählen«, sagte Diarmait. »Sadb, die Tochter König Conns Hundertkampf, fuhr einst mit ihrem Gatten Alill Aluim im Wagen von Dun Eocharmhuighe durch das Land. Da kamen sie unter einem Schlehenbaum vorbei, der voll reifer Früchte hing. Sadb verlangte davon zu essen. Da schüttelte ihr Alill etliche Schlehen auf das Wagenbrett, und Sadb aß davon. Darauf wurde sie schwanger und gebar den Cian, ein ungestaltes Kind mit einer großen Beule auf dem Kopf. Als Cian zwanzig Jahre alt war, ließ er jedem, der ihm die Haare geschnitten hatte, den Kopf abschlagen, so sehr schämte er sich dieser Beule auf seinem Kopf, und er hoffte, so würde niemand von seiner Häßlichkeit erfahren; denn wenn er nicht gerade rasiert wurde, pflegte er eine große Mütze auf dem Kopf zu tragen, die jene Beule verbarg. Aber eines Tages schnitt ihm Sgathan mit dem Schermesser die Beule auf. Sogleich ringelte sich daraus ein Lindwurm und wand sich züngelnd um Cians Speer. Schon wollte Cian ihn töten; aber Sadb gab das nicht zu, sondern ließ den Lindwurm außerhalb des Duns in ein Gewahrsam sperren. Bald aber befreite sich der Drache, der schnell heranwuchs und riesengroß und gefährlich wurde. Und als er Alill, der ihm eines Morgens vom Wall der Burg aus zuschaute, ein Bein ausriß, beschloß man ihn zu töten. Man versuchte es mit Feuer, doch der Lindwurm erhob sich aus den Flammen und schwebte durch die Luft zur Höhle von Fearna im Bezirk der Ui Duibhne[319]. Von dort aus verwüstete er alles Land ringsum. Da kam endlich Conan und erlegte das Ungeheuer mit dem Gae dearg, dem wunderbaren Speer, den ihm Diarmait geliehen hatte. Und als Conan Finn endlich das Haupt des schlimmen Drachen brachte, war Finn zufrieden und versöhnte sich mit Conan.«

»Ja, war denn das nicht eine viel gefahrvollere Aufgabe, die Finn dem Conan stellte, als was er von uns verlangt, eines Mannes Kopf oder eine Handvoll Beeren?« fragten die Morna-Söhne.

»Versucht es denn«, sagte der Hauptmann, »Diarmait steht euch in Reichweite gegenüber.«

Da stürzten sich die beiden auf Diarmait. Aber nach kurzem Kampfe streckte er sie nieder und fesselte sie, daß sie sich nicht rühren konnten. Da trat Grainne, die der Kampflärm erschreckt hatte, aus der Hütte zu den Männern. Diarmait erzählte ihr, was die beiden Morna-Söhne Schlimmes gegen sie geplant hatten. Da sagte Grainne: »Sie sind zur rechten Zeit gekommen. Gar zu gern hätte ich einmal von diesen Beeren gekostet, die ewige Jugend verleihen. So möchte ich dir raten, Diarmait, daß du den beiden die Fesseln löst, wenn sie bereit sind, den Riesen zu erschlagen und uns die Beeren zu verschaffen.« Aber Diarmait wollte darauf nicht eingehen.

»Ich habe dem Sohn des Cham Frieden versprochen und möchte mein Wort nicht brechen«, sagte er[320]. Doch da baten ihn auch die Morna-Söhne, die Grainnes Worte wohl vernommen hatten, er möchte sie losbinden, dann würden sie auf ihr Wort Grainne die wundertätigen Beeren zu verschaffen suchen, und sollten sie dabei auch ihr Leben verlieren. Und so drängten Diarmait die Bitten Grainnes wie der beiden gefesselten Männer, daß er sie endlich losband. »Ich will aber versuchen«, meinte er, »ob ich die Beeren von dem Riesen nicht im Guten bekommen kann.« Und so forderte er die beiden Männer auf, mit ihm in den Wald zu dem Ebereschenbaum zu gehen.

Als sie zu dem Ebereschenbaum kamen, saß der Riese gerade darin und schlief. Diarmait nahm seinen Speer und stieß ihn damit an, um ihn zu wecken. Ärgerlich über die Störung öffnete der Sohn des Cham seine greulichen roten Augen. »Was störst du mich in meiner Ruhe, Diarmait?« schnarchte er den Hauptmann an. »Höre«, sagte Diarmait zu ihm, so freundlich als er vermochte, »Grainne möchte gern eine Handvoll der roten Beeren von dem Baum haben, die jetzt gerade reif sind und so schön leuchten.« Statt einer Antwort aber holte der Riese mit seiner gewaltigen Keule aus und zielte nach Diarmaits Kopf. Gewandt sprang der beiseite, und als die Keule schwer herniedersauste, griff er flink zu und entriß sie dem Riesen. Darauf hüpfte er in die Höhe, packte den Sohn des Cham an einem Bein und wirbelte ihn durch die Luft, bis er auf die Erde fiel. Dort erschlug er ihn mit drei Streichen seiner eigenen Keule. Staunend, aber tatenlos schauten die Morna-Söhne dem wilden Streit zu.

Erschöpft von der Anstrengung des Kampfes setzte sich Diarmait ins Gras. »So geht«, sagte er zu seinen Begleitern, »und grabt dem Riesen sein Grab!« Das taten die

Morna-Söhne, und als sie den Hügel errichtet und mit einem großen Stein gedeckt hatten, kletterte Diarmait auf den Baum, holte etliche Beeren herunter und teilte ihnen davon eine Handvoll mit. »Nehmt«, sprach er, »und bringt diese Beeren zu Finn, und dabei mögt ihr ihm sagen, er möge sie essen und ewig leben; denn ewig will ich mit ihm kämpfen, bis er selber einsieht, daß ihm das Weib für immer verloren ist, das er begehrt.« Da gingen die Morna-Söhne mit Dank von dannen und kehrten zu Finn zurück. Diarmait aber schritt müde und mit gesenktem Haupte zu der Waldhütte. Wortlos legte er Grainne, die am Feuer saß, die Beeren in den Schoß. Da jubelte sie: »So ist das Ungeheuer tot, Diarmait! Oder hat dir der Sohn des Cham die Beeren freiwillig gegeben?«

»Er ist tot«, sagte Diarmait traurig, »weil er sie anders nicht lassen wollte. Aber schwer war der Kampf. Nun werden die Morna-Söhne Finn erzählen, wo wir uns verborgen halten, und abermals müssen wir weiter ziehen ohne Rast noch Frieden.«

»Dann iß doch von den Beeren, Geliebter«, lud ihn Grainne ein, »so werden wir jung und stark werden, unser Leben weiter zu erkämpfen, und so schön werde ich dir wieder erscheinen wie in der ersten Nacht.«

Diarmait seufzte und schwieg. Er streckte sich auf das Lager und schloß die Augen vor Ermüdung. Grainne aber aß die Beeren und ging zu einem Wasser. Dort betrachtete sie sich wie in einem Spiegel und sah, daß sie schöner war als je und als hätten nie die Mühseligkeiten des Lebens in der Wildnis an ihrem Leibe gezehrt. Als sie zurückkam, schlief Diarmait. Da setzte sie sich an sein Lager und behütete ihn. Als er erwachte, war er nicht wenig verwundert, als er bemerkte, daß Grainne wieder so verführerisch und schön aussah wie in jener Nacht an der königlichen Tafel in Tara. Er streckte seine Arme aus und wollte sie küssen. Sie aber wehrte ihm und sprach: »Nie wieder sollst du mich küssen und nie wieder will ich dein Lager teilen, wenn nicht auch du von den Beeren ißt, die sich kein anderer so verdient hat als du!« Da genoß auch Diarmait von den Beeren, die nie zu berühren er versprochen hatte, und sogleich fühlte er alle Müdigkeit und Trauer von sich weichen. Wie berauscht von köstlichem Wein umfing er Grainne auf dem Lager in der Hütte.

Als die Morna-Söhne Finn die Beeren überreichten, erzählten sie ihm, sie hätten das Ungeheuer erschlagen und brächten ihm nun diese Beeren als ihr Wergeld, wie er es verlangt hätte. Finn aber roch an den Beeren, warf sie zu Boden und zertrat sie ärgerlich mit den Füßen. »Nicht ihr habt diese Beeren gepflückt«, schalt er die beiden, »das lügt ihr. Vielmehr hat Diarmait selber die Tat vollbracht, um euch zu retten. So will ich nicht aufhören, die Blutbuße von euch zu verlangen, und eher nehme ich euch unter die Fiann nicht auf, bis ihr mir den Kopf des Ehebrechers gebracht habt.« Da gingen die Morna-Söhne beschämt von dannen. Finn aber begab sich am nämlichen Tage wieder zu der Hexe Deirdre vom Schwarzen Berge und beschwor sie: »Ich will dich an Weibes Statt auf mein Bett nehmen, Deirdre, wenn du mir jetzt sagst, wo ich Diarmait und Grainne treffen kann, um Rechenschaft von ihnen zu verlangen, und wenn du mir dazu verhilfst, ihn gebunden zu meinen Füßen zu legen.«

»Ich weiß es gegenwärtig auch nicht, wo sie sich verborgen halten«, entgegnete die Hexe, »aber ich will über das Land fliegen und Ausschau halten, schöner Finn, so sehr lockt mich die Bettfreude an deiner Seite.« Finn verdroß es, daß er wieder warten sollte, und er zog den Mund schief. »So fliege denn noch heute«, sagte er mürrisch, »denn zehn Jahre sind nun schon verflossen, daß Diarmait mir Grainne entführte, und sie wird von der unsteten Lebensweise nicht schöner geworden sein.« Da zündete die Hexe vor seinen Augen ein kleines Feuer an und streute verschiedene Kräuter darein. Dann stellte sie sich mit gespreizten Beinen darüber und ließ sich den Rauch unter das Hemd fahren. Dabei murmelte sie unverständliche Worte. Plötzlich sagte sie: »Leb wohl, schöner Finn, du sollst bald von mir hören«, und erhob sich in Gestalt einer Krähe[321] in die Lüfte. Krächzend flog sie dahin.

Am folgenden Morgen sah sie aus der Höhe Grainne vor der Höhle von Benn Etair[322] stehen, wie sie sich ihr goldenes Haar kämmte. Da ließ sich die Hexe nieder und nahm die Gestalt der alten Amme Grainnes an. Sie ging auf sie zu und fiel ihr gerührt um den Hals. »Lang und mühsam war meine Wanderung«, log sie ihr vor, »um dich, mein Kind, wiederzufinden. Nun endlich habe ich dich gefunden. Nun laß mich bei dir bleiben und dir dienen. Du siehst ja noch immer so schön aus wie damals, als du von uns gingst!« Grainne traute ihrer schmeichelnden Rede und freute sich, daß ihre alte Dienerin nun zu ihr gekommen war und ihr zur Hand gehen wollte. So überredete sie Diarmait, der das alte Weib erst mißtrauisch betrachtet hatte, leicht, die Amme mit in die Höhle zu nehmen, in die sie sich geflüchtet hatten, seit sie den Bannwald verlassen hatten.

Dienstfertig tat die Alte alles, was sie den beiden an den Augen absehen konnte. Aber im stillen überlegte sie, wie sie Finn Nachricht zukommen lassen konnte. Inzwischen war es Winter geworden, und Kälte lauerte vor der Höhle, und bisweilen deckte schon Schnee Hügel und Tal. Da ging die

Alte eines Tages hinaus und sagte, sie wolle nach dem Wetter sehen. Draußen aber verwandelte sie sich in eine Krähe und flog nach Almhuin und berichtete Finn, wo er die Verhaßten fangen könnte. Eilends flog sie auf demselben Wege zurück, nachdem sie mit dem Herrn der Kriegerschar verabredet hatte, sie wollte Diarmait und Grainne solange in der Höhle zurückhalten, bis er selbst mit seinen Mannen erschienen wäre. Als die Alte nun wieder in der Gestalt von Grainnes Amme in die Höhle zurückkehrte, in der die beiden Liebenden gerade beim Feuer saßen und ihre Mahlzeit hielten, fragte sie Grainne, wie das Wetter draußen sei. Da sprach sie: »Strenge Kälte wird kommen und heftiger Sturm. Der Reif liegt auf allen Hügeln, und die Bäche erschauern unter dem Frost. Eisiger Nebel lastet auf der Ebene von Elga.« Und da sang sie das Laid:

»Kalt ist die Nacht, und Nebel wallen
An den Ufern der Boyne in der Ebene des Lurg.
Hoch liegt der Schnee auf den Hängen der Berge,
Und das Reh scharrt vergeblich nach grüner Weide.
Einer flockigen Wüste gleicht der Ford von Ross,
Da rinnt kein Hirsch durch die rauhe Flut.
Aus dem kahlen Wald ruft kein Kranich zur Balz,
Kein Fink singt mehr am flaumigen Nest,
Nur fern aus der einsamen eiskalten Nacht
Heult der Wölfe hungriges Lied,
Aus dem Cuan-Wald, wo im wonnigen Mai
Einst die Amsel ihr Liedchen sang.
Mit gesträubten Federn, vom Frost erstarrt,
Sitzen Glenn Rigis rostbraune Adler
Auf den grauen Klippen über der grollenden Brandung.
Doch traulich dünkt mich der dampfende Kessel

Überm Herd am Haken in der warmen Halle,
Und wohlig die Bettstatt auf weichem Heidkraut,
Wenn die Stürme tosen in den Tannen von Lon.
Ab warf ich die Stelzen, drauf stapfend ich schritt
Durch Moor und Schlamm und schneenasse Sümpfe.
Im Mantel hängt mir malmende Kälte,
Drum sage verklammt ich: kalt ist die Nacht[323].«

»Flogen die Krähen nach Nord oder Süd?« fragte sie Diarmait. Da hustete die Alte und sagte: »Ich sah eine Krähe am Rande fliegen über der See. Aber ein Seeadler machte Jagd auf sie und um ein geringes hätte er sie gefangen, der die Schwingen schwer waren von dem Seewasser, das ihr die Fittiche bespritzte.« Da erzählte sie ihr eigenes Schicksal. Denn auf dem Rückfluge von Finn hatte sie, als sie in der Gestalt einer Krähe dahingaukelte, ein Seeadler gejagt, und nur mit Mühe war sie ihm entkommen. »Das ist schlimm«, meinte Diarmait, »so werden wir den Winter hier zubringen müssen.« Bei diesem Wort freute sich die Alte und sprach: »Gut hast du das gesagt, Diarmait, und nirgends gibt es besseren Schutz vor der beißenden Kälte als hier in der Höhle an der Etar-Spitze.«

Grainne hatte der Hexe inzwischen den Mantel abgenommen. Da er ihr nach Seewasser roch, leckte sie daran, und er schmeckte nach Salz. Als sie neben Diarmait in der Nacht auf dem Lager ruhte, flüsterte sie ihm ins Ohr, so daß die Alte, die am Eingang der Höhle schlief, sie nicht hören konnte: »Das ist nicht meine Amme, Diarmait, sondern ein Geschöpf aus den Abgründen der Erde. Sie hat uns verraten. Als Krähe flog sie zu Finn, und als der Adler sie verfolgte, tauchte sie in die Wellen der See, deshalb trieft ihr Mantel von Seewasser. Meine Zunge schmeckte das Salz. Das ist die

Bodb, die uns Krieg bringt, und sie täuscht uns in ihrer Gestalt.« Diarmait beruhigte sie: »Vor Sonnenaufgang kann Finn nicht hier sein, wenn sie erst heute zu ihm flog. Und morgen will ich mein Schwert umgürten, wenn ich aus der Höhle gehe[324].«

Am Morgen war die Alte aus der Höhle verschwunden. Aber davor stand Finn mit seiner Kriegerschar. Osgur, Finns Enkel, erhob seine Stimme und schalt den Großvater: »Schande über dich, Finn, daß du noch immer nicht anerkennen willst, daß Diarmait sich durch tausend Heldentaten das Weib erkämpft hat, das er dir entführte. Laß ihn endlich in Frieden genießen, was er sich redlich erwarb!« Doch Finn verwies ihm die Rede und sprach: »Und wenn ein Menschenalter darüber vergeht und Grainne alt und häßlich in seinen Armen geworden ist, so soll er büßen, was er gegen mich verbrach.« Da hob Osgur seine Schwertspitze gegen den Himmel und sagte: »So schwöre ich, daß Diarmait und Grainne unverletzt von hier fortkommen sollen, und wenn es mich das Leben kostet.« Da trat Diarmait gewaffnet vor den Eingang der Höhle. »Du willst den Kampf, Finn«, sagte er ruhig, »wohlan, er soll dir werden.« Und sogleich schlug er sich mit Ingrimm eine Gasse durch die Schar der Fiann bis zu Finn. Mit einem gewaltigen Hiebe schmetterte er dem Alten das Schwert aus der Hand und drang weiter zum Strande hin. Dort sah er auf den Wellen ein Schiff schaukeln, und dann stand Oengus, sein Schützer und Helfer. Hinter ihm wütete Osgur unter den Reihen der Fiann und bahnte Grainne den Weg zu ihrem Gatten. So gelangten sie alle drei, wenn auch mit Wunden bedeckt, zu dem Schiff des Gottes, der sie freundlich aufnahm und nach Brug-na-Boinne entführte. Da kam Deirdre, die Hexe vom Schwarzen Berge, um den Lohn ihres Verrates.

Finn begrub die Toten, die ihm Diarmait und Osgur erschlagen hatten. Dann aber sammelte er sein Heer und fuhr über die See hinüber zum Könige von Alba. Den bat er um Hilfe gegen Diarmait. Und der König von Alba, der Finn sehr hoch schätzte, gab ihm seine zwei Söhne mit und tausend seiner Krieger. Darauf sandte Finn einen Boten zu Oengus und kündigte ihm Fehde an, da er zwei seiner Widersacher bei ihm beherbergte, nämlich Diarmait und Osgur.

Da berieten sich Diarmait und Osgur, was nun zu tun sei. Und sie beschlossen, den Kampf gegen Finn aufzunehmen, zumal Oengus ihnen seinen Beistand zusicherte. So kam es zur Schlacht, und Finns Heer wurde jämmerlich zerschlagen. Betrübt zog sich Finn vom Kampffeld zurück, und abermals nahm er seine Zuflucht zu Deirdre, der Hexe vom Schwarzen Berge. »Gering nur ist deine Kraft«, klagte er ihr, »und immer wieder entkommt mir der Verhaßte. So strenge dich an, du schöngeschenkelte, nach der des Helden Lust sich sehnt, den Ungebärdigen zu fangen. Ich schwöre dir zu, ich will dich sättigen, daß du zwei Monde lang alle Männer verabscheust.« Da lachte die Hexe in toller Freude, setzte sich auf ein Wasserrosenblatt und flog zu dem Ort, da Diarmait sich gerade aufhielt. Durch das Loch des Blattes schoß sie giftige Pfeile auf den Hauptmann. Doch sie traf nur schlecht. Diarmait aber nahm seinen Gae dearg und schleuderte ihn durch die Öffnung des Blattes nach der Hexe. Da fiel sie, zu Tode getroffen, herab. Diarmait schnitt ihr den Kopf ab und brachte ihn zu Oengus nach Brug-na-Boinne.

Da hielt es der Gott endlich für an der Zeit, Frieden zu vermitteln zwischen Diarmait und Finn; denn sechzehn Jahre waren inzwischen vergangen, seit Diarmait und Grainne als Geächtete hatten in die Wildnis entfliehen müssen. So ging

Oengus zu König Cormac und machte ihn geneigt, Diarmait seine Tochter Grainne zum Weibe zu geben. Damit Finn aber nicht schmählte, gab ihm Cormac seine nächstjüngere Tochter zur Frau. Als Landbesitz erhielt Diarmait den Bezirk des Geschlechts der Duibhne, und dort ließ er sich nieder mit Grainne, dem teuer erkauften Weibe. Und in der Folgezeit gebar sie ihm vier Söhne und eine Tochter, nämlich den Domchadh, Eochaidh, Connla, Seilbsearcach und die Druime. Grollend fügte sich Finn dem Urteil des Königs, nahm mit der jüngeren Tochter des Königs fürlieb und führte sie nach Almhuin, doch hielt er sie fern von seinem Lager.

So ging nun die Zeit dahin. Da schlug Grainne ihrem Gatten vor, Cormac und Finn ein Fest zu geben, um ihnen offen zu zeigen, daß nun aller Hader vergessen sei. Diarmait war damit auch einverstanden. Aber dazu sollte es nicht kommen. Als Diarmait eines Nachts mit seinem Weibe in Rath Grainne schlief[325], hörte er, wie draußen einige Hunde bellten, als ob eine Jagd abgehalten wurde. Das verdroß ihn; denn König Cormac hatte ihm allein das Jagdrecht auf seinem Landbesitz zugestanden, und niemand sonst sollte dort jagen dürfen[326]. Ärgerlich richtete er sich auf und lauschte. Grainne suchte ihn zu beruhigen und meinte, einer der Hofhunde möchte gebellt haben. Da legte sich Diarmait wieder hin auf das Lager und schlief weiter. Doch nach einiger Zeit erscholl wieder Hundegebell wie aus weiter Ferne. Da litt es Diarmait nicht länger auf seinem Bett. Er stand auf, und vergeblich mühte sich Grainne ihn abermals zu beschwichtigen. Er steckte seinen Beag-altach in den Gürtel[327] und griff nach seinem Speer, dem Gae buidhe[328]. Dann zog er mit seinem Lieblingshund Mac an Chuill[329] hinaus aus dem Dun und schritt in der Richtung, aus der er das Hundegebell vernommen zu haben glaubte.

Es war schon lichter Morgen. Diarmait stieg zum Gipfel des Benn Gulbain[330] und schaute sich von dort aus um. Da erblickte er Finn, der auf einem Stein saß. Er ging zu ihm hin und mürrisch und ohne Gruß sprach er ihn an: »Mir scheint, Finn, du und die Deinen jagen hier auf meinem Gelände. Du weißt recht gut, daß ich allein das Recht habe, hier dem Wild nachzustellen.« Finn gab ihm nicht eben freundlich zurück: »Du siehst, daß ich hier untätig sitze. Doch sind andere hier freilich auf der Jagd. Der wilde Basse von Benn Gulbain ist von deinem Gebiet zu uns hinübergewechselt, und das fürchterliche Untier hat mir heute morgen dreißig meiner wackeren Kämpen von den Fiann getötet. Da haben wir es verfolgt und den Berg hier heraufgejagt. Nun wollen die Jäger ihm den Garaus machen. «

»Da hättet ihr zuvor meine Erlaubnis einholen können, zumal ich nicht verfehlt hätte, mich an der Hetze zu beteiligen«, sagte Diarmait ärgerlich. »Du weißt, Diarmait«, bedeutete ihm Finn, »daß auf dir ein Bann ruht, keinen Eber zu jagen[331].«

»Ich weiß nichts von einem Bann«, entgegnete Diarmait. »So laß dir die Geschichte erzählen«, sagte Finn. »Als ich einmal zehn Nächte lang in Almhuin geweilt hatte, mußte ich eine Nacht außerhalb zubringen, wie es mir als Bann auferlegt war[332]. Da ging ich zu deinem Vater Donn aus Donnchudas Geschlecht[333]und erkundigte mich bei ihm, wo man sich wohl des Abends jetzt am besten unterhalten könnte. Da erzählte mir dein Vater, das könne am trefflichsten im Sid des Oengus in Brug-na-Boinne geschehen, dorthin hat der Hausmeister Roc, der Sohn des Roc Diocain, gerade eine Fülle von Lebensmitteln gesandt, als Entgelt nämlich für seinen Sohn, den ihm Oengus aufzieht. Ich fragte ihn darauf, was es denn mit Roc und seinem Sohne auf sich hätte, ich wüßte davon ja gar nichts. Da erklärte mir dein Vater: Sieh, ich habe einmal heimlich Crochnuit, die Tochter des Currach von Life, geschwängert. Sie gebar mir einen hübschen Sohn, und den zieht Oengus gleichfalls auf. Dieser Sohn warst du selbst, Diarmait, und du weißt, daß Oengus dich in Brug-na-Boinne mit großer Liebe erzogen hat.« Düster blickte Diarmait den Alten an, als er ihm mit einem höhnischen Lächeln die Geschichte seiner Geburt erzählte. Doch Finn fuhr unbeirrt durch Diarmaits finstere Blicke fort: »Dein Vater vertraute mir dann weiter an, daß Crochnuit sich darauf dem Hausmeister Roc, dem Sohne des Roc Diocain, ergeben habe, und auch diesem habe sie einen Sohn geboren. Roc habe ihn dann gebeten, dies Kind bei sich aufzuziehen. Aber dein Vater wollte nicht den Sohn eines Unedlen in Pflege nehmen. So kam das Kind eben zu Oengus, der sich seiner erbarmte und es als Ziehsohn annahm. Und euch beide liebte er von ganzem Herzen, ohne den einen vor dem andern zu bevorzugen.« Finn machte eine Pause, als sänne er über alte Geschichten nach, weidete sich aber an Diarmaits Verlegenheit diesen Enthüllungen gegenüber. Dann erzählte er weiter: »Wir gingen nun an jenem Abend zu Oengus. Und in seinem Hause waren du, der andere Pflegesohn und dessen Vater Roc. Deinen Vater Donn kränkte es aber bald, als er sah, wie zärtlich Oengus mit dem Kind des Roc umging und den Hausmeister mit denselben Ehren bedachte wie ihn selber. Da begannen unglücklicherweise zwei Hunde in dem Raum miteinander zu hadern und zu beißen. Ängstlich flüchtete sich das Kind des Roc zwischen die Knie deines Vaters. Da zerquetschte dein Vater dem Kinde den Kopf zwischen den Knien. Sofort erhob sich großer Lärm, und Roc forderte jetzt von Donn Blutgeld. Als dein Vater ihn nun fragte, welche Sühne er verlangte, meinte Roc, Donn solle deinen Schädel, Diarmait, ebenso zwischen seine Knie legen, dann wollte der Hausmeister dich in derselben Weise zerquetschen. Da empörte sich Oengus und warf sich ins Mittel. Aus Wut über die entgangene Blutrache verzauberte nun der Hausmeister sein totes Kind in einen riesigen Eber ohne Schwanz und sprach dabei: Nicht länger soll Diarmait leben als dieser wilde Eber, und wenn die Zeit gekommen ist, soll das eine durch das andere und beide miteinander umkommen. Dies wilde Schwein ist nun der schreckliche Eber von Benn Gulbain hier auf deinem Gebiet[334].«

Da erkannte Diarmait die List des Alten und daß er ihm den Eber auf sein Gelände geschickt hatte, um ihn zu verderben. »Ich sehe, Finn, warum du die Jagd veranlaßt hast, und begreife sehr wohl deine ganze Hinterlist, wie ich erkenne, daß du keinen Frieden mit mir halten willst«, sagte er rot vor Zorn, »doch wenn du glaubtest, ich ließe mich wehrlos von dem Untier zerreißen, so irrst du.« Damit ging er und suchte das wilde Schwein.

Er brauchte nicht lange zu pirschen. Mit großem Getöse brach plötzlich der schwarze greuliche Basse durch das Unterholz des Waldes und stürzte sich auf Diarmait, nachdem er dem Hund Mac an Chuill einen einzigen Schlag mit den Hauern gegeben und ihn in die Luft gewirbelt hatte, daß er jaulend davonlief. Diarmait warf seinen Speer nach dem Eber, aber der Gae buidhe prallte von der Schwarte des gewaltigen Tieres ab, als wäre er gegen einen Felsen geflogen. Auch ein Stich mit dem Dolch in den Rücken des Ungeheuers blieb wirkungslos. Unter der Wucht des Anpralls fiel Diarmait zu Boden, und der Eber schlitzte ihm den Leib auf und wühlte in seinen Eingeweiden. Zu Tode verwundet, stach ihn Diarmait mit dem Messer in den Bauch. Da endlich brach der wilde Basse zusammen[335].

Mit einem höhnischen Lächeln kam jetzt Finn zu der Stelle, wo Diarmait in seinem Blut lag. »Kämen doch jetzt die Frauen alle von Erinn«, sagte er spöttisch zu ihm, »sie würden sich wundern, wie sich deine Schönheit verändert hat!«

»Das war keine Heldentat, Finn, die dir Ruhm einbringen wird«, tadelte ihn Diarmait bitter. »Doch ich bitte dich, daran zu denken, daß ich dir zweimal das Leben rettete. Du wirst dich entsinnen, daß dich einst deine Feinde, und das waren Cairbre Lifeachair mit den Männern von Mag Breg, von Mide, Cearmna und Tara, im Hause des Dearc, Donnarthachs Sohn, eingeschlossen hatten, wo sie dich mit Feuer vertilgen wollten[336]. Da habe ich dir aus der Not geholfen, und ohne mich wärest du verbrannt. Und das andere Mal war das auf dem Gastmahl zu Bruigheen an Chaortain, daß der König der Welt einen bösen Anschlag auf dich machte[337]. Da habe ich dich mit meinem Schilde gedeckt und dir den Ausgang gesichert. So solltest du mir jetzt auch helfen, wenn du ein edler Mann bist. Du hast die köstliche Gabe des Zaubers der Boinne, und wenn du einem Siechen Wasser in deinen Händen zu trinken reichst, so wird er gesund und heil. Geh und hole mir Wasser, Finn!«

Währenddessen waren auch die andern Jäger aus allen Teilen des Waldes gekommen und hatten sich auf der Heide gesammelt, wo Diarmait mit dem Tode rang. Darunter waren auch Oisin und Osgur, Lughaid mit der starken Hand und Conan, der Sohn des Moirne. Sie hörten, wie Diarmait in seiner Todesnot Finn um Wasser bat, und empört rief Osgur, als er sah, daß Finn kein Glied rührte, um den Wunsch des Sterbenden zu erfüllen: »Schämen solltest du dich, Finn, daß du den besten Mann von uns allen so schmählich zugrunde gehen läßt!« Und auch die andern sparten nicht mit Vorwürfen. Da sagte Finn kaltherzig: »Er hat mir mein Weib geraubt, das kann niemand leugnen!« Entrüstet antwortete ihm Osgur: »Es war deine Schuld, dir ein so junges Weib für dein Lager zu erhandeln, und es war Grainnes Schuld, die den kläglichen Vertrag brach, aber nicht aus Haß gegen dich, sondern aus Liebe zu dem schönen und jungen Hauptmann der Fiann!« Finn aber verschloß sein Herz auch gegen diesen Tadel. »Und dann bleibt noch Diarmaits Schuld am Tode der drei Seehäuptlinge, die er elend verdursten ließ, als er sie niedergeschlagen und verwundet hatte. So mag er jetzt auch Durst leiden wie sie!« Da sagte Diarmait mit schwacher Stimme: »Wenn ich dich damals, als ich dich aus den Flammen rettete, um einen Trunk Wasser gebeten hätte, Finn, du hättest ihn mir nicht verweigert!«

Als sie diese Worte vernahmen, drängten die Helden der Fiann den Alten mit so heftigen Schmähungen und Drohungen, daß Finn schließlich zum Schein nachgab. »Wenn ich wüßte, wo ich hier Wasser fände«, sagte er, »würde ich es Diarmait mit meinen Händen reichen.«

»Nur neun Schritte von hier entfernt fließt eine Quelle«, stöhnte Diarmait, »geh und hole mir Wasser von dort, Finn!« Da ging der Alte in der Richtung, dahin Diarmait seinen Arm ausstreckte, und ließ an der Quelle das Wasser in seine hohlen Hände fließen. Auf dem Wege zu Diarmait ließ er es aber wieder durch seine Finger gleiten. So tat er es zweimal. Voll tiefsten Zornes bemerkte Osgur die hinterhältige Bosheit des Alten. »Wahrlich, Finn«, schrie er den Großvater an, »wenn von deinen Händen nicht Diarmaits Heil abhinge, wir sollten sie dir mit dem Schwerte abschlagen wegen deiner Niedertracht.« Da lief Finn zum dritten Mal nach der Quelle, und langsam, ganz langsam kam er mit dem Wasser in seinen Händen zurück. Da war sein Hauptmann tot[338].

Drei laute Klageschreie[339] erhoben die Fiann um den toten Helden und blickten voll Abscheu und Entrüstung auf ihren Anführer. Und auch Diarmaits Hund Mac an Chuill schlich sich jetzt verwundet über die Heide und blieb winselnd neben seinem toten Herrn liegen.

»Laßt uns jetzt aufbrechen!« mahnte Finn. »Wir haben den Zorn der Söhne der Göttermutter Danu herausgefordert und müssen ihre Rache fürchten.« Osgur gab ihm zur Antwort: »Schuldlos sind wir alle an seinem Tod, außer dir, Finn. Und diese Schuld wirst du nie von deiner Ehre abwaschen können.« Finn hörte nicht auf ihn, sondern ergriff Diarmaits Hund, nahm ihn auf seine Arme wie eine kostbare Beute und wandte sich zu gehen. Da deckten die vier edlen Helden der Fiann ihre Mäntel über Diarmaits Leiche und folgten gesenkten Hauptes dem Alten.

Sie zogen nun nach Rath Grainne, um der Burgfrau den Tod ihres Gatten anzuzeigen. Als Grainne sie auf den Hof kommen sah und den verwundeten Mac an Chuill auf Finns Armen erblickte, ahnte sie Diarmaits Schicksal. Doch aufrechten Hauptes stand sie, als Oisin an sie herantrat. »Wir kommen in tiefer Trauer, Grainne«, sagte er stockend, »der beste Held der Fiann ist von uns gegangen. Diarmait liegt tot auf der Heide des Benn Gulbain, zerrissen von dem wütenden Eber, den er mit letzter Kraft erlegte. Er hat den Bann gebrochen, und so mußte der Herrliche sterben.«

Ein Feuer befriedigter Rache blitzte in Finns grauen Augen, als er Grainne langhin auf die Erde stürzen sah, daß ihr volles goldenes Haar sich in den Staub breitete. Aber stumm standen die Krieger, als die Weiber von Rath Grainne ihre hellen Wehklagen erschallen ließen. »Gib ihr den Hund zurück, Finn!« sagte Oisin zu seinem Vater, als er bemerkte, daß er mit der Beute von hinnen gehen wollte.

Finn tat, als hörte er nicht. Da hielt ihn Oisin am Arm fest. »Du gibst ihr den Hund zurück, Finn!« wiederholte er gebieterisch und riß den Alten am Arm. Da ließ dieser den Hund fahren, daß er klagend zu Boden fiel. Dann zogen die Fiann grußlos davon.

Als Grainne sich ein wenig von ihrem großen Schmerz erholt hatte und wieder zur Besinnung gekommen war, gab sie vier ihrer Knechte den Auftrag, Diarmaits Leiche von der Heide nach Hause zu schaffen. Die machten sich sogleich auf den Weg und kamen gegen Sonnenuntergang zu der Stelle, wo ihr Herr seine Seele ausgehaucht hatte. Doch da sahen sie bei der Leiche einen großen düsteren Schatten stehen. Sie erkannten bald, wer da die Leichenwacht hielt. Das war Oengus, Diarmaits Pflegevater, der von Brug-na-Boinne gekommen war, seinen Liebling im Tode zu behüten. Sie wandten daher die rauhe Seite ihrer Schilde nach außen zum Zeichen des Friedens, als sie sich ihm näherten. Und Oengus ließ sie herankommen. Schweigend traten die Männer zu den Füßen ihres toten Herrn und setzten die Schilde auf den Boden. Oengus hatte dem Toten alle Wunden geschlossen und über sein Antlitz unvergängliche Schönheit gegossen. So lag Diarmait da auf der Heide, als ob er schliefe, träumend in dem roten Licht der sinkenden Sonne. Oengus redete die Männer an: »Euch sendet Grainne, um Diarmait heimzuholen, euern Herrn. Geht denn und richtet eurer Herrin aus, daß Oengus von Brug-na-Boinne den Toten mit in sein Haus genommen hat und daß sie ihn nie wiedersehen wird. Ich will seine Seele wieder in seinen Leib hauchen und mit ihm Zwiesprache halten wie damals, da er mir als Knabe zu Füßen spielte.« In düsterer Pracht reckte der Gott sich auf, und die Männer wagten keine Widerrede. Ein goldener Wagen kam da gefahren, mit zwei leuchtend weißen Rossen bespannt. »Hebt ihn auf den Wagen!« befahl Oengus den Männern. Das taten sie. »Stellt ihm seinen Speer hinein mit der Spitze nach oben!« gebot Oengus weiter, und die Männer gehorchten. Dann fuhr der goldene Wagen langsam davon, und Oengus schritt an seiner Seite. Noch einmal sahen die Männer das riesenhafte Schattenbild des Wagens und der Rosse und des daneben schreitenden Gottes gegen den hellen Himmel auf der Kuppe des Berges. Dann verschwand das alles, und die Nacht fiel hernieder[340].

Daheim erzählten die Knechte Grainne, wie Oengus selbst den Toten heimgeholt hatte nach Brug-na-Boinne. Grainne weinte heiße Tränen, als sie hörte, daß sie den Geliebten nie wiedersehen werde; aber sie sah wohl ein, daß sie über den Gott keine Macht hatte. So ließ sie ihre vier Söhne zu sich kommen und berichtete ihnen von dem blutigen Ende ihres Vaters. Sie teilte das väterliche Erbe unter sie aus und gab ihnen des Vaters Waffen. »Geht hin«, ermahnte sie die Jünglinge, »und lernt diese Waffen zu gebrauchen. Einmal kommt der Tag, da harrt eurer eine schwere Aufgabe, die nur waffenkundige Männer lösen können: Blutrache an Finn!«[341]

Mongan

Fiachna Finn, Baetans Sohn, der König von Ulad, fuhr einst über See und kam nach Lochlann, dem fernen Land, über das Eolgarg Mor, Magars Sohn, als Herrscher gebot[342]. Freundlich wurde er von Eolgarg aufgenommen und mit Ehren überhäuft. Da geschah es jedoch, daß der König von Lochlann nach einer üppigen Mahlzeit, die er dem König von Ulad und seinen Leuten gegeben hatte, heftig erkrankte und sich von seinem Lager nicht mehr erheben konnte. Als er sich vor Schmerzen wälzte, traten die Ärzte und Wundhelfer an sein Lager und untersuchten ihn. Ihr Urteil lautete, daß dem König nichts anderes helfen könnte als die Brühe von einer schneeweißen Kuh mit roten Ohren, und eine solche müßte gefunden und zu seiner Heilung geschlachtet werden. Sogleich wurden Boten durch das Land gesandt, um nach einer schneeweißen Kuh mit roten Ohren[343] Ausschau zu halten.

Die Abgesandten des Königs von Lochlann fanden aber im ganzen Land nur eine Kuh, wie sie die Ärzte verlangten. Diese gehörte der Caillech Dubh, der schwarzen Hexe[344]. Man forderte ihr die Kuh ab und bot ihr eine andere dafür als Entgelt. Doch die Hexe lehnte den Kauf ab. Da boten sie ihr vier Kühe als Bezahlung, für jeden Schlegel der weißen Kuh eine. Doch abermals weigerte sich die Hexe, ihre Kuh herzugeben, es sei denn, Fiachna Finn übernähme die Bürgschaft dafür, daß der Handel ehrlich gemeint sei. So kamen die Boten unverrichteter Sache zu ihrem Herrn zurück und berichteten ihm von der Halsstarrigkeit der schwarzen Hexe. Zum Unglück aber hatte Fiachna Finn kurz zuvor Nachricht erhalten, er müsse nach Ulad zurückkehren, um Zwistigkeiten in seinem Lande zu schlichten, und so war er mit seinen Schiffen wieder abgefahren, ehe die Abgesandten dem König von Lochlann die Bedingung der Caillech Dubh überbrachten.

Aber noch kein Jahr hatte Fiachna Finn über Ulad regiert, als er eines Tages vor dem Wall seiner Burg schauerliche Schreie ertönen hörte. Als er sich erkundigte, wer da so schrecklich vor seiner Veste schrie, sagte man ihm, da wäre ein altes Weib draußen mit langem wilden Schwarzhaar und das verlange den König Fiachna zu sehen. Darauf ließ er das Weib hereinführen. Als Fiachna sie fragte, warum sie ihn zu sehen wünschte, erging sie sich in heftigen Verwünschungen gegen Eolgarg, den König von Lochlann, und sprach: »Meine einzige weiße Kuh hat mir der König von Lochlann genommen und mich nicht dafür entschädigt. Das tat er um deinetwillen; denn dich hatte ich zum Bürgen dafür angerufen, daß er mir ehrlich bezahlte, was er nur versprochen hatte.«

Fiachna sagte hierauf zu ihr: »So will ich dir die vier Kühe geben, dann löse ich meine Ehre bei dir ein.« Doch die wollte die Hexe nicht annehmen. Auch als ihr Fiachna zwanzig und schließlich viermal zwanzig Kühe anbot, war sie nicht zufrieden. Mit einem schrecklichen Lachen und unter wilden Beschwörungen drängte sie den König: »Und gäbest du mir alle Kühe von Ulad, so wäre deine Ehre nicht rein gewaschen, Fiachna; denn Eolgarg machte deinen Namen zum Spott. Zu dir kam ich von Lochlann, dir Kunde davon zu bringen, und wagte die gefährliche Reise, so folge du mir, um Eolgarg mit dem Schwerte zu zwingen, den Handel in Ehren abzuschließen.« Da blieb Flachna Finn nichts weiter übrig, als zu einer Kriegsfahrt gegen Lochlann zu rüsten. Drei Tage lang sammelte er sein Heer und brach dann auf mit seinen Schiffen, um die Männer von Lochlann mit Krieg zu überziehen.

Wohl stand die Schlacht am ersten Tage gut für die Krieger von Ulad, und Fiachna tötete mit eigener Hand viele der Feinde. Doch am zweiten Tage hetzte Eolgarg aus seinem Zelt ein Rudel giftzähniger Wölfe gegen Fiachna und sein Heer. Schrecklich wüteten die reißenden Ungeheuer unter den Mannen von Ulad, und viele von ihnen wurden die Beute der giftigen Raubtiere, und bald schmolz das Heer der Krieger König Fiachnas bedenklich zusammen. Als er das sah, klagte Fiachna: »Wehe, unser Heereszug ist nicht glückhaft, und eine Schande ist es für mich, wenn ich sehe, wie meine treuen Mannen im Kampf mit Tieren fallen, gegen die sie sich schlecht wehren können, statt mit Menschen, denen sie Mut und Kraft entgegensetzen können. So will ich denn selbst den Kampf gegen die Ungeheuer wagen und, wenn es mir das unentrinnbare Schicksal nicht anders bestimmt hat, auf dem Feld fallen, da meine Krieger tot liegen.« Seine Gefolgsmänner suchten ihn umzustimmen und baten ihn dringend, sich zu schonen, sonst käme von ihnen allen kein lebender Mann mehr nach Ulad zurück. Doch Fiachna wollte nicht auf sie hören und ergriff Schwert und Schild und machte sich fertig zum Kampf mit den rasenden Giftwölfen.

Da kam ihm über die Ebene ein einsamer Mann entgegen. Er trug einen grünen Mantel über einem seidenen Hemd, und eine große silberne Heftel leuchtete auf seiner Brust. Sein wehendes Haar hielt ein goldener Reif zusammen, und kräftige Ledersandalen schützten seine Füße vor den Steinen und Dornen des Bodens. Der trat auf Fiachna zu und sprach: »Was würdest du mir geben, Fiachna, wenn ich dir die giftzähnigen Wölfe vernichte?« Fiachna blickte ihn ungläubig an und entgegnete: »Bei meinem Wort, ich gebe dir alles, was du verlangst, soweit ich darüber verfüge.«

»Es könnte dich gereuen«, sagte der Mann im grünen Mantel, »wenn ich dir meinen Preis nenne.«

»Sprich nur aus, was du von mir forderst«, sagte Fiachna.

»Gib mir den Goldring von deinem Finger! Den will ich als ein Zeichen mitnehmen nach Erinn zu deinem Weibe, wenn ich das Lager mit ihr teile.«

Fiachna biß sich auf die Lippen. »Das ist allerdings ein hoher Preis«, sagte er, »den du da verlangst, und keinem Mann von Erinn würde ich dafür meinen Ring geben.«

»So wisse, ich bin Manannan, der Sohn des Lir, und somit geschieht dir keine Unehre, wenn ich bei deinem Weibe schlafe. Einen herrlichen und weitberühmten Sohn wird sie von mir empfangen, und wie ich in deiner Gestalt mich ihr nahen werde, so soll dieser Sohn nach dir benannt sein und soll Mongan Finn, der Sohn Fiachnas des Weißen, heißen, und die Herrschaft über das Königreich von Lochlann und über Briten wie Sachsen will ich dir schenken, das soll mein Vatererbe für ihn sein durch dich.«

Als Fiachna darein willigte, holte Manannan unter seinem Mantel einen grimmigen Adler mit goldenen Augen und messerscharfen Fängen hervor und warf ihn in die Luft. Wie ein Blitz schoß der Vogel gegen die Wölfe und zerriß einen nach dem andern, bis er sie alle erlegt hatte. Mit Staunen war Fiachna diesem Kampfe gefolgt, aber als er sich wandte, um nach Manannan zu schauen, da war der schon fern gegen das

Meer hin gezogen, und der Adler flog kreisend über ihm dahin, der wie ein Schatten unter ihm einherschritt.

An diesem Tage siegte Fiachna über Eolgarg Mor, den König von Lochlann, und gewann die Herrschaft über das Land, über Briten und Sachsen. Der Caillech Dubh, der schwarzen Hexe, schenkte er vier Burgen in dem Gebiet, da sie wohnte, für jedes Bein ihrer geraubten weißen Kuh eine Veste, und dazu viel Vieh und saftige Triften und Weiden. Dann zog er mit dem Rest seiner Krieger nach Erinn zurück.

Daheim fand Fiachna sein Weib und bemerkte, daß sie schwanger war. Er grüßte sie, doch sie tat verwundert über den Gruß und sprach: »Bist du denn nicht heute früh erst von mir gegangen, Fiachna, nun aber stellst du dich, als hätten wir uns viele Monde lang nicht gesehen.« Und als er ihr seine Hand entgegenstreckte, sah sie, daß ihm der Goldring am Daumen fehlte. Da sagte sie freudig: »Nun weiß ich, warum du heute so von Sinnen scheinst, Fiachna; doch den Ring, den du vermißt, habe ich heute morgen, als du aufgestanden warst von meiner Seite, auf unserm Lager wiedergefunden. Du hattest ihn da verloren.« Und damit gab sie ihm den kostbaren Ring wieder, den er einst Manannan auf dem Schlachtfelde gegeben hatte. So erkannte Fiachna Finn, daß Manannan während der ganzen Zeit, da er von Ulad fern war, seinem Weibe in seiner Gestalt beigewohnt hatte und erst in der Frühe dieses Tages, da er zurückkam, von ihr gegangen war. Er nahm den Ring und schwieg. Als aber ihre Zeit gekommen war, gebar ihm die Königin einen Sohn, und sie nannten das Kind Mongan Finn, wie es Manannan dem König Fiachna verheißen hatte[345].

Fiachna hatte einen Knecht, und dessen Name war ›der Ochse‹. Da traf es sich, daß das Weib des Ochsen in der nämlichen Nacht, da Mongan geboren wurde, ebenfalls einem

Knaben das Leben schenkte, und dies Kind wurde fortan der Sohn des Ochsen genannt[346]. Der Sohn des Ochsen aber sollte der treue und unzertrennliche Begleiter Mongans auf allen seinen Fahrten werden.

Doch noch ein drittes Kind sollte in jener Nacht im Dun des Königs Fiachna das Leben erhalten; denn einem mächtigen Krieger des Königs, dem Anführer der Dal Fiatach, dessen Name war Fiachna Dubh, das ist Fiachna der Schwarze, wie er zum Unterschied zu Fiachna dem Weißen genannt wurde, dem Sohn des Demman, wurde zur Geburtsstunde des Mongan eine Tochter geboren. Dies Mädchen bekam den Namen Dub-Lacha Weißhand[347], und ihr Schicksal sollte sich mit dem Leben Mongans eng verknüpfen.

Als Mongan drei Nächte alt war, erschien plötzlich wie ein Geist Manannan, der Sohn des Lir, im Hause Fiachnas und bat sich das Kind als Pflegesohn aus. König Fiachna gab ihm auch den Knaben, und Manannan wickelte ihn in seinen Mantel. »In das Land der Glücklichen will ich das Kind mitnehmen«, sagte er, »und erst, wenn Mongan stark genug ist, die Krone von Erinn zu tragen, wird er wiederkommen.« Nach diesen Worten verschwand der große Zauberer mit dem Kind so plötzlich, wie er gekommen war.

Darnach vergingen viele Jahre. Fiachna der Schwarze aber haßte Fiachna den Weißen und wartete nur auf eine Gelegenheit, ihn seiner Königswürde zu berauben. Da kam eines Tages Fiachna Finn aus einer Schlacht, und sein Heer war klein geworden, und die Krieger müde und erschöpft. Jetzt schien Fiachna Dubh der rechte Augenblick gekommen zu sein. Er fiel mit seinen Mannen über die kleine Schar her, erschlug Fiachna Finn, den Sohn des Baetan, brach in seine Burg ein und brannte die Häuser nieder. Wer sich ihm widersetzte, wurde niedergemacht. So errang sich Fiachna Dubh die Königsgewalt über Ulad.

Doch unter seiner harten Herrschaft seufzten die Ulter und sandten Botschaft an Manannan und baten ihn, er solle ihnen Mongan, den Sohn des Fiachna Finn, wiedergeben, damit er rechtmäßiger König im Lande würde. Aber Manannan schickte seinen Pflegling nach Erinn erst, als er sechzehn Jahre alt war. Doch dann begleitete er ihn in seine Heimat und stiftete Frieden zwischen ihm und dem Thronräuber Fiachna Dubh. Dieser erhielt die eine Hälfte des Landes, und Mongan die andere. Dub-Lacha aber, die Tochter Fiachnas des Schwarzen, wurde mit Mongan vermählt.

Nicht lange danach saßen Mongan und sein Weib Dub-Lacha in ihrem Haus beim Brettspiel. Da sah Mongan auf einmal an dem Türpfosten einen kleinen schwarzen Zwerg mit einem spitzen Haarschopf stehen. Und als er ihn verwundert betrachtete, sprach der Zwerg zu ihm: »Träge und tatenlos sitzt du da, Mongan, und noch immer ist dein Reich nur halb. Nimm deine Waffen und komm mit mir! Dein Feind ist schwach zur Stunde, so wird es dir nicht schwer fallen, ihn zu überwinden und dich zum Herrn des Landes zu machen, das dir zukommt als dem Sohn deines Vaters.« Mongan sprang auf, daß die Brettsteine zu Boden fielen. Er blickte auf Dub-Lacha. »Ich weiß, was er meint«, sagte sie leise und traurig, »doch Blutschuld erfordert Sühne. So darfst du nicht zögern.«

»Daran sehe ich, wie sehr du mich liebst, Dub-Lacha«, seufzte Mongan und umarmte sie. Dann griff er nach Schwert und Lanze und folgte dem schwarzen Zwerge, der kein anderer war als Manannan, der Sohn des Lir.

Wenige Tage, nachdem Mongan seinen Schwiegervater Fiachna Dubh getötet und den Gau von Ulad unter seiner Herrschaft wieder vereinigt hatte, versammelte er die Edlen um sich und sprach zu ihnen: »Es ist nicht gut, wenn ich hier müßig sitze. Ich will daher durch Erinn ziehen, um von den Fürsten und Königen Tribute einzufordern, damit ich Gold und Silber und begehrenswerte Schätze an euch verteilen kann[348]. Und zuerst dachte ich nach Lagin zu ziehen, um mit dem König dort im Guten oder im Schlimmen zu verhandeln.« Diese Absicht schien den Edlen von Ulad äußerst löblich und freudig stimmten sie ihm zu. So rüstete Mongan alsbald zu einem Zuge nach Lagin[349].

In Lagin herrschte zu der Zeit König Brandub[350], der Sohn des Echach. Der hieß Mongan und seine Schar herzlich willkommen, als sie eines Tages bei ihm erschienen, und bewirtete sie aufs beste. Nach einem fröhlichen Biergelage schlief Brandub sogar mit Mongan zusammen in demselben Gemach. Als aber nun der Morgen kam, erblickte Mongan von seinem Lager aus auf der Weide unten am Wall fünfzig wundervolle weiße Kühe mit roten Ohren. Die ästen da friedlich im Grase, und der Kuhhirt sang dazu einen Reihen. Der Anblick erfüllte Mongans Herz mit Freude und Neid zugleich, und er wünschte sich nichts sehnlicher, als diese fünfzig Kühe samt dem Hirten zu besitzen. König Brandub sah, was in ihm vorging, und sprach zu ihm: »Dir gefallen wohl die weißen Kühe, Mongan? Ich bemerke, wie verliebt du sie betrachtest.«

»Meiner Treu«, sagte Mongan, »außer dem Land von Ulad gäbe ich alles darum, könnte ich die Rinder erwerben.«

»Das ist ein Wort, das sich hören läßt«, begegnete ihm Brandub, »gib nur dein Weib Dub-Lacha, die schönste Frau von Erinn, und diese Rinder, die prächtigsten des Landes, sind dein, allerdings unter der einen Bedingung, daß wir Freunde sind, die einander nichts verweigern.«

In seiner blinden Gier nach den Kühen ließ Mongan sich verlocken und ging auf das Angebot ein, und so verpflichteten sich beide durch Eid und festes Versprechen[351]. Mongan zog heim mit seinen fünfzig Kühen samt dem Hirten, der so schön zu singen wußte. Aber sein Herz wurde immer trauriger, je näher er seiner Burg kam. Groß war jedoch die Freude Dub-Lachas, als sie der herrlichen Rinderherde ansichtig wurde. »Solche schönen Kühe sah ich in meinem Leben nicht«, jubelte sie und fragte den Gatten, wo er die Kühe herbekommen hätte. Der aber meinte nur obenhin: »Freue dich mit mir, daß wir die schönen Rinder nun besitzen, und frage nicht danach, wer so töricht war, sie uns zu überlassen.« Und auf alle weiteren Fragen schwieg er beharrlich.

Es verging indessen keine Woche, da erschien Brandub mit seinen Kriegern auf Mongans Burg. Ungern sah der König von Ulad diesen Besuch; denn er wußte, nun würde sich Brandub holen, was er ihm zugesagt hatte. Doch bewirtete er seinen Gast ebenso aufmerksam, wie er in Lagin aufgenommen worden war. Nach dem Schmaus aber sagte er zaghaft zu Brandub: »Du darfst dir nun bei mir aussuchen, was dir gefällt, ich will es dir nicht verweigern.« Da lachte Brandub und sprach: »Du weißt ja, warum ich gekommen bin; ich fordere Dub-Lacha von dir und weiter nichts.«

Wohl oder übel mußte Mongan nun seiner Frau erzählen, unter welcher Bedingung er die weißen Kühe erhalten hatte. »Ich habe nie gehört«, sagte er wütend, »daß jemand in Erinn seine eigene Frau hergegeben hätte, um Kühe zu kaufen.«

»Du hast es zugesagt«, bemerkte darauf Dub-Lacha mit scheinbar großem Ernst, »und sein Wort muß man bei seiner Ehre halten, die aber gilt mehr als ein Weib!«

Diese Bemerkung ärgerte Mongan noch heftiger als die Forderung Brandubs. So führte er sein Weib zum König von Lagin und übergab sie ihm mit den Worten: »Hier hast du die Frau, nach der dein Herz verlangt. Nimm sie hin und führe sie in dein Land, sie ist damit einverstanden.« Erfreut betrachtete der König von Lagin die Frau, die er sich als Kaufpreis ausbedungen hatte. Dub-Lacha jedoch nahm Brandub beiseite und sprach zu ihm mit listigen Worten: »O König Brandub, ist dir bewußt, daß die Hälfte der Männer von Ulad und Lagin gefallen wären, daß die Hälfte beider Länder verwüstet worden wären, wenn ich deinem Verlangen nicht zugestimmt hätte? Doch wenn du mir auch gefällst, ich werde nicht mit dir gehn, es sei denn, du gewährst mir, um was dich meine Lippen bitten.«

»Was wünschst du von mir, Dub-Lacha?« fragte da Brandub, »es soll dir, bei meinem Worte, gewährt sein.«

»So höre«, sagte die Königin von Ulad, »mein Verlangen ist dies, und du hast nun dein Wort gegeben, mir diesen Wunsch zu erfüllen. Für die Zeit von zwölf Monden, von heute an gerechnet, will ich keine Nacht mit dir in demselben Hause verbringen, und wenn du im Lauf eines Tages zu mir in mein Gemach kommst, so sollst du nicht auf demselben Stuhl mit mir sitzen, sondern stets mir gegenüber. Denn siehe, ich wünsche dies aus übergroßer Liebe, nicht aus Abneigung. Leicht geht die Liebe verloren, sobald sie erfüllt ist; und leicht beginnt der zu hassen, der die Liebe genossen hat und ihrer überdrüssig ist. Solange du um mich wirbst, solange wirst du mich lieben; darum sollst du mir nicht zu nahe kommen, wenigstens dies erste Jahr lang nicht. Willst du mir dies zugestehen?«

Damit war König Brandub zufrieden und zog alsbald von hinnen mit ihr und führte sie nach seiner Burg Descirt in der Ebene von Breg[352]. Mongan aber blieb traurig zurück und versank in wehmütiges Brüten. Da kam der Sohn des Ochsen zu ihm, und als er seinen Herrn in solcher Betrübnis sah, sprach er zu ihm: »Schlimmeres ist mir widerfahren als dir, Mongan; denn ich hatte niemand mein Wort gegeben, Freundschaft zu halten, ohne einander etwas zu verweigern. Gleichwohl ist auch mein Weib, Dub-Lachas Pflegeschwester, mit ihr gegangen nach Lagin, weil sie sie nicht allein lassen wollte in dem fremden Land. Nun liege auch ich allein auf meinem verwahrlosten Lager.« Mongan antwortete darauf nichts, sondern seufzte nur schwer. »Das tröstet mich wenig«, fuhr der Sohn des Ochsen fort, »daß du trauerst. Es tat dir gewiß nicht gut, daß dich Manannan in das Land der Glücklichen[353] nahm. Dort bist du in Trägheit erzogen worden, hast du nur fröhlich gegessen und getrunken und nicht daran gedacht, daß du auf dieser mageren Erde dein Hab und Gut wirst zu verteidigen haben. Aber Seufzen und Trübsalblasen werden dir hier wenig helfen, wenn du nicht auf einen Ausweg sinnst.«

»Niemand weiß das besser als ich selbst«, murrte Mongan, »und ich glaube, einen Weg gefunden zu haben, wie ich Dub-Lacha wiedersehen und sprechen kann.«

»Das möchte ich hören«, ermunterte ihn sein Knecht. »So geh, du Sohn des Ochsen«, befahl ihm der König, »und nimm den großen Tragekorb aus dem Keller unter den Türpfosten! Darein fülle einen Rasenstich aus Ulad und einen aus Connacht! Dann will ich in diesen Korb steigen, und du sollst mich auf deinen Schultern nach Lagin tragen. Wenn wir dort in die Nähe der Königsburg kommen, werden die wachsamen Druiden sagen, wenn man sie um Nachricht angeht, was ich tue und treibe: er steht mit einem Bein in

Ulad und mit dem andern in Connacht. So wird Brandub keine Furcht vor mir haben, wenn er das erfährt.«

Das leuchtete dem Sohn des Ochsen ein. So machten sich beide auf den Weg, und der Knecht trug seinen Herrn im Korbe auf dem Rücken. Nach mühsamer Wanderung kamen sie in die Ebene vom Cell Chamain[354]. Dort feierten die Leute von Lagin gerade ein großes Fest, und viel Volk war unterwegs zur Feststätte. Auch Brandub zog da des Weges, umgeben von den Edlen seines Landes. Der Sohn des Ochsen hütete sich wohl, ihnen zu nahe zu kommen, aus Furcht, sie könnten ihn fragen, was er da im Korbe hätte. Aber hinter ihm schritt da auf einmal Tibraide[355], der Priester des Königs von Lagin, und ihn geleiteten wohl gegen zwanzig Klausner. Sie lasen in ihren heiligen Büchern und murmelten Gebete. Aufmerksam hörte der Sohn des Ochsen zu, was sie da beteten, doch er verstand kein Wort von ihrem Latein. Auch Mongan lauschte in seinem Korbe auf die Stimmen, die von hinten zu ihm drangen, und fragte den Knecht, was die Leute da redeten. »Ich verstehe nicht, was sie sagen«, antwortete der Knecht, »aber bisweilen murmeln sie: Amen, Amen.«

Das sind die Priester, dachte sich Mongan. So zauberte er einen breiten Fluß quer über den Weg und über den Fluß eine schmale Brücke. Als die Klausner an den Fluß kamen, wunderte sich Tibraide sehr über das Wasser und sprach:

»Mein Lebtag habe ich keinen Fluß gesehen, der an dieser Stelle vorübergeströmt wäre, und wohl auch mein Vater nicht, noch mein Großvater. Doch glücklicherweise führt dort eine Brücke über das Gewässer.« So zogen sie über die Brücke. Doch als sie gerade auf der Mitte der Brücke angekommen waren, blickte Mongan ein wenig aus seinem

Korbe, den der Sohn des Ochsen vor der Brücke auf den Boden gesetzt hatte, um den Geistlichen den Weg über das Gewässer freizugeben. Da ließ Mongan die Brücke zusammenstürzen und Tibraide nebst seinen Begleitern ins Wasser fallen. »Soll ich die heiligen Bücher auch ersaufen lassen?« fragte er den Knecht, der belustigt zuschaute, wie die Mönche mit Armen und Beinen im Wasser um sich schlugen und zu schwimmen versuchten. »Ja, tue das doch!« sagte der Sohn des Ochsen. »Ich will es lieber nicht tun, du Sohn des Ochsen«, meinte Mongan, »ich werde sie lieber eine Weile stromabwärts ans Ufer schwimmen lassen. Da können sie sich die Bücher holen, wenn wir unsere Aufgabe erfüllt haben.«

Hierauf nahm Mongan die Gestalt des Priesters Tibraide an und gab seinem Knecht das Aussehen eines frommen Klausners. So traten sie vor das Angesicht des Königs von Lagin. Der bewillkommnete sie und grüßte sie mit einem Kuß: »Heil dir, Tibraide, du durftest bei unserm Fest nicht fehlen! Ziehe denn voran zur Burg hinauf und sprich die schuldigen Gebete! Mein Wagenlenker Ceibhin Cochlach[356] soll dich führen. Dort wirst du die Königin finden, die vor dir die Beichte ablegen will. Höre ihr denn ihre Sünden ab, und wenn du sie freigesprochen hast, kehre mit ihr zurück zu uns, damit auch sie an dem Fest fröhlich teilnehmen kann.«

Der falsche Tibraide ließ sich dies nicht zweimal sagen und wandte sein Gesicht sogleich gegen die Burg. Gebete murmelnd schritt er den Pfad zum Hügel hinauf. An seiner Seite ging der Sohn des Ochsen, geschoren wie ein Klausner, und nach jedem Satz, den sein Herr sprach, sagte er: Amen, Amen. Die Krieger verwunderten sich darüber und meinten, sie hätten noch nie einen Mönch gehört, der wie dieser nur immer ein Wort zu stammeln wisse.

Aber als der unechte Priester zu Dub-Lacha kam, hüpfte sein Herz vor Freude, und er vergaß schnell seiner Würde und Gestalt. Der Sohn des Ochsen nahm das mit gemischter Freude wahr; denn er fürchtete Entdeckung und unrühmlichen Rückzug. So drängte er hastig alle Frauen aus dem Gemach der Königin und rief immerfort: »Die Königin will allein beichten, darum hinaus mit euch allen!« Zu guter Letzt schob er seine eigene Frau in ein Nebengemach, schob einen Riegel vor die Tür und enthüllte sich ihr. Da umhalsten sie sich, lachten und weinten vor Freude und wußten vor lauter Glück nicht, was sie sich Liebes antun sollten. Und nicht anders erging es Dub-Lacha, als sie erkannte, daß Mongan selber gekommen war, und nicht Tibraide, der Priester. Sie jubelte und tanzte schier vor Wonne und drückte Mongan immer wieder voller Rührung an ihre Brust. Der König von Ulad küßte sie dreimal und saß darauf mit ihr Schulter an Schulter auf ihrem Bett. Tausend süße Worte sagten sie sich da in fliegender Hast, bis sie einander gegeben und genommen hatten, was sie für ihr gutes Recht hielten.

Doch ihr Treiben blieb nicht unbeobachtet. Im Winkel saß still und ohne sich zu rühren ein altes Weib, grau und unauffällig wie ein abgenutzter Besen, der mit Spinnweben überhangen war. Das war die Hüterin der Kleinodien der Königin von Lagin. Als sie nun mitansehen mußte, daß sie gerade das kostbarste Juwel des Königs vor dem dreisten Eindringling nicht hatte in acht nehmen können, erhob sie sich zürnend just in dem Augenblick, als Mongan der letzte Kummer vom Herzen wich. Grollend hob sie ihre Stimme. Da entsetzte sich Dub-Lacha, als sie die alte Hexe wie ein Gespenst neben sich stehen sah. Mongan aber verlor nicht die Fassung und sprach mit feierlich dröhnendem Klang die Worte: »Knie nieder vor mir, du altes Weib, und bekenne mir deine Sünden!« Da erschrak die Alte vor dieser befehlenden Stimme, fing an zu zittern und sank vor ihm in die Knie. »Schicke die Königin weg«, sagte sie zu Mongan, den sie für den Priester Tibraide hielt, »denn sie darf nicht hören, was ich deinen Ohren anzuvertrauen habe!« Mongan aber war nicht neugierig auf die Beichte der alten Hexe und fürchtete auch eine List von seiten der Grauhaarigen. So stach er sie mit einem Stachel scharf in den Nacken, und da breitete die Alte auf einmal die Arme wie zwei gezackte Flügel aus und flog als eine Fledermaus durch das Fenster davon.

»Wie gut, daß du sie verscheucht hast, Mongan«, sagte Dub-Lacha, »sie wäre sonst gegangen und hätte dich an Brandub verraten.« Kaum aber hatte sie diese Worte gesagt, so klopfte eine Hand an die Tür. Draußen war der echte Tibraide und verlangte Einlaß zur Königin. Da lachte Mongan, als ein Mädchen der Königin die Tür öffnete und den Priester ankündigte. Er lachte hell über das erstaunte Gesicht der Magd, als sie ihre Blicke von dem falschen zu dem echten Tibraide gleiten ließ und nicht wußte, was sie von Bild und Spiegelbild halten sollte. »So viele Tibraide habe ich mein Lebtag nicht zusammen gesehen«, stammelte sie verwirrt, als sie hinaustrat, »drinnen sitzt ein Tibraide auf dem Bett der Königin, und draußen steht auch einer.« Da ging auch Mongan hinaus zu den Leuten. »Seht«, sprach er zu Brandubs Kriegern, »da ist Mongan in Gestalt Tibraides gekommen und sucht Eintritt bei der Königin, um sie zu entführen. Gebt ihnen was ihnen gebührt, denn die Kleriker da bei ihm sind nichts anderes als seine Krieger, die er in diese Gestalten verzaubert hat!« Da griffen die Männer von Lagin zu Prügeln und Waffen und schlugen auf den echten Tibraide und seine frommen Mönche ein, daß sie in wilder Flucht davonstoben. Mit Mühe und Not erreichte Tibraide die Kapelle von Ceil Chamain, und keiner seiner Klausner war ohne Wunde.

König Brandub hörte von den seltsamen Vorgängen, die sich vor der Tür seines Frauenhauses begeben hatten. So ging er selbst zu Dub-Lacha, um sich zu erkundigen. Unterwegs begegnete er Mongan und dem Sohn des Ochsen, die er, weil sie in täuschender Verwandlung daherkamen, für Tibraide und einen seiner Mönche hielt. »Was ist mit der Königin geschehen?« fragte er sie. »Hat sie gut gebeichtet, Tibraide?«

»Sei unbesorgt, Brandub«, antwortete Mongan keck, »die Königin ist aller Sünden frei und war traurig, als ich von ihr schied. Dein Feind aber befindet sich auf dem Rückzug.« Damit schritt er mit dem Sohn des Ochsen würdevoll an König Brandub vorbei.

Als der König von Lagin zu Dub-Lacha kam, fragte er sie düster: »Sage mir, Mädchen[357], war Mongan eben bei dir, oder hält er sich hier noch versteckt?« Da lachte Dub-Lacha: »Ich will dir die Wahrheit nicht verhehlen, Brandub: ja, Mongan war bei mir in Gestalt des Tibraide, köstlich habe ich mich mit ihm unterhalten. Aber du siehst mich traurig. weil er schon wieder von mir gegangen ist. Es ist wohl möglich, daß du ihn unterwegs noch getroffen hast.« Da fiel es wie Schuppen von Brandubs Augen. »Oh«, klagte er und stampfte vor Zorn mit dem Fuß auf, »so haben meine Krieger den wackeren Priester und seine Mönche fast zu Tode geschlagen, obwohl er der richtige und echte Tibraide war, und dem falschen haben wir blinden Toren geglaubt!« Und sogleich gab er Befehl, Tibraide aus der Klause zu holen, wohin er sich geflüchtet hatte, um ihn zu versöhnen. Dann aber wandte er sich zu Dub-Lacha, die jetzt ernsthaft traurig schien. »So hast du mich getäuscht, Dub-Lacha«, knirschte er vor Wut, »und du liebst ihn noch immer, während du mir versicherst, mir allein gehöre dein Herz. Ich sollte dir den Kopf abschlagen lassen, hätte ich dich nicht so teuer erkauft!«

»Ihr habt Freundschaft ohne Weigerung geschworen«, erinnerte ihn die Königin. »Mongan kam zu mir und wollte mich auf eine kurze Weile besitzen. Wie konnte ich ihm das abschlagen, da du es auch nicht hättest verweigern können, wolltest du deine Ehre nicht verlieren und dein Wort zuschanden machen?«

Da schwieg Brandub und ging grollend von ihr.

Mongan saß inzwischen wieder gramverzehrt und kummervoll in seiner Burg in Ulad. Er dachte an Dub-Lacha, und die Sehnsucht fraß an seinem Herzen. Da trat der Sohn des Ochsen bei ihm ein und sprach: »Wahrlich, Mongan, kühl und freudlos erscheint mir mein Lager, wenn mich keine Frau darauf umhalst. Und wie du weißt, habe ich keine Freundschaft ohne Weigerung geschlossen. Darum trifft mich mein Los um so härter. Keine weiße Kuh mit roten Ohren kommt mich zu trösten, nur meinen Schatten sehe ich an der Wand neben meinem Bette, wenn mich die Morgensonne oder der Mond bescheint, und dieser Schatten macht so klägliche Gebärden wie sein Herr.«

»So geh denn abermals nach Rath Descirt in der Ebene von Breg«, sagte Mongan wehmütig, »und sieh zu, ob sich nicht eine Gelegenheit bietet, daß wir die Frauen wiedersehen. Ich selber mag nicht noch einmal wie ein Bettler dort erscheinen.«

Da zog der Sohn des Ochsen heimlich nach der Königsburg von Lagin. Es gelang ihm auch, sich mit Hilfe des Wagenlenkers des Königs, Ceibhin Cochlach, der nunmehr die Frauen zu bewachen hatte, bei Dub-Lacha einzuschleichen. Bitter beklagte sie sich bei dem Sohn des Ochsen über Mongans. Untätigkeit, die sie Schwäche nannte, und sie zeigte ihm an, König Brandub würde binnen kurzem eine Reise durch sein Land antreten, da wäre die Zeit günstig zu einem Wiedersehen. Hocherfreut über diese Nachricht begab sich der Sohn des Ochsen nach Ulad zurück und stachelte seinen Herrn zu einer neuen Fahrt nach Lagin auf.

In Brandubs Abwesenheit gelang es Mongan leicht, sich zu Dub-Lachas Haus Zutritt zu verschaffen. Wieder saß er neben der geliebten Gattin auf dem Bett, und des Liebkosens gab es schier kein Ende. Auf dem vergoldeten Brett des Königs spielten sie und sahen sich verliebt an. Dub-Lacha lüftete ihr Gewand, und der Blütenduft ihres Leibes betäubte Mongan, daß ihm die Sinne vergingen und er den Lärm der Krieger nicht hörte, die mit König Brandub von der Fahrt früher zurückkehrten, als sie erwartet wurden. Mit großer Mühe vermochte er mit Dub-Lachas Hilfe über den Wall zu entfliehen. Doch schmachvoll schien ihm diese Flucht vor dem Freund, der ihm nichts verweigern durfte. Brandub aber, der wohl erfahren hatte, daß Mongan wieder auf der Burg gewesen war, ging zu Dub-Lacha und zürnte ihr: »Wieder hast du Mongan bei dir gehabt. So stelle ich dir jetzt eine Forderung.«

»Wenn du von mir nicht verlangst, vor Jahresende dein Lager zu teilen, so soll dir gewährt sein, was du von mir wünschst«, sagte Dub-Lacha. »So fordere ich von dir, daß du mir jedesmal ansagst, wenn dich das Verlangen nach Mongan überkommt; denn ich weiß wohl, daß du dich nach ihm sehnst, wenn er von dir gegangen ist«, grollte der König und nahm ihr das Brettspiel weg. »Das will ich dir gern erfüllen«, lachte Dub-Lacha, »doch solltest du nicht mir zürnen, vielmehr deinen Groll auf deinen Freund werfen, dem du nichts verweigern darfst.« Ärgerlich verließ der König ihr Gemach.

Von nun stellte König Brandub doppelte Wachen vor seiner Burg auf und schärfte ihnen ein: sollten sie Mongan erspähen oder eine verdächtige Gestalt, in die er sich verwandelt haben könnte, so sollten sie sogleich zugreifen und ihn gefesselt vor ihn führen. So kam es, daß bei einem erneuten Versuch, zu Dub-Lacha zu dringen, Mongan enttäuscht umkehren mußte. Er versank immer tiefer in Schwermut und kümmerte sich schließlich gar nicht mehr um sein königliches Amt. Da versammelten sich die Edlen und baten ihn, von seiner Trauer endlich abzulassen, damit sein Reich nicht in Unordnung gerate, und mannhaft und beherzt den König von Lagin anzugreifen. Nur so könnte er sich sein Weib zurückerobern. Doch Mongan wollte von einem offenen Kampf nichts hören und sprach: »Wie könnte ich es verantworten, wenn ein einziger meiner Krieger sein Blut hingibt für meine Narrheit; denn mein Weib wurde mir nur wegen meiner törichten Verblendung genommen. Doch nun bin ich entschlossen, sie mir wiederzuverschaffen durch meine eigene Zauberkraft.«

Fast war das Jahr abgelaufen, das Dub-Lacha sich von Brandub als Frist ausbedungen hatte, nicht sein Lager besteigen zu müssen. In Lagin rüstete man sich jetzt zur Hochzeit. König Brandub hatte bereits gelobt, er würde Dub-Lacha heiraten, und so kamen die Gäste aus allen Gauen nach Schloß Descirt in Lagin, und die Edlen und Krieger seines Stammes sammelten sich mit ihren Frauen auf der grünen Festwiese, wo die Hochzeitshütten aufgeschlagen waren. Nur aus Ulad hatte Brandub keine Gäste gebeten, da er Mongans Ränke scheute. Indessen hatte Mongan wohl berechnet, daß nun die Zeit gekommen war, da er

Dub-Lacha entweder zurückgewinnen oder sie für immer verlieren mußte. So machte er sich mit dem Sohn des Ochsen zum letzten Mal auf den Weg zu Brandub.

»Welche Gestalt nehmen wir diesmal an?« fragte der Knecht seinen Herrn. »Laß uns das unterwegs bedenken«, sagte Mongan, »vielleicht ist uns die Gelegenheit günstig.« Da kamen sie an einer Mühle vorüber. Dort wohnte ein großes, starkes, ungeschlachtes altes Weib. Cuimne hieß sie, die Hexe von der Mühle[358]. Sie war so groß wie ein Weberbaum und besaß einen schweren Kettenhund, Brotar[359] geheißen, dessen Zunge so lang war, daß er sie rings um den Mühlstein herumlegen konnte. Auch ein Pferd hatte das Riesenweib, das war eine große, knochenmagere Mähre, die Mehl und Korn auf ihrem eingesunkenen Rücken schleppte.

Als Mongan dieses Scheusal von Weib erblickte, wie es gerade einen dicken Mühlstein über den Hof wälzte, kam ihm ein Gedanke. Er verwandelte sich in den Königssohn von Connacht, Aed, einen hübschen jungen Mann von gewinnenden Umgangsformen, und den Sohn des Ochsen in dessen Diener. Vom Pferde herab rief er dann Cuimne zu sich heraus. Diese kam auch sogleich und grinste vor Freude, als sie den stattlichen jungen Mann erblickte, der sie mit seiner Aufmerksamkeit beehrte. »Höre, du Gute«, sagte Mongan zu ihr, »wenn es dir recht ist, hätte ich dir ein Anerbieten zu machen, das dir nicht unangenehm sein dürfte.«

»Es mögen wohl dreimal zwanzig Jahre her sein«, meinte Cuimne, »daß ein junger Mann mir ein Anerbieten machte.«

Mongan lachte und sprach zu ihr: »Ich will dich in ein junges und schönes Mädchen verwandeln, wenn du magst, dann kannst du des Königs von Lagin Weib werden, oder wenn er dich nicht haben will, das meinige.«

»Nichts wäre mir lieber als das«, sagte Cuimne lachend und zeigte ihre fürchterlichen Zähne.

Da schlug sie Mongan leicht mit einer Gerte und verjüngte sie zu einem wunderschönen lieblichen Mädchen. Ebenso verfuhr er mit ihrem Hund, der neben ihr stand, und verwandelte ihn in ein zierliches artiges Schoßhündchen mit einer silbernen Kette um den Hals und einem goldenen Glöckchen daran. Und so klein war das Hündchen, daß man es zwischen zwei Händen hätte verstecken können. Aus der alten Mähre der Hexe aber zauberte er einen herrlichen weißen Zelter mit funkelndem Gebiß und rotem Lederzeug. Und als er alles dies vollbracht hatte, setzte er die verjüngte Hexe in den weichen Sattel und gab ihr das Schoßhündchen in die Hand. »Heil dir, du Schönste der Schönen!« rief er lachend. »Von nun an sollst du heißen Ibhell mit den leuchtenden Wangen, denn du gleichst auf ein Haar der Tochter des Königs von Mumu[360].« Sie nahmen sie in die Mitte und ritten nun stolz und würdig an den Hof König Brandubs.

Als der Torhüter von Descirt die drei Gäste seinem Herrn meldete, machte er eine Gebärde höchster Verwunderung und sprach: »Hier sind zwei Krieger aus Connacht gekommen und führen ein Weib mit sich. Sie sind stolz und prächtig geschmückt, und nie sah ich so schöne Gestalten in meinem Leben. Das sind Aed der Schöne, der Sohn des Königs von Connacht, und sein Weib Ibhell mit den leuchtenden Wangen, und einer ihrer Diener begleitet sie. So erzählten sie mir, und sie wären verbannt von Connacht und suchten Schutz und Hilfe bei dem großmütigen König von Lagin. Deshalb kommen sie ohne großes Geleite.« König Brandub ließ sie hereinführen und, als er die Beschreibung des Torhüters bestätigt fand, begrüßte er die drei Fremden als seine lieben Gäste und lud sie ein, an dem Fest, das gerade abgehalten wurde, freundlich teilzunehmen. Das nahmen die drei mit herzlichem Dank an.

Man begab sich sogleich in die Trinkhalle. An der Tafel saß Mongan als vertriebener Prinz von Connacht an König Brandubs Seite, und an dessen anderer hatte Dub-Lacha ihren Platz als die Braut des Königs. Gegenüber aber auf dem anderen Flügel des Saales hatten sich Ibhell und der Sohn des Ochsen niedergelassen, so daß König Brandub sie gut beobachten konnte. Nun hatte Mongan einen Liebeszauber über Ibhells Wangen ergossen, so daß sie nicht anders glühten wie zwei rote Blumen. Und als Brandub, dem das starke Bier bald das Blut in den Adern kochen ließ, immer und immer wieder seine Augen auf dem wunderschönen Weibe ruhen ließ, konnte er nicht umhin sich zu gestehen, daß er ein so liebliches Geschöpf noch nie gesehen hatte. Wie neckisch sie lachte! Wie hübsch ihre schlanken weißen Hände mit dem zierlichen Hündchen spielten, das sie über den Tisch laufen ließ! Wie hart sich ihre Brüste unter dem weißen Hemd wölbten und strafften! Wie golden ihr das lockige Haar über die Schulter fiel! Er konnte schließlich kein Auge mehr von der herrlichen Frau lassen, und ihre mannigfachen Reize entflammten in ihm einen unersättlichen Durst nach dem Genuß ihrer Schönheit. Darüber vergaß er ganz und gar die arme Dub-Lacha, die neben ihm saß, redete kein Wort mit ihr und rief sogar einen Diener zu sich, dem er zuflüsterte: »Geh einmal hinüber zu dem Weibe des Königssohnes von Connacht da drüben und sage ihr, der König von Lagin hätte sein höchstes Wohlgefallen an ihr, und sie möge doch bedenken, daß ein König zweifellos ein besserer Mann wäre als ein vertriebener Königssohn.«

Der Diener ging, den Auftrag seines Herrn auszurichten. Mongan aber, der das Geflüster wohl verstanden hatte, lachte sich ins Fäustchen. Er winkte sich den Sohn des Ochsen heran und flüsterte ihm gleichfalls zu: »Der König hat Feuer gefangen und giert nach der Riesin. Er hat einen Boten an sie abgesandt. Sage nun Cuimne, wenn der König von Lagin sie zur Bettgenossin machen möchte, so wäre das annehmbarer, als wenn sie mir folgte. Er ist ein König, ich aber bin nur der vertriebene Sohn des Königs von Connacht. Da wird ihr die Wahl nicht schwerfallen.« Das richtete der Sohn des Ochsen getreulich aus.

»Mir ist es gleich«, sagte Cuimne, die schon etwas betrunken war, »wer mir die Hand reicht. Der König von Lagin ist kein übler Bräutigam.«

Da meinte der Sohn des Ochsen zu ihr: »Aber gib dich nicht so billig hin und verlange Brautgaben und Geschenke im voraus!«

Währenddessen trat der Diener des Königs Brandub an Cuimne heran und richtete ihr die Botschaft seines Herrn aus. Er reichte ihr ein Horn mit Bier und hieß sie trinken auf das Wohl König Brandubs. Ibhell aber erwiderte ihm: »Eine große Liebe erkennt man an Geschenken. Ich will nicht eher aus dem Horn trinken, es bleibe denn mein Eigen.«

Das bestellte der Diener seinem König. Da sagte dieser: »So mag sie das Horn behalten.« Jetzt murrten etliche seiner Edlen und mahnten ihn, das Horn sei ein selten schönes Stück aus seinem Schatz, und das könne er nicht so launenhaft verschenken. Doch Brandub wurde zornig und wies sie ab: »Mag sie es immerhin behalten, es kommt mir samt dem Weibe, das daraus getrunken hat, wieder zurück.« So ging der Diener wieder und bestellte Cuimne, sie möge getrost trinken, das kostbare Horn dürfe sie behalten.

Da trank Cuimne das Horn bis auf die Neige leer und schwang es dem König lachend zu. Der freute sich darüber und machte ihr verliebte Zeichen. Hinter seinem breiten Rücken aber sah Mongan auf Dub-Lacha, und er erkannte, daß sie sehr traurig war. Er wies ihr heimlich einen Ring an seinem Finger. Den zog er ab, warf ihn in sein Trinkhorn und reichte das Gefäß vor des Königs Augen der Braut. »Es sei gestattet«, sagte er zu Brandub, »daß ich deiner Braut einen Trunk reiche, wenn du es so hältst mit meiner Frau.« Darüber lachte der König und glaubte, der Prinz von Connacht sei eifersüchtig. Dub-Lacha aber trank aus dem Horn, das der Fremde ihr gereicht hatte, bis ihr der Ring in den Mund glitt. Verstohlen nahm sie ihn heraus und betrachtete ihn. Da wußte sie, daß Mongan gekommen war, und ihr Herz füllte sich mit Freude.

Währenddessen hatte der Sohn des Ochsen Cuimne das Bierhorn abgenommen und es unter seinem Hemd geborgen. »Bitte den König nun um seinen prächtigen, Gürtel«, raunte er Ibhell zu, »er wird ihn dir kaum verweigern. Und tut er es, so liebt er dich nicht. Das laß ihm sagen!« Den Rat befolgte sie sofort und ließ Brandub melden, er könne sie nicht gewinnen, er gäbe denn zuvor seinen Gürtel in ihre Hände. Schwer trennte sich zwar der König von diesem Gurt; denn wer ihn trug, der blieb gesund sein Leben lang. Doch nach einigem Zögern schickte er dem wunderschönen Weib durch den Diener auch seinen Gürtel, obwohl jetzt etliche seiner Krieger noch lauter murrten als zuvor, da er das Horn weggegeben hatte.

Endlich sandte Brandub Botschaft an Ibhell, sie möchte sich nun bereit halten, die Halle mit ihm zu verlassen und ihm in sein Haus zu folgen. Da flüsterte ihr der Sohn des Ochsen zu: »Du mußt ihm aufgeben, erst müsse der König das andere Weib an seiner Seite einem andern Manne geben, sonst wäre dir das Beilager getrübt durch die Eifersucht der andern.« Und so ließ es Cuimne dem König durch den Diener ansagen.

Da wandte sich Brandub, als er solches hörte, an Aed, den vertriebenen Prinzen von Connacht: »Höre, dein Weib gefällt mir über die Maßen, und ich will nicht glücklich werden, wenn ich sie heute nicht beschlafe.« Mit scheinbarer Entrüstung fuhr Mongan auf. »Ist dies der Schutz, den du mir zugesagt hast, Brandub, daß du mir mein Weib nimmst, das ich liebe, das schönste Mädchen von Erinn?«

»Sei doch nicht gleich so empört«, lallte Brandub lachend, »du sollst es ja nicht umsonst tun. Sieh, hier an meiner andern Seite sitzt Dub-Lacha, eine wundersame Schönheit, Dub-Lacha mit den weißen Händen, die nur deshalb an meiner Hüfte hängt, weil ich sie von einem Freund ohne Widerrede in Besitz nahm. Sie langweilt mich aber, und wenn du willst, kannst du sie im Tausch für Ibhell mit den leuchtenden Wangen haben.«

Der falsche Prinz von Connacht stellte sich zornig und entgegnete mit erheuchelter Entrüstung: »Hätte ich Hengste und Stuten mit mir gebracht, so möchte ich mich nicht wundern, wenn du sie von mir haben willst; aber mein schönes Weib ... « Er schluckte an seinem Groll und tat einen kräftigen Zug aus dem Bierhorn. »Indessen sei es, einem großen Herrn soll man einen Wunsch nicht abschlagen.«

»Das meine ich auch«, sagte Brandub mit schwerer Zunge, »und übrigens ist der Tausch nicht schlecht, meine ich. Dub-Lacha folgt dir noch heute nacht auf dein Lager.« Dann stand er auf und brüllte in den Saal: »Hört mich, ihr Edlen, ich habe mich nun entschlossen, diese Blume von einer Frau, Ibhell mit den leuchtenden Wangen, zu meiner Frau zu erwählen, und keine andere als sie soll mir heute nacht die Hand auf die Hüfte legen.«

Zwar waren die Edlen von Lagin sehr überrascht, als sie diese Worte aus dem Munde ihres Königs hörten; denn alle hatten erwartet, daß er nun endlich Dub-Lacha Weißhand zur Königin machen würde. Aber sie hatten gesehen, wie Ibhell ein Horn voll Bier auf einen Zug geleert hatte, und so hielten sie diese für die würdigere und bessere, den Thron von Descirt mit ihrem Herrscher zu teilen. Unter lautem Jubel zog das königliche Paar aus der Halle in das Schlafgemach des Königs von Lagin. Allerdings hatte zuvor der Sohn des Ochsen aus Cuimnes Händen auch den Gürtel des Königs an sich gebracht.

Mongan aber gab vor aller Augen Dub-Lacha drei Küsse auf den Mund und rief: »Jeder hier im Saale würde meinen, wir hätten uns nicht aus Liebe zusammengefunden, wenn ich sie nicht dreimal küßte!« Und unter dem Lärm der Fröhlichen und Betrunkenen verließ auch er mit dem Sohn des Ochsen die Halle.

Geschwind holte der treue Knecht die Pferde herbei. Mongan schwang sich in den Sattel und setzte Dub-Lacha vor sich auf den Nacken seines Rosses. Windeseile verlieh er den Hufen des Tieres und jagte mit seiner kostbaren Beute über die Grenzen von Lagin seiner Königsburg zu. Dicht hinter ihm folgte der Sohn des Ochsen, das Bierhorn Brandubs unter dem Hemd, das er mit dem Gürtel des Königs von Lagin zusammenhielt.

Am nächsten Morgen aber erlebten die Bewohner der Burg Descirt und die Hochzeitsgäste ein ergötzliches Schauspiel. Als König Brandub erwachte, fand er neben sich auf dem Lager ein greuliches altes Weib mit grauen Haaren, die mit offenem Munde dröhnend schnarchte. Als er sie hochjagen wollte, knurrte neben dem Lager ein gräßlicher struppiger Köter und schnappte nach seiner Hand. Vor dem

Königshause aber stand mit hängender Unterlefze ein jämmerliches altes Pferd und träumte mit gesenktem Kopfe.

»Bist du die graue Hexe aus der Mühle?« schrie sie Brandub wütend wach.

»Die bin ich«, gähnte die Alte.

»O Schande, daß ich bei dir geschlafen habe!« stöhnte der König.

Anhang

Albhine

Quelle: das Buch von Ballymote; s. E. O'Curry, Atlantis IV, 159f., Anm. 203. Im Grunde eine Lokalsage, die den Namen des Flusses Ailbhine (heute River Dilvin, der sich in die Bucht von Malahide, Grfsch. Dublin, ergießt) erklären will. Vermengt ist in unserer Novelle diese Seefahrersage mit einer andern von der Prinzessin Tuad, die aus der Hut ihres Vaters, des Königs Conaire Mor von Tara, durch einen Abgesandten des Druiden und Zauberers Manannan mac Lir gewaltsam entführt wird; s. O'Curry, ibid. S. 223.

1 Ruad heißt der ›Rote‹, eine Farbe, die bei irischen Namen gern gewählt wird, teils nach der Haarfarbe, teils aber auch nach dem roten Gesicht oder andern roten Körperteilen. Rigdonn heißt ›Brauner König‹. Die Namen sind rein sagenhaft. Ebenso ihr Land Fermuiredh (fer = Mann + muir = Meer), das Meermännerland.

2 Solche Inseln der Seligen, eine Vorstellung, die allen Kelten gemein ist, dachte man sich in der irischen Sage gern als unterhalb der Wogen des Meeres liegend, also auf dem Grunde der See. Über die bei den Kelten immer wiederkehrende und nicht erst aus dem Christentum entlehnte Vorstellung von einem Paradiese im Meer vgl. A. Nutt, The Happy Otherworld, bei K. Meyer, The Voyage of Bran, Ldn. 1895, 1, 101ff.

3 ir. ler = der Ozean.

4 Der Kessel des Breccan (ir. Coire Breccain) ist ein gefährlicher Meeresstrudel zwischen der irischen Küste und der Insel Rathlin, wo sich die Meeresströmungen treffen. Hier soll Breccan, der Sohn König Nialls von den neun Geiseln, mit 50 Schiffen einst umgekommen sein; vgl. Cormacs Glossar unter ›Coire Breccain‹.

5 Der Inbher (= Flußmündung, Bucht) Glais ist heute der Fluß Bann in Ulster. In der Sage berühmt ist seitdem die Flutwelle gerade dieses Flusses als Tonn Tuaighe (= Tuadhs Woge); vgl. O'Curry, Atlantis IV, 223.

6 Tethra (eig. der Ozean) ist der altirische Totengott; ursprünglich soll er ein Heerführer der Fomoraig-Piraten gewesen sein.

7 Vorstellungen von Seelenwanderungen sind in der irischen Folklore nichts Seltenes. Allerdings haben sich diese gelegentlich durchschimmernden religiösen Ahnungen oder Vorstellungen nirgendwo zu einem festen Glaubenssystem verdichtet wie etwa in Ostasien. Metempsychose ist auch nicht nur den Iren ein Begriff, sondern ebenso Kymrern und vor allem den Bretonen.

8 Der Name läßt sich nicht erklären, so wenig wie Albu, Albe.

Macha Rothaar

Quelle: Annalen des Tigernach († 1088); besprochen von E. O'Curry, Lectures on the Manuscript Materials of ancient Irish history, Dublin 1861, S. 526f. Macha Mongruadh (= Rotmähne) ist eine dunkle Erinnerung an altes Amazonenwesen in Irland, an Mutterrecht und Frauenherrschaft in der Vorzeit. Der Name Macha, die auch als Kriegsgottheit in den Sagen begegnet, ist, wenn er überhaupt indogermanisch ist, nur mit griech. machomai (= kämpfe), mache (= Kampf) zur idg. Wz. magh- = kämpfen zusammenstellen. Vgl. auch die folgende Geschichte von der Side Macha.

9 Ulad ist Ulster.

10 Es ist keltische wie germanische Gepflogenheit nach Nächten, nicht nach Tagen zu rechnen. Der Mond bestimmt den keltischen Kalender. Über einen solchen bei Coligny in Frankreich gefundenen und in Stein gemeißelten keltischen Kalender handelt E. W. B. Nicholson, Sequanian, Ldn. 1898, S.7f.

11 Usnech ist ein alter irischer Königssitz in der Landschaft Mide.

12 Die Bodb ist eine alte goidelische Kriegsgöttin, die man sich in Gestalt einer Krähe vorstellte. Die Morrigu, od. Morrigan ist eine hexenartige Sagenfigur, die zumeist unheilbringend in den Kampf eingreift oder Unheil verkündet. Der Name Bodb ist indogermanisch (zu ags. beadu, Kampf); in dem Namen Morrigan steckt vielleicht ir. rigan (= Königin).

13 Gelübde (mir. geis, später geas) zu tun, ist bei den Iren eine eigentümliche, aus dem Druidentum stammende Sitte. Tat jemand einen Ausspruch, worin er sich zur Ausübung einer Tat oder zu ihrer Unterlassung verpflichtete, so war das Wort tabu, und bei der Ehre war Mann wie Weib daran gebunden. Dabei handelte es sich nicht immer um ernste Dinge, sondern oft um höchst lächerliche Angelegenheiten.

14 Nach der Sage lagen die Verhältnisse so. In Erinn regierten einmal drei Könige gleichzeitig, alle drei waren Ulster: Ditorba der Nutzlose), Sohn des Diman (= der Träge), aus Usnech, Aed Ruad Rotes Feuer), Sohn des Badurn, Enkel des Argatmar (= Silbermächtig), aus Tir Aedha (= Feuerland); Cimbaeth (= Feuersilber?), Fintans Sohn, Enkel des Argatmar aus Finnabir (= Weißwasser?) in Mag Inis (= Inselfeld). Sie beschlossen nun einmal feierlich unter Schwüren, sie wollten abwechselnd sieben Jahre jeweils regieren. Druiden, Barden und Feldhauptleute schwören dabei, sie würden jeden der drei Könige verderben, der nicht rechtzeitig abtritt. Nun ertrinkt Aed Rund während seiner Regierung im Wasserfall des Erneflusses (bei Ballyshannon), der nach ihm den Namen Eas Ruad (= Wasserfall des rothaarigen Mannes) bekommt und wird dort im Sidh Aedha (Aeds Hügel) begraben. Jetzt erhebt seine Tochter Macha Mongruad den Anspruch auf die Königsherrschaft, der ihr von den andern Erben bestritten wird, da sie ein Weib ist. Es entbrennt ein Kampf, der deutlich den Streit um Vaterrecht oder Mutterrecht spiegelt. Macha siegt. Die Namen sind alle sagenhaft. Beachtlich ist aber, daß die Linie Ditorba nur Spottnamen trägt. So bedeutet auch Baeth ›einfältig, blöde‹, Bras ›groß, dick, ungeschlacht‹; Betach kommt wohl von ir. bet = Übel, Schaden; Uallach heißt der Stolze, Übermütige; Borbcass etwa ›gelockter Dummkopf‹. Solche Spottna-

men, die uns im germanischen Raum selten begegnen, sind echt irisch.

15 Lagin ist der Gau Leinster in Irland – Die Lepra war allerdings schon den Römern bekannt (s. Horaz, Ars poet. 453; Plinius 20, 21, 86 und anderswo).

16 Ir. rath od. raith ist ein mit einem Erdwall umgebener, erhöht liegender Wohnsitz eines Fürsten.

17 Der Name der Königsburg von Ulster, Emuin Macha, deren Reste noch heute in Navan Fort, 3 km westlich von Armagh, sichtbar sind, wird hier sagenhaft erklärt als eine Zusammensetzung von ir. eo (= Brosche, Heftel, Spange) und muin (= Hals), also ›Halsbrosche‹ der Macha. – Kulturhistorisch aber bleibt beachtlich, daß, wie fast regelmäßig im alten Irland, eine Frau die Grenzen der neuen Siedlung absteckt und sie damit gründet, während der Druide dem Ort den Namen gibt; denn das ist sein geheiligtes Recht. Wie Macha sind im alten Irland Carman, Tlachtga, Taltin, Temuir (= Tara) Stadtgründungen von Frauen (s. Dindsenehas, sub nomine). Es waren aber nicht immer Königinnen, die den Grundstein legten. Tlachtga auf dem noch heute berühmten Hügel bei Ath Buidhe (= Gelbe Furt), heute Athboy in Westmeath, wurde von der Tochter des großen Druiden Mog Ruith von Valencia Island in Kerry gegründet, und diese Tochter hieß Tlachtga (= die Schöne). Sie wie ihr Vater sollen mit dem großen Zauberer Simon Magus in Verbindung gestanden haben.

18 Der Sklave durfte keinen Haarschmuck tragen und wurde kahl (ir. mael) geschoren, so daß der Begriff mael geradezu ›Sklave‹ bedeutet.

Die Side im Bauernhaus

Quelle: Gelbes Buch von Lecan fol. 211a; vgl. E. Windisch, Berichte d. Kgl. Sächsischen Gesellschaft der Wissensch., phil.-hist. Kl., Bd. 36 (1884), S. 340f. dort mit den Originaltexten des Buches von Leinster und des Ms. Harlejan des Brit. Mus. Die Geschichte ist eine der Vorgeschichten zu dem Epos ›Der Rinderraub von Cualnge‹, von dem wir auch einige Ausschnitte bringen. Eine deutsche Übersetzung findet sich auch bei R.Thurneysen, Sagen aus dem alten Irland, Bln. 1901, S. 21.

19 Diese Zeitangabe ist mittelalterlich. Die Nona ist die Mittagsstunde (vgl. engl. at noon).

20 Die Namen in dieser Geschichte sind rein sagenhaft. Macha ist, wie in der vorhergehenden Geschichte, ein amazonenhaftes Weib, das hier aber weicher, weiblicher gezeichnet wird. Sainreth ist vielleicht ir. sainreth, sainredach (= Besonderheit), Imbaith heißt ›Ozean‹. Der Name des Bauern aber, Crunniuc, ist vielleicht von ir. cruind (= rund) abgeleitet. Das Tabu, nach dem Namen der Geliebten zu fragen oder diesen zu verraten, ist noch später in der Lohengrinsage und in den Sitten der Troubadoure zu finden.

21 Diese uns gewiß brutal anmutende alte irische Sage bietet uns einen ethnologisch wichtigen Beleg für die sogen. Couvade, das Männerkindbett, bei den Iren. Der eigenartige Brauch, daß sich bei der Geburt eines Kindes auch der Vater ins Wochenbett legt, wie er uns übrigens von den verschiedensten Völkern berichtet wird, so den alten Iberern (Diodor 5, 1,48; Strabo 137, 4), den Tibarenern (Apollonius, Argonautensage 11, 1010), ferner aus China, Assam, Borneo, Guiana (vgl. u.a. auch Marco Polo, cap. 102), wird heute dahin erklärt, daß es sich hierbei um eine formelle Ablösung des Mutterrechts über das Kind durch das Vaterrecht handelt. So liefert auch diese Sage einen Beitrag zu dem Kampf zwischen den beiden Rechtsformen im alten Westeuropa.

22 Die Namen bedeuten: Firt = Mirakel, Wunder (andere lesen: Für Mann, was doch gar nichts besagt) und Fial = die Keusche, ein passender Name für eine Amazonentochter.

23 Ir. emuin heißt ›Zwillinge‹. Vgl. Anm. 17.

Derdriu

Quellen: Buch von Leinster fol. 259b; Gelbes Buch von Lecan fol. 109b; Mss. Glenmasain Nr. 53 und 56 Advoc. Libr. Edinburgh; erste Veröffentlichung von der Gaelic Soc. of Dublin 1808, dann von E. O'Curry in ›Atlantis‹ 111, 382 (1861), dann mit einer Probe bei E. Windisch, Irische Texte (Lpz. 1884–1900), Bd. 1, 59; nach den schott. Hss. bei A. Cameron, Rel. Celt. Bd. 11, 421; eine deutsche Übertragung bei R. Thurneysen, Sagen aus dem alten Irland, Bln. 1901, S. 11; letzte irische Neuausgabe von der Soc. for the preservation of the Irish language, Dublin 1898. Die schöne und bei den Gälen sehr beliebte Sage ist im Laufe der Jahrhunderte, wie die Hss. zeigen, recht ausgesponnen worden. Der Kern aber ist ganz altertümlich und weist noch prähistorische Züge auf, wie die Dreimännerehe der Derdriu, die natürlich nur ganz leicht noch angedeutet ist.

24 Leborcham (= die schöne Lange od. die krumme Lange?), Tochter der Adarc (= Horn; uraltes Symbol der Weiblichkeit) und des Oa (= Enkel), ist die vertraute Ratgeberin des Königs Conchobar, auch seine Botin.

25 Der Ulsterkönig Conchobar, der Sohn der Neß, der Tochter des Eochu Gelbferse (ir. Salbuidhe), kann vielleicht eine historische Persönlichkeit gewesen sein. Er soll zur Zeit um Christi Geburt gelebt haben. Wie sein Name besagt – er ist doch wohl weiter nichts als eine Verdrehung des Genitivs von Cu-Corb, Hund des Corb –, gehört er zum Totem des Hundes. Diese Verehrung des Hundes, sowie die Abstammungsbezeichnung ›mac Nessa‹ (= Sohn der Neß; dieser Name heißt hier wahrscheinlich ›Wiese‹) nach seiner Mutter, nicht nach seinem Vater Fachtna Fathach (= der Weise) ist ein untrügliches Zeichen dafür, daß hier noch mutterrechtliche Verhältnisse hineinspielen. Conchobar erlangte die Königswürde von Ulster durch die List seiner Mutter. In diese hatte sich König Fergus, der Sohn der Rolg, verliebt und begehrte sie zum Weibe. Sie willigte nur unter der Bedingung darein, daß dann ihrem Sohn Conchobar gestattet sein soll, ein Jahr lang über Ulster zu regieren. Als dann Fergus dem Conchobar ein Jahr lang den Königssitz einräumte, verstand es Neß wie auch ihr Sohn selbst die Meinung der Ulster so zu beeinflussen, daß sie nach Ablauf des Jahres keinen andern König mehr wollten als Conchobar. So ging Fergus, der auch in der Derdriu-Sage als ein heldenhafter Trottel geschildert wird, seiner Königswürde verlustig. Conchobar heiratete die Tochter König Eohaids Feidlech, namens

Medb (= die Berauschte). Diese läuft ihm aber davon, worauf ihr Vater sie zur Königin von Connaught macht. Sie ist in der Sage die erbittertste Gegnerin Conchobars. Dieser selbst spielt in vielen alten Geschichten eine bedeutende Rolle, und Emuin ist recht eigentlich der Mittelpunkt der vielen Sagen des Conchobar-Kreises. Nach den Annalen des Tigernach soll er unter wunderlichen Umständen im Jahre 48 n. Chr. gestorben sein. Ein Bluträcher hatte ihm nämlich eine Kalkkugel, in die das Hirn des von dem Emuin-Helden Conall Cernach erschlagenen Leinsterkönigs Mesgedhra eingebacken war, in den Schädel geschleudert. Sieben Jahre lang blieb das Geschoß dann stecken, ohne daß Conchobar sterben konnte. Aber als er vom Tode Christi erfuhr, regte er sich so auf, daß ihm die Kugel aus dem Schädel fiel und sein eigenes Gehirn hinterher. So starb er gottselig als eine Art Christ. Das ist natürlich ein nachträglich von einem Diaskeuasten gemachter Versuch, den beliebten irischen Heldenkönig für die christliche Kirche zu retten. Conchobar ist übrigens mit den Usnech-Söhnen verwandt. Der Großvater der Usnech-Söhne im Mannesstamme ist Conal Claringnech (= mit den breiten Nägeln), der Sohn des berühmten Irenkönigs Rudraige Mor (nach den Annal. d. Vier Meister gestorben 4984 A. M. = 218 v. Chr.). Dieser Congal (auch ein Hundemann) ist aber auch der Urgroßvater Conchobars. Danach sollte er eigentlich jünger sein als die Usnech-Söhne. Die überlieferten sagenhaften Stammbäume der alten Iren können jedoch den Anspruch auf Zuverlässigkeit nicht erheben. Bemerkenswert ist noch die Parallelität des Lebens Conchobars mit dem des Irenkönigs Cu-Corb, der zu Tara residierte, mit der Medb Leithdherg (= graurot), der Tochter des Conann von Cualann, vermählt war und im Jahre 5192 (= 7 v. Chr.) von Feidlimid Rechtmar, dem Mann, mit dem ihm seine Frau Medb davongelaufen war, in der Schlacht wahrscheinlich am Sliab Uide Concorb erschlagen wurde. Ihm zu Ehren sang nach seinem Kampftod eben diese ihm davongelaufene Medb ein langes Loblied bei der Leichenfeier (s. Buch von Leinster, Ms. H. 2. 18. Trin. Coll. Dubl. fol. 24. b. b; O'Curry, Manuscr. Materials, S. 480). Der Genitiv von

Cu-Corb ist Conchorb, und daraus ist doch wohl Conchobar verdreht worden, zumal als ein Ahn des Cu-Corb ein gewisser Conchobar Abradhruadh (= rotwimpriger, rotbrauiger) genannt wird. Mit diesem CuCorb von Tara scheint die Sage den Conchobar von Emuin Macha teilweise identifiziert zu haben. Vgl. Anm. 60.

26 Feidlim, Sohn des Dall (= der Blinde), gehört als Geschichtenerzähler zum Gefolge des Königs.

27 Daß Derdriu ›Toberin‹ bedeutet, schließt man aus der mir. Verbform derdrethar (2. P. Sg. Praes. Dep.) = rast, tobt. Beachtlich bleibt, daß ihr der Druide mit Zustimmung der Mutter den Namen gibt.

28 In dem Einleitungslied zur Derdriu-Sage heißt es, daß die Königin Magach von dem Druiden Cathbad drei Töchter hatte: Deitchim, Ailbhe und Finncaem. Deitchim wäre dann die Mutter des gewaltigen Cuchulinn geworden (s. dazu die Cuchulinn-Sage in unserem Buch); Ailbhe hätte sich mit Usnech, dem Sohne des Maelcro (wohl als Mael Corb = Sklave des Corb zu deuten), vermählt und die drei Usnech-Söhne gezeugt: Noisi, Ainnle und Ardan. Nach anderen war Usnechs Vater König Congal mit den breiten Nägeln. Und Finncaem (= Weißschöne) habe endlich mit Amorgin den Conall Cernach, Cuchulinns Milchbruder, zur Welt gebracht. Der Druide Cathbad ist jedenfalls der Großvater der drei Usnech-Söhne. Nach anderen Sagen scheint er ein Leinstermann zu sein und dürfte, wenn Magach neben ihm noch mit Ross Ruad und Caibre Cennderg in Ehe lebte, eben deren Bruder gewesen sein. Warum er von Leinster nach Ulster kam, meldet keine Sage. Trotzdem scheint der Groll zwischen Conchobar und den Usnech-Söhnen letzten Endes auf Stammesfehde zu beruhen, die durch den Frauenraub zu heller Flamme entzündet wurde.

29 Heute Kap Howth nördlich der Bucht von Dublin.

30 Alba (ir. Albu) ist Britannien, insbesondere Schottland. Die Herkunft des Namens ist unbekannt.

31 Auch der irische Held Fergus, freilich ein etwas komischer Held, wird nach seiner Mutter ›der Sohn der Roig‹ genannt, nicht nach seinem Vater Ross Ruad (= der Rote). Vgl. Anm. 25.

32 Heute Duntroon in Schottland.
33 Heute engl. the lake of Etive in Schottland.
34 Es ist dies ein kleiner Katalog von Barden aus Ulster. Beachtlich ist, daß der Sohn eines Druiden in die Bardenzunft hinüberwechseln kann.
35 Der Name Cullen = Kätzchen, Hündchen.
36 Ir. fid-chell (= Brettspiel), in den mittelalterlichen Erzählungen oft genannt. Pedersen (Kelt. Gr. 11, 3) erklärt das Wort als eine Zusammensetzung aus fid, Holz + ciall, Verstand, vgl. kymr. gwydd-bwyll, Schachbrett. Es ist schwer zu entscheiden, ob es sich hier um ein altes irisches Brettspiel handelte, oder um das von Arabern erst im 11. Jahrhundert nach Europa gebrachte Schachspiel, das indischen Ursprungs ist.
37 Rudraige Mor, ein alter irischer König, ist der Stammvater der feindlichen Verwandten von Emuin Macha.
38 Die in dem Gedicht genannten Örtlichkeiten befinden sich sämtlich in Schottland. Coill heißt ›Wald‹; glen ist ›Tal (mir. glend, Gen. glinni, kymr. glyn, ohne Entsprechungen in idg. Sprachen). Loch Eitche ist der See von Etive (s. Anm. 33). Die in der letzten Strophe gemeinte Insel ist die Insel der Dornen (gäl. Inis Draighneach) im Loch Awe.
39 Borrach v. ir. borr, hochmütig, stolz.
40 Über die Sitte der Iren, Gelübde (ir. geis) zu tun, s. Anm. 13.
41 Diese Insel Cuilinn zwischen Irland und Schottland läßt sich nicht identifizieren.
42 Sliabh Fuaid, der Berg des Fuad, der seinen Namen nach einer sagenhaften Persönlichkeit trägt, ist einer der Fews-Berge und liegt bei dem heutigen Newhamilton (Grafsch. Armagh). Die in irischen Sagen oft erwähnten Steinhaufen an den Grenzen verdanken ihre Entstehung dieser Sitte: wenn die alten Iren in einen feindlichen Nachbargau auf Heerfahrt zogen, legte jeder Krieger an der Gaugrenze einen Stein nieder, bis die Steine einen großen Haufen bildeten. Auf dem Rückzug nahm sich dann jeder Krieger wieder einen Stein von dem Haufen fort. An dem verbleibenden Haufen ersah man dann, wieviele Krieger auf dem Zuge ums Leben gekommen waren. Das irische

Wort für einen solchen Haufen ist ›Carn‹ (:got. haurn = Horn, galat.-kelt. kamon).

43 Gäl. Ard-na-solleach = Höhe der Weidenbäume.

44 Dun Delgan ist die Burg des großen irischen Helden Cuchulinn. Delgan wohl von ir. delg = Dorn, Nadel, weil die Veste vermutlich durch Dornenverhau besonders geschützt war. Die Örtlichkeit heißt heute Dundalk an der Dundalk-Bay (Grafsch. Louth).

45 Der Croebruad, der Rote Zweig, ist die berühmte Bankettenhalle von Emuin Macha und dient zugleich als Gästehaus. Vgl. O'Curry, Man. Materials S. 636.

46 Ir. tren = stark + dorn = Faust, Hand. Trendorn ist also Starkfaust.

47 Eine sagenhafte Erklärung eines Flurnamens: dal = Versammlung, Begegnung, Treffen, Stelldichein, hier also wohl ›Begegnung mit Buinne‹. Die Namen der Fergus-Söhne lauten im Ir.: Illan (= der Fähige), Finn (= der Blonde, Schöne) und Buinne Borbruadh (= der Blödrote?).

48 Conchobar werden viele Söhne nachgesagt. Er scheint auch mehrere Frauen gehabt zu haben, und sogar gleichzeitig. Aber über dem Frauenhaus von Emuin Macha schwebt ein gewisses Dunkel. Als seine Frau wird hier und da Mugin, Echu Fedlachs Tochter, genannt, doch auch Ethne Atencathrech; als seine Schwestern Finnchaem und Dechtire, die in andern Quellen als die Töchter des Cathbad und der Magach bezeichnet werden und dann seine Schwestern nicht sein können. In der Sage werden die Personen ja überall verwechselt und miteinander verschmolzen. Conchobars Söhne sind z.B. Cuscrid der Stammler, Cormac Condlongaes, der mit Fergus gegen seinen Vater kämpft, Furbad Ferbenn (= Kaiserschnitt Hörnermann; er wurde aus seiner Mutter Ethne, als sie im Fluß Glais Berramain ertrunken war, herausgeschnitten) und Mane, dazu wird häufiger seine Tochter Fedelm Noichridhe (= Neunherz) erwähnt. Nicht identisch mit dieser Neunherz ist Conchobars Tochter Fedelm Nochrothaigh (= von der immer neuen Schönheit), die Gattin des Helden Cairbre Niafer, eines Bruders des Königs Alill von Connacht.

49 Orchaen heißt eig. ›Schweinchen‹, wohl weil Conchobars Schild mit Schweinsleder gedeckt war. Corrthach von mir. corr = Spitze.
50 Das Fergus-Schwert ist der Caladbolg des Sidefürsten Lete; vgl. Anm. 78.
51 Die Woge Toth od. Tuath ist die Woge des Flusses Bann (s. Anm. 5); die Woge Clidna, eine laute Brandung, ir. Tonn Clidna, ist heute Touncleena in Glandore Harbour (vgl. Acallamh na Senorach, Das Gespräch der Alten, hg. v. Wh. Stokes, Z. 3725; auch im Dindsenchas 45); die Woge Rudraigi ebenfalls zitiert im Acallamh Z. 3109, 3226, 5305. Gemeint ist hier: selbst die Elemente wie die Wasser von Erinn empören sich über das klägliche Bild des Conchobar-Sohnes.
52 Dun Tobarce ist die Burg des irischen Helden Conall Cernach, des Sohnes der Finnchaem und des Amorgin, der also ein Enkel Cathbads war wie die Usnech-Söhne. Tobarce ist wohl von ir. tobar od. tipra = Quelle abzuleiten, wie in andern Ortsbezeichnungen wie etwa Tobar Ceann moir = Quelle des großen Kopfes. Vgl. aber Anm. 87.
53 Colg ist ›Schwert‹ und glas ›blau‹ od. ›grün‹, also das ›Blauschwert‹.
54 Fernmagh ist wohl die heutige Barony Farney in der Grafsch. Monaghan in Ulster. Eogan ist ein beliebter irischer Vorname (viell. aus Esu-genos, Sohn des Gottes Esos, ein Beiname des gall. Gottes Smertullos; s. D'Arbois de jubainville, Les Celtes, S. 64); im Kymrischen lautet dieser Name Owein, später in französierter Form Ywain. Der deutsche Name Egon ist höchstwahrscheinlich aus Eogan abzuleiten.
55 Auf dem Komplott des Fergus, des Conchobar-Sohnes Cormac Condlongas, der seinen Beinamen davon erhalten hat, daß er mit Fergus die Verbannung aus Ulster teilt, und des Dubthach Daolsulach (eig. der eine Zunge wie ein Mistkäfer hat) beruhen nach der Sage manche Gründe für den Rinderraub von Cualnge, von dem in der folgenden Geschichte erzählt wird. Natürlich mag der Rachesturm des durch Conchobar aus seiner Königswürde verdrängten Fergus gegen Emuin Macha durchaus historisch sein.

56 Fedelm Neunherz, Conchobars Tochter, war die Gattin des irischen Helden Laegire des Siegreichen.
57 König Alill Mor von Connacht ist der Sohn der Mata Muresc und damit der Enkel der Königin Magach. Seine Mitregentin ist die Königin Medb, die Tochter König Echus Feidlech. Beide sagenhaften Persönlichkeiten werden durch die folgende Erzählung ausführlich charakterisiert.
58 Davon handelt die folgende Geschichte. Abschließend mag hier zur Derdriu-Sage nur noch bemerkt werden, daß ihre Tragik im Grunde auf zwei Dingen beruht, nämlich der Stammesfeindschaft zwischen Ulster und Leinster, wenn das auch nur schwach angedeutet wird, und dem Frevel des Conchobar, der die Pflegetochter auf sein Lager begehrt. Letzteres verscherzt ihm die Sympathien der Edeln seines Volkes. Das ist kulturhistorisch interessant. Über die Verwandtschaftsverhältnisse zu Leinster s. Anm. 60.

Der Heereszug der Königin Medb gegen die Ulster

Quelle: Das Epos ›Tain Bo Cualnge‹ (Der Rinderraub von Coolney); fast vollständige Fassung im Leinsterbuch, danach in wissenschaftlicher Form hg. v. E. Windisch, Lpz. 1905. Es ist das umfangreichste mittelirische Werk dieser Art und gewissermaßen die Ilias der Iren, wenngleich weder im Aufbau noch in der Diktion ein Kunstwerk, als ethnologisches Dokument unschätzbar. Viehraub galt damals als ein ehrenhaftes Unternehmen, setzte man dabei doch Blut und Leben daran. Das Buch von Leinster enthält bei seinem überreichen Inhalt allein 11 Geschichten von Viehräubereien (Tana), Cualnge ist eine Landschaft im Gau Mide, das heutige Coolney in der Grafsch. Louth. Der von uns gebotene Text zeigt nur Ausschnitte aus dem Epos.
59 Cruachan, die Burg der Königin Medb im Gau Connacht, lag im Norden der heutigen Grafsch. Roscommon, wo noch heute der Ort Croghan an den Namen der alten Veste erinnert. Cruachan ist abzuleiten von mir. cruach = Haufe, Schober, Hügel (kymr. crug; corn. cruc, Hügel, as. hruggi, ahd. hrucki, Rücken usw.).

60 Die Verwandtschaftsverhältnisse, wie sie sich hier darstellen und wie sie uns bereits in der Derdriu-Sage vor Probleme gestellt haben, sind schwer zu entwirren. Klar scheint dies zu sein: Eocho Fedlech ist König von Tara gewesen, also Hochkönig von Irland; vgl. über ihn die Königsliste der Clanranald (A. Cameron, Reliq. Celt. II, 307), wonach Eochdhach Feidhligh der Vater der ›drei Schönen Drillinge‹ ist, die als Erzeuger von Lugdheach mit den roten Streifen gelten. Schätzungsweise regierte dieser Eocho um 50 v. Chr.; vgl. Anm. 249. Die Namen der sechs Töchter, die er außer den Söhnen namens Bres, Nar und Lothar, hatte, bedeuten etwa: Derbriu (v. ir. derb = wirklich, wahr, fest); Clothru (v. ir. cloth Ruhm), Mugin Sklavin, vermutl. einer Gottheit, mog, mug Sklave), Ethne (Haselnußkern), Ele (= die andere; vgl. lat. Secundus, der Zweite, als männl. Vorname, so wohl auch Alill = der andere). Medb, nir. Meadhbh = die Berauschte (kymr. meddw, berauscht; bret. mezo, ds., mezvi, berauschen; griech. methyo, bin trunken), ein Name, der der allerdings trinkfesten Königin wohl von einem gehässigen Barden angedichtet wurde. Aus der Schar der Töchter des Eocho wählte sich Conchobar nun folgende als Frauen: zuerst die Ethne, die im Fluß Glaise ertrank und der als Leibesfrucht Furbad Hörnermann noch lebend herausgeschnitten wurde (s. Anm. 48), dann die Mugin, und schließlich die Medb, die ihm aber wieder davonlief. Furbad wird später aus Gründen der Blutrache zum Mörder an seiner Tante Medb, der er den Schädel mit einem Schleuderstein zerschmettert (s. Anm. 48). Vielleicht ist die Medb von Cruachan mit der Medb der Grauroten von Tara in der Sage verschmolzen (s. Anm. 25). Eine ähnliche Verschmelzung scheint bei dem König von Leinster Ross Ruad mit einem anderem Mann gleichen Namens vorzuliegen, wodurch die Stammbäume gewisser Personen unserer Sage heillos durcheinandergeraten. Ross Ruad (der Rote), Cairbre Cennderg (Rotkopf) und der Druide Cathbad (der Kampfvoraussager) sind die drei Männer der Leinsterkönigin Magach; wahrscheinlich waren sie drei Brüder. Dem Druiden schenkt Magach drei Töchter: Finncaem, Detchim und Albhe; Albhe zeugt mit Usnech die drei Usnech-Söhne Noisi, Annli

und Ardan, Finncaem mit Amorgin den Helden Conall Cernach und Detchim unter göttlicher Einwirkung den Cuchulinn (s. Anm. 127/128). Andere berichten nun, nicht Det-chim war Cuchulinns Mutter, sondern Dechter, König Conchobars Schwester. Hier ist die erste Unstimmigkeit. Weiter heißt es, Magach hätte sieben Söhne gehabt: Cet (der erste, Primus), Anluan (glänzender Mond?), Maccorb (Sohn des Corb), Bascell (?), En (Vogel), Doche (Wahrscheinlichkeit?) und Scandal (Kampf). Die stammten also doch wohl von Ross dem Roten oder von Cairbre Rotkopf. Nun beruft sich König Alill der Medb gegenüber auf sein Mutterrecht von seiner Mutter Mata Muresc her. Muresc ist das heutige Murresk im Bez. Umall der Grafsch. Mayo. Mata war also eine Connachterin, gleichwohl aber die Tochter der Leinsterkönigin Magach, und Alill wird von andern dazu als Sohn des Ross Ruad bezeichnet. In der oben genannten Liste der Söhne der Magach sind aber weder Alill noch seine Brüder Finn, der König von Leinster, noch Cairbre Niafer, der König von Tara, zu finden. Ross Ruad müßte demnach sowohl Großvater des Alill sein, als Mann der Großmutter Magach, wie auch sein Vater, dann als Mann der Mata, was kaum denkbar ist; denn dann müßte Ross die Tochter seines Weibes Magach geheiratet haben. Es dürfte da also ein anderer Ross als Vater Alills in Frage kommen. Jedenfalls ist Alill nach Mutterrecht König von Connacht als Sohn der Mata, wobei die Merkwürdigkeit festzustellen ist, daß Medb nach Mutterrecht als Heerführerin von ihrem Vater Echu, dem Hochkönig von Irland, den Bezirk Cruachan innerhalb von Connacht als Eigentum oder Lehen erhalten hat, ein Mißverhältnis für den König Alill von Connacht, das er dadurch zu überbrücken sucht, daß er die Medb heiratet. Wie wir sehen, betont Medb ihm gegenüber aber ausdrücklich das Besitzrecht über ihr eingebrachtes Gut, ja noch mehr, und das ist selbst nach altirischem Recht unerhört, auch das freie Verfügungsrecht über ihren Leib. All das sind urtümliche Züge in der Sage, die nur aus einem in der Vorzeit bestehenden Mutterrecht heraus erklärt werden können. Medb ist ein westeuropäischer Amazonentyp.

61 Unter den drei Brüdern Alill, Finn und Cairbre hat Medb also dem Alill den Vorzug gegeben, obwohl die Herrschaft über Tara oder Leinster des Reichtums der Landschaft wegen günstiger gewesen wäre. Alill ist ihr aber bequemer. Eine Herrennatur wie Conchobar von Ulster ist ihr natürlich unerträglich, und Echu Bec (= der Kleine), der König von Munster, war ihr wohl zu unbedeutend.

62 Ir. Cumal = Sklavin ist schlechthin nur eine Wertbezeichnung (= 3 Kühe). Der Wagen hat also einen Wert von 21 Kühen.

63 Das Wergeld (ir. eric) wurde nach dem Stand der betroffenen Person bemessen. Die Buße für einen getöteten Knecht war erheblich geringer als für einen Freien, für einen Mann doppelt so hoch als für ein Weib. Vgl. die alten irischen Rechtssatzungen im Senchus Mor und im Buch von Aicill (1. Hälfte d. 8. Jahrh.), bei J. Cameron, Celt. Law Kap. 2 u. 3. Hier beansprucht Medb auch als Weib gleiches Maß.

64 Lagin ist der Gau Leinster. Tara ist die Residenz der irischen Hochkönige. Die Reste dieser alten Burg liegen etwa 16 engl. Meilen von Navan (Grafsch. Meath) bei dem Dörfchen Dunshauglin. Tara ist die englisch korrumpierte Aussprache vom Dativ Temraig (nir. geschrieb. Teamrach, Teamhraigh des alten irischen Namens Temuir (nir. Teamhair, gespr. etwa Tjoar). Es gibt viele Hügel in Irland, die diesen Namen tragen. Das Wort bedeutet wohl soviel wie ›Wacht- oder Aussichtsturm‹ od. ›Söller‹. Tara-Hill liegt etwa 170 m über dem Meeresspiegel. Die Sage erklärt Temair als ›te-mur‹ (= Mauer der Te, der Tochter des Lugaid, des Sohnes des Ith; s. Cormacs Gloss.), also auch als die Gründung einer Frau, die aus Spanien gekommen sein soll, also einer Ibererin. Vgl. R. A. S. Macalister, Tara, Ldn. 1931.

65 s. Anm. 60.

66 eig. der ›Weißgehörnte‹.

67 Das heißt wörtlich ›der Sohn des Rades‹. Mac Roth stand wohl im Range eines Wagenlenkers, ein Stand, der im alten Irland hochgeachtet war.

68 ir. dond = braun.

69 Die Boccanach und die Geniti Glinni sind böse Dämonen der Luft.

70 In der Ebene von Ai (der Name ist unerklärt, trotz der abenteuerlichen Deutung des Namens von ae = Leber am Schluß der Geschichte) liegt Medbs Burg Cruachan im Gau Connacht.

71 Die Flußfurten (ir. ath = Furt) spielen in den Sagen eine große Rolle. An einer Furt finden für gewöhnlich auch die Zweikämpfe der irischen Helden statt. Die hier genannten Namen sind nicht alle zu erklären oder zu identifizieren. Ath Moga = Sklavenfurt; Ath Slissen = Seitenfurt.

72 Vgl. die Vorgeschichte hierzu ›Die Side im Bauernhaus‹, S. 63f.

73 Das sind Kämpen vom sogen. Königszweige von Emuin Macha.

74 Cuchulinn ist der Achill der irischen Sage. Sein Leben und seine Heldentaten werden in der folgenden Geschichte ausführlich behandelt (s. S. 126).

75 Zum Schluß der Derdriu-Sage wird in einigen Quellen erzählt, daß Fergus an Conchobar Rache nimmt, Emuin Macha verwüstet und Männer wie Weiber töten läßt, wobei Conchobar selbst entkommt. Dann zieht er mit seinen Verschworenen nach Connacht zu Medb, die ihn sogleich zu ihrem Liebsten macht und mit der er Drillinge zeugt, den Ciar (= dunkelbraun), Corc (= ?) und Conmac (= Hundesohn). Warum Fergus nun nicht in Ulster bleibt, wird nirgends gesagt. Anzunehmen ist, daß Conchobar ihn verbannt, gestützt auf die Meinung der Ulter, die von Fergus nichts mehr wissen wollen.

76 Unter diesen Mitverbannten ist nur Cormac Condlonges, Conchobars Sohn, von einiger Bedeutung.

77 Die Dreißighundertschaft (mir. tricha chet) bezeichnet gemäß der Einteilung des Landes die Einwohnerschaft eines bestimmten Bezirks, die zu 3000 Köpfen angenommen wird. Militärisch gesehen, ist die Dreißighundertschaft dann die waffenfähige Mannschaft dieses Bezirks, die im Heeresverband geschlossen beieinander bleibt. Natürlich brauchen das dann nicht 3000 Mann zu sein, sondern können weniger oder auch mehr sein.

78 Der Name Caladbolg bedeutet etwa ›hartgebaucht‹. Leti ist ein sagenhafter Sidefürst, der nach seinem Tode dem Fergus

wegen bewiesener großer Tapferkeit sein Schwert vermachte. Dies ist natürlich ein Zauberschwert (vgl. Anm. 50).

79 Diese köstliche Szene, die so recht irischen Humor illustriert, zeigt, daß Medbs Ehe mit Alill tatsächlich als ›lanamnas fir ban-tid-nacur‹, als Mannesehe auf Frauengut anzusehen ist. Medb ist völlig frei in der Wahl ihrer Beischläfer. Vgl. dazu ›Ancient Laws of Ireland‹ 11, 390–92. Medb erinnert hier in ihrem ganzen Wesen an die Königin der Brigantes, Cartimandua, wie sie Tacitus schildert (Ann. XII, 40 u. Hist. III, 45), auch entfernt an Elisabeth von England oder Maria Stuart, die Tochter des Incognito-Vagabunden Jakob V.

80 Sualtach od. Sualtaim Sidech, der Sohn des Becaltach (= kleiner Besitzer), des Sohnes des Morfoltach (= großer Besitzer), ist nur äußerlich und nominell Cuchulinns Vater. Cuchulinn wurde von dem Gotte Lug gezeugt (s. die Cuchulinn-Sage). Sidech heißt Sualtach, weil seine Mutter eine Side war. – Ard Cuilenn = Hohe Steineiche (Ilex).

81 Fedlimid Noichridhe (Neunherz) ist Conchobars Tochter, s. Anm. 48.

82 Cucuc ist der Kosename von Cuchulinn. Beachtlich ist das sehr freundschaftliche Verhältnis zwischen dem Herrn und seinem Wagenlenker Laeg (Kalb), dem Sohn des Riangabir (= Meerpferd?). Über Koseformen von Namen vgl. Pedersen, Kelt. Gr. §§ 404/405.

83 Turloch Caille mor liegt nördl. von Cnogba-na-rig (Königshügel). Ein Cnogba, heute Knowth, liegt in der Grafsch. Meath.

84 Cuchulinn ist wohl der erste Held, der in einem alten europäischen Epos wie im ›Rinderraub von Cualnge‹ mit den typischen Zügen eines ritterlichen Mannes gezeichnet wird. Das ist nicht nur an dieser Stelle der Fall. Es dürfte dies auf die Rechnung der mittelalterlichen Nacherzähler gehen, die ja teilweise schon in Zeiten lebten, wo das Rittertum eine feste sittliche Anschauung entwickelt hatte. Das muß aber hier festgestellt werden, ganz gleich ob diese Züge von Ritterlichkeit nun in der ersten Gestaltung der Cuchulinn-Sage schon angedeutet waren oder nicht. In der heidnischen Germanensage ist

davon auch keine Spur zu finden. Auch in der griechischen Heldensage findet man diese Ritterlichkeit kaum. Wie unritterlich verfährt Achill mit dem toten Hektor!

85 Ath n-grena heißt vielleicht ›Sandfurt‹. Dafür wird sie nun Ath gabla, Gabelfurt, genannt. Der Druide gibt den Namen.

86 Dun Sobarche ist das heutige Dunseverick im Norden von Ulster (Grafsch. Antrim).

87 Die Cruthen sind die Pikten. Amorgin ist ein piktischer Name. Conall Cernach (= der Siegreiche) ist der Milchbruder von Cuchulinn, s. die Cuchulinn-Sage. Nach anderen wird der Sitz des Conall und seiner Eltern Tobarche genannt, vgl. Anm. 52.

88 Hier haben wir ein anderes Beispiel für altirisches Amazonentum. Celtchar ist ein Ulterheld vom Königszweige von Emuin Macha. Findmor bedeutet etwa die ›Sehr Weiße‹ oder ›Sehr Blonde‹. Find bedeutet bald schön, bald weiß, bald blond, wie engl. fair = schön od. blond. Ir. find kann aber auch ›Haar‹ heißen, dann würde Findmor auch die ›Starkhaarige‹ bedeuten können. So stoßen wir häufig auf irische Namen, die allein wegen der Vieldeutigkeit der Wörter nicht erklärt werden können.

89 Cuib od. Guiph, bisweilen auch Lalth Guifi genannt, ist wohl Mag Coba, die Ebene, die heute die Barony Iveagh in Ulster darstellt.

90 Von diesen Männern interessiert allein Murthemne, nach dem die Ebene von Murthemne genannt ist, auf der Cuchulinn seinen Tod findet. S. Cuchulinn-Sage.

91 Buide ist der ›Gelbe‹, wohl nach der Haarfarbe. Glenn na Samaisce, Tal der Färsen, ist örtlich so wenig zu bestimmen wie das Culinn-Gebirge.

92 Medbs Tochter Finnabir (= Weißelfe) kommt im ›Tain Bo Cualnge‹ sehr schlecht weg. Sie wird insbesondere in diesem geradezu grotesken Abschnitt nicht nur als zügelloses Frauenzimmer wie ihre Mutter gezeichnet, sondern auch noch lächerlich gemacht. Daß Finnabir indessen auch ein fühlendes braves Mädchen ist, zeigt eine andere Sage, die Werbung des Fraech (s. Anm. 259).

93 Wein (ir. fin, Lehnwort von lat. vinum) ist in Irland natürlich Importware aus dem Süden.
94 Larine (= Füllen), der Sohn des Nos, ist der Enkel des Blathmac (= Blumensohn? ein Totemname?). Sein Bruder Lugaid ist König von Munster. Im ganzen liegt hier eine derbe Verspottung eines Bettkriegers aus Munster vor. Im ›Tain‹ platzen übrigens die Kissennähte auch dem Dare, als ihm Mac Roth die Freundschaft der Hüfte der Königin Medb anbietet und er aus Vergnügen darüber auf den Kissen schaukelt. Die Vorstellung gehört also zum Humor des irischen Barden.
95 Der Hund des Schmiedes ist Cuchulinn; s. die Cuchulinn-Sage.
96 Loch Mor wird hier nach seiner Mutter Febes genannt (das mo- ist nur praefixus reverentialis), bei seinem Bruder Long werden aber als Vater ein Emonis und gleichfalls die Febes als Mutter angegeben. Geben die Hss. aber nun auch für Loch einen verschiedenen Vater an, so besagt doch eine Anmerkung in der ältesten irischen Hs., dem Leabhar na h-Uidri, an dieser Stelle, daß Loch und Long zwar verschiedene Väter, aber dieselbe Mutter hatten. Windisch, der Herausgeber des ›Tain‹, hält dies für eine Schreiberschrulle. Ich sehe aber keine Schwierigkeit darin, wenn man annimmt, daß die Febes wie so manche ihrer Zeitgenossinnen eine Zweimännerehe führte. So schenkte sie dem Eogan den Loch, dem Emonis den Long. Zudem dürfte in Emonis ir. emuin (= Zwillinge) stecken. Möglicherweise war Febes eine Side, und somit ist die freundliche Gesinnung der Morrigu zu Loch daher zu verstehen.
97 Die Morrigu ist ein ›monstrum in feminae figura‹ (vgl. B. Güterbock in Kuhns Zs. Bd. 33, S. 105). Sie ist eine Kriegsgottheit der alten Gälen (s. Hennessy, Kev. Celt. I, 44f.; D'Arbois de Jubainville, La civilisation des Celtes S. 192f.). Vgl. ferner Anm. 12.
98 Beim Rinderraub von Regamna, den eine andere Sage behandelt, hatte die Morrigu dem Cuchulinn geweissagt, wobei sie sich ihm in Gestalt einer Krähe zeigte, sie würde ihm in einem späteren Kampf als ein Aal begegnen, als Wolf und als Kuh; Cuchulinn verspricht ihr dafür, er würde den Aal mit den grünen Steinen der Furt zerschmettern.

99 Die alten Goidelen zogen offenbar stets mit einem Troß von Weibern in den Kampf. Bei allen Zweikämpfen wird uns fast immer berichtet, daß die Weiber hüben wie drüben zuschauten. Dabei scheinen sie denn die Kämpfer durch Zurufe ermuntert und mit Sprüchen auch sonst ihre Ehre irgendwie beschlagnahmt zu haben. Hier mag die Wurzel so mancher Eigentümlichkeiten mittelalterlicher Ritterturniere mit ihrem Frauenkult zu suchen sein.

100 Die Waffe Gae bulga des Cuchulinn ist ein eigentümliches, mit Widerhaken versehenes spitzes Eisen, das mit dem Fuß geschleudert wird. Die Kunst, es zu werfen, lernte er von der Amazone Aife (s. die Cuchulinn-Sage.). Gae bulga bedeutet etwa: gebauchter Speer.

101 Das Feld von Murthemne, Cuchulinns Sterbeort; s. Anm. 90.

102 Die Ferdiad-Episode ist wohl das schönste und edelste Stück aus der gesamten heroischen Literatur der Iren, eine Kostbarkeit, die der Weltliteratur angehören sollte. Ferdiad (= göttlicher Mann?) entstammt den Kindern der göttlichen Mutter Domnu, den Fir Domnann od. Fir De Domnann, einem alten Goidelenstamm, den die alten Berichterstatter als Dumnonii aufführen und der ursprünglich an der britischen Westküste (Cornwall) siedelte und erst von dort nach Irland einfiel (vgl. Stokes, Rev. Celt. XII, 52f.). Ihr Führer bei dem Einfall nach Irland nannte sich Indech mac De Domnann. Diesem altirischen Heldenstamm kamen an Ansehen nur die ClannDedad in Temir Lochra (= Tara) und die Clann Rudraigi in Emuin Macha gleich. Durch den Clan Rudraige wurden dann die Leute der Domnu wie die von Temir Lochra unterworfen und wohl auch großenteils vernichtet (s. Leabhair na h-Uidri fol. 22a). Ihr Ansehen scheint aber auch nachher immer noch sehr groß gewesen zu sein.

103 Über die Amazonen Scathach und Uathach s. die Cuchulinn-Sage.

104 Wie stets beugt sich auch hier ein edler Ire aus Furcht vor dem Zauber des Spottes.

105 Die furchtbaren Luftdämonen werden hier als Side und Angehörige der Tuatha De Danann gedacht.

106 Mag Breg, die Ebene Breg, ist das Feld zwischen Dublin und Dundalk in Meath mit dem Few Mountains darin. Über Ärzte s. Anm. 112.

107 Anfälle von Berserkerwut werden uns im ›Tain‹ bei Cuchulinn stets als so phantastische Verzerrungen seines Gesichtes oder Körpers geschildert, daß dabei weder unsere Logik noch auch unsere Vorstellungskraft mitzukommen vermögen. Es erübrigt sich daher, darauf näher einzugehen.

108 Es ist hier kaum an eine Hornhaut wie in der germanischen Siegfriedsage zu denken, vielmehr an eine Lorica, eine Art Lederpanzer, wie sie die Iren wohl von den Römern kennenlernten. Diese Interpretation gibt auch Windisch in seiner Ausgabe des ›Tain‹.

109 Über die Königin Aife vgl. die Cuchulinn-Sage.

110 s. Anm. 42.

111 Ein anschauliches Beispiel dafür, daß die alten Kelten nackt zu kämpfen pflegten.

112 Die ärztliche Kunst stand bei den alten Iren in hohem Ansehen. Bei dem Stand der damaligen Kultur war sie natürlich eine magische Kunst. So ist denn der hier auftretende Arzt Fingin ein ›fathliaig‹, ein Arzt (ir. halg), der gleichzeitig wahrsagt (ir. faid, faith = Wahrsager) und heilt. Interessant ist die Wortgeschichte von mir. liaig (zweisilbig: li-aig!). Das Wort setzt eine idg. Form lepagi = Besprecher voraus (zur idg. Wz. lep-, einer Schallwz.). Pedersen (Kelt. Gr. I, 311) meint nun, aus dem ir. halg wäre die germ. Reihe got. lekeis, ahd. lachl, ags. laece = Arzt abzuleiten. Das bezweifelt Walde (vgl. Wöb. II, 429). Das got. lekeis ist allerdings ein Lehnwort, und keineswegs urgermanisch; es mag vielleicht aus einem keltischen Wort, und zwar dem Ahnen von mir. hsig, entlehnt sein, von diesem selbst aber sicher nicht. Liaig und lekeis sind nicht urverwandt, trotz Feist (Et. Wöb. d. Gotischen). Hierbei sei daran erinnert, daß dtsch. ›Arzt‹ auch ein Lehnwort ist und durch lat.-röm. Vermittlung von griech. archiater aus archiatros herkommt. Danach ist wohl anzunehmen, daß die irischen wie die germ. Formen auf getrennten Wegen von daher bezogen wurden, wo seit alters die ärztliche Kunst erheblich weiter entwickelt war als im damali-

gen Norden, nämlich aus dem Süden. Allerdings konnte solch ein südliches Wort weder für ir. liaig noch für got. lekeis bis jetzt belegt werden. – Die alten Iren scheinen sogar einen Arzt-Gott, den Dian-Cecht, verehrt zu haben (vgl. Coir Anmann Nr. 157).

113 Illan Ilarchess (= der vielhaarige?) mac Fergusa ist uns schon aus der Derdriu-Sage bekannt. Nach der jüngeren Fassung der Sage fiel er in Emuin Macha, nach der älteren ging er mit seinem Vater mit in die Verbannung. So befindet er sich jetzt hier im Heere der Connachter.

114 Finda ingen Echach, Finda Tochter des Eocho, wird im ›Tain‹ als Cetherns ›ban-cheile‹ = Frau des Kissens bezeichnet, sie war also ein Kebswelb von ihm. Dun da Bend (= Burg der beiden Hörner) ist vielleicht das heutige Dunsandel bei Coleraine.

115 Crich Roiss (= Gebiet der Leute von Ross) liegt etwa bei Killany im Süden der Grafsch. Monaghan bis an den Lauf der unteren Boyne.

116 Mane ist ein beliebter irischer Name, der nicht zu erklären ist.

117 Solcher kleinen pikanten Erzählungen gibt es viele im ›Tain‹. Im Original lautet der Titel: Banchath Rochada (= Weißkampf des Rochad). Diese Szene ist wohl gedacht, um Cuchulinn selbst in ein helleres Licht zu rücken; denn dieser ist weniger zugänglich für die Reize der Finnabir. So wird erzählt, daß Medb durch Unterhändler bei Cuchulinn erreicht, er würde um ein Beilager mit Finnabir von seinem Wüten gegen die Connachter ablassen, und das wurde durch feierlichen Vertrag vereinbart, durch einen fir fer (= Männerwahres). Statt daß aber nun der Vater Alill selbst die Tochter Cuchulinn zuführt, besorgt dies der Narr des Königs in dessen Gewändern. Cuchulinn merkt den Betrug und schneidet zur Strafe für diese Schmach dem Mädchen die langen Zöpfe ab und heftet sie an den Boden, indem er einen Pfeilerstein durch ihren Mantel in die Erde treibt. So muß sie nackt wieder abziehen. Dem Narren aber stößt er solch einen Stein durch den Leib und tötet ihn.

118 Mumu ist der irische Gau Munster.

119 Orchain, Conchobars Schild; s. Anm. 49. – Die Schlacht von Garech und Ilgarech ist örtlich in der heutigen Grafsch. Westmeath zu fixieren; denn dort lagen die beiden genannten Örtlichkeiten, und zwar zwischen der heutigen Stadt Mullingar und Athlone. Gairech = Ort der Schreie, Ilgairech = Ort der ungewöhnlichen Schreie (nach O'Curry).

120 Das erste Mal verriet Fergus die Sache der Königin, als er ihr Heer absichtlich in die Irre führte.

121 Im ›Tain‹ wird erzählt, daß Fergus, als er das erste Mal auf Drängen der Medb dem Cuchulinn gegenübertrat, diesen zum kampflosen Rückzug bewegte, indem er ihn an seine Ritterpflicht zum Gehorsam seinem alten Lehrmeister gegenüber erinnerte und ihm eben befahl, sich zurückzuziehen. Das hatte Cuchulinn damals getan, ihm aber gesagt, beim nächsten Mal müßte Fergus gehen, wenn er ihm verwundet gegenüberstände. Und das trifft jetzt zu.

122 Im alten Text steht sogar: er machte seine drei heldenmäßigen Beinschritte. Fergus wirkt heute wie ein Komiker unter den irischen Helden.

123 Die mittelalt. Fassung ist viel unanständiger. Im ›Tain‹ wird erzählt, daß Medb abseits ging, ihr lange verhaltenes Wasser laufen ließ und – eine echt irische Übertreibung – drei Gräben damit füllte, so groß, um eine Mühle damit zu treiben. Daher wird jener Ort – und auf diese Deutung kam es dem alten Barden ja an – auch bis heute ›Fual Medb‹ (= Medbs Urin) genannt.

124 Über den Namen Ai, der vorkeltisch sein dürfte, sind von den alten Erzählern die verschiedensten volksetymologischen Deutungsversuche gemacht worden. Hier ist einer, der natürlich nicht ernstzunehmen ist.

125 Die Etymologie von Dublin ist ganz unsicher. Vielleicht besagt der Name ›Schwarzwasser‹ (ir. dub, schwarz + lind, Gewässer, air. lend). In der Grfsch. Dublin fließt jedoch ein Fluß Dilvin, der nach einer Meerfrau Albhine (s. unsere erste Geschichte) benannt worden sein soll (also wohl De Ailbhine, Göttin Albhine). Da scheinen denn Dilvin und Dublin sehr nahe an der Identität. Doch ob nun die reale Bezeichnung früher ist oder die sagenhafte, kann niemand sagen.

126 Das Herz zerspringt wie eine zerknackte Nuß, ist eine formelhafte Wendung. – Im ganzen ist der Stierkampf hier so iberisch geschildert, wie nur etwas iberisch sein kann. Der Stierkult kann m. E. nur aus dem Süden nach Irland gekommen sein, wie das irische Langhornrind selber.

Cuchulinn

Die Cuchulinn-Sage ist uns aus den verschiedensten Quellen in Teilabschnitten überliefert, niemals ganz. Diese Abschnitte sind: Setantas Geburt (Cuchulinn hieß ursprünglich Setanta); Cuchulinns Knabenjahre; seine Werbung um Emer und seine Abenteuer mit den Amazonen Scathach, Uathach und Aife; sein Krankenlager und seine Abenteuer mit den Elfenfrauen Fann und Liban; sein Kampf mit seinem Sohn; sein Tod. Die Quellen werden daher bei jedem Abschnitt besonders angegeben werden.

127 Die mythische Vorstellung von der Geburt eines als göttlich angesehenen großen Mannes durch eine Jungfrau ist bis tief nach Asien hin weit verbreitet. Hier haben wir einen Beleg für das alte Westeuropa.

128 Ob diese Dechter auch die Tochter der Ness, der Tochter des Echu Gelbferse, ist, wird nirgends erzählt. Sie spielt auch in der Sage weiter keine Rolle als eben als Mutter des Cuchulinn. Immerhin wird sie stets als Schwester König Conchobars (ir. sethar Conchobair), des Sohnes der Ness, bezeichnet. Nach anderen, später aufgezeichneten Sagen ist aber Detchirn (= die Schönzähmige), die Tochter des Cathbad und der Magach (s. Anm. 60), Cuchulinns Mutter. Auf den Verlauf der erzählten Geschehnisse hat dies keinen Einfluß, da das Kind ja bald nach seiner Geburt in Pflege gegeben wird, und zwar der Finnchaem, Cathbads anderer Tochter, die mit dem Amorgin verheiratet war.

129 Lug, der hier als mac Ethnend, als Sohn der Ethne, bezeichnet wird, ist der gälische Apoll, ein Lichtgott mit strahlenden Augen und goldenem Haar (vgl. die Sage von den Söhnen des Tuireann, Atlantis IV, 159f., hg. v. O'Curry). Er heißt auch Lugh Lamh-fada (= der langarmige Schläger). Wer Lugs

Mutter Ethne ist, bleibt unsicher. H. d'Arbois de Jubainville hält Lug für den keltischen Hennes, eine durch Phallusdienst verehrte Gottheit (Rev. Celt., Bd. XXVII, 373). Der Name Setanta ist nach demselben galisch, wie das vor t nicht fortgefallene n in seinem Namen anzeigt.

130 Sualdam od. Sualtach ist ein Sidesohn (ir. Sidech); vgl. Anm. 80.

131 Cuchulinns ursprünglicher Name ist Setanta. Dieser Name wird mit dem der in Britannien ansässig gewesenen Setantii in Verbindung gebracht. Dies Rätsel ist niemals gelöst worden. Cuchulinn muß nun zwar trotz seiner Abenteuer in Britannien als Ire gelten, ist aber kein eingeborener Ulter; denn wie wir im ›Tain Bo Cualnge‹ gesehen haben, wird er allein von der Kindbettschwäche nicht ergriffen und muß somit Ulster allein gegen die Connachter verteidigen. Das alles ist sehr merkwürdig, aber wie seine Geburt völlig in Dunkel gehüllt. H. d'Arbois de Jubainville (Les Celtes, S. 57f.) hat sich mit den beiden keltischen Dioskuren Cuchulinn und Conall ausführlich beschäftigt und ihre Geschichte mit der von Castor und Pollux verglichen. Er weist auch darauf hin, daß Cuchulinn echt irisch eigentlich Culann-cu (mit Voranstellung der Apposition nach idg. Weise) heißen müßte, und hält Setanta nicht für mittelirisch. Er meint, Cuchulinn sei der galatokelt. Gott Esus, und der Mythus von ihm sei erst über Britannien im 2. Jahrhundert od. kurz vor Chr. Geb. nach Irland gebracht worden.

132 Über Conall Cernach (= der Siegreiche) und seine Geburt finden wir im Coir Anmann (hg. v. Stokes, Irische Texte II, 285f., Nr. 251) folgende Notiz. Findchoem, Cathbads Tochter, Amargins Frau, ist unfruchtbar. Ein Druide geht daher mit ihr zu einer Quelle, segnet diese und läßt die Frau darin baden. Darauf weissagt er ihr, sie werde nun einen Sohn gebären, den niemand an Ruchlosigkeit gegen die Connachter übertreffen könne. Beim Trinken aus der Quelle verschluckte aber Findchoem einen Wurm. Der drang dem Kind im Mutterleibe durch die Hand und versehrte sie. Findchoems Bruder Cet, der Sohn der Magach (s. Anm. 60), wußte um das Unheil. So wartete er die Geburt ab und nahm dann das neugeborene Kind

und zerbeulte ihm den Hals unter seiner Ferse, zerbrach ihm aber nicht das Rückgrat. (Beachte, daß nach Mutterrecht der Bruder der jungen Mutter über das Kind bestimmt!) Da schrie ihn Findchoem an: »Wölfisch (ir. conda) ist der Verrat (ir. fell), den du da übst, Bruder!« – »Das ist wahr«, sagte Cet, »laß ihn denn Conall (= con-feall) von nun an heißen.« Damit gab er ihr den Sohn wieder. Soweit die Sage. In Wahrheit gehörte aber Conall wie sein Milchbruder Cuchulinn zum Totem der Conn, der Hunde.

133 Über den Berg des Fuad und Dun Delgan s. Anm. 42, 44, 52.

134 Von diesem Folloman ist sonst nichts bekannt.

135 Nicht nur Waffen erhalten bei den alten Iren einen Namen, sondern auch Kleinodien, wie hier das Spielbrett des Königs, das ihm Derdriu einst entführt hatte (s. Derdriu-Sage). Cennchaem (= Schönkopf) ist allerdings ein absonderlicher Name.

136 Bei Schmausen und Trinkgelagen wachten die Iren stets eifersüchtig darüber, daß jeder nach seinem gesellschaftlichen Rang gesetzt und behandelt wurde. Platzordnungen in der Königshalle findet man bei Macalister (Tara S. 60).

137 Sich selbst als Ersatz für einen getöteten Knecht für eine gewisse Zeit anzubieten, ist ein öfter anzutreffender Zug der irischen Sage. Das dürfte dem keltischen Gewohnheitsrecht entsprochen haben. Natürlich ist die ganze Sage vom Hund des Culann hier nur eine Umschreibung dafür, daß Setanta nunmehr zum Totem der Hundemänner gehört.

138 Es wird uns logisch immer unverständlich bleiben, warum der Held nun schon mit sieben Jahren für waffenfähig erklärt wird und dann auch gleich ungewöhnliche Heldentaten verübt, wie sie nur ein erwachsener Mann tun kann. Das liegt aber in der gern maßlos übertreibenden Art bardischer Heldenverehrung. Ein Held ist danach schon als Säugling fähig, ungewöhnliche Taten zu tun (vgl. die Herkules-Sage).

139 Ibar heißt ir. ›Eibe‹. Knechte bekommen gewöhnlich Namen von Tieren (wie Loeg = Kalb; En = Vogel) oder Pflanzen.

140 Es bleibt ein unaufklärbarer Widerspruch in der Sage, daß hier Conall Cernach, der kurz zuvor als Milchbruder des Cuchulinn bezeichnet worden war, dem ›kleinen rasenden Kobold‹ als erwachsener Krieger gegenübertritt. Aber über solche Widersprüche geht der Barde leicht hinweg. -Amorgin ist ein piktischer Name. Der volle Name dieses Mannes lautet: Amorgin Iarngiunnach (= Eisentöter) mac Caiss mic Baicc mic Rossa Ruaid mic Rudraig. Auch er stammt von einem Ross Ruad ab (s. Anm. 60) und gehört zum Clan des Rudraige. In anderen Sagen wird er als Lehrmeister Cuchulinns bezeichnet.

141 Die Furt der Wache (Ath na Foraire) bei den Gräbern vom See der Heerzüge liegt in der Nähe des Berges des Fuad (s. Anm. 42).

142 Über die Steinhaufen, Carn genannt, s. Anm. 42.

143 s. Anm. 106.

144 Die genannten Ortschaften sind: Temair = Tara (s. Anm. 64); Taltin = heute Telltown bei Navan; Cletech = ?; Cnogba = Knowth (Grafsch. Meath; s. Anm. 83); Brug Mic inn Oc = Burg des Sohnes der beiden Oc, d. i. Oengus; Dun Mac Nechta Scene = die Veste der Söhne der Neacht Scene. Im Original steht: indbir Scene, d. i. Flußmündung oder Bucht der Scene. Necht dürfte daher der Name einer Wassergottheit, Nixe od. dgl. sein.

145 Die Namen der drei Söhne der Necht bedeuten etwa: Foill = der Schlaue; Tuachall = der Listige; Fandle = Schwalbe (ir. fandall)?

146 Wohl nicht zum Lenken, sondern um den Wagenlenker auszuschalten.

147 Über Leborcham vgl. Anm. 24.

148 Genauso wie hier wird uns aus der griechischen Antike berichtet, daß die lykischen Weiber durch Aufzeigen der Scham den rasenden Bellerophon zu besänftigen suchen, als er die Meerflut gegen das Land treibt; s. Bachofen, Mutterrecht, S. 204.

149 Quellen: der Text zur Geburt des Setanta (s. bei E. Windisch, Irische Texte I, 143, eine ganz märchenhafte Darstellung). Danach flieht Dechtire mit 50 Mädchen in Vogelgestalt von

Emuin Macha. Drei Jahre lang kehren sie als Vogelschwarm immer wieder nach Ulster zurück und verheeren das Land. Conchobar verfolgt sie mit seinen Paladinen Fergus, Amorgin, Blal, Sencha und Bricriu. Ihre Jagd endet in der Gegend zwischen dem Gebiet der Leute von Ross (s. Anm. 115) und der Männer von Arda im Süden der Grafsch. Louth. Sie finden Obdach bei einem Bauern. Bricriu folgt aber dem Schall geheimnisvoller Stimmen und gelangt in ein Elfenschloß, wo er von einem schönen Jüngling freundlich empfangen wird. Daß dieser Jüngling der Gott Lug ist, wird nicht gesagt. Hier findet Bricriu Dechtire und die Mädchen. Er erzählt darauf Conchobar, was er gesehen habe, preist die Schönheit der Mädchen und ihrer Herrin, verschweigt aber, daß dies Dechtire ist. Conchobar befiehlt darauf, ihm diese schöne Frau als Beischläferin zu holen. Das besorgt Fergus. Dechtire kommt nun, wird von Conchobar aber nicht als seine Schwester erkannt. Sie ist hochschwanger und gebiert, während die Kämpen schlafen, den Setanta. Am Morgen finden ihn die Gefährten in einem Schuh des Conchobar. Darauf wird der Knabe der Findchaem als Ziehsohn übergeben. Vgl. französ. Übs. v. Duvau bei d'Arbois de Jubainville, L'epoqee celtique en Irlande, S. 26; dtsch. Übs. bei R. Thurneysen, Sagen aus dem alten Irland, S. 58. – Den Text von den Knabentaten Cuchulinns (ir. Macgnimrada Conculaind) findet man im ›Tain Bo Cualnge‹ (hg. v. E. Windisch nach dem Buch von Leinster, Lpz. 1905), Kap. 7. Die Erzählung bildet in dem Epos nur eine Einlage.

150 In der ältesten Fassung lauten die Eingangszeilen so, die hier auch als Beleg daftir dienen mögen, wie wortkarg sich die alten irischen Nacherzähler ausdrückten: »Das junge jeder Art von Vieh pflegte dem Bel als Eigentum bestimmt zu werden.« Bel-dine, d. 1. also Beltine (= Feuer des Bel). Zu Bron Trogin (= Kununer der Erde), d. i. der Anfang des Herbstes, nämlich die Erde leidet dann unter ihrer Frucht. Trogan ist also der Name für ›Erde‹. S. Rev. Celt. XI, 433.

151 Die Veste des Forgall Monach (= der Listige) soll bei Lusk (Grafsch. Dublin) gelegen haben.

152 Loegaire Buadach (= der Siegreiche) ist der Gatte von

Conchobars Tochter Fedelm Noichride (= Neunherz), der Mutter des Fiachna, der im Kampf gegen die Usnech-Söhne fällt (s. Derdriu-Sage).

153 Im mittelalt. Text lautet der Name ›Dornoll Olldronai‹, (= Großfaust, Starkgroße). Sie ist eine scheusälige Riesin, aber zauberkundig.

154 Wie der sagenhafte Domall, seinem Namen nach offenbar ein Mann aus dem Stamm der Kinder der Göttermutter Domnu (s. Anm. 102), für einen berühmten Waffenmeister galt, so taten das in erhöhtem Maße die beiden Amazonenweiber Scathach (= die Schattige?) und ihre Tochter Uathach (= die Schreckliche). Sie sind untrennbar mit der Cuchulinn-Sage verbunden und bezeugen das Vorhandensein von Kampfweibern in vorhistorischen Zeiten, und wenn wir der Sage einen Kern von Wahrheit zubilligen, waren sie in der Waffenkunst so viel erfahrener, daß sogar Jünglinge zu ihnen in die Schule gingen. Domnall und die beiden Amazonen in Britannien örtlich zu fixieren, ist unmöglich. Als Wohnsitz der Scathach werden viele Orte genannt; aber die Sage ist bereits in der ältesten überlieferten Fassung so ins Märchenhafte getaucht, daß Versuche dieser Art vergeblich sein werden. Es bleibt auch zweifelhaft, ob die Uathach rnit der Ethne Uathach etwas zu tun hat, die im Coir Anmann (Nr. 170) als Zögling der Deissi (= Heimatlosen) erwähnt wird. Sie wurde mit Kinderfleisch gefüttert, um schneller zu wachsen, und sie selbst schnitt ihren eigenen Kindern, nachdem ihr mehrere gestorben waren, die letzten Glieder der kleinen Finger ab, damit sie am Leben blieben. Die Deissi bekamen dann von König Oengus, dem Sohn des Natfraich, Land in Munster als Brautpreis für Ethne Uathach. Sie wurde so ein Kinderschreck in Irland. – Beachtlich bleibt, welche Beziehungen unsere Sage zwischen Irland und Britannien aufdeckt.

155 Ulbecan ist ags. Wulfkin (= Wölfchen). Eine merkwürdige Stelle, die sich auch im alten Text befindet und unvermutet einen Hinweis auf die Beziehungen zwischen Angelsachsen und keltischen Briten auf dem Gebiet der Dichtkunst und Musik gibt. Hier wird allerdings der Sachse als Lehrmeister bezeichnet.

156 Es wirkt befremdlich, daß der sonst so ritterliche Cuchulinn sein der Emer gegebenes Versprechen, sich keinem andern Weibe hinzugeben, auf seiner Fahrt durch Britannien fortgesetzt bricht. Im übrigen mutet die Handlungsweise der Frauen, insbesondere die der Amazonen, als Gastprostitution an, die in Westeuropa noch heute hier und da anzutreffen ist. Die Sitte, den frisch angekommenen Gast zu baden und zu erquicken, wobei vorzüglich Frauen die Bedienung übernahmen, Mädchen sogar den im Zuber nackt sitzenden Mann abwuschen, ist aus dem späten Mittelalter, auch dem deutschen, noch so bekannt, daß hier nicht weiter darauf einzugehen ist.
157 Die Eibe gilt den Kelten als heiliger Baum. – Cet = der erste; Cuar der krumme, der Wurm.
158 Eis (= Wagenspur?), Enchend (= Vogelkopf). Die ungezählten artistischen Kunststücke des Cuchulinn zu erklären ist unmöglich, obwohl man dies wiederholt versucht hat. Wie also der Wagenlenker-Lachssprung beschaffen war, kann man nur vermuten. Der ir. Ausdruck für solch ein artistisches Kunststück ist ›cless‹.
159 Der Brauch, sich von einem unterworfenen Feinde drei Wünsche erfüllen zu lassen, ist in der irischen Sage und im Märchen gang und gäbe. Und daß die besiegte Amazone ihre Jungfernschaft verlieren muß, ist selbstverständlich. Damit wird aber hier die düstere Tragik des späteren Kampfes zwischen Vater und Sohn, zwischen Cuchulinn und Conlai, bereits angesponnen.
160 Zum Gae bulga s. Anm. 100.
161 Cairbre Niafer, König von Tara, ist der Gatte von Conchobars Tochter Fedelm Nochrothaigb. Deren Sohn Erc ist der Mörder von Cuchulinn; s. Anm. 199.
162 Die Quelle dieses Abschnitts ist: Tochmarc Emire (= Die Werbung um Emer); älteste Fassung abgedruckt und hg. v. Kuno Meyer, Rev. Celt. XI, 433f.; vgl. Labor na Huidri (Book of the Dun Cow), ed. Best and Bergin, Dublin 1929, S. 121a. Vgl. ferner Kuno Meyer, The wooing of Emer in Arch. Review I, 1888; R. Thurneysen in Zs. f. Celt. Philol. VIII, 498f.
163 Am 1. November.

164 Sencha ist ein verständiger, vornehmer Mann an Conchobars Hofe, der sich immer darum bemüht, aufwallende Streitigkeiten zwischen den Ultern zu schlichten. Bisweilen gelingt ihm dies auch, da er großes Ansehen genießt und als eine Art Schiedsrichter angesehen wird.

165 s. Anm. 24

166 s. Anm. 48

167 Im alten Original viel gröber und mit echt irischer Übertreibungslust: den in C. verliebten Frauen erblindet ein Auge in Angleichung an ihn, denn »seine Art war, wenn er böse wurde, das eine Auge einzuziehen, daß kein Kranich in seinen Kopf hätte langen können, das andere aber herauszudrängen, daß es so groß wurde wie ein Kessel, in dem man ein Kalb kochen kann«.

168 Das ist wieder ein Cless (s. Anm. 158) von Cuchulinn, dessen Ausführung auch aus der Darstellung des Originaltextes nicht klar wird.

169 Mit diesem Ausspruch, der z. B. der Sexualmoral der Königin Medb diametral entgegengesetzt ist, soll wohl hier der edle Charakter der Emer besonders herausgestrichen werden. Immerhin sei hier festgestellt, daß die Geschichte uns von keltischen Frauen sowohl edelster Hingabe, Treue und Keuschheit nennt wie von zügelloser Sinnenlust. Dabei ist kaum zu sagen, ist das noch rassisch, oder überhaupt physiologisch weiblich an sich, oder eine zeitliche Erscheinung. Es scheint mir daher ebenso – gelinde gesagt – einseitig, etwa mit Tacitus zu behaupten, die germanischen Frauen waren sehr züchtig, wie die keltischen Frauen anzuprangern, sie waren sehr unzüchtig. Sie waren hier wie da beides, je nachdem.

170 Der Schwan war, wenn man nach den Sagen urteilen darf, ganz offenbar ein Tabu-Vogel bei den Inselkelten. Im allgemeinen galt er wohl als ein verzauberter Mensch, so gern in vielen alten Sagen. Da der Schwan ein ausgesprochen nordischer Vogel ist, dürften auch all die reizenden Schwanenmärchen als nordisches Eigentum zu reklamieren sein.

171 In südlichen Ländern bedient man sich z. T. noch heute des grausamen Stachels statt der Peitsche, um ein Zugtier anzu-

treiben. Im alten Irland benutzte man wahrscheinlich auch den Treibstachel, doch wird in den mittelalterlichen Sagen auch schon von der Peitsche geredet.

172 Tete brec bedeutet im Ir. wörtlich: bunte Lust. Warum das Haus den Namen hatte, ist allerdings nur zu vermuten. – Im übrigen haben wir hier ein wunderhübsches Beispiel für das auch im Nordischen beliebte Sagenmotiv vom Ritter, der in den Zauberkreis der Elfen geraten ist. Zweifellos stammt das von den Inselkelten.

173 Aed Abrat (eig. ›Wimpernfeuer‹) ist ein König der Side, der in Mag Mell (= Feld der Wonne) wohnt. Der Festplatz dieses Märchenlandes heißt Fidga. Wie dieser sind auch die anderen hiermit zusammenhängenden Namen kaum zu erklären: Aed Abrats Töchter sind wohl alle Frauen von Mag Mell, die hier als die Mehrzahl der Bewohner zu denken sind wie stets auf solchen keltischen Märcheninseln, besonders jedoch die Elfenfrauen Liban und Fann (= Träne?). Liban ist die Gattin des Sidefürsten Labrid, der wohl als Aeds Nachfolger und König gedacht ist. Fann ist die Gattin des Druiden Manannann, dem sie entwichen ist. Das Samainfest ist am 1. November. Das Feld von Cruach eine beliebige märchenhafte Bezeichnung einer Örtlichkeit im Feenreich.

174 Von diesem Oengus hört man sonst nichts weiter. Der Name ist wohl in Erinnerung an den alten irischen Herrscher und Gott aus der Bronzezeit Oengus gewählt.

175 Mag Mell = Feld der Wonne.

176 Der Umstand, daß sich Cuchulinn innerhalb eines Tabu-Gebietes schlafen gelegt hat, nämlich in einen heiligen Kreis von Steinen, die um einen großen, nur noch halb stehenden Menhir liegen, macht es begreiflich, daß er der Zaubermacht der Elfenfrauen verfällt. Allerdings hat er auch ein anderes Tabu verletzt, er hat die Schwäne durch Schüsse beunruhigt. Das kommt jedoch beides in den irischen Originaltexten nur schwach zum Ausdruck.

177 Das sind drei geisterhafte Dämonen, deren Namen z.T. ihren Charakter bezeichnen, z. B. Senach Siaborthe (= der alte Dämon, zu mir. siabrae = böser Geist). In der Vorstellung der

alten Iren lebten und kämpften die Elfen wie die Menschen. Daß sie sich einen Halbgott wie Cuchulinn zu Hilfe holen, geschieht ganz selten.

178 Eine typische gälische Schilderung einer ›Insel der Seligen‹, wie sie in Hunderten von Varianten immer wieder geboten wird und auch bei den Kymrern beliebt ist (vgl. die Apfelinsel Avalun aus der Artussage). – Die Wagen der Elfen fahren auch über das Wasser.

179 Der Name Fidga ist nicht erklärt. Ir. fid = Holz.

180 Cenn-Trachta bedeutet wohl ›Kopf (= Ende) der Verhandlungen‹. Mir. tracht kann allerdings auch ›Strand‹ bedeuten, dann wäre ›Kopf od. Spitze des Strandes‹ zu verstehen. Örtlich zu identifizieren ist das heute nicht mehr. Wahrscheinlich ist der Ausdruck nur eine sagenmäßige Verlegenheitsbezeichnung.

181 In dem Lied interessiert u. a. die Beschreibung des Äußeren des Cuchulinn. Er heißt siebenäugig, weil er nach der Sage in jedem Auge sieben Pupillen hatte. In andern Sagen wird ferner erzählt, daß der wunderbare Halbgott auch Haare von dreierlei Farbe hatte. Oft wird seine Bartlosigkeit beanstandet; aber auch diese Bartlosigkeit wird ihm als etwas Besonderes durchgesehen. Daß die Weiber alle verliebt in ihn sind, wird auch im ›Tain Bo Cualnge‹ öfter erzählt und bisweilen in grotesker Form geschildert. Infolge der beliebten irischen Übertreibungen in der Ausschmückung des größten Landeshelden wirkt dieser oft abgeschmackt lächerlich. Beabsichtigt ist das keineswegs. In unserem Lied sind solche Übertreibungen vermieden, um den künstlerischen Eindruck nicht zu stören.

182 Das Reichen der Hand bedeutet, wie auch sonst, die Erklärung des Einverständnisses. Manannann wird hier bereits als ein allgegenwärtiger Gott gedacht, der allerdings seine abtrünnige Frau ruhig laufen läßt, bis sie sich von selbst seiner erinnert. Ce que femme veut, Dieu le veut.

183 Die Straße von Mittel-Luachra zieht sich an dem schon öfter genannten Sliabh Fuaid, dem Ber e des Fuad (s. Anm. 42), entlang. Es gibt auch ein Luachra-Gebirge, das nach anderen Sagen Cuchulinn in drei Riesensprüngen des Wahnsinns

erreicht haben soll. Dies trennt die Grafschaften Limerick und Kerry in Munster.

184 Die Quelle dieses Feenmärchens findet sich im Leabhar na h-Uidhri (Buch vom braunen Kalb), hg. v. R.J. Best and O. Bergin (Royal Irish Academy, Dublin 1929), S. 43a, unter dem Titel ›Serglige Con Culaind agus Oenet Emire (Krankenlager Cuchulinns und einzige Eifersucht Emers); vgl. ferner die Veröffentlichung von O'Curry in Atlantis Bd. I, no. II, 362, u. Bd. II, no. III, 98 (mit engl. Übersetzung), dgl. bei Gilbert, Facsimiles of national mss. of Ireland, Teil 1, Taf XXXVII/XXXVIII, u. Teil II, App. IV A–F (mit engl. Übers. v. O'Looney); E. Windisch, Irische Texte I, 205 u. 325. Eine französ. Übers. bei d'Arbois de Jubainville et Dottin, L'èpeqée celtique en Irlande, S. 174. Eine deutsche Übers. bei R. Thurneysen, Sagen aus d. alten Irland, S. 81. – Die Sage ist uns in zwei voneinander unabhängigen Stücken überliefert. Über die Stückelung der Bestandteile s. H. Zimmer, Zs. f. vergl. Sprachforschung Bd. XXVIII, 594.

185 Vgl. oben S. 56.

186 Tracht Eise (= Verhandlung [?] des Eis, d. i. ein Eigenname, vgl. Anm. 158) bezeichnet sagenmäßig eine Örtlichkeit, die nicht zu identifizieren ist.

187 Das ist ein Mann vom Hofe Conchobars, der sonst nicht weiter bekannt ist. Wie sein Name Condere andeutet (viell. = con, Gen. v. cu, Hund + dere, des Mädchens), ist er ein Mann aus dem Totem des Hundes.

188 Ein sogen. Cless, ein Kunststück, wie es mittelirische Erzähler gern berichten, aber an dem sie gewöhnlich nicht erklären, wie es gemacht wird.

189 Ein weiteres Kunststück der Fechtkunst. Dieser Hieb wird von dem Betroffenen natürlich stets als Schändung hingenommen; denn geschoren werden bedeutet Sklave werden.

190 Über das gefährliche Wurfeisen, Gae bulga genannt, s. Anmerkung 100.

191 Über das eigenartige Tabu, nicht seinen Namen zu nennen, s. Anmerkung 20.

192 Quelle zu dem Stück des Kampfes zwischen Vater und Sohn: Gelbes Buch von Lecan, Facsimile-Ausg. S. 214a–215a.

Vgl. auch Windisch, Tain Bo Cualnge, S. 578, Anm. 5. Das Ringmotiv auch in der ir. Sage von Eochaid Bress, der mit 7 Jahren erwachsen ist und seinen Vater sucht (s. Cath Maige Turedh § 19 f., Rev. Celt. XII, 62 f.). In der Fassung des Gelben Buches von Lecan ist Conlai erst sieben Jahre alt, als er seinem Vater den Kampf liefert. So wurde auch Cuchulinn schon mit 7 Jahren waffenfähig. Das ist sagenmäßige Phrase und mutet uns nur komisch an. Weitere Darstellungen bieten K. Meyer, Cath Finntraga S. XV; D'Arbois de Jubainville, Epoqee celt., S. 51 f. u. S. XXXII£, daran anschließend Eleanor Hull, Cuchulinn Saga S. XXXI; Douglas Hyde, Literary History of Ireland, S. 300. – Ähnlich im Motiv wie in der Barbarei des Ausdrucks sind das deutsche Hildebrandslied (Hs. um 800), das gewiß nicht älter ist, da die Cuchulinnsage viel altertümlichere Züge aufweist, und das iranische Lied von Rustem und seinem Sohne Sohrab im Schahname (vollendet 10 11 n. Chr.); vgl. M. A. Potter, Sohrab and Rustem, London 1922.

193 Die Leborcham kennen wir schon aus der Derdriu-Sage (s. Anm. 24). Conalls Frau Niam wird sonst in den überlieferten Sagen kaum erwähnt.

194 Bei den Indogermanen war rechts die gute, nämlich die südliche Seite (bei der üblichen Stellung mit dem Gesicht nach Osten), links die schlechte, nördliche Seite. Nur die römischen Auguren betrachteten gemäß etruskischer Tradition die linke Seite als günstig, wie die Etrusker dies allgemein taten. Vgl. skr. daksina = rechts, Süd, gut; air. dess = rechts, südlich, aber tuath = links, nördlich, und dessel = Mittel, böse Vorzeichen zu vermeiden. Wenn also das Roß Cuchulinn die linke Seite und gar dreimal zeigt, so ist das ein sehr böses Vorzeichen. Nun hat sich aber auch bei den Indogermanen hier und da doch auch die Bedeutung ›günstig, gut‹ für ›links‹ nach der Art der aus Asien stammenden Etrusker eingeschlichen (oder vielleicht aus älterer Zeit erhalten?): got. thiuth = das Gute, aisl. thydr. = mild, freundlich, ags. gethiede = gut, tugendhaft sind urverwandt (idg. Wz. teu-) mit air. tuath = links, nördlich (die linke Seite war bei der Vogelschau günstig; vgl. Strachan, Idg. Forsch. 2, 370). Auch das in Europa bald auf der Linken, bald auf der Rechten geübte Fahren

hängt wohl damit zusammen, daß links bald als ungünstig, bald als günstig ausgelegt wurde. Letztere ist aber nicht durchaus die südliche Anschauung. Die Araber, deren Schreiber und Kartographen mit dem Gesicht nach Osten arbeiteten, nannten Syrien Asch-Scham, was eig. ›die Linke‹ bedeutet, Arabien dagegen (Arabia felix!) Al-Yaman, was eig. ›die Rechte‹ heißt; siehe Pottier, Melanges Boissier, 1903, S. 405f. über lat. ›sinister‹.

195 Die Stelle zeigt das innige Verhältnis zwischen Ziehmutter und Ziehsohn. Nirgendwo ist in der Cuchulinn-Sage dagegen von einer Begegnung des Helden mit seiner leiblichen Mutter die Rede.

196 Hier eine der vielartigen Tabu-Vorschriften, die den Einzelnen betreffen.

197 Da Cuchulinn, wie sein Name besagt, ein Hundemann ist, darf er nicht von seinem Totemtier essen.

198 Cairbre Niafer ist der König von Tara in Mide; über die Verwandtschaftsverhältnisse s. Anm. 48.

199 Nach andern Sagen ist dieser Erc (der Name kann ›Himmel‹ bedeuten, er kommt auch als Frauenname vor) der eigentliche Cuchulinn-Töter. So besagt ein alter Bericht: »Erc war der Sohn des Cairpri Niafer, der der Sohn des Ross Ruadh war, des Königs von Leinster. Und eben dieser Erc schnitt Cuchulinn den Kopf ab. Fedlem Nochrothaigh (= von der ewig jungen Schönheit), die Tochter Conchobars, des Sohnes der Ness, war die Mutter von Erc und Acaill. Und Conall Cernach kam nun, um Cuchulinn an Erc zu rächen, und Erc fiel bei der Gelegenheit, und sein Kopf wurde nach Tara gebracht, um dort ausgestellt zu werden. Acaill, seine Schwester, kam da aus Ulster von ihrem Gatten namens Glan, dem Sohn des Carbad, um ihren Bruder zu bejammern; und sie trauerte da neun Nächte, bis ihr das Herz innen wie eine Nuß zersprang. Und sie wünschte, ihr Grab und Hügel sollte an einer Stelle angelegt werden, von wo Ercs Grab und Hügel gesehen werden könnten. Daher werden diese Ercs Hügel und Acaills Hügel benannt.« (Nach Cinaeth O'Hartagan bei O'Curry, Manuscr. Mat., S. 513)

200 Hier wieder ein Beispiel von der großen Macht, die die Spötter im alten Irland ausübten. Cuchulinn tut freilich in der

Regel den anmaßenden Burschen nicht den Gefallen, sondern tötet sie regelmäßig.

201 Dieser Lugaid scheint identisch zu sein mit dem Lugaid mac na tri Con, dem Sohn der drei Hunde. Dann stünde er auch mit Cuchulinn in einem Blutverhältnis, nicht bloß als Mann desselben Totems, sondern auch als sein möglicher Sohn. Um so schwerer wiegt seine Bluttat an Cuchulinn. Im Buch von Leinster steht eine Sage, nach der Blathnait, die Tochter des Pall, des Sohnes des Fidhach, Curois Gattin und Lugaids Mutter, sich von Cuchulinn entführen ließ (s. O'Curry, Ms. Mat., S. 584f.). Als Lugaids Vater gilt natürlich offiziell jener Curoi, der uns als ein Held im Tain Bo Cualnge begegnet, der Gatte der Blathnait. Nach der Sage wurde Lugaid von Conall, seinem dritten angeblichen Vater, bei Coirthe Lughaidh (ir. coirthe = Steinpfeiler, Menhir) in Airget-Ros, einem Gebiet westl. des River Nore, unterhalb der heutigen Stadt Ballyragget, Grafsch. Kilkenny, erschlagen.

202 Calaten od. Calitin scheint ein nachträglich konstruierter Ahnherr zu sein. Der Name erinnert sehr an Galatoi = Kelten, oder an den gall. Volksnamen Caleti, Caletes (zu mir. air. calath, calad. =: hart; s. Thurneysen, Thesaur. s. v.). Im Buch des Deans von Lismore (16. Jahrhundert) wird er auch als Ahnherr Cuchulinns genannt, während er hier doch wohl der Ahn seiner Gegner sein soll. Jedenfalls ein mythischer Name.

203 Der Liffey durchfließt die Grafsch. Kildare und Dublin im Gau Leinster und ergießt sich in die Bucht von Dublin. Sein ir. Name ist Rurthech.

204 Auf die Tatsache, daß Lugaid nach Verlust einer Hand sehr schwer verletzt war, wird in der Sage kaum Rücksicht genommen, wie die irischen Helden überhaupt unglaublich hart gegen Wunden und Schmerzen dargestellt werden. – Lagin ist Leinster. – Rurthech = Liffey-Fluß.

205 Argetros ist ein alter Flurname für die Ebene am Fluß Eoir, engl. Nore, in Ossory; s. O'Donovan, Book of Rights IX.

206 Ferta Lugdach ist ein Gräberfeld, das nicht mehr zu identifizieren ist.

207 Die Quelle für die Geschichte von Cuchulinns Tod ist das Buch von Leinster fol. 77a–78b, verkürzt hg. v. Wh. Stokes, Rev. Celt. III, 175 f.

208 Mit einer Espengerte (ir. fe) maß man die Gräber aus. Nach Gebrauch galt diese Gerte als heilig. Die Espe (ir. fidot v. fid, Baum, Holz; zur Bedeutungsentwicklung Baum: Espe, bzw. Espe: Baum, wie in lat. arbor, s. Kuhns Zs. XXXIX, 462) war den Indogermanen aber wohl auch an sich heilig.

209 Zur Verwandtschaft s. Anm. 201.

210 Mane od. Maine ist der Sohn des Königspaares Alill und Medb von Connacht. Er begegnet uns auch im Tain Bo Cualnge. In dem Gedicht ›Die Köpfe‹ im Buch des Deans von Lismore (16. Jahrhundert) wird er als ein arger Seeräuber hingestellt (s. A. Cameron, Reliqu. Celt. F, 66). Carbre Niafer war der Bruder seines Vaters Alill.

211 Gemeint ist der Nachfolger und Sohn des Finn, Ross Ruads Sohn aus dem Geschlecht der Necht Nuad. So im Buch des Deans von Lismore a.a.O.

212 Nach andern Fassungen der Sage war Erc der Mörder; s. Anmerkung 199.

213 Die Quelle zu diesem wohl erst spät hinzugefügten Schlußkapitel der Cuchulinn-Sage ist das Bardenlied ›A houdir soo chonnil cartych mc eddirschol‹ (der Autor dieses ist Conall Cernach, der Sohn des Edersgoil), das im Buch des Dean von Lismore aufgezeichnet ist (1512–1526! abgedr. Bei A. Cameron, Reliqu. Celt. I, 66). Es ist dies ein Wechselgesang zwischen Emer und Conall um die Köpfe der Erschlagenen, und offenbar sollte dies Lied zur Verherrlichung des Conall Cernach, der Ahnherr des Autors genannt wird, dienen. Das Lied ist von grausiger Schönheit. Allerdings werden darin noch mehr Köpfe aufgezählt als bei uns, so das Haupt von Fergus, dem Sohn der Roich, von Laigaire (wohl dem Gatten der Conchobarstochter Fedelm Neunherz), von Clar Colt, Cullen, Condla und sechs bösen Zauberern und Giftmischern. Vermutlich ist das der Extrakt einer verlorengegangenen Sage über einen großen Aufstand der Leinster-Leute gegen Ulster, an dem nicht nur die alten verbissenen Gegner Conchobars wie Fergus teilnahmen,

sondern auch Conchobars eigene Schwiegersöhne.- Zum Schluß der Cuchulinn-Sage noch einige Notizen aus irischen Hss. Im Buch vom Ballymote (fol. 7a. a) steht: »Zwei Jahre nach Christi Geburt starb Cuchulinn, und 27 Jahre alt war er bis dahin.« Dagegen verzeichnen die Annalen des Tigernach (Hs. H. 1. 8 Trin. Coll. Dubl.) unter dem Jahr 39 n.Chr.: »Kalend. Mors Conculainn fortissimi heros Scotorum, von Lugaidh (dem Sohn der drei Hunde und von Erc), dem Sohn des Cairpre Niafer. Sieben Jahre war sein Alter, als er die Waffen nahm; 17 Jahre, als er beim Rinderraub von Cualnge mitkämpfte; 27, als er starb.« Im Ms. H. 3. 17 Trin. Coll. Dubl. (S. 765) findet sich noch folgende Randbemerkung: »Denn 12 Jahre war er alt, als die Schlacht von Druim Criadh geschlagen wurde. Und seine Mutter Dectire gab ihm Lugaid mit den roten Streifen zum Pflegevater und stellte ihn unter seinen Schutz.«

Die Schwanenkinder des Lir

Die Sage gehört, wie übrigens auch die Derdriu-Sage, zu den sogenannten gälischen Wehegeschichten. Sie wurde zum ersten Male nach einem Ms. des Andrew Mac Curtin (1680–1740) von E. O'Curry in der Zs. ›The Atlantis‹ (Bd. IV, 113) veröffentlicht. Trotz der modernen Fassung trägt sie viele altertümliche Züge, die ethnologisch für das alte Europa sehr interessant sind.

214 Es taucht hier das monarchische Prinzip auf, das wir schon in der Sage von der Macha Rothaar vorgefunden haben. Gewiß liegt dies im allgemeinen dem keltischen Charakter, wenn es auch häufig durch eifersüchtige Nebenbuhler um die Krone gestört oder durch schlechte Herrscher ad absurdum geführt wurde. In unserer Sage hier, die schon bemerkenswerte Übergänge zum Märchen zeigt, haben wir das seltene Zusammenspiel von einem guten Herrscher und einem eifersüchtigen, aber nachgiebigen Apostaten. Ob das homerische ›heis koiranos esto‹ (= einer sei Herrscher) aber so unbedingt als politische Tendenz der Indogermanen anzusprechen ist, darf wohl bezweifelt werden. Das dem Indogermanen angeborene individualisti-

sche Denken ist indessen auch im Kelten so stark, soweit wir dies aus geschichtlichen Tatsachen ermessen können, daß er dem Königsgedanken, mag er ihn auch anerkennen, doch immer mißtrauisch gegenübersteht. So scheint mir die Vergottung der vorhistorischen irischen Könige doch eher ein von fremden Rassen übernommenes religiöses Residuum zu sein, das der keltische Eroberer sich allerdings nutzbar machte, wenn es ihm königliche Macht zu sichern versprach. So schwankt das Bild des Königs in Irland wie überhaupt in der keltischen Welt und zeigt sich bald als Gott, bald als unbeschränkter Despot, bald als guter Volksvater, bald als Popanz, den zu wählen allerdings der Adel als sein höchstes Recht betrachtete, und den zu kontrollieren er stets bemüht war. Hier liegen jedenfalls die Anfänge zur Demokratie, die dem Persönhchkeitsbedürfnis des Indogermanen genauso entsprach wie die Monarchie seinem machtpolitischen Denken. Auf diesem Widerspruch schwankt die Waage gesellschaftlicher Ordnung in Europa, und wohl schon in vorhistorischer Zeit, wie diese Sage hier gerade zeigt, deren Kein ich für vorhistorisch halte. Leider wissen wir nicht, ob die Tuatha De Danann Kelten oder Vorkelten waren. Vielleicht sind sie Bewohner Irlands in der Bronzezeit gewesen. Aber rassische Mutmaßungen daran zu knüpfen, geht leider nicht an, zumal die Sage hier erst sehr spät aufgezeichnet wurde und stark überarbeitet ist.

215 Die hier genannten Persönlichkeiten sind der Hochadel der Tuatha De Danann. Alle sind mythisch, alle mit besonderer Zauberkraft ausgestattet. Der ehrwürdige Stammvater ist ›der Dagda‹ (= der gute Gott; mir. Dagdae). Dies Pantheon hat also eine vaterrechtliche Betonung. Seine Söhne sind Bodb Derg (eig. der rote Kampfgott; gewöhnlich ist die Kampfgottheit der alten Iren ein Weib in Krähengestalt, Bodb od. Badb geheißen, hier ist es also ein Mann; bodb ist idg. und entspricht ags. beadu, Kampf) und Oengus von Brug na Boinne. Oengus, der sonst als ›mac ind Oc‹, als Sohn der beiden Jungen, also als ein Dioskurensprößling bezeichnet wird, ist als eine Art Totengott aufzufassen. Ins Römische übertragen wäre dann der Dagda = Jupiter, Bodb = Mars, Oengus = Pluto. Die übrigen werden nicht

als Dagdas Söhne in unserer Sage bezeichnet, jedoch ist dies anzunehmen. Il-brecc (= der Vielbunte) aus dem berühmten Wasserfall des roten Mannes ist dann wohl als eine Wassergottheit zu verstehen, als der Regenbogengott, etwa dem röm. Merkur entsprechend. Ein irischer Neptun aber ist Lir (ir. ler = Meer), der Vater der Schwäne. Er wohnt in Finnacaid od. Fionnachaid, wohl in einem Heiligtum (ir. cald = edel, heilig), das östlich oder nordöstlich von Sidh Boidhbh, dem Wohnsitz des Bodb, der irgendwo am Loch Derg-derc (Rotauge) des Flusses Shannon oberhalb von Killaloe zu suchen ist, gelegen war, also im westlichen Ulster. Midir ist ein Side und Elfenfürst, den wir in der folgenden Etain-Sage noch kennenlernen werden. Der Name ist vielleicht abzuleiten von ir. mid- = urteilen, richten, so daß Midir soviel bedeutet wie ›der Richter‹. Manche nennen ihn den Sohn des Indai, ein Name, der nichtssagend ist (in dae = des Gottes). Er wohnt in Bri Leith. Dies ist ein Grabmal seiner Tochter Bri, die an ihrer unglücklichen Liebe zu einem Mann namens Liath (Genit. Leith) starb und dort begraben wurde. So heißt der Ort ›die Bri des Liath‹ (vgl. O'Curry, Atlantis IV, 113f., Anm. zu Bri Leith). Eigenartigerweise werden diese Elfenfürsten und unterirdischen Götter nun in der irischen Sage ganz wie sterbliche Menschen geschildert, obwohl sie an sich unsterblich sind. Beachtlich ist ferner, daß ihre Zauberkraft beschränkt ist und sie gegen das Schicksal nichts vermögen. Trotz vieler gemeinsamer Züge mit den römischen oder überhaupt indogermanischen Göttern geht es nicht an, sie kurzerhand als den Götterhimmel der alten Kelten zu betrachten. Die Mischung des Elfenhaft-Menschlichen an ihnen ist offenbar nichtarisch, ganz abgesehen von andern fremdrassigen Zügen wie dem Hausen in unterirdischen Wohnungen, das z.B. bei Midir gar nicht verhehlt wird. In Gräbern hausen indogermanische Götter nicht.

216 O'Curry erklärt zu diesem Namen, er sei wohl eine Entstellung aus Oichell Arann und verweist darauf, daß noch heute auf der großen Insel Arann westl. von Irland, an der Küste von Clare, Reste einer Veste mit Zyklopenmauern zu sehen sind, die man Dun Oichill nennt. Oichell ist wohl identisch mit Acaill

(ir. = Adler). Dieser Name wäre dann ersetzt worden durch den gewöhnlichen Namen Olill od. Alill. Aber das ist nur eine Vermutung von O'Curry.

217 Bis weit in die Neuzeit hinein benutzte man in irischen Häusern zur Beleuchtung Binsenbündel, die man zuvor in Talg getaucht hatte. Augenzeugen berichten, daß dies eine armselige Beleuchtung war.

218 Wir haben hier ein außerordentlich altertümliches Beispiel dafür, wie primitiv die Werbung bei den alten Inselkelten gewesen sein mag, selbst bei den vornehmen Leuten. Das Einverständnis der Brautleute ist die einzige Vorbedingung, wenn man sonst bekannt ist, und nach dieser Erklärung, der einzigen Förmlichkeit dabei, wird das Beilager sofort vollzogen. Von den Mädchennamen bedeutet Aebh ›die Schöne‹.

219 Zwillingsgeburten scheinen die alten Iren eine glückhafte Bedeutung zugeschrieben zu haben, entgegen den Anschauungen anderer Völker, die Zwillinge als unheilvolle Wesen töten. Wir finden daher in vielen irischen Sagen und Märchen Zwillinge als besonders begnadete Menschen. Darauf hat schon Macalister hingewiesen. – Finnguala bedeutet: Weißschulter, ein beliebter Mädchenname bei den Iren. Aed = Feuer; Fiachra = Fiachrach von ir. fiach = Rabe; Conn = mir. cond, Sinn, Verstand? Der Name Conn wird im Coir Anmann (Nr. 275) in Verbindung mit dem Helden Cormac Conloinges so erklärt: ba conn na loingsi gin ail = er war der Kopf (also = ir. cenn, Kopf) der Verbannten ohne Ungnade. Das zeigt wohl, daß der Glossator den Sinn des Namens auch nicht erklären konnte.

220 Hier sind wohl unter Altersfesten Pubertätsweihen gemeint. Leider besitzen wir keine einzige Beschreibung einer solchen Weihe.

221 Die Frauen waren demnach auch bewaffnet. Die Annahme ist nicht von der Hand zu weisen, denn selbstverständlich gingen im mutterrechtlichen alten Irland die amazonenhaften Frauen mit Waffen umher. Auch bewaffnete germanische Frauen hat man als Moorleichen gefunden.

222 Im Irischen: Loch Dairbhreach. Ein See in Ulster.

223 Der Mael-Strom (ir. Sruth na Maile Cintire) ist die Meeresströmung an der Landzunge von Cantire, heute Mull of Cantire, in Schottland. Mael heißt ›kahl‹ und soll besagen, daß die Landzunge unbewachsen ist. Cantire = ir. Cenn-tire = Kopf, Ende des Landes. Iorrus Domnann, heute Erris (Grfsch. Mayo) in Irland, heißt wörtl. ›die Bucht der Söhne der Domnu‹ (s. Anm. 102). Inis Gluaire heißt ›die Insel des Ruhmes‹, heute Inis Glory bei Irland. Brendan ist der berühmte geistliche Seefahrer des christlichen Mittelalters.
224 Das Märchenmotiv von der Stiefmutter, die ihre Stiefkinder in Schwäne oder Enten verwandelt, ist weit verbreitet, u.a. habe ich es in russischen Märchen gefunden.
225 In Cormacs Glossar findet sich der Ausdruck ›caill crinmon‹, d.h. Hasel der dichterischen Kunstschöpfung. Die alten Iren glaubten nämlich, daß es Quellen gäbe, über denen neun Haselsträucher wüchsen. Die Nüsse dieser Sträucher fallen dann ins Wasser, werden von Lachsen oder Forellen gefressen, und wer einen solchen mit den heiligen Nüssen genährten Fisch ißt, bekommt dadurch die Gabe, ein ungewöhnlich guter Dichter und Sänger zu werden. Besonders von den Quellen der großen Flüsse glaubte man dies. So füttert hier Lir die Schwäne mit den heiligen Nüssen.
226 Aife gehört nun zu den schlimmen Boccanach, s. Anm. 95.
227 Die von O'Curry benutzte Hs. des Mac Curtin beginnt mit den Worten: lomthur Thuath De Danann o chath Taillten anuas (= Von der Geschichte der T.D.D. von der Schlacht von Taillten an). In dieser Schlacht von Taillten, heute Telltown in der Grafsch. Meath, wurden die Söhne der Göttermutter Danu von den Söhnen des Mil geschlagen. Das geschah angeblich um 3500 A. M. (= etwa 1700 v. Chr.), eine offenbar ganz phantastische Zeitangabe. Damit hätten dann aber die Tuatha De Danann die Herrschaft über Irland an die Milesier verloren, meinen die alten Chroniken. Vgl. O'Curry, Atlantis III, 383. Es zeugt nun von einer köstlichen Naivität, wenn in unserer Geschichte, wie übrigens auch im Ms. Mac Curtin, die Danu-Söhne und die Milesier als gemeinschaftliche und fried-

liche Zuhörer eines Schwanenkonzerts dargestellt werden. Und dreihundert Jahre lang, erzählt Mac Curtin, hätten sie so friedlich am Eichensee gesessen, bis die Schwäne abzogen.

228 Ir. Carraig na Ron = Felsen der Seehunde; örtlich nicht zu bestimmen.

229 Es ist beachtlich, daß auch hier wieder das Weib die Führerin ist, während die Männer ganz im Hintergrunde bleiben. Und wieder sind es drei Brüder, die mit einem Weib zusammenleben. Das ist stehende Requisite der irischen Sagen.

230 Hier haben wir eine, allerdings sagenhafte Begründung für den Tabu-Schutz der Schwäne; vgl. Anm. 170.

231 Diese seltsame Prophezeiung kann doch wohl, wenn sie überhaupt einen tieferen Sinn haben soll, nur dahin gedeutet werden, und so im Sinne des Urerzählers, daß die Nachkommen des guten Gottes, des Dagda, erst dann Frieden haben werden, wenn sich die brünette Südrasse und die blonde Nordrasse völlig verschmolzen haben. Bei Mac Curtin wird dies dagegen ganz anders ausgeführt. Er schildert die Qualen der armen Schwäne auf dem Mael-Strom und den Küstengewässern von Irland mit kindlicher Einfalt. Sie kommen dabei auch zu ihres Vaters Haus und finden alles zerfallen dort, leer und öde. Nach den vorgeschriebenen 900 Jahren gelangen sie endlich in die Obhut eines Mönchs, des Mochaomhog, der sie hegt und je zwei mit goldenen Ketten aneinanderschließen läßt. Um diese Zeit haben sich nun das Weib von Süden und der Mann von Norden gefunden. Lairgnen, der Sohn des Colman, eines Königs von Connacht (Colman starb nach den Annal. des Mac Firbis im Jahre 638 n. Chr.), hat sich mit Deoch, der Tochter Finghins, des Sohnes des Aed Alainn, eines Königs von Munster (Aed ist wohl jener Aed der Schöne aus der Dal Cals-Linie von Thomond und starb um 590 n. Chr.), vermählt. Deoch erfährt von den Schwänen und will sie haben, andernfalls droht sie ihrem Gatten, sie würde ihn verlassen. Lairgnen raubt darauf dem Mönch die Schwäne. Dabei werden sie endlich entzaubert. Als ein uraltes Hutzelweibchen steht nun Finnguala da und ihre Brüder zeigen sich als vertrocknete Greise. Die Geschwister werden darauf getauft und

sterben gottselig im Schoß der christlichen Kirche. Lairgnen aber und Deoch werden von Mochaomhog verflucht und wandern in die Hölle. So deutete sich die Prophezeiung und ihre Erfüllung doch wohl nur ein irischer Mönch in seinem Bekehrungseifer. Uns mutet das heute nur als eine tendenziöse und geschmacklose Bearbeitung eines schönen und sicher uralten irischen Märchens an. Der Urerzähler war doch wohl ein Ulter, und in Ulster spielt ja auch die Sage. Was hätte der für ein Interesse daran gehabt, daß sich Connacht und Munster miteinander vermählen? Aber gerade dies Beispiel zeigt, wie die Überlieferung mit den alten Sagenstoffen zu verfahren beliebte. Der Mönch Mochaomhog ist übrigens nicht identifiziert.

Etain

Diese wunderschöne alte Sage ist uns nur in Fetzen überliefert. Am ärgsten hat bei dieser Verstümmelung der Anfang gelitten. Wie ich vermute, wegen der für den mittelalterlichen Diaskeuasten wie auch für den Menschen von heute unbegreiflichen Moral. In unserer Fassung ist sichtlich der tapfere Versuch gemacht worden, die Bruchstücke zusammenzukitten und die Lücken mit eigenen Mitteln zu schließen. So ist die Sage freilich lesbar geworden. – Bibliographie: die Bruchstücke befinden sich im Lebor na Huidre (hg. v. Best u. Bergin, S. 129a) und im Ms. Egerton 1782 d. Brit. Mus. und Egerton H. 3. 18 Trin. Coll. Dubl. Über neuere Hs.-Funde berichtet Bergin u. Best in ›Erin‹ Bd. 12, 137f. (vgl. dazu R. Thurneysen, Zs. f. Kelt. Philol. Bd. XXII, 3f.). Vgl. ferner E. Müller, Two Irish Tales, Rev. Celt. III, 342; A. Nutt, Tochmarc Etaine, Rev. Celt. XXVII, 325; O'Curry, Man. and Cust. II, 162/163 u. 192–94; III, 189; A.H. Leahy, Heroic Romances of Ireland, 2 Bde., 1905/06. Mag die Sage aber nun auch moralisch anstößig erscheinen, sie ist ein trefflicher Beleg für den allen Kelten gemeinsamen Glauben an Seelenwanderung und Wiedergeburt. Ausführlich handelt darüber A. Nutt, The Celtic Doctrine of Rebirth, Ldn. 1897 (Grimm Library, Bd. 6).

232 Die Etain-Sage zeigt wie kaum eine andere das eigenartige Zwielicht, in dem nach der Vorstellung der alten Kelten die Side oder Elfen leben. Alle hier genannten Persönlichkeiten muß man sich als halb elfenhafte und mit magischen Kräften ausgestattete, halb menschliche und mit allen Leidenschaften der Menschen behaftete Wesen vorstellen. Dem Volk nach gehören sie zu den Tuatha De Danann. In dem Ethne-Märchen des freilich recht späten Fermoy-Buches ist Elcmar (ir. elc = böse, boshaft + mar = groß, mächtig) der ursprüngliche Eigentümer von Brughna-Boinne, dem Elfensitz der Boand (ir. Boand od. Boann, Dat. Boind od. Boinn), die man sich also als eine Wassergottheit oder Flußnixe zu denken hat. Von hier wird er von Manannan, dem Sohn des Lir, vertrieben. Das darf man vielleicht als eine Bluträchergeschichte zwischen dem Clan Lir, zu dem auch der Dagda, der Ollathair (ir. oll, groß + athair, Vater) wie Mider gehören, deuten. Und dazu stimmt der Inhalt eines Gedichtes des alten irischen Weisen Flann Manistrech († 1056), wonach Elcmar den Mider tötet und dafür von Oengus seinerseits aus Blutrache umgebracht wird. Elcmar wird nun in unserer Fassung als einer der Fir Bolg hingestellt. Dadurch wird die Feindschaft zwischen ihm und dem Dagda als Gegensatz des Volkes wie persönlicher Art motiviert. Auch die Fir Bolg waren zauberkräftig, wird uns berichtet, doch nicht so sehr wie die Tuatha De Danann, die nach ihnen nach Irland kamen. – Daß die unsterblichen Elfen sich auch töten, gehört zu den Unbegreiflichkeiten der irischen Mythologie. Solche Widersprüche erklären sich aber wohl daraus, daß sich hier uralte Vorstellungen und Überlieferungen unzulänglich vermengt und ins Gebiet des Irrationalen geflüchtet haben.

233 In der alten Fassung wird uns Elcmars Behausung am Boynefeld (die Boyne ergießt sich über Drogheda nach Osten in die Irische See) tatsächlich als ein Sid, also als ein Elfenhügel, geschildert. – Welcher Art die Bardenschleife war und wie und wann sie als Abzeichen getragen wurde, entzieht sich unserer Kenntnis.

234 Zu Bri Leith vgl. Anm. 215.

235 Oengus heißt in der irischen Sage gewöhnlich ›Mac ind Oc‹, der Sohn der beiden jungen (s. Anm. 215). Gelegentlich nennt man ihn aber auch in mittelalterlichen Hss. Mac Oc od. Mac Og, Sohn des Oc, was nicht richtig ist, aber zeigt, daß die Iren im Mittelalter selbst nicht mehr wußten, was sie mit den mysteriösen ›beiden Jungen‹ anfangen sollten. Oengus hatte demnach zwei Väter, was nach altirischer Auffassung nichts Ungewöhnliches ist. Ob das aber nun der Dagda und Mider waren, steht dahin.

236 Mit der Waffenübergabe wurde der junge Kelte mündig und damit erbberechtigt.

237 Das Samuinfest (ir. sam, Sommer + fuin, Sonnenuntergang) wurde am 1. November feierlich begangen.

238 Oengus heißt deshalb häufig in den Sagen der Herr von Brug-na-Boinne. Brug ist im Irischen mehrdeutig: es kann ein Gebäude bezeichnen, ein Haus od. dgl. (dazu ir. brugaid = Wirt, brugachus = Gastlichkeit), in der Regel bedeutet es aber ›Landschaft, Mark‹. Brug hat nichts mit germ. ›Burg‹ zu tun; die ältere Form heißt mruig im Ir. und gehört mit kymr. bro, gall. brogae = Feld (cff Allo-broges) zu lat. margo, Rand und got. marka, Grenze. Boinne ist ein casus obliquus von Boand od. Boann, ein Name, der nicht erklärt ist. Die Personifizierung eines Flusses durch eine Frau ist echt keltisch; vgl. Anm. 232.

239 Wir haben hier ein altes Beispiel für das Schneewittchen-Motiv.

240 In den mittelalterlichen Fassungen wird Etain von der bösen Pflegemutter in einen Schwan verwandelt.

241 Bodb ist als der Elfenkönig von Munster zu denken. Auch die Side haben wie die Menschen die Erde in Machtbezirke aufgeteilt. Vgl. damit den König Bodb in der Sage von den Schwanenkindern des Lir, Anm. 215.

242 Bel dracconn = Drachenlippe. Zu der merkwürdigen Bezeichnung ›oc cruit Cliach‹ (= bei der Harfe des Cliach) bemerkt Ed. Müller in seiner Ausgabe des Traums des Oengus (Aislinge Oengusso! Rev. Celt. III, 342f.): »On this Cliach we find a curious notice in the Leabhar Breac (Das gescheckte Buch, eine alte ir. Hs., Facsimile-Ausg. 1876) p. 242; cf.

O'Curry, Manuscr. Mat. p. 426f. The description of the birds given here is quite analogue to that in our story, and it seems that the words ›oc cruitt Cliach‹ are merely a reference to this passage.« – Welcher See in Connacht gemeint ist, kann ich nicht angeben. Wahrscheinlich handelt es sich um eine tiefe Meeresbucht.

243 Der Name Sid Fer Femmuin ist sprachlich wohl zu deuten als der Elfensitz des Mannes der Femmuin, einer unbekannten Munsterfrau und Gründerin eines Duns, entsprechend dem Fer Tlachtga (s. Anm. 17). Die Örtlichkeit ist heute die Ebene von Moy-Fevin in der Barony Iffa und Oiffa Ost, südl. v. Slievenaman, Grafsch. Tipperary. – Mumu ist Munster.

244 Woher die Vorstellung von der Beere des Vergessens stammt, vermag ich nicht zu sagen.

245 s. oben Anm. 232.

246 Ir. grianan (von grian, Sonne). Dies ist ein insbesondere für die Frauen hoch über den Wall des Duns ragendes Bauwerk, das von seinem Obergemach einen Fernblick in das Land gestattete. Hier hielten sich, hauptsächlich wohl am Tage, die Frauen auf und gingen hier weiblichen Arbeiten nach oder beschäftigten sich anderweitig. Es ist also eine Art Söller und insbesondere ein Frauenturm.

247 König Etar von Eochraide ist ebenfalls als Sidefürst zu denken, sein Gebiet als ein Elfenland. Wo die Bucht von Cichmuine zu suchen ist, weiß ich nicht. Vielleicht ist Cichmumme zu lesen, das würde bedeuten: die Brust (ir. cich, auch = Brustwarze der weibl. Brust, Zitze) der Amme od. Stiefmutter (ir. mumme).

248 Schwangerschaft nach dem Genuß eines Tieres aus dem Trank ist ein in der irischen Sage geläufiges Motiv.

249 Als väterliche Ahnenreihe Eochaids Airem werden im ›Traum des Oengus‹ folgende Männer angegeben: Finn, Fintan, Rogen Ruadh, Essaman, Blathecht, Beothecht, Labrad Lorcc, Enna Aighnech, Oengus Tuirbech von Temuir, Echad Ailtlethan, Ailel Casfiaclach, Connla Cam, Ires, Melg Molbthach, Cobthach Cal Brig, Lugad Mor, Echad Buadach. Daß dies Pseudohistorie ist, versteht sich von selbst; aber die alten

Erzähler liebten es, ihren Helden, um sie herauszustreichen, eine lange Ahnenreihe anzudichten. Bezeichnend für den satirischen Volkscharakter sind die oft keineswegs schmeichelhaften Epitheta wie: Lorc = Klumpfuß; Aighnech = der Muntere (?); Ailtlethan ist schwer zu erklären, da ailt mehrere Bedeutungen hat, lethan ist ›platt‹; Casfiaclach = der mit dem gebogenen Zahn; Cam = der Krumme. Ehrenvoll dagegen sind: Molbthach = der Preiswürdige; Buadach = der Siegreiche. Vgl. damit die Liste der irischen Könige bei A. Cameron, Reliq. Celt. II, 307. Dort stimmen zwar die Namen leidlich mit den hier gegebenen überein, aber die Daten sind offenbar recht unglaubwürdig, und Cameron lehnt die Verantwortung hierfür auch selbstverständlich ab. Immerhin dürfte Eochaid Airem od. Fedlech, wie er sonst genannt wird, zu Beginn des 1. Jahrhunderts v. Chr. regiert haben. Möglicherweise ist er identisch mit dem sagenhaften Vater der Königin Medb, s. Anm. 60. Eochaid hatte mit der Etain eine Tochter gleichen Namens, die den Eterscel heiratete und damit die Mutter des berühmten Conaire Mor wurde, des Helden der Sage Bruden Da Derga (Die Zerstörung von Da Dergas Heim; s. Lebor na Huidre, lig. v. Best und Bergin, S. 83a). – Die Ahnenreihe des Dagda in der Königsliste der Tuatha De Danann (s. Macalister, Tara, S. 106) ist dagegen bescheiden zu nennen: Lug Lang-Arm, Nuadu Silber-Arm, Bres, der Sohn der Eladu (= Weisheit). Von diesen wird nur Bres im Lebor na Huidre in der. Etain-Sage genannt, und es heißt da, Echu hätte den Elcmar unter einem Vorwand zu Bres, also zu seinem Urgroßvater, gesandt und ihm auf dem Weg die Sinne verwirrt, um inzwischen mit Boand ungestört Ehebruch zu treiben.

250 Im ›Traum des Oengus‹ werden da folgende Gaukönige genannt: Conchobar von Ulster, Mesgedhra von Leinster, Curoi, der Sohn des Daire, von Munster und Alill und Medb von Connacht. Das wären danach also Zeitgenossen von Eochaid Fedlech gewesen. Conchobar dürfte aber, wenn er gelebt hat, viel jünger gewesen sein, und nach der Sage hat man nicht den Eindruck, daß er sich viel um den König von Tara kümmerte.

251 Die Örtlichkeit kann ich nicht näher bestimmen.

252 Die alte Sage berichtet, daß Eochaid zwei Brüder hatte. Der eine hieß auch Eochaid, der andere war der unglückliche Liebhaber der Etain, Alill Anglonnach od. Oenglondach.

253 Lagin ist Leinster. Von der Tochter des Luchta Lamderg (= Rothand) ist merkwürdigerweise hernach überhaupt nicht mehr die Rede.

254 In der mittelalterlichen Fassung der Sage bittet der König Etain sogar, ihr Bett neben dem des Alill aufzuschlagen.

255 Nämlich Eochaid als der König und Gott auf Erden, und Etain als Abkömmling von einem Sidegeschlecht.

256 Der Name Inisfal (= Insel Fal) in dem Gedicht ist eine der poetischen Bezeichnungen für Irland. – Mit dem in der irischen Mythe immer wiederkehrenden Motiv von dem Land der Glücklichen, dem Feenreich der Seligen usw. befaßt sich eingehend A. Nutt im Appendix zu Kuno Meyers Ausgabe von ›The Voyage of Bran, Son of Febal‹, London 1895, und betitelt diese Arbeit ›The Happy Otherworld in the Mythico-romantic Literature of the Irish‹. – Erschien uns zum Eingang der Sage Mider mehr von der menschlichen Seite, so zeigt er sich hier zum Schluß ganz in seiner Wesenheit als Elf.

257 Die mittelalterliche Sage läßt hier die Sage noch nicht enden. Eochaid beauftragt vielmehr nach Etains Raub den Druiden Dallan, nach dem der Dallan-Berg an der Grenze zwischen den Grafschaften Longford und Meath benannt ist, nach der Geraubten Ausschau zu halten. Er tut dies auf dem genannten Hügel und erfährt aus den Ogamrunen von vier Eibenstäben, daß Etain bei Mider in Bri Leith ist. Der König bietet darauf sein Heer auf und zieht nach Bri Leith und läßt den ganzen Elfenhügel aufgraben. Darauf erscheinen 50 Elfenmädchen, die alle so aussehen wie Etain. Sie herauszufinden ist unmöglich. Da enthüllt sich Etain schließlich durch untrügliche Zeichen selbst und kehrt mit Eochaid nach Tara zurück. – Ich halte dies Ende für einen später gemachten Zusatz, der zur Beruhigung der Zuhörer erfunden wurde. Etain gibt vielmehr ihr zweites Leben endgültig auf, als sie sich von Mider, der uns doch jetzt eher wie der Tod selber, allerdings in liebenswürdiger Form,

vorkommt, entführen läßt. Da gibt es keine Kompromisse mehr, die auch künstlerisch gesehen so plump wirken.

Fraechs Werbung um Finnabir

Die Erzählung, die eigentlich auch eine der Vorgeschichten zum ›Rinderraub von Cualnge‹ ist (s. oben S. 165f.), wird hier im Anschluß an die vorige gegeben, weil sie mit dieser durch die Figur der Boand verknüpft ist. Hier aber tritt ihr Wesen als Flußgottheit, die der Boyne den Namen gab, ganz klar hervor. Der Name enthält, soweit er überhaupt erklärbar ist, gewiß ir. bo (= Rind) und weist auf das heilige Wasserrind der Mythologie hin. Fraech, der Name bedeutet ›Heidekraut‹, ist als Neffe der Boand von vornherein als Side mit übernatürlichen Kräften gekennzeichnet. – Quellen: Buch von Leinster, S. 248a, und Gelbes Buch von Lecan, S. 55b. Den ersteren Text findet man mit engl. Übersetzung bei O'Beirne Crowe in den Proceedings of the Royal Irish Academy, Ir. Mss. Ser. I, 1 (1870), S. 134f. Eine deutsche Übersetzung bietet R. Thurneysen, Sagen aus dem alten Irland (1901), S. 115f.

258 Befinn bedeutet ›Weiße Frau‹. Idan ist ›der Treue‹. Im Leinsterbuch heißt er Idad. Dem jungen Kelten wurde die Mannbarkeit mit der Waffenübergabe feierlich bestätigt. Damit erlangte er auch Erbberechtigung. Wann er sein Erbe allerdings verlangen konnte, hing von den Umständen ab. Hier erhält Fraech einen Herrensitz, offenbar vom Vater, und ein Dutzend Kühe, diese von der Mutter. Eine weiße Kuh mit roten Ohren ist in der irischen Sage stets ein Rind aus dem Elfenreich.

259 Finnabir (von finn = weiß und mir. siabrae, nir. siabhra, Geist, Elfe; vgl. mcorn. Gwen-hwyfar) heißt ›Weißelfe‹; s. Anm. 92. – Zu Alill und Medb vgl. Anm. 60.

260 In der Fassung des Leinsterbuches spielt Uathne auf einer Harfe des Dagda (s. Anm. 232). Demnach scheint Uathne als ein Sprößling des ›Guten Gottes‹ gedacht zu sein. Jedenfalls ist er ein Side. Der Name ist wohl hier nur ein Gelegenheitsname (mir. uaithne = puerperium, Mutterschaft, Geburt; vgl. akymr. utolaidou = ›natales‹, zur idg. Wz. pou-, junges, junges Tier).

Vielleicht ist Uathne aber auch eine Erinnerung an eine alte Geburtsgottheit.

261 Im Leinsterbuch heißen die drei Harfenspieler Klageweise, Lachweise, Schlafweise nach dem Charakter der Melodien, die sie spielen. Das läßt bescheidene Rückschlüsse auf die alte verlorengegangene Musik der Iren zu. Den drei Söhnen weissagt übrigens Boand den Tod bei Medbs Rinderraub in Ulster, ein Schicksal, das sie denn auch mit Fraech teilen.

262 In den mittelalterlichen Texten werden uns von den Erzählern Kleider und Ausstattung der Jünglinge, wie üblich, mit ermüdender Genauigkeit geschildert, offenbar aus einer phantastischen Freude an Prunk und Pracht. Daß wir uns aber die Verhältnisse für jene alte Zeit, in der eine Königin Medb gelebt haben könnte, viel einfacher vorstellen müssen, versteht sich nebenbei. Die Leute des Mittelalters kannten schon ritterliches Gepränge und zeichneten ihre Sagenfiguren eben nach diesen Vorstellungen, die ihnen geläufig und damals modern waren. Auch die Bierhalle wird uns als ein üppiger Palast beschrieben, mit sieben Reihen kostbarer Pritschen um das Herdfeuer und sechzehn Fenstern mit kupfernen Läden, die alten Maße wurden dadurch aber nicht verwischt. Vgl. dazu die mittelalterliche Beschreibung der Bierhalle von Tara mit der Tischordnung bei Macalister, Tara, S. 60.

263 Wie Griechen und Römer lagen auch die Kelten bei ihren Mahlzeiten. Das Sitzen auf Stühlen kam bei den Iren wohl erst in poströmischer Zeit auf, wenn sie den Stuhl nicht bei nordischen Völkern kennenlernten. Jedenfalls ist gäl. cathair, Stuhl von lat. cathedra entlehnt, während es im Keltischen keine sprachlichen Verwandten zu germ. stol, got. stols = Stuhl, Hochsitz, Thron, und aslaw. stolu, Stuhl, Thron, russ. stol, Tisch, Tafel, Küche, gibt; s. zur Sache Falk im Reallex. d. germ. Alt.-Kde. 4, 296.

264 Lothur ist sicher ein Spottname, der auf den Bauch des Narren abzielt: ir. loathar ist ›Unterleib‹ (in den Gloss. ›pelvis‹), lothor = alveus (gloss.), lothur = canahs (Gloss.), vgl. gall. lautro = balneo, wozu mbret. louazr, Trog, nbret. laouer.

265 Die Sage vermerkt nicht, denn sie ist ja nur eine Vorge-

schichte, daß Fraech letzten Endes von Medb doch betrogen wird. Wie so viele andere irische Helden fällt er im Tain Bo Cualnge nach einem einzigen Beilager mit Finnabir, die ihre Mutter allen möglichen Heerführern anbietet und vermählt oder auch nur verspricht, im Kampfe mit Cuchulinn.

Die Frau in dem gläsernen Schiff

Mit dieser Sage betreten wir bereits den Boden der Überlieferungen, die sich um den Königshof von Tara ranken. – Quellen: Lebor na Huidre, S. 120a; Gelbes Buch von Lecan, S. 16a. Ausgaben: O'Beirne Crowe, Mythological Legends of ancient Ireland (R. Hist. and Arch. Assoc. of Ireland, Ser. IV, Bd. III, 128) mit engl. Übersetzung; Windisch, Kurzgefaßte irische Gram, S. 118; Dottin, Revue de l'histoire des religions, Bd. XIV, und d'Arbois de Jubainville, L'èpopèe celtique en Irlande, S. 385 (beide bringen französische Übersetzungen); Joyce, Old Celtic Romances, S. 106; R. Thumeysen, Sagen aus dem alten Irland, S. 73 (deutsche Übersetzung). Vgl. ferner J. Pokorny, Conles abenteuerliche Fahrt, in Zs. f. Celt. Phil., Bd. XVII, 193f.

266 Der irische Hochkönig Conn Hundertkampf (ir. Cond Cet-Chathach), so genannt, weil er hundert Kämpfe siegreich bestand, soll nach irischen Chroniken des 10. und 11. Jahrhunderts von 122 bis 157 n. Chr. regiert haben.

267 Condla od. Connle Ruad wird in unserer Fassung als bucklig dargestellt. So las Windisch in seiner Ausgabe der Echtra Condla (Irische Texte 1) das dem Namen beigegebene Beiwort ›caim‹ als den Genitiv von ›cam‹ (= krumm), und ihm folgte d'Arbois de Jubainville. ›Caim‹ kann aber auch sehr wohl der Genitiv von ›caem‹ (= schön) sein. Somit gibt der alte Text keinen Aufschluß darüber, ob in der Urfassung der Sage Connla nun ein Buckliger war oder aber im Gegenteil ein schöner Mann. – Art bedeutet ›Bär‹.

268 Über den Sidefürsten Boadag (die letzte Silbe bedeutet ›gut‹, wenn der Name in die Silben Boa-dag zu zerlegen ist, was aber nicht sicher ist) wird sonst nichts Bemerkenswertes berichtet. Tethra ist der alte irische Totengott; der Name bedeutet eig.

›Ozean‹. In Cormacs Glossar wird erklärt: Tethra = Name eines Königs der Fomoraig, darum wird in dem Zwiegespräch der beiden Weisen gesagt: iter trium. Tethrach (= unter Tethras mächtigen Männern). Das Glossar Focus Foral deutet: Tethra = badb, Krähe (s. Anm. 12), tetrax. O'Clery: teathra = muir (Meer).

269 Die Druiden bedienten sich der verschiedensten Verwünschungszauber. Besonders beliebt aber war der hier geschilderte Zauber mit dem Ausreißen und Werfen von Grashalmen.

270 Der Apfel (ir. uball; idg. abel-; s. Walde-Pokornyi, vgl. Wöb. d. idg. Spr. I, 50: air. ubull, Apfel, aber aball, Apfelbaum; eine einheitliche idg. Grundform ist nicht ansetzbar, die lat., germ. kelt. Formen sind aber urverwandt und nicht voneinander entlehnt) gilt wie bei Germanen und Slawen als ein Liebeszeichen bei den Kelten, also ursprünglich wohl als ein phallisches Symbol. Die Insel ewigen Liebesglückes der brythonischen Kelten Avalun ist eig. die Insel mit den Apfelbäumen.

271 Im Irischen: Art Oenfer (= Einmann). – In der sehr ansprechenden Dichtung eines mittelalterlichen Iren aus dem 15. Jahrhundert, dessen Name leider verschollen ist, nämlich der Erzählung von Tadg, dem Sohn des Clan, wird dann weiter berichtet, wie Tadg auf einer Irrfahrt ins Elfenland Connla und seine Side in seliger Beschaulichkeit auf einer wundersam blühenden Insel antrifft. Diese Dichtung findet man bei Standish Hayes O'Grady, Silva Gadelica.

Lomna der Narr

Diese und die folgenden Sagen gehören nun dem sogenannten ossianischen Sagenkreis an, in dessen Mittelpunkt König Cormac von Tara und vor allem sein Heerführer Finn, der Sohn des Cumal, stehen. – Quelle: Sanas Cormaic (das alte irische Glossar des Cormac, schätzungsweise vor 918 n. Chr. geschrieben), hg. v. J. O'Donovan und Whitley Stokes, Calcutta 1868, unter dem Stichwort ›Orc treith‹; in der neuen Ausgabe von Kuno Meyer (Anecdota from Irish Manuscripts, Bd. IV, Halle-Dublin 1912), Nr. 1018.

272 Die Quellen zur Finnsage hat E. Windisch, Irische Texte, Lpz. 1880, S. 146f. zusammengestellt. Die ältesten irischen Quellen sind: Lebor na Huidre (um 1100 geschrieben), darin die Erzählung Fotha Catha Cnucha (Ursache der Schlacht von Cnucha) mit der eingeflochtenen Geschichte von Finns Geburt, vgl. Hennessy, Rev. Celt. 11, 86f.; Buch von Leinster (Mitte d. 12. Jahrhunderts), darin 5 einzelne Gedichte; Buch von Ballymote (um 1391) und Buch vom Lecan (1416), beide mit vier Gedichten über Finn, Fergus und Cailte; Psalter von Cashel (Ms. Bodleian von 1453), dann die Macgnimartha Finn (Jugendtaten Finns), hg. v. O'Donovan in Transactions of the Ossianic Soc. IV, 281f.; Buch von Lismore (2. Hälfte d. 15. Jahrhunderts), darin das Agallamh na Seanorach (Gespräch der alten Männer), eine Unterhaltung zwischen Oisin, Cailte und St. Patrick, vgl. O'Curry, Manners III, 703. Die älteste schottische Quelle ist das Buch des Dean von Lismore (16. Jahrhundert), hg. v. Th. Mac Lauchlan, eingeleit. v. W. F. Skene, Edinburgh 1862, darin 23 Gedichte der Finnsage, die übrigens bis heute in Schottland lebendig geblieben ist, obwohl Finn, und das muß betont werden, nach der Sage selbst ein Ire war. Windisch glaubt nicht recht daran, daß Finn überhaupt je gelebt hat, bestreitet aber die Ansicht Skenes, der meint, die Schotten hätten die Finnsage selbständig ausgebildet. Vorsichtig drückt sich auch O'Curry (Ms. Mat., S. 300) aus. Er sagt, unter Cormac, dem Sohn des Art (das ist der Sohn des Königs Conn Hundertkampf), soll es einen Heerführer Finn mac Cumhaill gegeben haben und ein Datum für die Entstehung der Romanzen über Finn und seinen Sohn Oisin anzugeben, wäre unmöglich. Auch über Finns Erzeuger Cumal ist nichts bekannt. Cumal heißt im Irischen eigentlich ›Sklavenmädchen‹. Aber ob er nach einer Mutter im Sklavenstande genannt wurde, ist ganz ungewiß. Als eine leidlich feststehende Tatsache darf man der Sage aber wohl entnehmen, daß es zur Zeit des Königs Cormac, also etwa um 200 n. Chr., in Irland die Einrichtung eines stehenden Heeres gab, das aus ausgesuchten Kriegern bestand und gleichzeitig als Leibwache des Königs wie als Militär- und Polizeimacht im Lande Dienste tat. Und einen General muß dies Heer

ja wohl gehabt haben, mag das nun ein Finn oder ein anderer gewesen sein.

273 Die dem Finn unterstehende Kriegerschar hieß schlechthin die Fiann. Ir. fian heißt ›Held‹. Den Fiann anzugehören, galt also offenbar als hohe Ehre. Da der Anführer der Fiann eine sehr große Macht besaß, andererseits auch viel mehr Gelegenheit zu Heldentaten hatte als der König selber, so ist begreiflich, warum sich die Sage an Finn viel inniger rankte als an Cormac. Und unzertrennlich mit diesem Ruhm ist jener der Fiann.

274 Midlach bezeichnet im Irischen eig. einen nicht kriegsfähigen Mann, Cormac gibt geradezu die Bedeutung ›Feigling‹. Aus dem Inhalt der Sage geht aber hervor, daß es sich offenbar um einen Narren handelte, aber um einen witzigen Mann, der in versteckter Weise bittere Wahrheiten zu sagen verstand.

275 Es versteht sich, daß, wenn Lomna alle diese Worte in Ogamrunen in den Haselstab eingeritzt hätte, dieser von unvorstellbarer Länge hätte sein müssen. Aber an solchen Unwahrscheinlichkeiten stößt sich der irische Barde nicht, und seine Zuhörer taten es gewiß auch nicht. Im Gegenteil, je phantastischer und märchenhafter die Schilderung war, um so mehr Interesse hat sie damals wohl gefunden.

276 Der Zauber, der im Irischen Teinm laegda genannt wird, bestand darin, daß der Druide durch extemporierte Verse, die er hersagte, eine dunkle Angelegenheit aufklärte. Diesen Zauber verbot dann St. Patrick später ausdrücklich. Was Teinm laegda eigentlich heißt, ist ungewiß.

277 Möglicherweise läßt sich von hier aus der Name Lomna erklären. Ir. lom od. lomm heißt ›bloß‹, ›nackt‹, so auch in der Zusammensetzung lomnocht = ›splitternackt‹. Aus lomnocht ist vielleicht Lomna entstanden.

278 Wie wir auch sonst sahen, übt Spott eine starke Wirkung auch in dieser Sage.

279 Bei Cormac, dem Glossator, wird Finn als ›ua Baiscni‹ bezeichnet. Dies ua od. auch o heißt im Irischen eig. ›von‹, wird aber bis heute vor den Namen zur Bezeichnung der Abstammung benutzt, so daß dies o oder ua vor dem Namen ›Spröß-

ling, Nachkomme, Enkel‹ bedeutet. Wer dieser Bascne war, ist ebensowenig bekannt wie Finns Erzeuger Cumal.

Diarmait und Grainne

Diese umfangreichste Sage aus dem sogen. ossianischen Kreis gehört zu den beliebten irischen Aitheda, das sind Geschichten, die über das Fortlaufen oder die Entführung von Frauen berichten. Im Buch von Leinster werden deren nicht weniger als zwölf namhaft gemacht, von denen allerdings etliche nicht erhalten geblieben sind. Vgl. O'Curry, Ms. Mat., S. 584, über die Hs. des Trin. Coll. Dublin H. 2. 18. Ausgabe: Toruigheacht Dhiarmuda agus Ghrainne (Die Verfolgung des Diarmait und der Grainne) hg. v. Rich. J. O'Duffy, Dublin 1895, 2 Bde, 2. Aufl. – Diarmait heißt ›Neidlos‹. Der Name Grainne macht aber Schwierigkeiten in der Erklärung. Ir. granna ist ›häßlich‹ (zu ir. grain = Ekel). Das kann doch wohl kaum der Sinn des Namens Grainne sein. Ich nehme eine vorliegende Entstellung aus Grian = Sonne an, wie der Name bei einer der Töchter Manannans (s. Anm. 317) belegt ist und wie er im iberischen Kulturkreis auch vorkommt, z.B. im Spanischen als Dona Sol (= Frau Sonne). Allerdings ist Grainne durchaus als nordische Erscheinung gekennzeichnet, während ihr Gatte Diarmait typisch mediterran dargestellt wird.

280 Almhuin ist sozusagen die Residenz des Finn. Der Ort heißt heute Hill of Allen und liegt 5 engl. Meilen nördl. von der Stadt Kildare.

281 Oisin ist der berühmte Sohn des Finn. Die Schreibung des Namens wechselt, so im Buch des Deans von Lismore: Ossin, Ossein, Ossan, Ossane (die Hs. bringt die Worte phonetisch!). Im schottischen Hochland spricht man den Namen Oshen (S. Clerk, The Poems of Ossian, Edinbg.-Ldn. 1870). Mac Pherson gebraucht in seinen ›Ossianischen Gesängen‹ (1760) den Nominativ Oisian und den Genitiv und Dativ Oisein. Die altirische Form des Namens ist Ossin, Diminutiv v. oss = Hirsch- od. Rehkitz. Oisin soll in späteren Jahren blind gewesen sein, daher hieß er im Volke Guaire Dall (beide Wörter

bedeuten ›blind‹). Oisins Mutter war Magneis, die Tochter des Garach Glundub (ir. glun, Knie + dub, schwarz).

282 Diorruing ist ein Druide. Sein Vater ist Dobar (= Wasser) Damhad (Ochsenherde?, v. ir. dam, Ochse). Er scheint also wohl aus Elfengeschlecht zu stammen; vgl. Fraechs Werbung um Finnabir.

283 Ir. grianan (v. ir. grian, Sonne), eig. das Sonnenhaus; vgl. Anm. 246.

284 Die Reste dieser Banketthalle (ir. midchuarta = Met-Umlauf) sind noch heute auf dem Tara-Hügel sichtbar. Macalister (Tara, S. 60) hat sich mit dieser Halle eingehend beschäftigt. Nach seinen Forschungen war sie rechtwinklig und beträchtlich lang. Sie hatte eine Vorhalle mit Eingang, und zu beiden Seiten des langen Mittelganges, auf dem nicht weniger als vier Herde errichtet waren, befanden sich rechts und links je zwei Reihen mit Sitzen, bzw. Liegestätten, die vielleicht voneinander durch Brüstungen getrennt waren. Sieht man von den Plätzen für das niederste Volk ab, das an den äußersten Enden der langen Tafeln untergebracht war, so blieben in dem Hauptraum der Halle rechts und links je sechzehn Abteilungen, die von den vier Herden aus zu bedienen waren. Am äußersten Ende der Halle standen die Aufwärter, die die Banketteilnehmer zu bedienen hatten. War hier auch hoch und gering gemeinsam versammelt, so achtete man doch streng auf eine Tischordnung nach Rang und Würden. Maßgeblich hierfür war der Sitz-, bzw. Liegeplatz des Königspaares, der sich zur Rechten, vom Eingang aus gesehen, etwa in der Mitte befand. Auch die Fleischstücke wurden je nach Güte immer nach dem Range verteilt. So bekam etwa ein Gaukler nur ein Stück Schulterfett vom Schwein, ein Hornist aber oder ein Pfeifer immerhin schon ein Stück aus der Mitte. Die Beleuchtung, wahrscheinlich nur aus trübe brennenden Binsenfackeln bestehend, befand sich im Mittelgang, wobei zu berücksichtigen bleibt, daß ja auch die vier Herdfeuer ein malerisches Licht in der Halle verbreiteten, in der sich der Duft des Bieres mit dem Dunst des Schweinefleisches lieblich verbunden haben mag.

285 Es war bei den Gelagen durchaus üblich, daß Barden und auch Druiden Preislieder auf die Heldentaten der erlauchten Anwesenden oder ihre Ahnen zum Besten gaben.
286 Daire Duanach (v. ir. duan = Lied, also etwa: der Liederreiche) ist als Morna-Sohn mit Finns verstorbener Frau stammverwandt. Vgl. Anm. 315.
287 Dromdraoidheacht ist ein Druidenzauber, über dessen eigentliche Form wir nichts wissen. Draoidheacht (v. gäl. draoidh, Druide) bedeutet nichts weiter als ›Druidenzauber‹. Inmerhin muß das ein mächtiger und gefürchteter Zauber gewesen sein, daß Finns Hauptmann sich dadurch bestimmen läßt, seinem Anführer sein Weib zu entführen.
288 Wir werden in dieser gewiß sehr alten Sage Diarmait stets als einen ritterlichen Mann kennenlernen. Wenn er es hier ablehnt, eine Frau zu tragen, so sehen wir, daß die altirische Ritterlichkeit ganz bestimmte Grenzen kannte. Lasten zu tragen war Sache eines Knechtes, darum lehnte eine solche Arbeit ein Edler ab.
289 Ir. Beul atha Luain = Mündung des Mondfords; heute Athlone, südl. vom Lough Ree, Grafsch. Westmeath.
290 Ir. Doire dha bhoth = Hain der beiden Hütten, in der Mitte des Clan Riocaird, heute Clanrickard.
291 Fergoire (wohl v. ir. ferg, ferc = Zorn) ist der Stentor des Heeres der Fiann.
292 Dies ist das Zeichen der Besitzergreifung eines Weibes bei den alten Iren.
293 Oengus ist Diarmaits Pflegevater. Er ist der Elfenfürst und irische Gott von dem Gefilde an der Boyne.
294 Ross dha shoileach = Vorgebirge der zwei Weiden, alter Flurname, der im Mittelalter Luimneach (= Unterer Shannon) genannt wurde und die Stelle der heutigen Stadt Limerick bezeichnet. Um 850, das ist etwa die Zeit, da die Sage von Diarmait und Grainne aufgezeichnet wurde, war übrigens mit Luimneach nicht der Shannon, sondern die so genannte Stadt gemeint (nach O'Duffy).
295 Garbhabha (ir. abann = Fluß) na bh-Fiann, eig. der rauhwellige Fluß der Fiann, im Mittelalter Leamhan geheißen,

ist der Fluß Laune; er fließt vom See von Killarney zum Hafen von Castlemaine.

296 Der Siona ist heute der Fluß Shannon.

297 Das Moor von Finnliath ist heute der Fluß Lea, der östl. von Tralee entspringt.

298 Im mittelalterlichen Text: Carrthach. Der Fluß Carra kommt von den Bergen von Dunkerron, fließt durch die Landschaft von Glencare in die Bucht von Castlemaine.

299 Der Beith heißt heute Behy in der Barony Dunkerron.

300 Das als Currach cinn Adhmuid bezeichnete Gebiet definiert O'Duffy als ›woody headland of the bog‹. Das ist natürlich keine wörtliche Übersetzung. Eig. heißt der Name: Schiffskopf des Admud. Es handelt sich um ein Vorgebirge, das vermutlich die Form eines Schiffskopfes hatte.

301 Tonn Toime, heute Tomes am Westende von Casde-Lough bei Kilarney. Tonn heißt ir. ›Woge‹.

302 Muir n-Iocht = Mare Iccium, die See zwischen Britannien und Gallien, also der Ärmelkanal.

303 Crann buidhe = gelber Baum.

304 Moraltach, etwa = das große und scharf schneidende (Schwert).

305 Gae buidhe = der gelbe Speer, und gae dearg = der rote Speer. Das bezieht sich wohl auf die Holzfarbe: rot ist z.B. Eibenholz, gelb Eschenholz.

306 Die Namen der drei Seeräuber bedeuten: Dubcossach = Schwarzfuß, Finncossach = Weißfuß, Trencossach = Starkfuß.

307 Dies Märchenmotiv vom Zauberknoten, den nur Berufene lösen können, muß man hier natürlich als solches hinnehmen. Selbstverständlich hätten die Männer die Bande ja mit dem Schwert durchschneiden können. Aber solche logischen Überlegungen läßt der echte Märchenerzähler in seinem ehrlichen oder vorgegebenen Glauben an die Macht der Magie nie gelten.

308 Sliabh Luachra ist heute Slieve Lougher, ein Hügel in der Grafsch. Kerry.

309 Sie heißt in dem alten Text Deirdre an Duibh-Shleibhe = die Tobenn des schwarzen Berges. Welcher Berg damit

gemeint ist, läßt sich nicht ermitteln. Vermutlich ist auch gar kein bestimmter Berg ins Auge gefaßt.

310 Lec Dubhain (= der Plattenstein des Dubhan) ist wohl als ein altes Grabmal zu denken.

311 Die Ui Chonaill Gabhra sind eig. die Enkel des Conall Pferd; heute heißt die Örtlichkeit Hy Connel Gaura in der Grafsch. Limerick.

312 Es sei hier nur am Rande vermerkt, daß Muradhan natürlich ein Side war, wenn auch nichts Näheres über seine Herkunft verraten wird.

313 Sliabh Echtghe ist ein Bergland in der Grafsch. Galway am Ufer des Clare. Gewöhnlich heißt es ir. Sliabh Eachtaidhe, engl. Slieve Aughty. – Cantred Ui Fiachrach bedeutet: der Bezirk der Enkel des Fiachra, das war ein König von Irland um 358 n. Chr.; heute heißt die Örtlichkeit Hy Fiachrach of the Moy auf der Grenze der Grafschaften Sligo und Mayo.

314 Der Name ist eine Erinnerung aus der Bibel. Der ungeschlachte Riese, der im mittelalterlichen Text auch Searban Lochlannach (zu lesen ist wohl: Siabrac Lochlannach = der böse Dämon aus Lochlann) genannt wird, heißt hier der Sohn des Cham, das ist der biblische Ham, der Sohn des Noe (ir. Naoi). Die Beziehung zu den Hamiten pflegt die irische Sage auch sonst sehr gern.

315 Über die Schlacht von Cnucha ist uns eine alte Sage überliefert; s. Lebor na Huidre, hg. v. Best und Bergin, S. 41b: Fotha Catha Cnucha mit Übs. veröff. v. W. M. Hennessy, The Battle of Cnucha in der Rev. Celtique II, 86f. (1873).

316 D. h. Oengus, der Sohn des jungen Art, des Sohnes des Morne. Er wie sein Bruder Aed sind also von Morne her mit Finns verstorbener Frau Magnis verwandt.

317 Im Buch von Lecan werden uns die vielen Kinder des Zauberers Manannan aufgezählt, die er von seinem Weib Gormlinni, Tochter der Gormlenn (= Blaumantel), des Weibes des Mac Brich (wohl = Bricht, was ›Zauber, Zauberspruch‹ bedeutet), des Sohnes des Romra, eines Siden, hatte. Das sind folgende Söhne: Echdonn Mor (= Großes braunes Pferd), Ilbreac Ildanach (= der vielfache Erfinder), Cairpri Condualach (= der Künstler), Faibhi

Finnbhuidhi (= der Weißgelbe), Gaiar (= Hund), Goth-Gaithe (= Verwundender Speer), Gaela; die Töchter sind: Samadach (= die Sommergleiche), Gemadach (= die Wintergleiche), Muinfinn (= die Weißhalsige), Uaine Alainn (die schöne Grüne; diese beiden letzteren sind übrigens Oisins beide Gattinnen), Niamh (= die Glänzende), Comann (= Beständigkeit; od. Comman = communio?), Tamann (= die Verstümmelte), Grian gris (= Sonnenfeuer), Tibir Greine (= Sonnenquell), Aine Finn (= die weiße Aine), Curchog an Churcaigh (= Curchog mit der Haarkrone), Crofhinn Chaemchrothach (= die Rosigweiße von der schönen Gestalt). Vgl. O'Curry, Atlantis IV, 159f., Anm. 144. Eine Aife befindet sich darunter also nicht.

318 Die Lage des Sees ist nicht zu bestimmen. Der Name scheint verderbt. Lein ist wohl = linn, Teich. Aber was Linnfiaclach bedeutet, kann ich nicht sagen; fiaclach heißt ›zähnig‹. – Ler vom Sid Fionnchaidh ist eine Side und ein Sohn des Bodhb. Wir sind ihm bereits in der Geschichte von den Schwanenkindern des Lir begegnet. Hier ist der nämliche gemeint. Angeblich hatte er 27 Söhne. So heißt es im Agallamh na Seanorach (Gespräch der Alten) im Buch von Lismore (15. Jahrhundert), fol. 230b ff. – Das Eisbollern, ein auch heute noch beliebter nordischer Eissport, wird mit hölzernen abgerundeten Klötzen betrieben, an denen sich ein Stiel zum Schleudern befindet. Damit werden die Wurfklötze gleitend über die Eisfläche geworfen. Wer am weitesten sehleudert oder ein bestimmtes Ziel erreicht, hat das Spiel gewonnen.

319 Eine Örtlichkeit in der Grafsch. Kerry.

320 Aus der ganzen Darstellung geht hervor, daß der Ebereschenbaum ein heiliger Baum ist und unter Tabu steht. Im Grunde geht es also Diarmait nicht so sehr darum, sein Ehrenwort zu brechen, als um die Scheu, durch Genuß der Früchte des Baumes das Tabu zu verletzen.

321 Die Hexe nimmt die Gestalt einer Krähe an, also dieselbe, in der sich die alten Iren ihre Kriegsgöttin Bodb personifiziert dachten. Sie bringt ja Diarmait auch den Krieg.

322 Die folgende Episode findet sich in alter Überlieferung im Ms. Harleian 5280, fol. 35a: Uath Beinne Edair, hg. v. Kuno

Meyer in der Rev. Celt. XI, 125f.;Vgl- auch O'Curry, Ms. Mat., S. 587. Das weiter unten eingelegte Gedicht, das sich ähnlich auch in dem alten Text findet, ist einer älteren Sage von Finn und seinem faulen Knecht Mac Lesc entnommen, wie es in den Mss. des Buches von Lecan 208a und Rawlinson B. 502, fol. 59b, überliefert ist. Die Etar-Spitze ist Kap Howth bei Dublin.

323 Mag Luirc, die Ebene des Lurc, od. Moylurg, ist die Ebene an der Boyne, Grfsch. Roscommon-. Glenn Rigi ist das Tal von Newry, Grfsch.

Armagh. Die Benutzung von Stelzen ist im Hochland noch vielfach üblich.

324 Grainne sieht nun in der Hexe mit scharfen Sinnen die Bodb, die Kriegsgöttin.

325 Rath ist ein festes Gebäude, das mit Wall und Verhau vor Angriffen geschützt wird. In der Burg von Tara gab es einen Rath Grainne, also ein Schloß der G.: vgl. die Lagepläne bei Macalister in seinem Buch ›Tara, a pagan sanctuary‹, S. 71. Es ist aber kaum anzunehmen, daß Diarmait und Grainne nach der feierlichen Versöhnung mit Finn und Cormac in Tara selbst gewohnt hätten. Es dürfte sich hier also um einen andern Rath Grainne handeln. Bezeichnend ist, daß der Ort nach der Frau, nicht nach dem Manne genannt wird.

326 Wie überall bei den feudahstisch organisierten Indogermanen war das Jagdrecht ein Regal, ein Vorrecht des Königs, das er allerdings an Lehensleute, zumal auf deren Grund und Boden, übertragen konnte. So ist das auch hier zu denken.

327 Beag-altach, eig. der kleine schneidende, ist eine Art Dolch.

328 Gae buidhe ist der ›gelbe Speer‹.

329 Mac an Chuill = der Sohn der Hasel. Es handelt sich offenbar um einen besonders wertvollen Hund, der seinen Namen nach der heiligen Hasel bekommen hat.

330 Der Beann Gulbain ist ein Berg in der Grfsch. Shgo, heute Benbulbin. Entfernungen spielen in den Sagen keine Rolle. Man stoße sich daher nicht daran, wenn man auf der Karte findet, daß ein Mensch unmöglich an einem Tage von Mide nach Sligo läuft.

331 Es wird hier von vornherein auf das Tabu aufmerksam gemacht, dem Diarmait unterliegt, allerdings unter ganz anderer Begründung. Er darf sein Totemtier, und das ist der Eber, weder jagen noch töten.
332 Wiederum ein Tabu. Pinn darf nicht länger als zehn Nächte hintereinander in der Burg von Almhuin zubringen. Warum, wird nicht gesagt.
333 Donn ist ›der Braune‹. Vielleicht ist das ein Synonymum zu Art = Bär. Donncud = Braunkopf Das ist ein sagenhafter Ahn. Da Donn so gute Beziehungen zu dem Gott Oengus hat, ist anzunehmen, daß auch er irgendwie mit den Siden der Tuatha De Danann verwandt ist und somit auch sein Sohn Diarmait ein Elfensproß ist.
334 Die grausame Geschichte zeigt keltische Wildheit und Barbarei in ihrer ganzen Zügellosigkeit. Im alten Text wird Roc mac Roc Diocain als ›reachtaire‹ bezeichnet; der Ausdruck bedeutet sowohl ›Gesetzgeber‹ wie auch ›Leiter‹, ›Haus- und Küchenmeister, Koch‹ (engl. steward). Da hier ausdrücklich gesagt wird, daß er kein Edler war, dürfte er eine dienende Stellung innegehabt haben. Diarmaits Mutter Crochnuit (vielleicht ist der Name als Zusammensetzung von ir. crocenn, Haut + buidhe, gelb als ›Gelbhaut‹ zu verstehen) erscheint uns nicht gerade als eine edle Frau, paßt aber durchaus ins Milieu. Der Name ihres Vaters ist vielleicht zu lesen als ›Currach an liae‹ (= Schiff der Flut). Jedenfalls ist das eine sonst unbekannte und sagenhafte Persönlichkeit. Natürlich will Finn den Diarmait durch die Geschichte seiner Herkunft erniedrigen, andererseits ihn aber dazu bringen, sich wehrlos von dem Eber überfallen und töten zu lassen.
335 Man muß sich vergegenwärtigen, daß Diarmait sich mit der Tötung des Ebers doppelt schuldig macht, wenn schon seine Tat schicksalsbedingt dargestellt wird. Er mordet den Milchbruder, ein Verbrechen, das als ›fingal‹, als Verwandtenmord, den alten Iren besonders freventlich erschien und im Hinblick auf den Milchbruder noch schlimmer bewertet wurde, als wenn er den eigenen Bruder umgebracht hätte. Zum andern aber tötet er sein Totemtier, eine Schreckenstat, deren

Verwerflichkeit in der Sage nur noch ganz dunkel nachklingt. So kann seine Sühne denn auch nur sein eigener Tod sein.

336 Mag Breg ist die Ebene von Breg; s. Anm. 106. – Hier wird auf eine ältere Sage um Finn angespielt, die verloren scheint. Ich vermag nicht zu sagen, wer Derc, der Sohn des Donnartach (= des Braunbärigen), ist.

337 Auch die Sage vom Gastmahl im Brug des Cortan ist nicht weiter bekannt. Der König der Welt ist schon im Gallischen in dem Namen Dubnoreix (= Weltkönig; zu ir. domun, Welt, bzw. domain, tief) ein Begriff geworden. Latinisiert ist das Dumnorix. Aber wer der Weltkönig in der angezogenen Sage ist, läßt sich nicht sagen.

338 Der große Finn wird in unserer Sage in einem seltenen Zwielicht von Lächerlichkeit und Bosheit gezeichnet. So auch im alten Text. Offenbar wollte der alte Barde seinen Liebling Diarmait dadurch besonders herausheben, daß er seinen Gegner Finn nach Kräften als schuftig und niederträchtig darstellte, so daß selbst seine nächsten Anverwandten ihn tadeln müssen. Folkloristisch interessant bleibt an dieser großartigen Sterbeszene des Diarmait der alte Glaube an die Heilkraft des Wassers, der altkeltisch ist.

339 Das ist die in den alten Sagen übliche Schmerz- und Trauerbekundung bei dem Heimgang besonders geliebter Menschen. Dieser Brauch des Schreiens und Heulens beim Tode eines Menschen scheint mir allerdings bei den Iren ein Erbe der Mittelmeerkultur zu sein. Auch bei den Bretonen ist eine solche laute Schmerzbezeugung beim Leichenbegängnis bis in unsere Tage üblich; vgl. Hersart de la Villemarqué, Barzaz Breiz, Paris 1913, 11. Aufl., S. 171f. Es gibt ferner im Irischen noch ein Wort, das eine Gebärde der Trauer bezeichnet: basgaire. Dies bedeutet das Zusammenschlagen der Hände vor Schmerz und Trauer. Die Etymologie davon ist unsicher.

340 Macalister macht zu dieser gewiß packenden Schlußszene der Diarmaitsage mit Recht darauf aufmerksam, daß hier die alten Rassengegensätze Irlands deutlich aufklaffen. Solange Diarmait, der dunkelhaarige Mittelmeermann, lebte, gehörte sein Leib der blonden Nordin Grainne, und ihrem Zauber fügte

er sich willig nach seinem Ehrenwort, als er es einmal gegeben hatte. Im Tode aber entfällt dieser Zauber, und der Leib des Helden gehört jetzt dem Gott seiner brünetten Rasse, dem Oengus, der nicht mehr duldet, daß die Frau aus dem Volk der Eroberer noch einmal diesen Heldenleib auch nur mit Augen sieht, geschweige denn berührt.

341 In der von O'Duffy herausgegebenen Fassung der Sage endet diese geradezu entwürdigend lächerlich. Aus Furcht vor der Blutrache der Diarmait-Söhne geht Finn zu Grainne, versöhnt sich mit ihr und schmeichelt ihr so lange, bis sie darein willigt, den Urgreis zu heiraten. Als das Paar vor den Fiann erscheint, werden sie vom ganzen Heer ausgelacht. Als die Diarmait-Söhne nun zur Blutrache anrücken, stiftet Grainne nach einiger Verlegenheit Frieden zwischen ihnen und Finn. Ein Festbankett beschließt die Tragikomödie. – Nach irischen Annalen wurde Finn von einem Fischer, der berühmt zu werden hoffte, wenn er einen so großen Helden umbrächte, im Jahre 278 n. Chr. mit der Steinschleuder getötet. Das Datum paßt allerdings nicht, wenn Finn ein Zeitgenosse Cormacs war, der gegen 200 n. Chr. regiert haben soll.

Mongan

Diese lieblich heitere Geschichte gehört insofern zum Kreis der ossianischen Sagen, als der Held der Erzählung Mongan von gewissen alten Erzählern mit Finn mac Cumhaill identifiziert wird. Die Quellen verzeichnet Kuno Meyer in seiner Ausgabe der Sage ›Imram Brain maic Febail‹ (Seereise des Bran, des Sohnes des Febal), London 1895. Im Appendix dazu findet man irischen Text und englische Übersetzung der gesamten Bruchstücke der Mongan-Sage, ab S. 42, und auf S. 58 den alten Text, wie er sich in unserer Fassung widerspiegelt, unter dem Titel ›Compert Mongain ocus Serc Duibe-Lacha do Mongan‹ (Geburt des Mongan und Dub-Lachas Liebe zu Mongan).

342 Fiachna Finn (= der Weiße), König von Ulster, stammt über seine Ahnen Baetan, Murcherdach, Muredach und Eogan von dem berühmten Ulterhelden Niall ab. Seine Regierung

fällt, wenn er überhaupt gelebt hat, in nachchristliche Zeit. Immerhin gilt er in unserer Sage als Mongans Vater, d. h. also als der Erzeuger Finns, dessen Vater sonst Cumal genannt wird und völlig sagenhaft ist. -Über König Eolgarg (zu lesen ist wohl Olgarg = trinkrauh od. Hartsäufer) Mor (= der Große) ist sonst nichts bekannt. Er ist der Sohn Magars. Im Neuirischen bedeutet ›magairle‹ Hode. Den Norwegerkönig als Hodensohn zu bezeichnen, läge durchaus dem spottsüchtigen irischen Volkscharakter. Lochlann ist hier zweifellos Norwegen.

343 Eine weiße Kuh mit roten Ohren gilt auch hier wie sonst als eine Kuh aus Elfengehege.

344 Ir. caillech heißt gewöhnlich ›Nonne‹ (von ir. caffie, Schleier). Hier ist aber damit zweifellos eine Hexe gemeint, und zwar eine mit schwarzen Haaren (ir. dub = schwarz). Wieder spielen hier Rassenmotive hinein.

345 Mongan Finn heißt etwa ›der Weißmähnige‹ oder ›Blondmähnige‹ (von ir. mong, Mähne, Haarschopf und finn, weiß). Er ist also betont keltisch.

346 Im Irischen: Mac an Daimh. Das ist nicht als verächtliche Bezeichnung anzusehen; denn das Rind stand im alten Irland in besonders hohem Ansehen.

347 Fiachna Dub, der schwarze Fiachna, war der Sohn des Deman (zu lesen ist vielleicht: demun = Teufel), einer sagenhaften Persönlichkeit. Er war der Anführer einer Gemeinde, die hier als Dal (= Versammlung) Fiatach, also als Volksrat der Fiatach, genannt wird. Nach den Annalen der Vier Meister (unter den Jahren 597 und 622 n. Chr.) wurde er in der Schlacht von Ard Corainn (= die Höhe des Corann) von Condad Cerr, dem Lord der schottischen Dal Riada, im Jahre 624 erschlagen. – Das Mädchen heißt im Irischen: Dubh-Lacha Laimgheal (= Schwarzente Weißhand). Offenbar hatte dies Mädchen schwarze Haare, gehörte also der mediterranen Rasse an.

348 In dem alten Text heißt es: Mongan wollte von den anderen Gaukönigen ›faighde‹ einfordern, das sind eig. nicht Tribute, sondern mehr freiwillige Geschenke, wie man sie einem Gast anständigerweise nicht verweigern kann. Im Altirischen

heißt das Wort ›foigde‹, dessen Grundbedeutung nur etwa ›Nachfrage‹ ist, vgl. iar-f-aigid := fragen, iarmi-foig = wonach er fragte.

349 Lagin ist der Gau Leinster.

350 Brandub bedeutet ›Schwarzer Rabe‹; sein Vater ist Echach (= der Pferdegleiche). Diese Namen sind alte totemistische Erinnerungen.

351 Solch ein Versprechen unter Freunden, sich nie eine Bitte abzuschlagen, galt natürlich als unbedingt verpflichtend. Aber eben damit sucht Brandub den Mongan hineinzulegen.

352 Die Ebene von Breg, s. Anm. 106. – Descirt ist wohl ein rein sagenhafter Name, daher ist die Örtlichkeit nicht zu identifizieren. Erklären kann ich den vermutlich verderbten Namen auch nicht. Vielleicht besagt er nichts weiter als ir. toscur = Hausstand.

353 Das gelobte Land ist ir. Tir Tairngaire od. Tairngire, eig. das Land (ir. tir) der Verheißung. Das ist jenes Traumland, das bei den Kelten in ihren dichterischen Erzeugnissen immer wieder genannt wird. Hier ist es der Wohnsitz Manannans. Lustig liest sich hier die Kritik des einfachen Mannes an diesem Schlaraffenland.

354 Cell Camain ist örtlich nicht festzulegen. Cell (von lat. cella) ist eine Mönchsklause. Wer aber ist der fromme Chaman? Vielleicht war das auch eine Frau, die die Klause gründete, vielleicht Camman Dub, die Tochter des Furudran mac Becce, aus dem Königsgeschlecht der Ui Tirtri, die mit Fiachna Dub vermählt war (s. Buch von Leinster 140a). Diese Cainman Dub ist also Dubh-Lachas Mutter.

355 Tipraite, bei dem Namen denkt man an das ir. Wort tipra (= Quelle), ist ein cairnech (= Priester) und sacart (= sacerdot-em) von Cille Camain, der Mönchsklause. In dem Namen Tipraite spiegelt sich offenbar die Vorstellung von einem quellhütenden Druiden bei dem alten Erzähler, obwohl er diesem Priester und Klausner im übrigen christliche Züge gibt.

356 Ceibhin Cochlach ist wohl nur ein zur Charakterisierung gewählter Name. Ceibhin ist freilich nicht sicher zu erklären. Dann scheint nur ir. cep (v. lat. cippus) = Klotz zu

stecken. Cochlach bedeutet etwa ›der Mann mit der Kapuze‹ (ir. cochull = Hülle für Kopf und Schultern, vgl. ahd. hachul, got. hakuls, aisl. hokoll, Mantel mit Kapuze von idg. Wz. qago- = Ziege, weil urspr. ein Überwurf aus Ziegenfell, ferner den Namen Hackelbernd für Wotan, eig. hachul-berend, der Manteltragende).

357 Auch verheiratete Frauen werden im alten Irland gern als ›Mädchen‹ (ir. ingen) angeredet. Scherzhaft tut man das ja bei uns heute auch wohl.

358 Ir. Cuimne, cailleach an mhuihnd = Cuimne (viell. ein Dimin. v. ir. cum = Gefäß, im Hinblick auf die Mühle dann = Getreidegefäß, Trog o.ä., so daß Cum-ne etwa ›Tröglein‹ wäre), die Hexe von der Mühle. Auffällig bleibt freilich, daß die Riesin einen Namen mit einem Diminutiv-Suffix bekommt.

359 Brotar soll wohl ›der Stachlige, Stachelhaarige‹ bedeuten (ir. brot = Stachel).

360 Ibheall Gruadsolus (= mit den leuchtenden Wangen), die Tochter des Königs von Munster.

Verzeichnis der Eigen- und Ortsnamen

Vorbemerkung

Dem vielleicht berechtigten Wunsch des Lesers, hier etwas über die Aussprache der Namen zu erfahren, kann leider nicht entsprochen werden. Wie die Namen im Mittelalter geklungen haben mögen, wissen wir nicht, geschweige denn, wie sie im grauen Altertum ausgesprochen wurden. Eine neuirische Aussprache zu geben, ist nicht ratsam, da bei dem Fehlen einer modernen irischen Hochsprache nur mundartliche Formen geboten werden könnten, und dann doch wohl in der Umschreibung der Association Phonétique Internationale, die nur Fachphilologen lesen können. Es sei nur bemerkt, daß der Akzent auf der 1. Silbe, der im Irischen der gewöhnliche ist, die alten Namen bis zur Unkenntlichkeit entstellt hat. So spricht man in gewissen Gegenden die Namen Conchobar wie Konnor, Diarmait wie Dermit, Ruad wie Roy. Bei anderen Namen sind starke Verschleifungen festzustellen wie im Namen Medb (sprich: Maew oder Miew). Die entgegenstehenden Schwierigkeiten schienen mir also für ein gemeinverständliches Buch unüberwindlich.

Der Herausgeber

Tor Åge Bringsværd

Die wilden Götter

Sagenhaftes aus dem hohen Norden. Aus dem Norwegischen von Tanaquil und Hans Magnus Enzensberger. 312 Seiten mit 77 Illustrationen von Johannes Grützke. Serie Piper

Originell und humorvoll ist diese rasante Nacherzählung der nordischen Göttermythen. Die nordischen Götter verblüffen nicht zuletzt dadurch, daß sie weder allmächtig noch allwissend sind: So kann Odin zwar eine Welt erschaffen, doch verstehen tut er sie nicht. Die Liebesgöttin Freia kann allen helfen, nur sie selbst leidet unter Liebeskummer …
Diese unterhaltsame »Edda«-Version des Norwegers Tor Åge Bringsværd basiert auf gründlichem Quellenstudium und räumt mit den gängigen Klischees auf.

»Bringsværd vollbringt das Kunststück, die gesamte altnordische Mythologie zu erzählen, frei von Nebelschwere und Waberlohe, als einen anmutigen und leichtfüßigen Roman von Aufstieg und Fall der Götter und ihrer Welt.«
Frankfurter Allgemeine Zeitung

05/1647/01/L

Andreas Gößling

Drachenwelten

Von den Geistern der Schöpfung und Zerstörung. 301 Seiten. Serie Piper

Das Abendland ist eine Drachentöterkultur. Jahrtausendelang wurden diese Urgeister der Schöpfung und der Zerstörung als Satansbrut dämonisiert und von Legionen nordischer und christlicher Helden mit dem blanken Schwert niedergemetzelt. Was wissen wir aber wirklich von diesen mythischen Wesen? Und wie erklärt sich die Verbreitung des Drachenglaubens in den unterschiedlichen Kulturen und Zeiten rund um den Erdball? Eine Tour de Force durch die Kulturgeschichte der Götter und Dämonen, der religiösen Motive und der geistlichen Tyranneien, die sich wie ein spannender Krimi liest.

Das Kultbuch der Drachenszene, ursprünglich unter dem Pseudonym Pietro Bandini erschienen, jetzt als erweiterte Taschenbuchausgabe.

05/1478/02/R

SERIE PIPER

Michael Köhlmeier

Sagen des klassischen Altertums

189 Seiten. Serie Piper

Die Begriffe sind jedem geläufig: vom Ödipus-Komplex bis zur Achilles-Ferse, von den Tantalos-Qualen bis zum Trojanischen Pferd oder zum Danaer-Geschenk, was übrigens genau dieses Pferd ist. Aber wer kennt noch all die Sagen und Geschichten wirklich, aus denen sie stammen? Wer hat heute noch die griechische Mythologie im Kopf? – Jene wundervollen Geschichten, auf denen so viel in unserer abendländischen Kultur basiert? Homer hat sie uns überliefert, und Köhlmeier erzählt sie uns neu – und ganz anders, als es Gustav Schwab tat.

05/1102/01/L

Michael Köhlmeier

Die Nibelungen neu erzählt

127 Seiten. Serie Piper

Vor achthundert Jahren entstand das Nibelungenlied. Michael Köhlmeier hat mündlich und frei seine Geschichten neu erzählt – vom jungen Königssohn Siegfried, seiner Werbung um Kriemhild, die schöne Schwester der Burgundenkönige, von ihrer Hochzeit am Hof zu Worms, von Siegfrieds Ermordung durch Hagen und schließlich von Kriemhilds furchtbarer Rache. Die abenteuerliche und märchenhafte Geschichte, wie Siegfried das Schwert Balmung bekommt, den Hort der Nibelungen erobert und dem Zwerg Alberich die Tarnkappe abgewinnt, sein Bad im Blut des Drachen, den er erschlagen hat, gehört zum klassischen Sagenschatz des Abendlandes – und ist erst der Anfang dieses Heldenepos, das Köhlmeier bis hin zum dramatischen und blutigen Fortgang der Ereignisse am Hof von König Etzel lebendig werden läßt.

05/1103/01/R